매튜 티센의 저서『죽음의 세력과 싸우는 예수』는 유대 정결 의식 체계에 초점을 맞추어 복음서에 나타난 예수의 사역을 탐구한 탁월한 책이다. 티센은 유대 정결 의식이 결코 간과되어서는 안 되며, 예수의 사역은 유대 정결법을 폐지하는 것이 아니라 이를 성취하고 완성하는 것으로 이해해야 한다고 주장한다. 티센은 고대 근동, 유대교, 그리스-로마의 문헌과 함께 성경의 자료를 적절하게 사용하여 1세기 정결 의식의 중요성을 강조하며, 예수가 그러한 의식적 정결함과 거룩함을 성취하신 분임을 설득력 있게 제시한다. 티센은 특별히 구약의 의식(정결과 불결)에 관한 예수의 철저한 반응이 그가 얼마나 하나님의 말씀을 존중했고 완성하는지를 보여준다고 주장한다. 티센의 이러한 주장은 우리로 하여금 정결 의식의 중요성을 염두에 두고 복음서의 예수 이야기를 읽어야 하는 새로운 전망을 제공해준다. 티센은 구약의 정결 의식이 주어진 사상적 기저에 긍휼 사상(이웃 사랑, 생명 보호, 회복)이 깔려 있음을 주장하며, 예수의 정결 의식에 대한 존중과 완성은 부정함을 야기하는 근원을 제거하는 예수의 능력을 통한 회복을 의미한다고 주장한다. 결국 티센은 부정함이 가져다주는 죽음보다 더 강력한 거룩한 힘의 소유자이신 예수가 하나님의 거룩함을 이 세상에서 구현하고 있음을 복음서에서 보여주고 있다고 강조한다. 목회자와 신학생, 그리고 거룩한 삶에 관심이 있는 모든 독자에게 일독을 권한다.

김세현 | 시드니신학대학교 한국신학부 신약학 교수

저자는 1세기 유대교의 율법 이해와 적용에 관한 인식이 정확할수록 복음서 해석이 훨씬 더 명료해진다고 제안한다. 이것은 성서학 연구에서 유용하게 활용될 중요한 명제다. 본서는 일상에서 쓰이는 언어의 문법처럼 복음서에도 정결과 부정을 판단하는 규범이 철저하게 준수되었다고 강조한다. 특히 죽음의 세력을 주목하며 의식적 정결과 부정에 대하여 이처럼 세밀하게 분석한 내용을 찾기

란 쉽지 않다. 이전의 해석들과 본서의 주장 사이에는 미세한 듯 보이나 매우 큰 틈새가 존재한다. 저자는 그동안 유대교 의식 규범이나 체계를 포기하거나 거부했다고 여겨졌던 예수의 행동이 실제로는 그것과 정반대였음을 보여주면서 복음서를 새롭게 읽을 수 있는 확실한 실마리를 제공해주기 때문이다. 복음서 읽기의 수준을 한 단계 끌어올릴 만한 저자의 탁월한 통찰에 탄성을 지를 수밖에 없다.

윤철원 | 서울신학대학교 신학대학원 신약학 교수

이 책은 읽는 동안 저자의 호기심과 질문들이 필자를 사로잡았다. 정결과 부정은 사실 현대인에게 익숙한 개념은 아니다. 하지만 이 책은 의식적 부정함이 지배하는 1세기 유대 전통 안에서 복음서의 예수가 정결 의식에 집착한 유대 엘리트들과 대화하면서 어떻게 귀신, 질병, 죽음의 세력을 극복하시는지를 잘 보여준다. 저자는 특히 우리가 제의적 부정과 윤리적 부정을 구별하지 않는 실수를 범해서는 안 된다는 사실을 일깨워준다. 이 책은 우리에게 생소한 1세기의 세계관으로 우리를 초대한다. 그리고 그 당시 가장 중요한 가치관이었던 정결과 부정의 관점에서 복음서를 새롭게 읽는 것을 가능하게 한다.

이민규 | 한국성서대학교 신약학 교수

흥미롭다. 예수 그리스도를 묘사하는 사복음서는 "거룩함과 부정함"이라는 유대 정결 의식이 지배하던 세계를 전제한다. 이 책은 1세기 유대 사회를 지배했던 정결법이라는 '코드'(code)를 정교하게 풀어냄으로써 복음서가 묘사하는 예수의 치유와 축사 사건을 뒤덮고 있는 장막을 한 꺼풀 벗겨내어 그 안을 들여다보게 하는 효과를 낸다. 저자에 의하면 예수는 거룩함과 부정(不淨)함의 구분 자체를 폐지하고자 한 것이 아니라 의식적(ritual) 부정함의 근원인 죽음의 세력을 멸하시는 분이다. 그래서 예수의 자비와 환대의 정신이 거룩함과 부정함의 구별 자체를

폐기했다는 식의 "역사 연구의 탈을 쓴 종교 변증법"과는 궤를 달리한다. 어떤 이들에게는 이 책이 예수와 율법의 관계에 대한 이해를 다시 검토하게 만들 것이다. 하지만 대다수 독자에게는 이 책이 복음서가 증언하는 예수의 "거룩함과 생명을 따르는 길"에 대한 보다 더 균형 잡힌 이해를 제시해줄 것이다. 만일 이 책이 내 손에 들어온다면 반드시 곁에 두고 꼼꼼히 읽을 것이다. 복음서를 진지하게 읽고 싶어 하는 독자라면 다 그러하리라 생각한다.

채영삼 | 백석대학교 신학대학원 신약학 교수

20세기 역사적 예수 연구의 공헌 중 하나는 '유대인 예수'의 인식과 도전이었다. 이 책은 역사적 예수에 관한 것은 아니다. 하지만 저자는 제의적으로 부정한 상태에 놓인 1세기 유대인들과 지속적으로 신체적 접촉을 감행하는 역사적 예수의 '관심 사역'에 집중한다. 이런 시도를 통해 '유대인 예수'의 정결법을 비롯한 유대교 전반에 걸쳐 나타난 율법 이해에 신선하고도 창의적으로 접근한다. 머리부터 발끝까지 유대인이었던 예수께서 거부한 것은 구약성경의 정결 의식이 아니라 제의적 부정함의 최고 세력 그 자체였다. 저자는 나사렛 예수가 유대 정결법에 있어서도 참 유대인임을 설득력 있게 그려낸다. 무엇보다 예수는 부정과 사망의 권세를 자신의 십자가상의 죽음으로 깨뜨리고, 부활과 함께 거룩함과 생명의 권세를 역설적으로 일으키는 새 시대를 이 땅에 가져왔다. 저자는 역사적 예수가 철저한 유대인이었을 뿐 아니라 모든 유대인이 대망하던 그 메시아임을 잘 보여준 셈이다. 이 책을 읽는 독자라면 누구나 구약성경과 유대교 (더 나아가 그리스-로마) 배경에서 신약성경을 읽어야 할 이유를 새롭고도 구체적으로 환기해준 저자에게 고마움과 경의를 표할 것이 자명하다.

허주 | 아세아연합신학대학교 신약학 교수·한국복음주의신약학회 회장

『죽음의 세력과 싸우는 예수』에서 매튜 티센은 유대 정결 의식 규례를 복음서 이야기와 아주 탁월하게 연관시킨다. 티센이 본서에서 신중하게 제시하는 도덕적 부정함과 의식적 부정함의 차이뿐만 아니라 거룩한 것과 정결한 것의 차이는 이 책의 가치를 충분히 입증한다. 하지만 그의 가장 큰 업적은 아마도 그의 관점이 복음서를 해석하는 데 있어 매우 신선하고 설득력 있는 주해를 제공한다는 점일 것이다. 티센은 이전 학자들의 주장에 도전장을 내밀며 복음서 저자들은 정결 의식법의 요구를 완화하지 않았고, 오히려 예수 안에서 이스라엘의 하나님이 "전염력이 강한 거룩한 힘"을 발산하셨다고 주장했다는 사실을 설득력 있게 보여준다. 이제는 피와 피부 질환과 죽음이 사복음서가 나사렛 예수를 어떻게 묘사하는지를 이해하는 데 그 어느 때보다도 더 중요한 역할을 하게 되었다고 생각한다.

크리스 키스 | 영국 세인트매리 대학교 신약 및 초기 기독교 교수

티센은 예수의 유대 배경에 대한 자신의 지식과 호의적인 태도를 입증해 보여주면서 예수가 유대 정결 의식 체계를 거부하거나 반대했다는 미심쩍은 주장을 설득력 있게 타파한다. 그의 연구를 통해 새롭게 드러나게 된 것은 바로 강력한 거룩함으로 의식적 부정함과 도덕적 부정함의 근원을 정화하고 완전히 제거하는 예수의 모습이다. 예수는 하나님의 강력한 거룩함을 이 세상에 도입하여 부정함과 죽음의 모든 근원을 제압한다. 티센의 논증은 명쾌하고, 품위 있고, 심오하다. 가히 예수의 유대교 유산을 되찾는 데 커다란 공헌을 했다고 말하지 않을 수 없다!

조슈아 W. 지프 | 트리니티 복음주의 신학교 신약학 교수

티센의 이 탁월한 연구는 예수가—정경 복음서에 묘사된 것처럼—초기 유대 정결법에 반대했다는 학계의 잘못된 견해를 잠재운다. 티센은 사복음서가 유대 정결 체계를 해체하기보다는 의식적 부정함을 초래하는 죽음의 세력을 파괴하는 예수를 보여준다고 설득력 있게 주장한다. 이 책은 강한 흡입력이 있고 놀랄 만큼 잘 썼으며, 따라서 예수와 사복음서, 그리고 초기 유대교 율법과 실천에 관해 관심이 있는 독자라면 반드시 읽어야 할 필독서다. 본서는 또한 히브리 성경이 기독교에 대한 역사적 이해와 현대 그리스도인의 삶에 얼마나 깊이 연관되어 있는지를 보여주는 강력한 사례라고 할 수 있다.

어델 라인하츠 | 오타와 대학교 고전학 및 종교학 교수

매튜 티센의 『죽음의 세력과 싸우는 예수』는 그동안 매우 절실하게 필요했던 역사적·신학적 연구서다. 너무 오랫동안 1세기 유대교와 예수의 사역에 대한 잘못된 해석이 복음서 해석을 심각하게 왜곡시켜왔다. 학자들과 학생들로부터 설교자들과 일반 그리스도인들에 이르기까지 독자들은 이 책에서 자신의 배경에 훨씬 더 신실하신 예수를 만나게 될 것이며, 이로써 그의 가르침과 치유 사역에서 생명을 부여하는 훨씬 더 위대한 예수를 만나게 될 것이다.

에릭 D. 바레토 | 프린스턴 신학대학교 신약학 교수

매튜 티센은 유대 정결 의식과 관련하여 사복음서가 보여주는 예수의 사역에 대해 시사하는 바가 클 뿐 아니라 매우 깊이 있는 연구서를 저술했다. 그는 무엇보다도 복음서 저자들이 예수의 사역을 유대교 율법과 전적으로 일치하는 방식으로 묘사하고 있음을 확실하게 보여준다. 티센의 혁신적인 복음서 해석은 신약의 정결법에 관한 학문적 연구에 크게 기여한다. 나는 이 연구서가 많은 논의와 논쟁을 불러일으키리라고 확신한다.

세실리아 와센 | 웁살라 대학교 신약학 교수

수 세기 동안 복음서 학자들은 예수가 유대 정결 의식 체계와 전투를 벌였다고 잘못 생각해왔는데, 그는 사실 의식적 부정함이라는 실체와 전투를 벌였던 것이었다. 대다수 고대인들과 마찬가지로 예수와 복음서 저자들에게 있어 의식적 부정함은 실제로 존재하는 물질이었다. 복음서 기사에 의하면 예수는 그것을 파괴하러 온 것이다. 이것이 매튜 티센이 이 훌륭한 저서에서 강력하게 주장하는 핵심이다. 만약 당신이 이 책을 읽는다면 당신은 천 가지가 넘는 새로운 사실을 배우게 될 것이다.

매튜 V. 노벤슨 | 에든버러 대학교 신약학 교수

Jesus and the Forces of Death

The Gospels' Portrayal of Ritual Impurity within First-Century Judaism

Matthew Thiessen

JESUS AND THE FORCES OF DEATH

죽음의 세력과
싸우는 예수

1세기 유대교 정결 의식의 관점에서 본 예수의 사역

매튜 티센 지음   이형일 옮김

새물결플러스

피터와 애그니스 티셴에게

사랑을 담아

이 책을 바칩니다.

목차

서문

나는 할례에 관하여 박사학위 논문을 써야 할 시점에 정결 의식 체계에 집착하게 되었다. 나는 박사과정 학생으로서 논문 작성 외에 절대 다른 작업을 해서는 안 된다는 강박 관념에 시달리는 것 외에도 이 모든 탓을 제이콥 밀그롬(Jacob Migrom)에게 돌렸다. 레위기, 제사, 유대 정결 의식에 관한 밀그롬의 폭넓은 저술은 내가 학위를 마치기 위해 투자한 노력을 모두 허사로 만들 만큼 위협적이었다. 내 손에 넣을 수 있는 그의 모든 글을 읽으면서 나는 밀그롬을 비롯해 다른 학자들이 제사장 문헌에서 발견한 내용 가운데 많은 부분이 내가 예수의 삶을 다룬 복음서 기사를 읽는 데 새롭고 유익한 시각을 제공해주었다는 사실을 불현듯 깨닫게 되었다. 그때 나는 비로소 내가 이 책을 쓰게 될 것이라는 사실을 알게 되었다.

다행히 책임감 있는 내 자아가 다시 제자리로 돌아왔고, 나는 내 논문을 마칠 수 있을 만큼 다시 집중할 수 있었다. 이 책을 위해서는 불행한 일이지만, 나는 내가 의식적 정결함(ritual purity)이라는 주제에 집중하기 이전에 내 논문이 다른 책을 먼저 쓸 것을 요구한다는 사실을 깨달았다. 결과적으로 지금 당신의 손에 들려 있는 이 책은 내가 10년 전에 쓰고 싶었던 책인데, 이제라도 내 머릿속에 있던 것을 이 책으로 출판할 수 있게 되어 나는 매우 기쁘다.

이 책의 기획과 실제 집필 사이에 오랜 세월이 흘렀다는 점을 고려하면 내가 다른 사람에게 진 빚을 망각하거나 내 기억 속에서 놓치게 된 것은 단지 나의 배은망덕함 때문만이 아니라 나의 형편없는 기억력 때문일 것이리라. 그럼에도 불구하고 나는 듀크 대학교, 임마누엘앤세인트채드 칼리지, 세인트루이스 대학교, 맥매스터 대학교 등의 여러 멘토와 동료 및 학생들에게 이 책에 관해 흥미로운 대화를 많이 나눌 수 있었던 점을 감사한다. 특별히 본서의 집필을 위한 결정적 시점에 매우 중요한 조언을 해준 폴라 프리드릭슨(Paula Fredriksen)과 세실리아 와센(Cecilia Wassen)에게 감사한다. 내 기억력이 부족할 수는 있겠지만, 그렇다고 내 가족을 빠뜨릴 수는 없다. 나의 파트너 제니퍼와 나의 두 자녀인 솔로몬과 매기가 바로 그들이다. 그들은 내가 원 없이 마음껏 작업할 수 있도록 사랑하는 마음으로 많은 시간을 할애해줌으로써 나에게 풍성한 삶과 기쁨을 안겨다 주었다.

마지막으로 나는 내 부모님(피터 티센과 애그니스 티센)께 말로 다 형용할 수 없을 만큼 깊은 감사를 드린다. 나는 내가 어릴 적에 부모님께서 내 안에 이 책의 핵심이 되는 본문들 안에서 우리가 생명을 발견할 수 있다는 믿음을 심어주고자 열심히 애쓰지 않은 날이 단 하루도 없다는 사실을 결코 잊을 수가 없다.

해명

이 책은 역사적 예수에 관한 책이 **아니다**. 이것은 내가 여기서 예수가 실제로 말한 것과 행한 것을 발견하기 위해 역사적 증거를 검토하려는 것이 **아님을** 의미한다. 나는 진짜 예수를 파헤치기 위해, 즉 복음서가 그를 정확하게 묘사하고 있음을 증명하거나 복음서가 각 복음서의 목적에 따라 그를 새롭게 재구성했음을 입증하기 위해 사복음서의 배경을 살피려는 것이 **아니다**. 나의 집필 목적은 역사적 예수에 관한 책을 쓰기 위해 역사적 가치가 있는 정보를 얻는 차원에서 문학적 증거를 평가하려는 것도 **아니다**.

그런 저서를 원하는 사람은 우선 3,000쪽에 달하는 존 메이어(John P. Meier)의 『소외된 유대인』(*A Marginal Jew*)으로 시작해야 한다.[1] 그러나 나는 이러한 연구 과제에 대해 두 가지 의구심이 든다. 첫째, 역사적 예수로 되돌아갈 수 있는 길은 오직 문학적 자료, 즉 신약성경의 네 복음서, 요세푸스의 글, 신약성경에 들지 못한 다른 여러 복음서를 통해서

---

[1]   의식적 부정함에 관한 역사적 예수의 관점은 다음을 보라. Kazen, *Jesus and Purity Halakhah*; Kazen, *Scripture, Interpretation, or Authority*; Wassen, "Jesus' Table Fellowship"; Wassen, "Use of the Dead Sea Scrolls"; Wassen, "Jewishness of Jesus and Ritual Purity"; Wassen, "Jesus' Work as a Healer."

뿐이다. 역사성에 관한 질문은 복음서 저자들이 실제로 예수에 관해 기록한 것을 더 정확히 확정한 다음에(그리고 적어도 부분적으로 답을 제시한 다음에) 물을 수 있다. 그런데 사실 이 문헌들을 해석하려는 우리의 노력도 논쟁의 대상이다. 마가복음이나 마태복음에 관한 주석서를 두세 권만 읽어보라. 그러면 당신은 거기서 한 본문을 놓고 상반된 두세 가지 해석을 만나보게 될 것이다. 우리가 가진 문학적 증거에 대해 서로 의견 일치를 보일 수 없다면 나는 우리가 결단코 얻을 수 없는 것—그 어떤 중간 매개체도 없이 역사적 예수에 접근할 수 있는 길—을 놓고도 서로 합의점을 찾지 못할 것으로 생각한다.

둘째, 그리고 보다 더 근본적으로 나는 역사적 예수 연구 학자들이 요구하는 것을 수행하기에는 대다수 역사적 예수 연구 방법론이 너무나 날카롭지 못하다고 생각한다. 학자들이 이름 붙인 진정성의 기준 (criteria of authenticity)은 진정성 있는 것과 진정성 없는 것을 가려내는 데 그리 큰 도움을 주지 못한다. 이 책에서 나는 이 어록, 저 어록 또는 이 행위, 저 행위의 진정성에 대한 논증을 펼치지 않을 것이다. 오히려 나는 복음서 저자들이 예수를 어떻게 묘사하고 있는지를 보여줄 것이다. 물론 그러한 묘사는 어떤 식으로든 역사와 연관되어 있다. 다시 말하면 복음서의 묘사는 역사적으로 완전히 정확한 묘사로부터 역사적으로 완전히 부정확한 묘사까지 다양한 스펙트럼 중 어느 중간 정도에 속할 것이다. 예수의 추종자들이 반복해서 그를 특별한 방식으로 기억했다는 사실은 이러한 이야기를 집필할 계기를 마련해준 그 역사적 실체를 어느 정도 밝혀줄 수 있음을 의미한다.[2] 예수의 일부 초기 이야기가 반복해서 그가 의식적으로(ritually) 부정한 상태에 있는 사람들과 접촉한 것으로 묘사한다는 사실은 그 역사적 예수에 관해 어떤 의미를 내포하고 있는가?

예수와 유대 율법에 관한 문제, 특히 의식적 정결함과 관련하여 주석가들은 기독교 역사 전반에 걸쳐 복음서 저자들의 묘사를 대부분 잘못 이해해왔다.[3] 이러한 잘못된 이해는 종종 유대 율법에 관한 기독교의 전제—특히 유대 율법에 관한 사도 바울의 생각에 대한 특정 견해에서 비롯된 전제—에서 생겨난다.[4] 후대 그리스도인들이 유대 정결 의식 체계를 거부하고 경멸한 점을 고려하면 논리적으로 예수가 이 외적 체계를 내적인 영적 실체로 대체했을 것이 분명하다. 하지만 내가 본서에서 보여주듯이 공관복음 저자들이 묘사한 예수는 율법 준수에 큰 관심을 두고 있다. 폴라 프리드릭슨(Paula Fredriksen)은 우리가 가지고 있는 문헌적 근거의 역사적 가치에 대해 다음과 같이 적절하게 지적한다. "어쩌면…예수는 하나님의 율법(즉 레위기와 신명기)이 시대에 뒤떨어지고 금기시되어온 것이라고 생각했을 수도 있지만, 우리는 그가 그렇게 생각

---

2 다음을 보라. Allison, *Constructing Jesus; Rodríguez, Structuring Early Christian Memory*; Keith and Le Donne, *Jesus, Criteria, and the Demise of Authenticity; and Bernier, Quest for the Historical Jesus.*

3 예컨대, Lambrecht, "Jesus and the Law"; Crossan, *The Historical Jesus*; Borg, *Conflict, Holiness, and Politics*; N. T. Wright, *Jesus and the Victory of God*; Dunn, "Jesus and Purity."

4 심지어 여기서도 나는 학자들 가운데 대다수가 바울을 잘못 이해하고 있다고 생각한다. 이에 대한 나의 설명은 다음을 보라. *Paul and the Gentile Problem.*

했다는 증거가 없으며, 또 후대 교회의 입장은 이와 상반된 증거를 보여

준다.…바울 서신, 사복음서, 사도행전에 나타난 증거에 의하면 사도들

은 예루살렘에 거주하면서 성전에서 예배하고, 절기와 안식일 및 음식법

을 준수하기로 결정했다. 그렇다면 과연 그들은 이에 대해 아무것도 제

대로 이해하지 못했던 것일까?"[5]

---

5   Fredriksen, "What You See," 89.

서론

미국 대형교회 목사인 앤디 스탠리(Andy Stanley)는 2018년에 한 어떤 설교에서 초기 예수 운동의 지도자들이 "유대 경전으로부터 기독교 신앙을 분리시키려 했다"라고 말하면서 큰 논쟁을 불러일으켰다. 그는 교인들에게 "따라서 우리도 그렇게 해야 한다"라고 강력하게 주장했다.[1] 수많은 그리스도인들은 스탠리 목사의 이러한 발언에 대해 기독교를 구약성경과 분리시키려 했던 고대의 최고 이단자 마르키온을 그가 모방하고자 한다고 비난했고, 이 문제는 걷잡을 수 없을 정도로 번져나갔다.[2] 또한 최근 학계에서는 최근 베를린 대학교의 조직신학 교수인 노트거 슬렌츠카(Notger Slenczka)가 구약성경은 정경의 권위가 없다고 주장했다. 그의 말에 의하면 구약성경은 오히려 개신교 내에서 외경처럼 기능해야 한다는 것이다.[3] 이에 신학자들은 슬렌츠카가 이단 및 반(反)유대 사상을 유포하는 혐의가 있다고 맞대응했다.

하지만 대다수 그리스도인들도 자신들이 가지고 있는 구약성경이 상당히 골칫거리라고 생각한다. 예를 들어 나는 수많은 그리스도인들이 매우 경건하고 선한 의도를 가지고 성경 전체를 (1년 또는 평생에 걸쳐) 완독하고자 함에도 레위기와 민수기에 다다르면 자신들의 노력이 수포

---

1   이 설교의 전문은 다음을 보라. Stanley, "Aftermath, Part 3."
2   나의 평소 관행과는 달리 나는 초반부터 이 책에서 "구약성경"이라는 기독교 용어를 사용하기로 했다. 이는 이 용어가 내가 이 책에서 다루는 사람들에게 바로 그 **옛** 언약의 기능을 하고 있기 때문이다.
3   그 이후의 논쟁은 거의 독일어를 통해서만 전개되었기 때문에 학계 밖에서는 영어를 구사하는 이들 사이에서는 잘 알려지지 않았다. 예컨대 다음을 보라. Slenczka, "Die Kirche," 83-119.

로 돌아가는 경험을 하게 된다는 말을 수없이 들었다. 이 그리스도인들은 성경 말씀 전체가 하나님의 감동으로 된 말씀이며 성경을 읽음으로써 하나님께로 더 가까이 나아간다는 믿음을 일반적으로 갖고 있다. 하지만 본문이 보여주는 실재는 이러한 신학적 신념을 와해시키고 흔들어 놓는다. 예를 들면 얼마나 많은 목사나 사제들이 자원해서 레위기나 민수기를 본문으로 설교를 하고자 하는가? 많은 기독교 지도자 및 사상가들이 구약성경에 대한 불편함을 극복하고자 애쓰지만, 사실 이러한 노력은 단지 그들 자신의 불편함만을 넌지시 보여줄 뿐이다. 나는 내가 「공동성구집 개정본」(Revised Common Lectionary)을 따르는 설교를 처음 맡았을 때 이러한 주저함을 비로소 느끼게 되었다. 이 성구집은 일반적으로 구약, 시편, 신약, 복음서 본문 등이 들어 있는 성경 읽기표다. 바로 그 주일(B년 사순절 두 번째 주일)에 설교할 구약 본문은 창세기 17장이었다. 창세기 17장은 성경에서 할례를 **대표적으로** 다루는 장인데, 「공동성구집 개정본」 편집진은 이 장에서 할례에 관한 부분을 모두 삭제해버렸다. 창세기 17장에 대한 설교를 들으리라 생각하며 교회에 출석한 이들은 그날 실제로 매우 신중하게 편집되고 기독교화된(또는 탈유대교화된) 창세기 17장에 대한 설교를 들었다.[4]

---

4   창 17장을 이런 방식으로 처리하는 행위는 성구집에서 그리스도인들이 대체로 따르지 않는 관습이 나오는 구약 본문을 제외하는 추세와 일치한다. 예를 들어 3년 주기 성구집은 레위기 본문에서 단지 두 본문(모두 레 19장에서)만 발췌하고, 그중 어느 본문도 제사나 의식적 부정함에 관한 문제를 다루지 않는다. 보다 더 광범위한 설명은 다음을 보라. Strawn, *Old Testament Is Dying*.

홀로코스트 이후 많은 그리스도인들은 기독교 사상에 늘 존재하는 반유대주의의 위험성을 인식하게 되었다. 반유대주의에 대한 비난은 적어도 기독교 일부 진영에서만큼은 상당한 힘을 발휘하고 있으며, 다른 사람의 주장이나 논증을 일축하기에 매우 효과적인 방법으로도 사용될 수 있다. 1973년 게자 버미스(Geza Vermes)의 선구자적인 책 『유대인 예수』(Jesus the Jew)[5]가 출간된 이래로 사람들은 예수가 사실은 유대인이었다는 점을 강조하게 되었다. 이러한 생각의 발전은 적극 환영해야 하겠지만, 예수가 유대인이라는 사실을 가장 많이 언급한 그 장본인도 때로는 어떤 의미에서는 예수가 그만큼 유대인답지 않았다고 주장하기도 한다. 나는 이런 사람도 그가 설교자이든 작가이든 학자이든 간에 창세기 17장을 자기 생각대로 재단한 「공동성구집 개정본」 편집진이 범한 오류를 똑같이 범하고 있다고 강하게 믿고 있다.

예를 들어 학계 안팎에서 엄청난 영향력을 행사하고 있는 다작의 기독교 학자인 N. T. 라이트도 "1세기 유대교에서 몇 가지 세간의 이목을 끄는 특징에 대항한 매우 유대인다운 예수"에 관해 이야기한다.[6] 이러한 주장은, 제임스 크로슬리(James Crossley)가 지적하듯이, 예수가 "유대인이긴 했지만…또한 그리 유대인답지도 않았다"라는 주장으로 귀결된다.[7] 내가 이 책을 쓰는 가장 큰 목적은 복음서 저자들이 실제로 굉장

---

5   Vermes, *Jesus the Jew*. 이제부터는 다음도 보라. Moller, *Vermes Quest*.

6   N. T. Wright, *Jesus and the Victory of God*, 93.

7   Crossley, "Multicultural Christ," 8-16. 또한 다음도 보라. Arnal, *Symbolic Jesus*.

히 유대인다운 예수를 묘사하고 있다는 점을 보여주려는 것이다. 나는 학자들이 결국 예수가 실제로는 그리 유대인답지 않았다는 결론을 내리는 바로 그 영역에 집중하여 이를 증명할 것이다. 즉 예수는 의식적으로 부정한 사람들과 교류했다. 마태, 마가, 누가는 이 세상에 존재하는 부정함의 세력으로부터 사람들을 구원해내는 인물로 예수를 거듭 묘사한다.[8] 이 세 복음서에서 예수는 **치유할 수 없는** 질병―비정상적인 생식기 분비물 유출 질환인 "레프라"(*lepra*)[9]와 죽음―때문에 의식적으로 부정한 사람들을 만난다.

나는 방금 "의식적 부정함"이라는 표현을 사용함으로써 내가 많은 독자들을 쫓아낼 위험성을 다분히 갖고 있음을 잘 알고 있지만, 조금만 더 인내해주길 바란다! 나는 1세기 유대인들이 그들의 세계를 어떻게 구성했는지를 정확히 이해하지 못하고서는 우리가 복음서 저자들이 예수의 의미를 어떻게 전달했는지 제대로 이해할 수 없다고 확신한다. 나는 또한 우리가 예수 및 복음서 문학 세계에 등장하는 인물들을 너무나 자연스럽게, 그리고 무심코 우리의 현대의 개념 세계로 끌어오기 때문에 복음서 저자들이 묘사하는 예수를 종종 오해하곤 한다고 믿는다. 우

---

8   이와 관련된 논증은 다음을 보라. Bolt, *Jesus' Defeat of Death*.
9   이 책 전반에 걸쳐 나는 나병이라는 용어를 사용하지 않고, 그 대신 70인역 역자들이 히브리어 단어 "차라아트"(*ṣāra'at*)를 번역하는 데 사용한 그리스어 단어 "레프라"(*lepra*)를 음역하여 사용할 것이다. 거의 모든 현대 성경이 이 단어를 "나병"으로 번역하고 있는데, 사실 이 단어가 거의 확실하게 나병을 지칭하지 않는다는 점은 매우 안타깝다. 보다 더 상세한 논의는 3장을 보라.

리가 다르거나 이질적인 것을 마주할 때 (종종 무의식적으로) 이런 것들을 우리가 이해할 수 있는 것들로 바꾸는 것은 당연하다. 하지만 현대의 복음서 독자들은 고대 유대인(그리고 비유대인)의 의식적 정결함을 더 확실하게 이해하지 못한다면 결코 예수를 올바르게 이해하지 못할 것이다. 그 이유는 바로 그들의 이러한 정결함에 대한 관심이 복음서 저자들이 보여주고자 했던 그 세계의 실상을 그대로 보여주기 있기 때문이다.

신약성경을 읽는 많은 현대 독자들은 유대 정결 의식 체계가 상당히 이질적이며 최악의 경우에는 비이성적이라고 생각한다. 물론 현대 종교인들은 그들의 경전이 신체의 자연적인 분비 현상을 부정하다고 보는 것을 당혹스럽게 생각한다. 지성인이라면 어떻게 성관계, 출산 혹은 월경 같은 신체의 자연적인 현상을 부정하다고 여길 수 있을까? 그리스도인 독자에게 이러한 문헌이 가져다주는 당혹감 혹은 불편함은 종종 예수와 바울이 이러한 의식적 정결함에 관심을 두지 않았다는 사실을 통해서만 개선될 수 있다. 왜냐하면 내적 성향 및 태도에 관심을 두시는 하나님에 비해 이러한 법들은 사소하고 외적인 문제에 초점을 맞추기 때문이다. 20세기 초반의 독일 신학자 아돌프 폰 하르나크(Adolf Von Harnack)가 한 말을 고려해보라. "[유대인들은] 하나님을 자신의 집안에서 행하는 의식을 감시하는 폭군으로 생각했다. [예수는] 하나님의 임재 안에서 호흡했다. [유대인들은] 자신들이 어두운 골짜기, 막다른 골목, 비밀 통로로 바꾸어버린 그분[하나님]의 율법 안에서만 그분[하나

님]을 보았다. [예수는] 어느 곳에서든지 그분을 보고 느꼈다."[10] 하르나
크는 유대교를 외형적 의식에 초점을 맞춘 죽은 율법주의로 묘사하고,
유대인의 종교성에 대한 이러한 부정적인 묘사를 예수의 자유로운 영성
과 대조한다. 우리는 하르나크의 주장에서 유대교는 하나의 종교인 반
면, 기독교는 하나님과의 관계라는 믿음을 발견할 수 있다.

   예수가 정결 의식 체계에 반대했다는 주장은 신학, 성서 해석학, 설
교, 일상적인 사고 및 많은 그리스도인들의 언어에서 너무나 쉽게 찾아
볼 수 있다. 이러한 주장은 기독교 자유주의자 및 보수주의자, 그리고 가
톨릭교회, 정교회, 개신교 간의 내적 분열을 초월하여 나타난다. 예를 들
어 존 도미닉 크로산(John Dominic Crossan)은 예수가 예루살렘에 있는 유
대 성전에 대해 자신을 "기능적 반대자, 대안자, 그리고 대체자"로 보
았다고 주장한다.[11] 크로산에 의하면 이러한 정결 의식 체계와 예루살렘
성전에 대한 반대는 경제, 신분, 성별의 불평등과 연결되어 있었다. 다시
말하면 유대인 삶의 핵심이라고 할 수 있는 의식적 정결과 성전 제의가
예수가 해결하고자 했던 부당한 사회 제도를 지속시켜왔다는 것이다. 이
러한 관점에서 예수는 평등을 대변하고, 유대교는 불평등을 대변한다.[12]

   이와 마찬가지로 마커스 보그(Marcus Borg)는 예수가 "정결의 윤리

---

10   Harnack, *What Is Christianity?*, 50-51.
11   Crossan, *Historical Jesus*, 355.
12   우리는 신약성경에 사회과학비평을 적용하려는 일부 학자들 사이에서 인기를 얻고 있는
     이러한 독법을 엿볼 수 있다. 예컨대 Neyrey, "Idea of Purity in Mark's Gospel"; Rhoads,
     "Social Criticism"; Malina, *New Testament World*, 161-97.

와 정치가 아니라 긍휼의 윤리와 정치에 의해 형성된 공동체"를 내다보았다고 주장했다.[13] 리처드 벡(Richard Beck)도 이와 유사한 방식으로 이둘을 대조한다. "제사—정결을 위한 충동—는 '깨끗한' 것을 받아들이고 '깨끗하지 않은' 것을 쫓아내는 성스러운 영역을 표시한다. 이에 반해 자비는 정결의 경계를 넘어선다. 자비는 그러한 구별을 모호하게 만들고 정한 것과 부정한 것이 서로 만나게 한다. 따라서 여기서 긴장이 발생한다. 한 종류의 충동—거룩함과 정결—은 경계를 세우지만, 또 다른 종류의 충동—자비와 환대—은 그 경계를 넘어서고 이를 무시한다."[14] 우리는 스튜어트 러브(Stuart L. Love)의 도표를 통해 유대 엘리트 그룹과 예수 간의 극적인 차이를 볼 수 있다.

	엘리트 그룹	예수
핵심 가치	하나님의 거룩하심	하나님의 자비
사명	정치적 통제 유지	이스라엘의 신정 정치 시작
구조적 함의	튼튼한 울타리 배타적인 전략	약한 울타리 포괄적인 전략
지지하는 성경	창세기를 제외한 율법	창세기와 예언서

Love, "Jesus Heals the Hemorrhaging Woman," 93의 것을 수정함.

이러한 주장은 예수와 기독교를 인정 많은 사랑과 동일시하고, 유대교는 무익하고 비정한 율법 준수와 동일시하는 훨씬 더 거대한 신학적 의제

---

13 Borg, *Meeting Jesus Again*, 49. 참조. Borg, *Jesus in Contemporary Scholarship*, and Borg, *Conflict, Holiness, and Politics*.
14 Beck, *Unclean*, 2-3.

에 의존하고 있다. 따라서 이러한 주장은 역사 연구의 탈을 쓴 종교 변증법이다. 폴라 프리드릭슨은 다음과 같이 주장한다. "이것은 역사가 아니며 실제적 묘사도 아니다. 이것은 선한 정치적·윤리적 속성(평등주의, 배려심, 이타적인 태도 등)이 예수와 (부정적으로는) 동시대 유대인 대다수를 규정하는 추상적인 사고를 통해 생성된 캐리커처다."[15]

내가 이 책에서 성취하고자 하는 바는 오늘날 독자들이 각자의 종교적, 신학적 혹은 이념적 신념과 상관없이 의식적 정결함에 대한 고대 유대인들의 사상을 호의적으로 대하기를 바라는 것이다. 정결 의식 체계에 관해 **우리가** 어떻게 생각하든지 간에 이 의식 체계는 예수와 복음서 저자들을 포함하여 **모든** 고대 유대인의 사고 안에 이미 내재되어 있었다. 따라서 나는 본서에서 유대 정결법(그리고 더 보편적으로는 고대 지중해 정결법)[16]에 대해 익숙했던 초기 독자들이 공관복음의 예수 묘사를 어떻게 해석했을지에 주목할 것이다.

---

15 Fredriksen, "What You See Is What You Get," 96.
16 비록 유대 정결 의식 체계가 나의 주요 관심사이긴 하지만, 나는 3-5장에서 정결함에 대한 비유대인들의 사고에 관해서도 논의할 것이다. 현대 독자들은 고대 지중해 세계에서 이러한 사고가 얼마나 보편적이었는지를 잘 모른다. 다음을 보라. Frevel and Nihan, *Purity and the Forming of Religious Traditions;* Parker, *Miasma;* Lennon, *Pollution and Religion.*

『죽음의 세력과 싸우는 예수』 개요

1장에서 나는 고대 유대인들이 거룩함/속됨과 정함/부정함이라는 두 가지 이분법과 관련하여 그들의 세계를 어떻게 구성했는지를 개략적으로 설명한다. 나는 이 네 범주가 무엇을 의미하는지를 논의하고 부정함을 다양한 유형으로 나눈다. 나는 또 이 네 범주와 관련하여 이스라엘 제사장들의 역할을 개략적으로 설명한다.

  2장에서 나는 복음서 저자들이 어떤 배경에서 예수의 초기 생애와 공적 사역을 설명하는지를 검토한다. 나는 요한의 초기 사역과 예수의 세례가 예수의 사역에서 어떤 역할을 했는지를 살펴보고, 특히 예수의 탄생 이후 그 가족의 정결법 준수(눅 2:21-23)를 비롯하여 그들의 율법 준수에 관한 누가복음의 기사를 상세하게 검토할 것이다. 각 복음서 저자는 예수 사역의 시작을 세례자 요한의 물 세례 사역과 연결한다. 이 자료들은 복음서 저자들이 예수 시대 유대인 대다수에게 이미 잘 알려진 물세례 관행을 강조하고 있음을 잘 보여준다. 누가복음은 예수의 가족이 얼마나 성전 및 토라 신앙에 헌신했는지를 보여주면서 이 부분을 한층 더 강조한다. 결론적으로 이 복음서 이야기 안에는 예수가 유대 정결 의식 사상을 나중에 거부하리라는 것을 사역 시작 이전에 미리 암시하는 내용이 전혀 나타나 있지 않다.

  3, 4, 5장은 세 가지 일반적인 부정함의 근원인 레프라, 생식기 분비물, 시체로 인한 질병을 가진 자들과 소통하는 예수의 이야기를 살펴

본다. 각 장은 이러한 의식적 부정함의 **근원**을 퇴치하려는 예수의 노력을 보여줄 것이다. 복음서 저자들에 의하면 이 세 장은 종합적으로 예수가 의식적으로 부정한 사람을 만나면 그가 그 사람의 몸에 있는 부정함의 근원을 제거한다는 사실을 보여준다. 다시 말해 예수는 정결 의식 체계를 폐지하지 않는다.[17] 오히려 그는 자신이 만나는 사람 안에서 의식적 부정함을 조성하는 세력을 폐한다. 마가가 묘사하듯이 예수는 전염력이 강한 거룩함을 통해 부정함의 세력을 제압하는 하나님의 거룩한 자다(막 1:24; 참조. 눅 4:34; 요 6:69).[18] 대다수 현대 복음서 해석자들과 마찬가지로 나도 마가복음이 가장 먼저 기록되었다고 믿기에 나는 예수의 삶에 관한 마가의 기사에 중점을 둔다. 하지만 나는 또한 마가가 제시한 증거를 마태와 누가가 쓴 기사로 보완하면서 마가의 기록이 예수 사역의 초기 기사의 관점에서 볼 때 실상과 전혀 동떨어진 기사가 아님을 보여줄 것이다. 사복음서 가운데 매우 특이한 복음서가 있다면 그것은 일반적으로 의식적 정결함에 관한 문제를 다루지 않는 요한복음일 것이다. 그럼에도 나는 4장에서 요한복음에 나타난 이와 관련된 내용을 논의할 것이다.

---

17 여기서는 다음을 보라. Fredriksen, "Did Jesus Oppose the Purity Laws?"

18 Tom Holmén("Jesus' Inverse Strategy," 25)은 예수의 정결함이 전염력이 있었다고 주장하지만, 이것은 틀린 주장이다. 왜냐하면 정결함은 어떤 **힘**이 아니라 어떤 존재의 **상태**(그리고 실제로 어떤 실제적 존재가 아닌 부정함의 **결여**를 나타내는 부정적인 상태)를 나타내기 때문이다. 오히려 부정함을 제압하는 힘은 예수의 **거룩함**이다. 예를 들어 하나님께 바친 피는 (암묵적으로) 제사장들의 관점에서 보면 거룩하다. 왜냐하면 바로 이 피가 부정함을 제거해주기 때문이다(레 17:11).

공관복음 문제(즉 마태복음, 마가복음, 누가복음 간의 문학적 관계)와 관련하여 나는 마가복음이 가장 먼저 기록되었고, 마태와 누가가 각각 마가복음에 대해 알고 있었으며 또 이를 활용했다고 믿는다. 더 나아가 나는 누가가 마태복음에 대해 알고 있었고 또 이를 활용했다는 확신을 더욱 강하게 갖게 되었다. 이러한 확신은 내가 점점 더 많은 학자들이 누가가 마태복음에 대해 알고 있었다고 믿는 견해(패러 가설)를 따르도록 만든다. 이는 심지어 대다수 학자들이 누가가 마태복음에 대해 알지 못했고, 누가와 마태가 독립적으로 마가복음과 Q라는 또 다른 복음서를 활용했다는 견해(두 자료 가설)를 견지함에도 불구하고 그러하다. 물론 나는 이 책에서 Q 문서 안에서 의식적 부정함이 어떤 역할을 하는지 다루지 않는다는 점에 대해 후자의 견해를 지지하는 학자들이 불만족스러워할 것이라는 것을 잘 알고 있다.[19] 아무튼 나는 내가 존재한다고 믿지 않는 것에 관해 논하는 것을 거부한다.

3장에서는 "레프라"로 고통받는 사람들을 만나는 예수의 이야기를 살펴볼 것이다. 나는 특별히 마가복음 1:40-45에 초점을 맞출 것인데, 이는 이 본문이 이 질병으로 고통받는 사람과 소통하는 예수의 첫 번째 이야기를 가장 자세히 다루고 있기 때문이다. 나는 예수가 의식적 부정함에 반대한다는 점을 마가가 독자들에게 전달하는 것이 이 이야기의 주된 목적 가운데 하나라고 믿는다. 예수는 의식적 부정함을 초래하는

---

19 이 패러 가설에 관해서는 다음을 보라. Goodacre, *Case against Q*; Poirier and Peterson, *Markan Priority without Q*.

질병에 걸린 사람들을 치유하기를 **원한다**. 좀 더 분명히 말하자면 의식적 부정함에 반대하는 것은 정결 의식 체계 자체를 반대하는 것을 의미하지 않는다. 예수의 이야기를 서술하는 데 있어 마가(그리고 마태와 누가)에게 가장 중요한 점은 예수가 의식적 부정함을 일으키는 질병을 열정적으로 제거하려고 한다는 것이다. 이러한 예수의 열정은 그와 같은 의식적 부정함이 이 세상에 이미 존재할 뿐만 아니라 이 문제를 자신이 해결해야 한다는 그의 굳건한 믿음을 잘 보여준다.

4장에서는 예수가 열두 해 동안 혈루증으로 고생한 여인을 고치는 이야기(막 5:25-34; 마 9:20-22; 눅 8:42b-48)를 다룰 것이다. 비록 모든 의사가 실패했지만, 예수는 그 여인을 성공적으로 치유한다. 이 이야기는 예수가 의식적 부정함의 근원을 퇴치할 수 있다는 여인의 확신이 예수의 본질에 근거하고 있음을 보여준다. 설령 예수가 여인을 치유하고픈 마음이 없었다거나 그런 결정을 내리지 않았다 하더라도 그의 몸은 그녀의 부정함을 멸하는 능력을 발산하지 않을 수 없었다. 이 이야기는 예수의 몸이 무의식적으로 부정함을 제거할 수밖에 없는 강한 힘을 지니고 있음을 암시한다.

5장에서는 시체와 소통하는 예수를 다룰 것이다. 나는 복음서 저자들이 죽음에 대한 예수의 능력을 어떤 방식으로 강조했는지를 보여줄 것이다. 사실 우리는 시간이 흐름에 따라 초기 그리스도 추종자들이 점점 죽은 시점이나 장소에서 더 멀리 떨어진 시간과 장소에서 예수가 그 죽은 사람을 다시 살리는 모습을 묘사하고 있을 발견하게 될 것이다.

복음서 저자들에게 있어 의식적 부정함의 근원을 제거한다는 것은 예수의 사역에서 매우 중요한 부분이었다. 6장에서 나는 여러 형태의 부정함, 즉 영적 부정함 또는 악마적 부정함에 관해 다룰 것이다. 복음서 저자들은 예수가 사람에게서 귀신을 내어쫓는 일을 묘사하는데, 종종 이 귀신들을 부정한 영들(그리스어: *pneumata*)이라고 부른다.

예수의 사역 중 이러한 정화 사역은 유대 율법을 이해하고 준수하는 데 필수적이라고 할 수 있는 안식일에 대한 예수의 이해를 새롭게 조명해준다. 따라서 나는 7장에서 예수가 거룩한 안식일을 완전히 무시했다는 주장을 논리적으로 설명할 것이다. 복음서 저자들은 과연 예수가 거룩한 영역에 집중하고 부정한 영역에 반대했다는 사실을 일관되게 보여주고 나서도 그가 거룩한 안식일을 무시했다고 생각했을까? 나의 주장은 복음서 저자들이 예수가 생명의 근원인 거룩하신 하나님의 지배 영역을 넓히기 위해 거룩한 안식일을 부정함과 죽음의 세력에 대항하는 데 활용하는 것으로 묘사한다는 것이다. 다시 말하면 그들은 예수의 안식일 치유가 안식일을 훼손한다고 믿지 않았다. 그들은 오히려 예수가 안식일에 행한 행동이 하나님이 안식일을 통해 성취하고자 하신 온전한 삶을 가져다준다고 묘사한다.

마지막으로 나는 앞장에서 다룬 내용을 간략하게 요약하고 이 내용을 예수의 죽음과 부활에 대한 복음서의 묘사와 연결할 것이다. 나는 이 부분이 바로 예수가 의식적 부정함과 소통하는 모습을 그리는 복음서 저자들의 묘사를 드러내기에 가장 좋은 문학적 성과이자 신학적 성과라고 생각한다. 예수가 의식적 부정함의 근원을 파괴한다는 생각은 예수의 사역을 그의 죽음 및 부활과 연결하는 데 유익하다. 이러한 다양한 의식적 부정함―내가 주장하듯이 모든 죽음의 세력―과 벌이는 예수의 소소한 접전은 예수의 몸을 장악하게 될 그의 십자가 처형을 예고한다. 마침내 죽음이 예수를 압도한 것처럼 보이는 바로 그 시점에 이스라엘의 하나님은 그를 죽은 자 가운데서 일으키시고 그를 죽음 (자체)마저 물리친 영원한 승리자로 우뚝 세우신다.

내가 이제 이 책에서 시도하고자 하는 것은 그리스도인들이 의식적 부정함에 관한 율법을 포함하여 구약성경 전체에 대한 신학적 신념을 회복할 수 있도록 든든한 기초를 제공하는 것이다. 복음서의 예수는 오직 레위기를 비롯하여 다른 구약 본문에 기록된 정함과 부정함에 대해 제사장 문헌의 시각, 정황, 관심사와 일치할 경우에만 이해가 가능하다. 나는 또한 모든 독자들에게 복음서 저자들이 예수를 유대 율법과의 연장 선상에서(유대 율법에 반하는 것이 아니라 이에 잘 어울리는 관계 속에서) 묘사할 때 가장 잘 이해된다는 견해를 제시하기를 소망한다. 나는 이처럼 그들이 율법을 철저히 준수하는 예수를 묘사하는 것이 단지 고고학적 관심사에 그치지 않고 유대교와 기독교 간의 대화를 촉진하는 자극제가 되기를 바란다. 또한 이것이 예수가 유대 율법을 거부했다고 생각하는 그릇되고 잘못된 오해에서 이스라엘의 하나님이 예수 안에서 죽을 수밖에 없는 인간의 문제를 처리하고자 했다는 복음서 저자들의 확신으로 돌아서게 하는 계기가 되기를 소망한다.

제1장

예수의 세계에 대한 개요

고대 유대 정결 사상의 세계로 들어간다고 한번 상상해보자. 첫째, 하나님은 이 세상을 다양한 방식으로 구성하셨다. 하지만 이스라엘 백성에게 가장 중요한 것은 아마도 이분법 구조, 즉 거룩한 것과 속된 것, 정한 것과 부정한 것을 구분하는 것이었을 것이다. 이러한 구조는 하나님이 이스라엘의 제사장들을 (다른 이스라엘 백성들과) 구별하시는 본문에 잘 나타나 있다. 그 당시 하나님은 제사장들에게 이스라엘 사회 안에서 그들이 해야 할 기본적인 역할을 일러주셨다. "너희가 거룩하고 속된 것을 분별하며 부정하고 정한 것을 분별하고"(레 10:10). 오늘날 그리스도인들이 구약성경이라고 부르고, 또 유대인들이 성경 또는 타나크라고 부르는 경전에 포함되어 있는 글은 대부분 이 네 가지 범주에 큰 관심을 보이지 않는다. 하지만 예수 시대에 이르러서는 다수의 글이, 사용한 언어를 통해 알 수 있듯이, 바로 이러한 구분에 크게 의존하고 있음을 알 수 있다.

하지만 이 범주들은 이 본문들을 접해본 다수의 독자들이 생각하는 것처럼 서로 동일시되어서는 안 된다.[1] "거룩한"이란 단어는 "정한"이란 단어와 같은 의미가 아니다. 또한 "속된"과 "부정한"도 서로 같은 의미가 아니다. "거룩한"의 범주는 특별한 용도에 사용되는 것과 관계가 있다. 그런 의미에서 이것은 이스라엘이 행하는 의식과 관계가 있고, 따라서 이스라엘의 하나님과 관계가 있다(레 11:44; 20:7, 26; 22:32). 예

---

1   신약학자들의 이러한 일반적인 오해 사례는 다음을 보라. Neyrey, "Symbolic Universe of Luke-Acts"; Borg, *Conflict, Holiness, and Politics*, 8; D. Garland, *Reading Matthew*, 107; Grappe, "Jesus et l'impureté."

를 들면 성전이 거룩한 것처럼(시 11:4) 안식일도 거룩하다(출 31:14). 또 라틴어 "프로파누스"(*profanus*, "성전 밖의")에서 유래한 "속된"의 범주도 세속적 또는 일반적인 용도에 사용되는 것을 가리킨다. 여기서 profane 이라는 영어 단어가 오늘날 나쁜 것을 지칭하는 데 사용된다는 것 또한 혼동을 일으킬 수 있다. 속되다는 것에는 더럽거나 부정하거나 죄가 된다는 의미가 담겨 있지 않다.

첫 번째 이분법은 이 세상의 한 측면을 보여준다. 즉 **모든** 것은 거룩하거나 속되다는 것이다. 그리고 이 세상에 존재하는 것은 대부분 속된 범주에 속해 있다. 예를 들어 일주일의 엿새는 속된 날이다. 제사와 상관이 없는 이스라엘의 건물이 그렇듯이 말이다. 어떤 물건이나 사람은 동시에 거룩하고 속될 수 없다. 하지만 앞으로 우리가 곧 살펴보겠지만, 성전이나 안식일처럼 거룩한 것이 속된 것이 되거나 속된 것이 거룩한 범주를 침해하면 위험을 자초하고 죄에 물들게 된다.

이 세상의 또 다른 측면은 정한 것과 부정한 것의 범주로 구성된다. 다시 한번 강조하지만, 이 세상의 모든 것은 이 두 범주, 곧 정하거나 부정한 범주 중 한편에 속한다. 또 재차 강조하지만, 어떤 물건이나 사람은 정하면서 동시에 부정할 수 없다. 속된 물건은 어떤 사람의 집과 같이 정할 수도 있고 부정할 수도 있다. 이러한 원칙은 거룩한 것에도 똑같이 적용된다. 거룩한 것도 정할 수도 있고 부정할 수도 있다. 거룩하게 구별된(=거룩한) 이스라엘의 제사장들도 정할 수도 있고 부정할 수도 있다. 재차 반복하지만, 거룩하다는 범주는 정하다는 범주와 같은 의미가 아니다. 속되다는 범주 역시 부정하다는 범주와 같은 의미가 아니다. 이 넷은 **서로 다른** 네 가지 범주에 속한다. 그리고 이스라엘 백성은 언제나 이 넷 중 한 가지 상태에 속하면서 다음 중 두 개의 형용사로 특징지어진다.

거룩하고 정한	거룩하고 부정한
속되고 정한	속되고 부정한

제사장 문헌에서 광야의 성막이나 예루살렘의 성전은 모든 거룩함의 근원이신 거룩하신 하나님이 그곳에 거하시므로 모두 거룩하다. 기본적으로 성막이나 성전은 울타리가 쳐 있는 출입 제한 구역이다. 즉 바깥 뜰은 성막이나 성전 주위에 어떤 보호벽의 역할을 하며, 성전을 둘러싸고 있는 벽은 오직 제사장들에게만 성소 출입을 허용하면서 추가적인 보호벽 역할을 한다. 심지어 성전 안에서도 내부의 휘장은 오직 대제사장만 1년에 대 속죄일에 한 번 들어갈 수 있는 지성소를 보호해준다(레 16장).

이러한 보호벽이 필요하고 하나님의 임재를 나타내는 그의 "카보드" 또는 영광[2]이 필요한 것은 이 세상에 존재하는 부정함 때문이다. 속된 영역에는 부정함이 존재할 수 있다. 속된 영역에서는 이러한 부정함이 어떤 즉각적인 결과를 초래하지 않으면서도 사람들에게 영향을 미칠 수 있다. 하지만 이스라엘의 제사장들은 하나님의 지시에 따라 이러

---

2   제사장 문헌에서 이 땅에 거하시는 하나님의 임재를 나타내는 하나님의 "카보드"에 관해서는 다음을 보라. Sommer, *Bodies of God*, 73-74.

한 부정함이 유입되면 안 되는 곳, 즉 이스라엘의 하나님이 거하시는 예루살렘 성전에 보호막을 세웠다. 성전의 이러한 다양한 경계선과 신성한 공간 출입을 금지하는 조항은 이 땅에 계신 하나님의 임재를 부정함으로부터 보존하기 위한 것이다. 부정함을 가지고 신성한 공간에 들어오는 이스라엘 백성은 백성 가운데서 끊어질 수밖에 없었다. 따라서 이러한 경계는 하나님의 임재의 보호뿐만 아니라 잘못된 방식으로 하나님께 다가감으로써 생길 수 있는 치명적인 결과로부터 그의 백성을 보호하기 위함이었다.

이러한 이중적 보호 기능 때문에 나는 물고기와 자전거의 연관성만큼이나 긍휼함과 정결함도 서로 연관성이 없다는 폴라 프리드릭슨의 주장에 단서를 달지 않을 수 없다.[3] 프리드릭슨은 예수의 긍휼함과 정결 의식 체계의 요구를 서로 대조하려는 기독교 학계의 시도를 올바르게 해체하려고 한다. 그럼에도 나는 긍휼함이 유대 정결 의식 체계에 생기를 불어넣어 준다고 말한다. 이 정결 의식 체계는 그의 백성 가운데 거하시는 하나님의 임재를 보존하기 위한 자애로운 보호 체계였으며, 만약 인간이 하나님께 잘못된 방식으로 접근할 경우 하나님의 임재는 그들에게 엄청난 위험을 초래할 수 있었다.

하나님의 임재가 얼마나 위험할 수 있는지에 대한 사례—의식적 부정함과 무관한—로 우리는 단 두 명의 제사장, 곧 나답과 아비후의 경우

---

3   Fredriksen, "Compassion Is to Purity."

를 고려해볼 수 있다. 그들은 이러한 하나님께 이상한 불을 가지고 다가 갔다가 죽임을 당했다(레 10장). 또 언약궤를 잘못 만졌다가 죽임을 당한 웃사도 기억하라(삼하 6장). 신성한 공간의 출입은 대대적으로 제재를 받 았는데, 이는 하나님의 긍휼하심이 부족해서가 아니라 거룩하신 하나 님이 자비로우시고 사랑이 많으실 뿐만 아니라 위험성을 내포한 강력 한 힘이라는 믿음 때문이었다. 나답과 아비후가 제사장이자 아론의 아들 이었다는 사실은 전혀 중요하지 않았으며, 웃사가 선한 마음으로 언약 궤가 땅에 떨어지는 것을 막으려 했다는 사실도 전혀 중요하지 않았다. 그렇다면 자신도 모르게 혹은 알고서도 부정한 물건을 거룩한 영역으 로 가지고 들어갈 때 발생할 수 있는 위험은 또 얼마나 더 크겠는가? 이 러한 하나님에 대한 묘사는 모세가 하나님을 대신하여 말함으로써 자 신들이 하나님을 직접 대면할 때 느낄 수 있는 두려움을 경험하지 않도 록 해달라는 이스라엘 백성들의 요구를 잘 설명해준다(출 20:18-21). 레 위기 15:31은 부정한 사람이 성막 또는 성전에 지나치게 가까이 접근하 는 것에 대한 제사장들의 우려를 함축적으로 잘 보여준다. "너희는 이와 같이 이스라엘 자손이 그들의 부정에서 떠나게 하여 그들 가운데에 있 는 내 성막을 그들이 더럽히고 그들이 부정한 중에서 죽지 않도록 할지 니라"(참조. 민 19:13, 20).

현대 그리스도인들은 이러한 사고를 C. S. 루이스가 『사자, 마녀, 그 리고 옷장』(The Lion, the Witch and the Wardrobe)에서 아슬란을 묘사한 방식 과 비교할 수도 있겠다. 아슬란이 사람이 아니라 사자임을 깨닫자 수잔은 다음과 같이 묻는다. "그는 꽤 안전한가요? 나는 오히려 사자를 만나는 것이 더 불안할 것 같은 느낌이 들어요." 이에 비버 부인은 "만약 무릎을 꿇지 않고서도 아슬란 앞에 나타날 수 있는 사람이 있다면 그는 대다수의 사람보다 용감하거나 아니면 그저 어리석은 사람일 것"이라고 대답한다. 어린 루시는 수잔의 질문을 반복한다. "그렇다면 그는 안전하지 않은가요?" 그러자 비버 씨가 대답한다. "안전하냐고?…비버 부인이 하는 말이 무슨 말인지 모르겠어? 누가 안전하다고 말했어? 물론 그는 안전하지 않지. 하지만 그는 좋은 분이셔. 내가 말해두지만 그는 왕이셔."[4] 이스라엘의 제사장들은 자신들의 하나님이 어떤 길들여진 신이라고 생각하지 않았다. 수많은 현대 캐리커처와는 달리 이러한 하나님에 대한 묘사는 그리스도인들이 가지고 있는 구약성경에만 독특하게 나타나는 것이 아니다(신약성경의 하나님도 온순하고 온화하신 분은 아니다). 예를 들어 누가는 아나니아와 삽비라가 예수 운동의 초기 지도자들을 속임으로써 나타난 치명적인 결과를 소개한다. 하나님은 아무런 경고도 없이 그들을 죽이셨다(행 5장). 간단하게 말해 잘못된 방식으로 이스라엘의 하나님께 접근하는 것은 위험한 일이다. 따라서 복음서 저자들이 예루살렘 성전을 비롯하여 이 땅의 하나님의 존재와 관련하여 거룩한 공간을 불경스럽게 사용하는 것에 대해 매우 강력하게 대응하는 예수의 모습을 그리고 있는 것은 그리 놀라운 일이 아니다(막 11:15-17; 참조. 마 21:12-17;

---

4   Lewis, *The Lion, the Witch and the Wardrobe*, 80.

눅 19:45-48; 요 2:13-17).

이러한 의식의 요구는 비록 인도적이긴 하지만 사람들이 부정한 상태에 있을 동안에는 하나님과 거리를 둘 필요가 있음을 의미한다. 만약 부정함이 하나님이 거하시는 장소에 누적되면 하나님은 그 장소를 떠나실 수밖에 없다. 이스라엘 백성이 성막이나 성전에 부정함이 누적되도록 방치하면 그들은 그에 대한 대가를 치러야만 했다. 성막이나 성전 주위의 경계선은 부정한 세력의 결과로부터 안(하나님의 임재)과 밖(부정한 상태에 있는 이스라엘 백성 누구나)을 모두 보호하는 기능을 수행했다. 이러한 사고는 고대 지중해 세계에서 보편적인 것이었다. 프리드릭슨이 지적하듯이 고대 "신들은 자신들의 처소 경내에 강한 애착을 보이는 경향이 있었고, 이 신들은 보통 사람들이 자신에게 접근할 때 지켜야 할 예절에 대한 뚜렷한 생각을 갖고 있었다."[5]

다양한 부정함의 세력

이 세상을 거룩함과 속됨, 정함과 부정함의 영역으로 나누는 상황에서는 어떤 특정 범주 하나에 집중하는 것이 필요하다. 이는 곧 부정함의 범주다. 다수의 학자들은 레위기에 두 가지 종류의 부정함이 존재한다고 주

---

5   Fredriksen, "Compassion Is to Purity," 56. 또한 다음도 보라. Milgrom, "Israel's Sanctuary."

장했다. 이는 곧 의식적 부정함과 도덕적 부정함을 말한다.[6] 안타깝게도 이 부분에서 절대 다수의 학자들이 이 두 유형의 부정함을 혼동함으로써 너무나도 많은 해석학적 오류를 범한다. 조너선 클러원스는 이 두 가지 형태의 부정함을 서로 비교할 수 있는 유용한 정보를 다음과 같이 제공해준다.

의식적 부정함	도덕적 부정함
회피할 수 없는	회피할 수 있는
천연 물질로부터	행동으로부터
전염될 수 있는	전염될 수 없는
씻어버림	속죄/처벌
가증하지 않은 것	가증한 것
죄가 안 됨	죄가 됨

---

6 Klawans, *Impurity and Sin*; Hayes, *Gentile Impurities and Jewish Identities*, 19-24. 그는 다른 곳에서 이렇게 말한다. "'의식적'과 '도덕적'이라는 형용사는 문제의 소지가 있다. 이 용어는 본문에 등장하지 않으며, 어느 용어도 성경이나 성경 이후에 기록된 후대 유대 문헌에서 하나의 범주로 등장하지 않는다"(*Impurity and Sin*, 22). Christophe Nihan은 의식적 부정함을 "물리적 부정함"으로 부르는 것을 선호한다. 왜냐하면 물리적 실체는 이와 같은 부정함을 유발하기 때문이다("Forms and Functions of Purity," 311-67). 모든 부정함이 다 물리적 실체로 인해 발생하는 것은 아니지만, 모든 부정함은 물리적 결과를 가져온다. 모든 부정함은 몸이나 토양, 또는 신성한 공간을 오염시킬 수 있다. David P. Wright는 허용된 부정함과 금지된 부정함이란 용어를 선호한다("Unclean and Clean [OT]"). 또한 Yitzhak Feder는 세 가지 종류의 부정함, 곧 불결함(정상적인 생식기 분비물 유출로 인한), 오염(비정상적인 분비물 유출, 레프라, 시체 등으로 인한), 죄의 얼룩(살인과 부적절한 성행위로 인한)을 이야기한다("Contagion and Cognition"). 또한 Thomas Kazen은 도덕적 부정함과 의식적 부정함을 서로 다른 유형으로 간주하는 것은 "부정함을 도덕적인 문제에 적용할 경우 더 이상 의식적 범주에 해당하지" 않으므로 문제의 소지가 있다고 적절하게 지적한다(*Emotions in Biblical Law*, 27). 비록 나는 이러한 다양한 우려의 목소리가 모두 중요하지만, 그 어느 대안도 명칭에 관한 문제를 해결해주지 못한다고 생각한다.

이러한 대조는 죄가 되는 도덕적 부정함과 본질적으로 죄가 안 되는 의식적 부정함 간의 핵심적인 차이를 확연하게 드러낸다. 도덕적 부정함과 의식적 부정함을 서로 혼합하는 것—신약학자, 신학자, 성직자, 평신도 등이 종종 범하는 오류—은 복음서 내러티브에 대한 우리의 이해에 커다란 영향을 미친다. 내가 위에서 지적했듯이 의식적 부정함과 도덕적 부정함이라는 두 범주는 서로 중첩되는 경우도 있다. 어떤 사람이 정해진 때에 정해진 방법으로 의식적 부정함을 제거하지 않으면 도덕적 부정함, 즉 죄로 이어질 수 있다. 결과적으로 나는 이러한 부정함이 어떤 스펙트럼을 형성하면서도 항상 상호 배타적이지 않다는 차원에서 이 두 범주를 이해하는 것이 좋다고 생각한다(참조. 도표 1).

비록 복음서 저자들이 도덕적으로 부정한 사람들과 소통하며 그들을 용서하는 예수를 묘사하지만, 이 책에서는 클러원스가 의식적 부정함이라고 부르는 것에 대부분 집중할 것이다. 그렇게 하는 이유는 복음서에 대한 해석이 종종 도덕적 부정함(죄)을 다루는 예수의 모습에 집중하고, 의식적 부정함을 다루는 모습은 다루지 않거나 또는 올바르게 다루지 않기 때문이다.[7]

---

7 죄 사함에 관한 2차 문헌은 넘쳐난다. 예컨대 다음을 보라. Hägerland, *Jesus and the Forgiveness of Sins*.

도표 1

의식적—————   —————도덕적

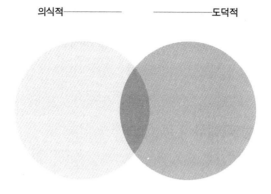

이 두 가지 유형의 부정함 외에도 레위기는 또 다른 유형의 부정함—나는 이것을 계보적 부정함이라고 부름—을 소개하는데, 나는 이것을 이 책의 부록에서 간략하게 다룰 것이다. 또 다른 유형의 부정함—제사장 문헌에서는 다루지 않지만, 복음서 저자들이 다루는 부정함—은 악마적 (또는 영적) 부정함이다. 유대 경전은 예언자 스가랴가 하나님이 이스라엘 땅을 정화하실 그날을 예고할 때 단 한 번 부정한 영에 대해 언급한다.[8] "만군의 여호와가 말하노라. 그날에 내가 우상의 이름을 이 땅에서 끊어서 기억도 되지 못하게 할 것이며 거짓 선지자와 더러운 귀신을 이 땅에서 떠나게 할 것이라"(슥 13:2). 제사장 집안의 후손(1:1; 참조.

---

8   나는 히브리어 본문을 논할 때는 영을 항상 "루아흐"(*ruaḥ*, 또는 복수일 경우에는 "루호트" *ruḥot*)로, 그리스어 본문을 논할 때는 "프뉴마"(*pneuma*, 또는 복수일 경우에는 "프뉴마타" *pneumata*)로 지칭할 것이다. 이는 "영" 또는 "영적"이라는 단어가 종종 현대 독자들이 어떤 비물질적인 것으로 오해하게 만들기 때문이다. 다음과 같은 유용한 논의도 참조하라. P. Robertson, "De-spiritualizing *Pneuma*."

스 5:1)인 스가랴 자신이 여기서 일종의 악마적 존재를 언급하고 있는지
는 불확실하지만, 일부 후대 유대인들은 마귀를 가리키기 위해 이를 포
함하여 이와 유사한 다른 어구들을 사용했다(6장을 보라).[9]

의식적 부정함 이해하기

복음서의 예수를 이해하려면 우리는 유대 정결 의식 체계를 구성하
는 요소 가운데 일부를 고려해야만 한다. 따라서 우리가 의식적 정결함
에 관한 연구에 크게 이바지한 인류학자 매리 더글러스(Mary Douglas)의
저서를 갖고 있다는 사실은 행운과도 같다. 레위기와 민수기에 대한 그
녀의 연구와 그 연구에 대한 전유 및 비판을 보면 의식적 정결함은 유대
경전과 초기 유대교, 그리고 (좀 덜한 수준에서) 신약성경을 연구하는 학자
들의 학문적 과제로 부상했다.[10] 우리는 제이콥 밀그롬의 광범위한 저작
도 가지고 있다. 그의 레위기와 민수기 연구는 수십 년에 걸쳐 진행되었
으며, 세 권으로 된 그의 레위기 주석서에서 그 절정에 달했다.[11]

---

9   Lange, "Considerations concerning the 'Spirit of Impurity,'" 및 6장의 논의를 보라.
10   다음을 보라. Douglas, *Purity and Danger*; Douglas, *In the Wilderness*; Douglas, *Leviticus as
     Literature*; Douglas, *Jacob's Tears*. Douglas의 주장과 소통하는 일련의 논문은 다음을 보라.
     Sawyer, *Reading Leviticus*; Lemos, "Universal and the Particular"; Lemos, "Where There Is
     Dirt."
11   Milgrom, *Leviticus 1-16*; Milgrom, *Leviticus 17-22*; Milgrom, *Leviticus 23-27*. 레위기
     를 축약적으로 다루는 저서를 찾는 독자들은 다음을 보라. Milgrom, *Leviticus: A Book of*

우리가 위에서 살펴본 바와 같이 제사장 문헌에 나타난 의식적 부정함의 주된 세 가지 **근원**은 혈액/정액, "레프라", 시체다(참조. 레 12-15장; 민 19장). 앞으로 나는 이 책에서 이 의식적 부정함의 세 가지 신체적 근원의 증상 및 관련 규례를 보다 더 상세히 검토할 것이다. 여기서는 일단 몇 가지 중요한 관찰만 언급하고자 한다.

속된 것이 의식적으로 부정한 것과 접촉하면 속된 것은 의식적으로 부정한 것이 된다. 레위기 12-15장과 민수기 19장의 규례는 이러한 일부 의식적 부정함에 관해 다룬다. 이러한 속된 것과 부정한 것의 결합은 자연스러운 것이었으며 일반적으로 불가피했다. 예를 들어 출산, 월경, 성관계 등은 의식적 부정함을 유발한다. 이런 것들은 인간의 자연적인 기능이다. 이스라엘 백성 중 대다수는 이러한 의식적 부정함을 한때 경험했을 것이다. 제사장 규례는 이스라엘 백성이 이러한 부정함에 오염되는 것을 금하지 않았으며, 오염되었다고 해서 처벌하지도 않았다. 제사장 규례는 사람들이 그러한 부정함에 오염될 것을 전제하고 그러한 부정함을 제거할 수 있는 의식적 수단을 제공한다. 단지 사람들이 부정함을 적절하게 처리하지 않을 경우에만 이것이 잘못된 사례로서 문제가 된다. 의식적으로 부정한 사람이 신성한 장소에 들어가면 이는 죄가 된다. 이 사람은 거룩한 영역에 들어가기 전에 하나님이 규정한 부정함을 제거할 수 있는 의식적 수단을 사용했어야 했다. 따라서 레위기

---

*Ritual and Ethics*는 그의 세 권짜리 주석서에 담겨 있는 많은 통찰을 함축하고 있다.

7:20은 부정한 상태에서 화목제물의 고기를 먹은 사람은 자기 백성 중에서 끊어질 것이라고 규정한다(참조. 레 22:3, 9). 바로 이 시점에서 속된 사람의 의식적 부정함은 일종의 도덕적 부정함으로 변한다. 거룩한 것과 접촉하기 이전에 자신의 이러한 의식적 부정함을 처리하지 않았으므로 이 사람은 이스라엘의 거룩하신 하나님께 대해 불경함을 드러낸 것이다.

　　일단 거룩한 공간에 대한 부정함이 그 한계점에 도달하면 하나님은 그 오염된 신성한 공간을 떠나실 수밖에 없다. 거룩한 공간이 오염되었을 때 그 문제를 처리하지 않고 그대로 방치하면 그 부정함은 거룩하신 하나님이 그 성전을 떠나시게 만든다. 그리고 거룩함은 하나님으로부터 온 것이므로 거룩하신 하나님이 그 성전을 떠나시면 그 거룩한 공간은 속된 공간이 된다. 밀그롬에 의하면 부정함과 거룩함은 "의미상 반의어이며, [거룩함]의 진수와 근원이 하나님께 있는 만큼 이스라엘이 거룩하신 하나님의 영역을 침범하지 못하도록 부정함을 통제하는 것이 필요하다. 서로 우주적 투쟁을 벌이는 세력은 더 이상 이스라엘 주변국의 신화에서만 넘쳐나는 선한 신들과 악한 신들이 아니라 하나님의 계명에 순종하거나 또는 반항함으로써 인간 스스로가 풀어놓은 삶과 죽음의 세력이다."[12]

　　"레프라" 환자들에 대한 고대 문헌의 서술에 기초하여 밀그롬은 이 세 가지 의식적 부정함의 근원이 공통적으로 죽음을 상징한다고 주장한다. 즉 시체는 당연히 죽은 사람의 몸이다. "레프로스" 즉 "레프라" 환

12　Milgrom, "Dynamics of Purity," 32. 6장에서 나는 이 세력들이 악마를 가리키지 않는다는 Milgrom의 주장을 검토할 것이다.

자는 시체처럼 보이고, 생식기 분비물 유출로 고생하는 자들은 생식기 혈액 또는 정액에 담겨 있는 생명력을 잃어버린다. 이러한 관찰을 통해 그는 유대교 내에서는 의식적 부정함이 죽음의 세력을 상징한다고 결론 짓는다.[13] 물론 **유대** 사상에 대한 보다 더 광범위한 주장을 펼치기 위해 **제사장** 문헌에 근거한 추론을 펼치는 것은 문제가 있다. 설령 그것이 부정함에 대한 제사장들의 생각이라 할지라도 우리는 단순히 모든 고대 유대인들이 이러한 생각을 공유했다고 결론 내릴 수는 없다. 어떤 전체적인 상징적·신학적 체계가 제사장 문헌의 정결 의식 체계를 형성하는 데 동기를 부여했다고 가정하는 것도 상당히 위험하다.[14] 이러한 비판에도 불구하고 밀그롬은 다수의 고대 유대 문헌이 부정함의 두 가지 근원(시체뿐만 아니라 "레프라"까지)을 죽음과 명시적으로 연관 짓는 점을 올바르게 관찰한다(민 12:12; 왕하 5:7; 그리고 아마도 욥 18:13). 따라서 생식기 분비물 유출도 생명력의 손실을 상징하고, 이로써 가장된 죽음을 상징한다는 결론 역시 불합리적이지만은 않다.

그럼에도 일부 학자들은 이러한 부정함과 죽음의 연관성이 그리 설득력이 없다고 주장해왔다. 어떻게 생식기 분비물 유출과 관련이 있는 성관계나 출산이 죽음을 상징할 수 있을까?[15] 만약 생식기를 통한 혈액

---

13 다음을 보라. Milgrom, "Rationale for Biblical Impurity." Milgrom은 Frank H. Gorman Jr. in *Ideology of Ritual*을 포함하여 다수의 학자들의 지지를 받는다.

14 Watts, *Ritual and Rhetoric in Leviticus*의 비평을 보라.

15 예컨대 다음을 보라. Frymer-Kensky, "Pollution, Purification and Purgation"; Maccoby, *Ritual and Morality*. 고대 유대인들이 출산과 죽음을 서로 연결할 수 있었다는 사실은 쿰

유출 및 정액 분비가 그 부정함을 초래하는 생명력의 손실을 의미한다면 생식기 혈액뿐만 아니라 그 어떠한 혈액의 손실도 부정한 것으로 취급되어야 하지 않을까?[16] 결과적으로 이 학자들은 의식적 부정함이 일반적으로 인간은 반드시 죽는다는 사실을 의미한다고 주장한다. 이런 의미에서 인간은 거룩함의 영역과 구별되며, 시작과 끝, 태생이나 죽음이 없는 불멸의 하나님과 구별된다. 기원후 5세기의 유대교 창세기 주석에 보존되어 있는 한 어록은 출생과 죽음을 서로 연결하면서 하나님과 인간 사이의 이러한 구별을 매우 적절하게 설명한다. "그 가르침은 이렇다. 자식이 있는 것은 죽고, 부패하고, 창조의 대상이 되지만, 창조할 수는 없다. 하지만 자식이 없는 것은 죽거나 부패하지 않고 창조하지만, 창조의 대상이 되지 않는다. 랍비 아사랴는 랍비의 이름으로 이렇게 말했다. 이것은 위에 계신 분과 관련하여 말한 것이다."[17] 만약 이 어록이 기원후 1세기의 랍비 아사랴에게 거슬러 올라간다면 일부 당대 유대인들도 출

란에서 발견된 찬송에서도 확인할 수 있다. "나는 처음 출산하는 여인처럼 괴로웠는데, 이는 산통이 그 여인을 덮치고 출산을 알리는 그 고통이 산모의 자궁을 열게 만들었을 때와 같았다. 아기가 죽음의 파도를 헤치고 나오면서 남자아이를 임신한 여인이 고통에 시달리게 되는데, 이는 죽음의 파도를 통해 남자아이가 태어날 것이기 때문이다"(*1QHodayot* XI, 7-10). 내가 4장에서 다루겠지만, 아시리아 문화와 바빌로니아 문화를 포함한 고대 근동 문화도 출산을 죽음과 연결지었다(궁극적으로 산모가 사망률이 높았던 시대에 출산과 죽음을 서로 연결짓는 것은 매우 보편적인 일이었을 것이다!).

13세기의 나흐마니데스는 성관계와 관련하여 다음과 같이 말한다. "정액 배출이 부정하게 만드는 이유는 그것이 생식 과정의 일부임에도 불구하고 죽음이 부정하게 만드는 이유와 같기 때문이다.…사람은 자신의 씨가 헛되이 낭비될지, 아이를 얻는 결과를 가져다줄지 알 수 없다"(Milgrom, *Leviticus 1-16*, 934에서 인용한 것처럼).

16 Maccoby, *Ritual and Morality*, 49.
17 *Genesis Rabbah* 12.7.

산(그리고 암묵적으로 성관계)과 죽음의 연관성을 인식하고 있었음을 보여준다. 인간(및 나머지 피조물)과 이스라엘의 하나님 사이에 존재하는 이러한 격차는 성막 의식 및 성전 의식에 있어 필수적이다.[18] 거룩한 것은 죽음의 정반대인 생명일 수밖에 없다.

따라서 고대 유대인들은 백성 가운데 거하시기로 작정하신 하나님께 가까이 나아가기 위해서는 성전 제의와 관련된 여러 가지 규례를 지키는 것이 필수적이라고 여겼다. 이스라엘은 이러한 규정을 따를 경우에만 백성 가운데 거하시는 하나님의 임재를 계속 경험할 수 있었다. 벤자민 소머(Benjamin Sommer)는 다음과 같이 지적한다. "제사장 전통의 핵심 주제 가운데 하나(어쩌면 제사장 전통에서 가장 핵심적인 주제)가 바로 자신이 창조한 이 땅에 내재하기를 원하시는 초월적 하나님의 열망이다."[19] 소머의 통찰은 더 많은 통찰을 가져다준다. "P 문서[제사장 문헌]가 묘사하듯이 시내산 사건들이 일어난 목적은 하나님의 내재성 때문이며, 율법은 바로 그 목적을 위한 수단이다. 따라서 P 문서가 기본적으로 율법주의적이거나 율법을 미화한다고 말하는 많은 현대 학자들은 이 문서를

---

18 나는 Lemos에 동의하면서 이러한 의식은 신학적 성찰을 통해 생겨난 것이 아닐 개연성이 높다는 점을 강조하고 싶다. 오히려 이러한 의식은 시체, "레프라", 그리고 죽음을 생식기 분비물과 연결하는 신학적 성찰을 가져다주었다. 그녀는 "도식화를 추구하는 유형의 분석은 거의 항상 의식은 믿음에 종속된 것으로, 육체는 생각에 종속된 것으로 본다"라고 적절하게 경고한다("Where There Is Dirt," 294). 아니면 Walter Burkert가 지적하듯이 "사상은 의식을 생산하지 않는다. 오히려 의식 자체가 사상을 생산하고 형성하며, 심지어 경험과 감정까지 만들어낸다"(*Homo Necans*, 28).

19 Sommer, *Bodies of God*, 74.

오해하는 것이다. P 문서의 주요 관심사는 율법이 아니라 율법 준수를 가능케 하시는 하나님의 임재다."[20] 그렇다면 정결 의식과 제물에 관한 모든 규례는 사실 현대 종교인들이 말하는 "하나님과 이스라엘의 관계"를 유지하기 위한 것이다. 다시 말하면 정결 의식 체계는 그 무엇보다도 이스라엘의 제사장들이 살던 세상에서 하나님과 함께 하는 삶을 영위하기 위한 것이었으며, 따라서 곧 죽음과 삶의 문제였다.

제사장들의 보호 역할

하나님은 이러한 경계를 감시하는 임무를 제사장들에게 위임했다. 첫째, 제사장들은 거룩하거나 신성한 것과 속되거나 일반적인 것을 서로 구별한다. 그들은 또한 깨끗하거나 정한 것과 더럽거나 부정한 것을 구별해야 한다. 밀그롬의 표현대로 "구별하는 것이 제사장이 해야 할 역할의 본질이다."[21] 그들은 부정함의 세력을 억제하기 위해 경계를 정하고 유지함으로써 하나님의 임재나 이스라엘과 하나님의 공존이 위험에 처하게 되지 않도록 하는 매우 중요한 임무를 위임받았다.

하지만 유대 경전은 이스라엘의 제사장 제도가 때로는 거룩한 것

---

20   Sommer, *Revelation and Authority*, 57.
21   Milgrom, *Leviticus: A Book of Ritual and Ethics*, 95. 또한 다음도 보라. Olyan, *Rites and Rank*, 15-27.

과 속된 것, 정한 것과 부정한 것을 서로 혼합하면서 그들에게 주어진 임무를 저버렸다고 비난한다. 따라서 제사장이자 후기 예언자 가운데 한 명인 에스겔은 이러한 구분을 철저하게 요구하지 못한 제사장들을 비난한다. "[이스라엘의] 제사장들은 내 율법을 범하였으며, 나의 성물을 더럽혔으며, 거룩함과 속된 것을 구별하지 아니하였으며, 부정함과 정한 것을 사람이 구별하게 하지 아니하였으며, 그의 눈을 가리어 나의 안식일을 보지 아니하였으므로, 내가 그들 가운데에서 더럽힘을 받았느니라"(겔 22:26; 참조. 44:23). 이스라엘이 행한 행위는 거룩한 공간(예루살렘 성전의 성물들), 거룩한 시간(안식일), 거룩함의 근원(이스라엘의 하나님)을 더럽혔다. 또한 스바냐도 예루살렘의 "제사장들은 성소를 더럽히고 율법을 범하였도다"라고 비난한다(습 3:4). 예언자 말라기 역시 제사장들이 거룩함과 속됨의 범주와 부정함과 정함의 범주를 구별하도록 백성들을 가르치는 책임을 다하지 못했다고 비난한다. "너희는 옳은 길에서 떠나 많은 사람을 율법에 거스르게 하는도다. 나 만군의 여호와가 이르노니 너희가 레위의 언약을 깨뜨렸느니라"(말 2:8). 이와 마찬가지로 예언자 호세아도 제사장들의 가르침에 항의한다. "내 백성이 지식이 없으므로 망하는도다. 네가 지식을 버렸으니 나도 너를 버려 내 제사장이 되지 못하게 할 것이요, 네가 네 하나님의 율법을 잊었으니 나도 네 자녀들을 잊어버리리라"(호 4:6). 에스겔도 야웨의 성소를 이방인들이 지키도록 허용한 이스라엘을 비난하면서 이러한 경계선이 무너졌음을 묘사한다(겔 44:8). 민수기에 의하면 하나님은 레위인들이 거룩한 것과 속된 것의 경계를 지키라고 요구하셨다. 오직 레위인만 회막 앞에서 직무를 수행할 수 있었다. 그들 외에 성막에 가까이 오는 자는 누구나 사형을 당했다(민 1:51; 3:10, 38; 18:7).[22] 따라서 이 여러 예언자에 의하면 이스라엘 제사장들은 이스라엘 백성을 율법으로 가르쳐야 할 책임을 소홀히 했다. "제사장에게는 율법이 없어질 것이요"(겔 7:26). 에스겔 22:26에 의하면 이러한 제사장들의 직무 유기는 하나님을 모독하는 것이었다.

따라서 현대 독자들은 이러한 제사장들에 대한 비난을 정결 체계나 신성한 영역에 대한 제사장들의 권위를 거부하는 것으로 이해해서는 안 된다. 이러한 비난은 오히려 많은 유대인들이 정결 체계의 중요성을 확신하고 거룩한 것과 속된 것, 정한 것과 부정한 것을 정확하게 구별하도록 제사장들이 이스라엘을 지도하는 것이 무엇보다 중요하다고 믿고 있었음을 보여준다. 예언자들에게 있어 이러한 실패를 정결 의식 체계 내에서 해결하는 방법은 이 체계를 포기하는 것이 아니라 그 경계선을 더 정확하게 긋고 이를 적절하게 유지하는 것이었다.

제사장 문헌에 의하면 하나님은 부정함을 제거함으로써 성전 출입을 제한적으로 할 수 있는 일련의 단순한 의식 행위를 이스라엘 백성에게 마련해주셨다. 사실상 하나님은 이스라엘을 위해 이러한 부정함을 제거하는 데 효과적인 의식 제도를 제정하셨다. 이러한 제도는 기본적으로 시간과 물(그리고 특별한 경우에는 피 또는 재)의 결합으로 이루어졌다. 그

---

22 다음을 보라. Milgrom, *Studies in Levitical Terminology*.

러나 이러한 의식적 세제(detergents)는 부정함을 제거하는 데 한계가 있었다. 이러한 세제는 사람을 본질적으로 부정하게 만드는 어떤 상태로부터 파생된 여파만을 제거할 뿐, 부정함을 유발하는 어떤 신체적 상태에서 벗어나게 하기 위해 고안된 것이 아니었고, 또 그렇게 할 수도 없었다. 예를 들어 이 세제들은 비정상적인 생식기 유출이나 "레프라"를 치유하거나 죽은 사람을 다시 살려내지는 못했다. 하나님이 이 세제에 부여한 유일한 목표는 이 세상을 변화시키는 것이 아니라 현 상태를 그대로 유지하는 것이었다.

유대 세계의 묵시적 변화

이스라엘의 제사장들은 과연 이러한 의식이 더 이상 필요 없게 될 때를 열망했을까? 제사장이자 예언자였던 에스겔은 훨씬 더 좋고, 크고, 강력한 보호벽을 기대했지, 부정함이 더 이상 존재하지 않는 우주적 변화를 기대하지 않았다(겔 40-48장). 우리는 여기서 하나님의 영(ruah)이 부정한 시체를 소생시켜 정화된(또는 정화 가능한) 인간으로 변화시키는 에스겔 37장과 마른 뼈 골짜기를 생각할 수 있다. 하지만 심지어 이러한 놀라운 변화조차도 이러한 부정함이 더 이상 존재하지 않는 어떤 새로운 실재를 보여주는 것처럼 보이지는 않는다.

　더 나아가 제사장 문헌 저자가 마귀에 관한 주제에 연연하지는 않은 반면, 후대의 많은 유대인들은 확실히 이 주제에 큰 관심을 두었고, 또 마귀를 부정한 영역과 연결지었다. 따라서 어떤 이들은 부정함에 대항하는 세력이 이 세상에 도래할 것을 소망했다. 사실 우리는 현재의 상황에 급진적인 변화를 가져다줄 새로운 세상을 바라는 종말론적 기대가 폭발적으로 나타나는 것을 목격한다.[23] 이러한 종말론적 열망은 때때로 이스라엘(그리고 전 세계)을 현재의 상황에서 구원할 메시아를 고대하는 것과 연결되기도 했다.[24]

우리는 복음서 저자들과 그들이 묘사하는 예수를 이러한 종말론의 세계 안에 배치해야 한다.[25] 복음서 저자들은 하나님이 부정함의 실제적 근원을 퇴치하기 위해 예비하신 인물로 예수를 묘사한다. 의식적 부정함을 유발하는 일차적인 조건이 제거되면 사람들은 나머지 의식적 부정함을 제거할 수 있는 간단한 절차를 자연스럽게 따를 수 있게 된다. 우리는 예수가 "레프라" 환자를 치유하는 내용에서 이러한 과정을 보게 되는데 (막 1:44), 이 내용은 3장에서 다룰 예정이다. 복음서의 예수는 하나님의 거룩한 자, 곧 부정함과 죽음의 세력에 대항하며 궁극적으로 이를 퇴치하는 힘을 구현하는 인물이다.

---

23 다음을 보라. J. Collins, "Apocalyptic Eschatology."
24 초기 유대교 메시아 사상은 다음을 보라. Novenson, *Grammar of Messianism*.
25 일부 학자들은 이러한 종말론적 사상을 역사적 예수에게 귀속시킨다. 다음을 보라. Schweitzer, *Quest of the Historical Jesus*; J. Weiss, *Jesus' Proclamation*.

제2장

의식적 부정함의 세계에서 활동하는 예수

현대 전기 작가는 어떤 인물의 초년기가 종종 인생 전반에 커다란 영향을 미친다고 믿고 자신이 다룰 인물의 가정 배경을 크게 강조한다. 고대 전기(*bioi*) 역시 늘 그런 것은 아니지만 종종 그 인물의 유년기에 많은 지면을 할애했다.[1] 그렇다면 복음서 저자들은 예수의 가정 배경과 그의 사역의 시초를 과연 어떻게 묘사하고 있을까?

예수와 세례자 요한

비록 유년기에 관한 이야기는 생략되어 있지만, 마가복음은 요한의 물 세례라는 정황 속에 예수를 배치하는 방식으로 그를 독자들에게 소개한다. "세례[*baptizōn*] 요한이 광야에 이르러 죄 사함을 받게 하는 회개의 세례[*baptisma*]를 전파하니 온 유대 지방과 예루살렘 사람이 다 나아가 자기 죄를 자복하고 요단강에서 그에게 세례를 받더라[*ebaptizonto*].…그때에 예수께서 갈릴리 나사렛으로부터 와서 요단강에서 요한에게 세례를 받으시고[*ebaptisthē*]"(막 1:4-5, 9). 마태와 누가 역시 이 지점에서(마 3:13-17; 눅 3:21-23) 예수가 사역을 시작하기 전에 세례를 받는 장면을 배치하면서 마가복음을 따라간다.[2] 요한의 세례는 현

---

1 예컨대 다음을 보라. Xenophon's *Cyropaedia*와 Plutarch's *Life of Cato the Younger*; Pelling, "Childhood and Personality"와 Burridge, *What Are the Gospels?*

2 요한복음도 예수를 요한과 연결하지만, 예수의 세례에 대한 언급은 전혀 없다. 이러한

대 독자들에게 후대 기독교의 세례 의식("세례자 요한"이라는 일반적인 표현도 분명히 이러한 이해에 기여했다)을 상기시킬지 모르지만, 예수 시대의 유대인들은 요한을 당대의 유대 정결 의식 관행과 연관 지었을 것이다. 예를 들어 요세푸스는 요한의 세례를 도덕적 부정함과 연결짓지만, 이것이 몸의 정결과도 연관이 있음을 강조한다.[3] 요세푸스의 글에서 볼 수 있는 이러한 도덕적 정결함과 육체적 정결함 간의 연관성은 쿰란 공동체의 「공동체 규칙서」(Community Rule)에서도 찾아볼 수 있다. 이 문서의 작가는 사람이 율법에 어긋나는 길을 가는 동안에는 의식적 정결함이 효력이 없다고 단언한다. "[죄인]은 속죄 행위로 깨끗해지지 않을 것이며, 정결케 하는 물로도 정결해지지 않을 것이며, 바다나 강으로도 거룩해지지 않을 것이며, 씻는 물로도 정결해지지 않을 것이다. 부정한 자는 하나님의 율례를 거부하는 한 늘 부정할 것이다"(III, 4-6).[4]

침묵은 초기 그리스도 추종자들 사이에서 발견되는 예수와 요한의 관계에 대한 불편함을 보여줄 수 있다. 마태복음은 요한이 예수에게 한 말을 통해 이러한 불편함을 드러낸다. "내가 당신에게서 세례를 받아야 할 터인데 당신이 [세례를 위해] 내게로 오시나이까?"(3:14). 이와 관련하여 「나사렛인들의 복음」(Gospel of the Nazarenes)에는 예수의 식구들이 요한에게 세례를 받으러 갈 것을 그에게 종용하지만, 예수가 "내가 무슨 죄를 지었기에 그에게 세례를 받아야 합니까?"라고 대답하는 내용이 들어 있다(fragment 2, in Jerome, *Against Pelagius* 3.2). 여기서 당황스러움의 기준은 요한이 예수에게 세례를 준 것은 역사적으로 확실함을 암시한다.

3 Josephus, *Jewish Antiquities* 18.117.
4 물을 통한 정결 의식이 적절한 도덕성이 수반되지 않으면 아무런 효력이 없다는 신념은 그리스-로마 세계에서도 보편적이었다. 예를 들어 퓌토에 있던 델포이 신전의 한 신탁은 다음과 같이 말한다. "신들의 신성한 장소는 의인들에게 열려 있고, 그들에게는 그 어떤 정결 의식도 필요 없다. 그 어떤 더러움도 선행을 건드리지는 못한다. 그러나 마음이 사악한 너는 떠나라. 이는 네 몸에 아무리 물을 뿌려도 네가 네 영혼을 결코 정결케 하지 못할 것이기 때문이다"(*Greek Anthology* 14.74).

비록 우리는 요한의 세례 의식에 관해 상세하게 아는 것이 거의 없지만, 그러한 행위가 이루어진 장소는 우리에게 매우 중요한 정보를 다수 제공해준다. 첫째, 요한이 세례를 주기 위해 요단강을 사용한 것은 나아만에게 "레프라"에서 깨끗함을 받으려면 일곱 번 요단강에 몸을 담그라(ebaptisato)고 했던 엘리사의 명령을 연상시켰을 것이다(왕하 5:14; 70인역[이후로는 LXX]). 둘째, 사람들은 요한의 세례 행위를 약속의 땅으로 들어가는 종말론적 입성과 연관 지었을 것이다. 왜냐하면 여호수아는 그 땅을 소유하기 위해 이스라엘 백성에게 요단강을 건너게 했기 때문이다(호 3:15; LXX는 요단강 물로 들어가는 제사장들을 언급하며 동사 "밥토"[baptō]를 사용한다). 여호수아가 요단강을 건넌 것을 모방하는 차원에서 많은 유대인들을 요단강으로 이끈 테우다스에 관한 요세푸스의 기록은 이 이야기가 기원후 1세기의 많은 유대인들에게 반향을 일으켰을 가능성과, 또 요한에게도 이와 유사한 동기부여를 했을 가능성을 시사한다.[5] 셋째, 의식적 정결함에 관한 논의와 관련하여 흐르는 물 또는 "생수"(mayim ḥayyim)[6]라는 후대 랍비들의 물 사용은 요한이 정화수 가운데 가장 강력한 물을 사용하고자 했음을 암시한다. 예를 들어 앞에서 인용한 「공동체 규칙서」는 심지어 바다와 강조차도 하나님의 율례를 거부하는 자를 거룩하게 할 수 없다고 단언하며, 그러한 도덕적인 얼룩은 완고한 나머지 생수처럼 강력한 세제를 가지고도 제거하기 어렵다는 것을 암묵적으로

---

5   Josephus, *Jewish Antiquities* 20.97-98; 참조. 행 5:36.
6   Mishnah, *Mikwa'ot* 1.4-8; 참조. 레 14:5-6, 50-52; 15:13; 민 19:17; 신 21:4.

강조한다. 따라서 요한이 생수를 사용했다는 점은 그 역시 생수가 어떤 강력한 세제라고 믿고 있었음을 암시한다.

요한의 세례는 쿰란 공동체를 비롯하여 1세기 유대교 내에서 광범위하게 나타났던 물을 통한 정화 관행과도 잘 어울린다. 일부 학자들은 이러한 유사성을 바탕으로 요한 자신이 에세네파 출신이었을 가능성을 제기하기도 했다. 요세푸스의 글과 조앤 테일러(Joan Taylor)의 결론이 보여주듯이 "일반적으로 세례를 받으라는 요한의 요구는 유대인들에게 의식적으로 정결해질 것을 요구하는 것으로 이해되었을 것이다."[7] 요한이 정결 의식 관행에 대해 잘 알고 있었고, 또 이에 관심이 있었다는 점은 그리 놀라운 일이 아니다. 누가에 의하면(1:5) 적어도 요한 또한 제사장 집안 출신이었다. 요한도 제사장으로서 정결 의식 관행과 원칙에 관해 상세한 지도를 받았을 것이다. 따라서 복음서 저자들이 예수의 세례 장면을 묘사할 때 독자들은 자연히 유대교 정결 의식이라는 정황 속에 예수를 배치했을 것이며, 예수도 정한 것과 부정한 것을 구별하고 거룩한 영역을 속된 영역으로부터 보호하는 제사장의 직무에 대해 호의적이라고 생각했을 것이다. 아울러 요한의 말도 독자들이 이러한 결론에 이르게 했을 것이다. 세 공관복음에서 그는 비록 정화를 위해 물을 사용하지만, 곧 오실 이(예수)는 형용할 수 없을 만큼 강한 세제—거룩한 영(pneuma), 그리고 마태복음과 누가복음에서는 불(막 1:8; 마 3:11; 눅

---

7   Taylor, *The Immerser*, 63. 요한이 한때 쿰란 공동체에 속했을 것이라는 설득력 있는 주장은 다음을 보라. Marcus, *John the Baptist*, 28-33.

3:16)―속에 담글 것이라는 사실을 분명하게 밝힌다.[8] 요한은 제사장과 같은 인물로서 정결 의식 관행에 헌신했다고도 볼 수 있지만, 자신에게 주어진 의식적 세제에만 집중했다고도 볼 수 있다. 사실은 생수도 그 정도의 목적만 성취할 수 있다. 결과적으로 요한은 장차 오실 이가 영적 세제를 가지고 정화 작업을 완벽하게 수행해내리라는 기대감을 표명한다.

마태복음과 누가복음에 나타난 예수의 가족

마가는 요한이 예수에게 세례를 주는 장면으로 자신의 복음서를 시작하지만, 마태와 누가는 독자들에게 예수의 가족을 소개하는 유년기를 보여주는 두 가지 독특한 이야기로 시작한다. 예를 들어 마태는 의도적으로 예수를 이스라엘 이야기 안에 배치하고, 또 그가 그 이스라엘 역사의 최정점 중 하나임을 밝히는 예수의 긴 계보로 시작한다. 마태는 예수의 계보를 아브라함부터 다윗까지, 다윗부터 바빌로니아 포로기까지, 그리고 바빌로니아 포로기부터 예수의 탄생까지 각각 열네 세대로 구분한다.

한편 누가는 예수의 친척인 사가랴와 엘리사벳의 이야기로 시작한다. 엘리사벳은 마리아의 친척이며(눅 1:36), 그가 마리아가 엘리사벳

---

8   비록 오리게네스(*Homilies on Ezekiel* 5.1.2)가 불에 관한 언급을 심판의 불로 해석하지만, 불과 성령(*pneuma*)이 모두 정결의 능력을 소유하고 있으므로 요한이 불을 성령과 연결했을 개연성이 더 높다. 참조. 민 31:23.

을 방문하는 것을 묘사한 것은 이 두 사람 사이의 밀접한 관계를 암묵적으로 보여준다. 그는 예수를 특정한 정황에 두기 위해 요한의 기적적인 출생과 사가랴와 엘리사벳의 이야기로 자신의 복음서를 시작한다. 누가는 사가랴가 아비야 반열에 속한 제사장이었으며, 엘리사벳도 "아론의 자손"으로서 제사장 집안 후손이었다고 주장한다(1:5). 누가는 예수의 친척들도 제사장 집안에 속한 신실한 유대인들로 묘사한다. 사가랴와 엘리사벳은 "하나님 앞에 의인"이며 "주의 모든 계명과 규례대로 흠이 없이" 행하는 자들이었다(1:6). 누가가 엘리사벳의 제사장 혈통을 강조한 것은 스가랴와 그의 가족이 유대 율법을 지키는 데 얼마나 철저했는지를 보여주려는 것이다. 레위기 21:14에 의하면 대제사장은 자기 민족(히브리어: *am*; 그리스어: *genos*)의 여자와만 결혼해야 했다.[9] 이러한 특별한 요구 사항을 바탕으로 일부 유대인들은 **모든** 제사장이 오로지 제사장 혈통의 여자와만 결혼해야 한다고 믿었다. 예를 들어 요세푸스는 다음과 같이 단언한다.

우리 조상들은 일차적으로 하나님을 섬기는 일에 헌신하는 최고의 인격을 지닌 남자들을 [성전을 위해] 세웠을 뿐만 아니라 제사장들의 혈통이 부패하지 않고 순결하게 유지될 수 있도록 각별한 주의를 기울였다. 제사장 반열에 속한 사람은 가정을 꾸리기 위해 재산이나 그 밖의 다른 구별과 상관

---

9 다음을 보라. Milgrom, *Leviticus 17-22*, 1819-20.

없이 자기 종족[genos]의 여자와만 결혼해야 한다. 그러나 그는 기록 장부에서 족보를 얻고 다수의 증인을 제시함으로써 그녀의 혈통에 관해 조사해야 한다.…그리고 위의 규례 중 어느 하나라도 어기는 자는 제단에서 사역하거나 하나님께 드리는 예배에서 그 어떤 역할을 맡는 것도 금지된다.[10]

요세푸스의 주장은 일부 유대인들이 제사장 혈통 남자들의 혼인을 주선하는 데 있어 심지어 잠재적 아내가 속한 계보의 기록을 확인하면서까지 신중을 기울여야 한다고 생각했음을 보여준다.[11] 후대의 랍비들도 제사장들이 한결같이 제사장 혈통의 여자들과 결혼했음을 암시한다.[12] 그럼에도 필론은 제사장 혈통의 여자와 결혼해야 하는 대제사장과 평범한 여자와 결혼할 수 있는 일반 제사장을 구분하며 모든 유대인이 레위기 21장을 이렇게 해석하지 않았음을 보여준다.[13] 따라서 누가 역시 제사장 혈통인 요세푸스의 글에서 볼 수 있는, 율법에 대한 훨씬 더 철저한 입장을 따른다고 볼 수 있다. 요세푸스는 비록 사가랴가 대제사장은 아니지만, 제사장 혈통의 여자와 결혼한 것이 의로운 행동이었음을 암시한다.[14]

사가랴와 엘리사벳의 경건한 신앙은 누가가 스가랴를 주의 성소에

---

10   Josephus, *Against Apion* 1.30-32, 36.
11   다음을 보라. Büchler, "Family Purity"; Tervanotko, "Members of the Levite Family."
12   예컨대 Jerusalem Talmud, *Ta'anit* 4.5.
13   Philo, *On the Special Laws* 1.110-11.
14   다음을 보라. Josephus, *The Life* 1. 기원후 2세기 작품인 *Protevangelium of James*와는 대조적으로 누가는 사가랴가 대제사장이었음을 암시하지 않는다.

들어가 분향하려고 "제사장의 전례에 따라" 택함을 받은 자로 묘사하는 내용을 통해서도 드러난다(눅 1:9). 이러한 누가의 묘사는 제비를 뽑아 신성한 공간에서 분향하는 제사장의 모습을 보여주는 후대 랍비 문헌과도 일치한다.[15] 주의 사자가 성전에서 그에게 나타났다는 것은 하나님의 은총이 이 경건한 제사장과 그의 가정 위에 함께하셨음을 보여준다. 이렇게 천사가 성전에 나타난 것 또한 성전이 하나님이 거하시는 장소라는 누가의 믿음을 보여준다(참조. 행 22:17-21). 사가랴와 엘리사벳도 아브라함과 사라 같이 늦은 나이에 아들을 얻게 될 것인데, 이 아들은 하나님의 성소에 들어가는 제사장이나 특별한 서원을 한 나실인 같이 포도주와 강한 음료를 입에 대지 않고(레 10:9; 참조. 민 6:1-4; 삿 13:7) 태생부터 유대교 신앙의 가장 큰 특권을 누리게 된다(1:15).[16] 제사장 문헌에서 거룩한 것에 가까이 하는 자에게 취하게 하는 음료를 금한 것처럼(참조. 엡 5:18) 누가복음에서도 이와 같은 내용이 나온다. 요한은 모태로부터 거룩한 영(pneuma)으로 충만할 것이기 때문에 독한 술을 금해야만 한다. 마지막으로 누가는 요한이 태어난 지 여드레 만에 할례를 받았다는 점을 지적하면서 사가랴와 엘리사벳의 철저한 율법 준수를 다시 한번 강조한다(1:59; 참조. 창 17:12-14; 레 12:3).

---

15   예컨대 Mishnah, *Tamid* 5.2-6.3.

16   Bovon이 지적하듯이 눅 1:15의 말씀은 "민 6:3보다 레 10:9에 더 가깝다. 따라서 이 말씀은 직무를 준비하는 제사장들(과 그 자녀들!)을 위한 규례보다는 나실인의 삶을 위한 규례를 더 연상시킨다"(*Commentary on the Gospel of Luke*, 36).

누가는 예수의 부모 이야기로 되돌아가서도 토라 신앙을 계속해서 강조한다. 누가는 예수도 태어난 지 여드레 만에 할례를 받았다고 말한다(눅 2:21).[17] 그는 또한 마리아와 요셉이 "주의 율법에 쓴 바"대로 아기를 주께 드리고(2:23) "주의 율법에 말씀하신 대로"(2:24) 제사를 드리려고 "모세의 법대로"(2:22) 정결 예식 날에 예루살렘에 올라갔다고 주장한다. 누가는 예수를 성전에 데리고 가 제사를 드린 부모의 행동을 "율법의 관례대로"(2:27) 행한 것으로 묘사하고, 예루살렘으로 올라가는 여정에서 "주의 율법이 요구하는 모든 것"을 전부 행했다고 말한다 (2:39). 누가가 그들의 행위가 율법의 요구와 일치했음을 강조한 점은 마리아와 요셉이 율법 준수를 얼마나 중요하게 생각했는지를 잘 보여준다. 더 나아가 누가는 모세의 율법(2:22)이 하나님의 율법(2:23, 24, 39)임을 반복적으로 강조한다. 사실 이 이야기는 한 복음서 저자가 예수의 가족 및 정결 의식에 관해 기록하는 가운데 발생한 문제를 엿볼 수 있는 기회를 제공해준다. 따라서 우리는 이제 그 이야기에 집중할 것이다.

예수 가족의 경건한 모습은 그의 유년기에도 계속된다. 누가는 예수가 열두 살 되던 해에 그의 부모가 "이 절기의 관례를 따라"(2:42) 예루살렘에 올라갔다고 기록하면서 그들이 유월절에 예루살렘에 올라간 이야기를 서술한다.[18] 다시 한번 우리는 예수의 부모가 그에게 유대 율법

---

17 누가-행전의 여드레째 행하는 할례에 관해서는 다음을 보라. Thiessen, *Contesting Conversion*, 114-19.
18 NRSV의 번역("그들은 여느 때처럼 명절을 위해 올라갔다")은, 비록 그들이 매년 예루살

을 준수할 것을 권유하는 모습을 목격한다. 따라서 누가의 유년기 예수 이야기는 예수를 율법을 철저하게 준수하는 한 유대 가정의 배경 안에 배치한다. 그의 부모와 친족들은 할례에서부터 성전 제의에 이르기까지 유대교의 주요 관례에 모두 참여한다.[19] 따라서 누가의 유년기 예수 이야기는 기원후 1세기 유대교 신앙의 관례를 깨뜨리는 예수의 모습을 독자들에게 전혀 보여주지 않는다.

사실 누가의 어린 예수에 관한 묘사는 예수 자신이 유대교 신앙에 철저하게 헌신하고 있음을 암시한다. 그는 열두 살 되던 해에 예루살렘에 올라갔을 때 성전에 남아 선생들의 가르침을 듣고 그들에게 질문을 하곤 했다. 그의 부모가 나중에 그를 발견하고 그를 책망할 때 그가 한 대답은 그의 성전 신앙이 얼마나 투철했는지를 잘 보여준다. "어찌하여 나를 찾으셨나이까? 내가 내 아버지 집에 있어야 될 줄을 알지 못하셨나이까?"(2:49) 예수에 대한 누가의 묘사는 예수가 조숙했음을 보여주는데, 그의 조숙함은 그의 놀라운 신앙에서 비롯되었다는 점을 암시한다. 예수는 자신이 "내 아버지의 집"(*en tois tou patros mou*)[20]이라고 부르는 성

렘에 올라갔다는 눅 2:41의 주장과 일치하긴 하지만, 분명히 잘못된 것이다. 사실 복음서는 성인 예수가 매년 유월절을 지키기 위해 순례 행사를 계속했음을 암시한다(막 14:12; 마 26:12; 눅 22:8-9; 참조. 요 13).

19 다음도 보라. Klinghardt, *Gesetz und Volk Gottes*, 267-69.

20 나는 그리스어 어구 "엔 토이스 투 파트로스 무"(*en tois tou patros mou*)가, 비록 "내 아버지의 일/사업"으로 옮길 수도 있겠지만, "내 아버지의 집"을 의미한다고 본다. 예컨대 다음을 보라. Origen, *Homilies on Luke* 18.5 and 20.3; Cyril of Jerusalem, *On Luke*, sermon 5; Epiphanius, *Heresies* 66.42.12. 히브리어 "내 아버지의 모든 집"(*kol-bet avi*)을 "판톤 톤 투 파트로스 무"(*pantōn tōn tou patros mou*)로 번역한 창 41:51 70인역도 보라. 누가

전에 있어야 했다. 그는 성전에서 선생들에게 배우고 질문을 던지면서 그의 말을 듣는 이들을 놀라게 했다. 비록 그의 나이가 열세 살(후대의 랍비 사상에서 할라카에 대한 책임의 관점에서 중요한 나이)이 채 되지 않았음에 도[21] 성전에 있는 선생들에게 큰 감명을 주었다는 점에서 예수의 지식은 놀라운 수준이었다. 비록 우리가 구체적으로 예수의 신앙 또는 신학이 어떠했는지는 알지 못하지만, 한 가지 분명히 알고 있는 것이 있다. 그것은 바로 예수가 성전을 이스라엘 하나님의 지상 처소로 믿고 있었다는 점이다. 마태복음은 나중에 예수가 예루살렘 성전을 두고 맹세하는 자들은 그 안에 계신 분을 두고 맹세하는 것이라고 주장했다고 소개한다(마 23:21). 사실 모든 복음서 저자는 예수가 계속해서 예루살렘 성전을 이스라엘 하나님의 지상 처소로 믿고 있었다고 묘사한다. 그가 이 사실을 철저하게 믿고 있었기에 예수는 이 거룩한 장소에서 불경스러운 행동을 일삼는 사람들을 향해 분노하며 그들을 꾸짖었다(막 11:17; 마 21:13; 눅 19:46; 요 2:16). 예수는 이사야 56:7을 따라 이 거룩한 장소가 하나님의 처소라고 믿었다.[22] 따라서 복음서의 예수에 의하면 예루살렘 성전은 하나님의 집일 뿐만 아니라 폴라 프리드릭슨이 말한 것처럼 올바른 예의

는 다른 본문에서 이와 유사한 표현을 사용한다. 두로에서 바울과 그의 여행 동반자들은 어떤 배에 올라탔고, 그를 전송하러 나온 현지인들은 "자기 집으로"(eis ta idia, 행 21:6) 돌아갔다.

21 Mishnah, Avot 5.21; Mishnah, Niddah 5.6.

22 요한복음의 예수도 예루살렘 성전을 "내 아버지의 집"이라고 부른다. 요한은 예수가 성전에서 행한 행동을 예루살렘 성전을 향한 그의 열정과 연관 짓는 시 69:9과 연결한다(요 2:16-17).

를 갖추어야 할 대상이다.[23]

예수의 탄생과 정결 의식

예수의 유년기에 관한 이야기 하나가 내가 이 책에서 전개하는 주장에 반론을 제기할 수도 있다.[24] 공관복음 저자들이 진정으로 예수를 정결 의식 체계를 적극 수용하는 자로 묘사하려고 했다는 것이 사실이라면 우리는 오류로 가득 찬 누가의 헌아 기사를 어떻게 설명할 수 있을까? 문제의 여지가 있는 그 본문은 다음과 같이 기록한다. "모세의 법대로 그들의[*autōn*] 정결 예식의 날이 차매 그들은 [예수를] 데리고 예루살렘에 올라가니 이는 주의 율법에 쓴 바 '첫 태에 처음 난 남자마다 주의 거룩한 자라 하리라' 한 대로 아기를 주께 드리고 또 주의 율법에 말씀하신 대로 '산비둘기 한 쌍이나 혹은 어린 집비둘기 둘'로 제사하려 함이더라"(눅 2:22-24). 레이먼드 브라운(Raymond Brown)은 누가가 이 본문에서 범한 오류를 다음과 같이 지적한다. "누가는 두 부모 모두 정결 예식("그들의 정결 예식", 2:22)이 필요하고, 아기도 주께 드리기 위해 예루살렘에 데리고 가야 하며(2:22-23), 또 두 어린 집비둘기로 제사하는 것도

---

23 Fredriksen, "Compassion Is to Purity," 56.
24 이 단원은 다음의 논문을 사용 허락을 받아 수정하고 약간 확대한 것이다. Thiessen, "Luke 2:22, Leviticus 12."

아기를 주께 드리는 것과 관계가 있다(2:22 b에 이어 2:24)고 잘못 생각한 것으로 보인다."[25] 따라서 학계의 합의된 의견에 의하면 마리아와 요셉 (그리고/또는 예수; 브라운은 이 가능성을 언급하지 않음)[26]이 정결 예식을 치러야 한다는 누가의 신념은 단지 산모에게만 정결 예식을 요구하는 율법과 충돌을 일으킨다. "이스라엘 자손에게 말하여 이르라. 여인이 임신하여 남자를 낳으면 그는 이레 동안 부정하리니 곧 월경할 때와 같이 부정할 것이며, 여덟째 날에는 그 아이의 포피를 벨 것이요 그 여인은 아직도 삼십삼 일을 지내야 산혈이 깨끗하리니 정결하게 되는 기한이 차기 전에는 성물을 만지지도 말며 성소에 들어가지도 말 것이며"(레 12:2-4 LXX).

성서학에서 역사비평이 발전하기 전에도 누가의 독자들은 누가복음 2:22과 레위기 12:2-4 사이에 존재하는 이러한 불일치에 주목했다. 누가복음 2:22의 대다수 사본이 복수 대명사 *autōn*(*tou katharismou autōn*, "그들의 정결 예식")로 되어 있는 데 비해 다수의 비-그리스어 사본은 3인칭 여성 단수 대명사 *autēs*("그녀의")로 되어 있다. 다른 사본들

---

25 Brown, "Presentation of Jesus," 3. 누가가 유대 관례에 대한 지식이 없음을 보여준다고 결론 내리는 학자는 Brown만이 아니다. 다음도 보라. Mann, "Rabbinic Studies in the Synoptic Gospels"; Klostermann, *Das Lukasevangelium*, 41; Marshall, *Gospel of Luke*, 116; Fitzmyer, *Gospel according to Luke I-IX*, 424; Nolland, *Luke 1:1-9:20*, 117; Räisänen, *Die Mutter Jesu*, 127; C. F. Evans, *Saint Luke*, 212; Schneider, *Das Evangelium nach Lukas*, 71; Stein, *Luke*, 113; Bovon, *Luke 1:1-9:50*, 99.
26 예컨대 Fitzmyer(*Gospel according to Luke I-IX*, 424)와 Nolland(*Luke 1:1-9:20*, 117)는 "그들의"(*autōn*)가 요셉과 마리아를 가리킨다고 결론 내리는 반면, Origen(*Homilies on Luke* 14.3-6)은 *autōn*이 마리아와 예수를 가리킨다고 믿는다.

은 3인칭 단수 남성 대명사 *autou*("그의")로 되어 있고, 또 어떤 사본들은 *katharismou*(단순히 "정결 예식")를 수식하는 소유격 대명사가 생략되어 있기도 하다.[27] 인칭 대명사의 부재는 이 본문의 문제를 다 제거하는데, 이는 어떤 필사자가 누가 이 정결 예식을 치렀는지에 관한 문제를 회피하고자 했음을 암시해준다.[28] 이와 마찬가지로 여성 단수 대명사 *autēs*로 되어 있는 사본들은 레위기 12:4(LXX, *autēs*)과 일치하므로[29] 필사자가 누가복음을 레위기 본문과 일치시키려 했을 개연성을 높여준다. 나머지 독법, *autou*와 *autōn*("그의"와 "그들의")은 다음 두 가지 이유(사본학적 이유와 신학적 이유)에서 문제를 일으킨다. 첫째, 이 독법들 가운데 그 어느 것도 단지 산모의 부정함에 관해서만 언급하는 출산 부정함에 대한 제사장 규례와 어울리지 않는다. 둘째, 독자들은 **예수**가 의식적 부정함에 오염되었음을 암시하는 독법을 하나 선택할 수 있다. 이러한 해석은 복음서에서 묘사하는 예수의 인성을 놓고 씨름하던 초기 기독교 필사자들

---

27 사본의 증거에 관해서는 다음을 보라. Hatch, "Text of Luke 2:22."

28 레 12:4의 히브리어 본문을 알고 있던 필사자가 모음이 없는 히브리어 어구(ימי טהרה)를 그녀의 정결 예식의 날"로 번역하지 않고, "정결 예식의 날"로 번역했을 가능성도 있다. 혹자는 טהרה를 3인칭 여성 단수 소유격 접미사와 함께 남성 명사(טהרה)로 해석하지 않고 여성 명사로 해석할 수도 있기 때문이다. 만약 그렇다면 이 필사자는 눅 2:22을 자신의 레 12:4 독법과 조화시켰을 것이다. 레 12:4에서 טהרה가 사용된 것과도 비교해보라. 거기서 마소라 본문은 이 단어의 모음을 여성 명사로 표기했지만(즉 최종 *he*에 *mappiq*이 없음), 70인역 역자들은 이를 *akathartō autēs*로 번역했다.

29 레위기 70인역 사본들에는 이 구절에 대한 다수의 독법이 존재하지만, 모든 사본은 여성 단수 대명사 *autēs*로 되어 있다. 다음을 보라. Wevers, *Leviticus*, 138-39. 히브리어 원문은 다음과 같다. עד-מלאת ימי טהרה.

에게 애를 먹였을 것이다.[30] 비록 이 두 독법이 신학적으로 똑같은 어려움을 선사하지만, 초기의 다양하고 신뢰할 만한 사본들이 *autōn*을 지지한다는 사실은 이 독법이 *autou*에 비해 더 이른 시기의 독법임을 암시한다. 이러한 결론은 다른 나머지 독법들(*autēs*와 소유격 인칭 대명사가 없는)이 레위기 12:4과 누가복음 2:22 간의 불일치를 해소하고 신학적으로 난해한 본문을 수정하려는 시도였음을 암시해준다.

누가를 바로잡으려는 고대의 노력과 누가가 유대 정결 의식 체계를 오해했다는 현대의 주장은 모두 이 책에서 전개하는 핵심 주장 중 하나에 문제를 제기한다. 내가 만약 각 복음서 저자가 유대 율법, 특히 의식적 정결함에 헌신하고 있는 예수(그리고 누가의 경우에는 그의 확대된 가족)를 묘사하고자 한다는 주장을 설득력 있게 펼치고자 한다면 누가복음 2:22-24은 해결해야 할 잠재적 문제가 된다. 만약 학자들이 누가가 여기서 유대 율법과 의식적 정결함을 취급하는 과정에서 다수의 오류를 범했다고 결론짓는 것이 타당하다면 그가 그 율법을 철저하게 지키는 예수와 그의 가족의 모습을 실제로 묘사하고자 했을 가능성은 과연 얼

---

30 다음을 보라. Plummer, *Critical and Exegetical Commentary*, 63. 초기 기독교 해석자들에게는 심지어 마리아가 부정하다고 여겨졌을 가능성도 문제가 되었다. 예를 들어 눅 2:22에도 불구하고 오리게네스는 레 12장에 관해 다음과 같이 말한다. "이는 율법을 주신 분이 씨 없이 "임신하고 출산한" 그녀를 다른 여인들과 구별함으로써 출산한 모든 여인이 아니라 오직 "씨를 받아 출산한" 그녀를 "부정하다"고 지목하기 위해 이 단어["임신하여"]를 덧붙였기 때문이다"(*Homilies on Leviticus* 8.2.2; trans. Barkley, 154). 신약성경 본문이 신흥 기독교 정통 신학과 더 잘 들어맞도록 수정한 필사자들의 경향에 관해서는 다음을 보라. Ehrman, *Orthodox Corruption of Scripture*.

마나 될까? 이 장 나머지 부분은 누가가 출산에 관한 유대 정결법을 잘못 이해했다는 견해, 곧 거의 의견 일치에 가까운 학계의 견해에 의문을 제기하는 데 그 목적이 있다. 첫째, 나는 출산 이후의 정결함에 관한 제사장 규례를 읽는 독자들이라면 신생아 혹은 누구라도 산모를 통해 부정하게 될 수 있다는 결론에 도달할 수 있었을 것이라는 점을 보여줄 것이다. 둘째, 나는 일부 제2성전기 유대인들이 유아들이 의식적으로 부정한 상태에서 태어나거나, 또는 적어도 의식적으로 부정한 산모를 통해 부정하게 될 수 있다고 믿었음을 입증할 것이다.

레위기 12:1-8과 출산 부정함

레위기 12장의 규례에 의하면 남자아이를 출산한 여인은 "월경할 때와 같이" 이레 동안 부정하다(레 12:2). 제이콥 밀그롬이 지적하듯이 이 어구는 "부정함의 질(quality)이 단지 그 기간보다 그 생리의 질과 같다(레 15:19-24을 보라)"라는 점을 강조한다.[31] 이레가 지나면 아이는 할례를 받고, 산모의 부정함은 격하되긴 했지만 33일 동안 더 계속된다(12:4). 이와는 대조적으로 산모가 여자아이를 출산하면 그녀는 14일 동안 월경과 더불어 부정하고, 격하된 부정함은 66일 동안 더 계속된다. 이 기간

---

31 Milgrom, *Leviticus 1-16*, 744. 이러한 부정함의 여러 단계에 관한 유용한 설명은 다음을 보라. Whitekettle, "Leviticus 12," 401.

이 차면 산모는 번제로는 어린양(또는 집비둘기 새끼나 산비둘기)을, 속죄제로는 집비둘기 새끼나 산비둘기를 드려야 한다(레 12:6-8). 이 부정한 기간에 산모는 성물을 만지거나 이스라엘의 성소에 들어가서는 안 된다.[32] 레위기 12장과 관련하여 밀그롬은 다음과 같이 말한다. "이 장에서 능동적인 사람은 산모뿐이다. 정결 의식 기간을 엄수하고, 기간이 차면 제물을 드려야 하는 사람도 바로 산모다." 밀그롬은 제사장 규례에서 이처럼 산모에게 주의가 집중되는 점을 고려하면서 다음과 같은 질문을 던진다. "그렇다면 이스라엘의 아이는 어떤가? 아이는 산모와 접촉함으로써 부정해지는 것인가? 본문은 이 문제에 대해 침묵한다. 성경은 심지어 답을 제시할 기미조차 보이지 않는다. 성경의 침묵은 이러한 *niddâ*의 법으로부터 신생아가 면제된다는 것을 의미하는가, 아니면 이 아이가 부정하게 되는 것은 당연하고, 7일(또는 14일) 동안 산모와 함께 격리되었다가 그 기간이 차면 산모와 함께 정결 의식을 치러야 한다는 것이 전제되어야

---

32   내가 1장에서 지적했듯이 학자들은 왜 레위기가 산모들을 신성한 장소에서 격리시켰는지를 놓고 논쟁을 벌인다. Wenham(*Book of Leviticus*, 188)과 Milgrom(*Leviticus 1-16*, 767)은 산혈이 죽음의 경험과 일치한다고 주장하는 반면, Frymer-Kensky("Pollution, Purification, and Purgation")와 Maccoby(*Ritual and Morality*, 49-50)는 출산이 신성한 장소를 피해야 하는 새 생명의 경험이라고 주장한다. 이 두 해석은 모두 여기서 인간은 죽을 수밖에 없는 존재이며 이러한 존재는 하나님께 접근할 수 없다는 것이 핵심 쟁점임을 암시한다. 하지만 다수의 본문은 자궁이나 출산 과정을 죽음과 연결한다. 나는 3장에서 이 본문들을 더 자세히 다루겠지만, 단지 여기서는 예를 들어 쿰란의 감사 찬양(*Thanksgiving Hymns*)은 아기들이 "죽음의 문턱"(*1QHodayot* XI, 7-10)을 통해 태어난다고 주장하지만, 랍비 문헌은 자궁을 열린 무덤이라고 부르고(Mishnah, *Ohalot* 7.4) 산모는 죽음의 문턱에 있다고 묘사한다는 점(Babylonian Talmud, *Shabbat* 129a)을 지적하고자 한다.

하는가? 분명한 답은 없다."[33]

레위기는 신생아가 정결한지 부정한지에 관한 문제를 명쾌하게 다루지 않는다. 하지만 독자들은 이러한 침묵을 신생아는 부정해지지 않는다는 증거로 받아들일 수 없다. 아무튼 레위기는 이스라엘에서 적용되는 모든 정결법을 포괄적으로 서술하지 않는다. 오히려 제사장 문헌 저자는 때로는 정결 의식 체계를 함축적으로 다루고, 전체적인 이해를 통해 개별 사례에 적절하게 적용할 것을 요구한다. 출산에 관한 규례는 매우 간략하며, 특히 다른 생식기 유출(레 15장) 및 "레프라"(레 13-14장)에 관한 상세한 묘사와 비교하면 더더욱 그러하다. 이러한 간략한 설명은 중요한 정보의 생략으로 이어지는데, 이는 레위기가 처음 7일 또는 14일의 부정한 기간이 끝날 때 여자들이 어떻게 이러한 심각한 수준의 부정함을 제거하는지에 관해 침묵하기 때문이다. 그럼에도 밀그롬은 물로 씻는 규정은 "자명하지 않은 경우를 제외하고는 당연한 것으로 받아들여졌다는 이유에서 생략되었다"라고 주장한다.[34] 만약 레위기 12장에서 제사장 문헌 저자가 물로 씻는 것과 같이 주요 정결 의식을 명문화하지 않았다면 그가 출산 관련 정결 규례의 다른 측면도 생략했으리라

---

33 Milgrom, *Leviticus 1-16*, 743, 746. 이와는 달리 Milgrom은 눅 2:22에 대해 간략하게 논의하면서 논의에서 다음과 같이 확신에 찬 결론을 내린다. "레위기는 오직 한 사람, 즉 산모만 정결해지면 된다는 점을 확실히 한다"(*Leviticus 1-16*, 762). 이와 유사한 평가는 다음을 보라. B. Levine, *Leviticus = Va-yikra*, 72.

34 Milgrom, *Leviticus 1-16*, 756. Milgrom이 지적하듯이 일부 초기 랍비들은 초기의 부정한 기간이 끝날 때 침수(immersion)가 행해졌다고 가정했고, 부정함의 2차 단계에서도 요구되었는지를 놓고 논쟁을 벌였다(참조. Mishnah, *Niddah* 10.7).

고 상상할 수 있다.

　문화 간의 유사성을 고려하면 레위기가 아기는 의식적으로 부정하지 않으리라는 추론을 명시하지 않았을 가능성을 높여준다. 고대 지중해 세계에서 산모와 신생아는 모두 의식적으로 부정했다. 레위기에서 여자아이의 출산이 남자아이의 출산보다 더 오랜 기간 부정하다고 규정하듯이, 히타이트 정결법에서도 남자 신생아는 3개월 동안 부정하고 여자 신생아는 4개월 동안 부정하다.[35] 이와 마찬가지로 기원전 2세기 이시스, 사라피스, 아누비스의 신성한 법도 아기가 태어날 때(*lechous*) 함께 있었던 사람은 성소 출입을 8일 동안 금지했다.[36] 아마 신생아도 여기에 포함되었을 것이다.

---

[35] 추가적인 사례는 다음을 보라. Milgrom, *Leviticus 1-16*, 763-65. 그리고 보다 더 폭넓은 논의는 다음을 보라. D. Wright, *Disposal of Impurity*. 또한 출산 도구 및 산파도 부정해진다. 다음을 보라. Beckman, *Hittite Birth Rituals*, 251.

[36] Te Riele, "Une Nouvelle Loi Sacreé en Arcadie." Te Riele(329)는 그리스어 단어 "레쿠스"(*lechous*)는 출산(*léchous*)을 지칭할 수도 있고, 또 방금 출산한 여인(*lechoûs*)을 지칭할 수도 있음을 지적하지만, 그는 전자의 독법을 선호한다. 기원전 4세기 말 키레네에는 출산 과정에서 발생하는 오염에 관해 논하는 "정화법"이 있었다(Supplementum epigraphicum graecum ix.72.a.4). 테오프라스토스는 이런 사람들을 미신적이라고 놀리면서 산모를 의식적으로 부정하다고 보는 견해에 대한 증거를 보여준다. "[미신적인 사람은] 무덤을 밟거나, 시체를 보거나, 출산한 여인을 방문하기를 거부하고, 오염되지 않는 것이 그에게는 최선책이라고 말한다"(*Characters* 16.9). 디오게네스 라에르티오스는 피타고라스가 "정결은 씻음, 세례, 정결 의식을 통해, 그리고 모든 죽음과 출산과 모든 오염으로부터 깨끗하게 유지함을 통해 이루어진다"고 가르쳤다고 주장한다(*Lives of Eminent Philosophers* 8.33). 또한 켄소리누스는 기원후 3세기 중반에 "여자들은 임신 첫 40일 동안과 출산 후 40일 동안 신성한 장소를 피해야 했다(비록 임신 후 처음 40일이 지난 후에는 안전한 분만을 위해 기도하기 위해 신전을 들어갈 수 있었지만 말이다)"(*The Birthday Book* 11.7). 그리스의 출산 부정함에 관한 개념은 다음을 보라. Parker, *Miasma*, 48-52, and Wächter, *Reinheitsvorschriften im griechischen Kult*, 25-36. 출산에 관한 플루

레위기를 읽어보면 우리는 신생아도 부정하다는 결론을 내리게 된다. 첫째, 산모의 정결 의식 기간이 신생아의 성별에 따라 달라졌다는 점은 산모의 부정함이 아기와 직결되어 있음을 암시한다. 만약 신생아는 의식적 부정함에 오염되지 않았다면 왜 **아이**의 성별이 **산모**의 정결 의식 기간과 관계가 있었을까?[37] 둘째, 왜 남자아이의 할례는 태어난 지 8일 째 되는 날에 치러졌을까? 제사장 문헌 저자는 남자아이가 태어나

타르코스 자신의 진술은 적어도 어떤 사람들은 혐오감 때문에 출산을 부정함과 연결했음을 보여주는데, 이것은 Kazen, *Emotions in Biblical Law*, 71-94의 내용과 일치한다. 플루타르코스는 다음과 같이 말한다. "출산 때 사람이 보는 것만큼이나 불완전하고, 절망적이고, 벌거벗었고, 모양이 없고, 더러운 것은 없는데, 혹자는 그런 사람에게 '자연은 심지어 빛이 잘 나올 수 있는 길을 주지 않았군'이라고 말할지 모르겠다. 하지만 갓 태어나기보다는 방금 죽임을 당해 피와 오물로 범벅이 된 그는 천성적으로 애정이 많은 사람이 아니고서는 아무도 만지거나 들어 올리거나 뽀뽀하거나 안고 싶은 대상이 아니다"(*On Affection of Offspring* 496B; 참조. *Moralia* 758A).

37 이러한 상관관계를 과학적으로 설명한 연구는 다음을 보라. Macht, "Scientific Appreciation of Leviticus 12:1-5"; Magonet, "But If It Is a Girl." 필론은 남성 배아가 형성하는 데는 40일이 걸리고, 여성 배아가 형성하는 데는 80일이 걸린다는 고대의 과학적 설명을 제시한다(*Questions and Answers on Genesis* 1.25). 필론은 여기서 남성 배아와 여성 배아의 발달 기간이 서로 다르다고 보는 그리스-로마의 널리 알려진 사고에 빛을 지고 있는데, 이는 히포크라테스의 「어린이의 본질에 관하여」(*On the Nature of the Child*)라는 작품과 비교하면 더 잘 드러난다.

태아는 이미 형성되어 여자의 경우에는 길어야 42일, 남자의 경우에는 길어야 30일 이내에 우리가 설명한 단계에 도달했다. 왜냐하면 이 부분들의 관절은 일반적으로 이 시기, 또는 그 전후에 형성하기 때문이다. 또한 출산 후 산모의 오로(惡露) 청소는 보통 출산 이후 42일 동안 진행된다. 이것은 가장 길고 가장 완벽한 청소 기간이지만, 그 기간이 25일 동안만 계속되면 위험을 피할 수 있다. 남자아이가 태어나면 이 청소는 30일 동안 진행된다. 이것 역시 가장 길고 가장 완벽한 청소 기간이지만, 그 기간이 20일 동안만 계속된다면 위험을 피할 수 있다(18.1)

이 긴 인용문에서 특별히 우리 연구와 관련이 깊은 것은 산후 출혈(locchia)이 남자아기가 태어난 후보다 여자아기가 태어난 후 더 오래 계속된다는 주장이다. 나는 배아 발달과

면 첫 7일 동안은 산모와 같은 수준에서 부정하고, 또 격상된 수준의 부정함이 다 지나갈 때까지 할례를 미룰 필요가 있다고 믿었을 것이다. 마지막으로 레위기 12장은 두 차례나 부정함의 초기 단계(남자아이의 출산 이후 7일 동안 혹은 여자아이의 출산 이후 14일 동안)를 월경의 부정함과 동일한 수준으로 본다(12:2-5; 참조. 15:19-24).[38] 따라서 만약 출산 관련 부정함을 올바르게 이해하려면 우리는 월경에 관해 자세히 논의할 필요가 있다. 여기서 중요한 본문은 레위기 15장이다. 이 본문은 월경하는 여인과 동침한 남자는 7일 동안 부정할 것이라고 단언한다(15:24).[39] 조너선 매고닛은 다음과 같이 주장한다. "성관계는 '한 몸'을 이루고, 두 사람은 상대방의 부정함에 똑같이 영향을 받는다."[40] 그 결과 7일간의 부정함은 단지 저녁까지만 계속되는 월경으로 인한 부정함과 대비된다(15:19-23). 다른 종류의 접촉과 달리 월경 중에 맺는 성관계는 월경혈과 직접적인 접촉이 이루어지기 때문에 그 여자는 부정한 기간 내내 자신의 부정함을 남자에게 전염시킨다(15:24). 월경이 여자를 7일 동안 부정하게 만드

관련하여 레 12장에 기록된 규례의 배후에 이와 유사한 의학적 신념이 있다고 주장한 바 있다.(Thiessen, "Legislation of Leviticus 12").

38 Elliger는 레 12장이 본래 레 15장의 신체 분비물에 관한 규례의 일부였다고 주장한다 (*Leviticus*, 157). 비록 이 제안은 사본학적으로 지지를 얻지 못하지만, 이 두 장의 상호 연관성을 보여준다.

39 이와는 대조적으로(또는 어쩌면 추가로) 레 20:18에 따르면 어떤 종류라도 생식기 분비물을 유출하는 여자(생리 중인 여자, 산모, 혹은 "자바")와 성관계를 맺는 남자는 "카레트" 형에 처해졌다(참조. 겔 18:6; 22:10). 비록 본문에서 그 의미를 유추해야 하지만, 레 20:18은 부주의가 아닌 고의성을 전제한다. 참조. Jerusalem Talmud, *Horayot* 2.5; Milgrom, *Leviticus 1-16*, 940-41; Milgrom, *Leviticus 17-22*, 1754-56.

40 Magonet, "But If It Is a Girl," 151.

는 것처럼 그 여자와 성관계를 맺는 남자 역시 7일 동안 부정해진다.

만약 출산 부정함이 월경 부정함과 유사하다면 출산 부정함도 이와 같은 방식으로 전염된다고 볼 수 있다.[41] 따라서 논리적으로 산혈(産血)과 직접 접촉하면 이는 월경혈과 직접 접촉하는 것과 유사한 결과를 초래한다. 결과적으로 레위기가 이 부분을 명시하진 않지만, 우리는 산모의 피와 접촉한 사람은 산모가 겪는 것과 같은 수준의 부정함—7일 또는 14일 동안 부정하고 나서 33일 또는 66일 동안은 격하된 수준의 부정함—을 겪게 된다고 결론 내릴 수 있다. 매고닛이 지적하듯이 "만약 둘을 '한 몸'으로 여길 수 있는 것이 있다면 그것은 아마도 아이를 낳은 산모일 것이다."[42] 따라서 여기서 우리는 산모의 생식계 및 산모의 피와 직접 접촉한 신생아는 산모와 똑같이 부정해지고, 또 그로 인해 산모와 동일한 방식으로 정결 의식을 치러야 한다는 결론을 잠정적으로 유추할 수 있다. 고대 근동 배경과 레위기의 규례를 뒷받침해주는 논리에서 보면 독자들은 레위기 12장이 신생아의 정결과 관련하여 침묵하고 있다는 점을 신생아는 정결 문제에서 제외되었다고 주장하는 증거로 받아들일 수 없다.

---

41 월경과 출산에 의한 부정함을 동일시하는 다음과 같은 쿰란 문서도 보라. *Temple Scroll*(11Q19 XLVIII, 15-17).

42 Magonet, "But If It Is a Girl," 151.

제2성전기의 출산으로 인한 부정함

레위기의 증거는 신생아에게도 정결 의식이 요구된다고 명시하지 않을 뿐만 아니라 정결함에 대한 누가와 동시대인들의 믿음과 그들의 의식 관행을 확인하는 데도 도움이 되지 않는다. 따라서 우리는 후대 유대 독자들이 신생아도 부정해진다고 믿었는지 확인해볼 필요가 있다. 기원전 2세기의 「희년서」는 일부 유대인들이 신생아도 산모가 겪는 의식적 부정함을 똑같이 겪는다고 결론 내렸다고 볼 수 있는 초기 자료를 제공해준다. 아담과 하와의 창조에 관한 논의에서 이 저자는 다음과 같이 말한다.

> 첫째 주에 아담과 그의 아내—갈비뼈—가 창조되었고, 둘째 주에는 [하나님이] 그녀를 그에게 보여주셨다. 그러므로 (여자들에게는) 남자(아이)의 경우에는 이레 동안, 여자(아이)의 경우에는 두 (차례) 이레 동안 부정하도록 규정하는 계명이 주어졌다. 아담을 위해 창조된 땅에서 거한 지 40일이 지난 후 우리(즉 천사들)는 아담을 에덴동산으로 데려와 그가 그곳에서 일하며 그곳을 지키는 일을 하도록 했다. 우리는 80일째가 되던 날에 그의 아내를 (그곳으로) 데려왔다. 그리고 그녀는 그 이후에 에덴동산에 들어갔다. 이제 하늘의 돌판에 아이를 낳는 자를 위해 한 계명이 기록되었다. 만약 남자아이를 낳으면 그녀는 처음 7일처럼 여드레 동안 부정한 상태에 있어야 하고, 그 후 33일 동안은 정결의 피를 흘리며 지내야 한다. 그녀는 그 남자

아이를 위해 그 기간이 찰 때까지 어떤 성물도 만지지 말아야 하며 성소에 들어가서도 안 된다. 여자아이의 경우에는 처음 2주 동안 부정한 상태로, 66일간은 정결의 피를 흘리며 지내야 한다. 총 80일이다. 그녀가 이 80일을 채운 다음 우리는 그녀를 에덴동산으로 데려왔다. 에덴동산은 지상에서 가장 거룩한 장소이며, 이는 거기에 심긴 모든 나무가 거룩하기 때문이다. 이런 이유에서 오늘날의 율법은 남자아이나 여자아이를 낳는 사람을 위해 제정되었다. 그녀는 남자아이나 여자아이를 위해 그 정한 날이 다 찰 때까지 그 어떤 성물도 만지지 말아야 하며 성소에 들어가서도 안 된다(3.8-13).[43]

얼핏 보면 「희년서」는 신생아의 부정함에 관해 아무런 언급도 하지 않는 것처럼 보인다. 하지만 다양한 기간에 대한 설명을 보면 저자는 이 이야기를 통해 신생아도 일정 기간 부정해진다는 것을 암시한다. 아담과 하와의 이야기와 아기를 낳은 산모 사이의 유비가 작동하려면 독자들은 아담과 하와가 에덴동산에 들어가기 전 부정한 상태에 있었다는 사실을 전제하지 않을 수 없다. 저자는 아담이 40일 동안 "창조된 땅에" 남아 있었고, 하와는 80일이 찰 때까지 에덴동산 밖에 남아 있었다고 기록한다. 그는 또한 에덴동산은 지상에서 가장 거룩한 곳이었고, 또 그곳의 나무들은 거룩했다고 주장한다(3.12). 사실 「희년서」에서 에덴동산은 성전의 기능을 수행한다. "[노아는] 에덴동산이 지성소이며 주님의 처소

43　본 장에서 사용하는 「희년서」에 대한 번역은 VanderKam, *Book of Jubilees*에서 발췌한 것이다.

임을 알고 있었다"(8:19).[44] 저자는 아담과 하와가 "신생아"로서 오직 의식적으로 부정한 상태에 있었다고 믿었을 경우에 한해 그들이 창조 이후 이 성소에서 격리되어 있었다는 사실을 서술할 수 있었을 것이다. 하나님은 시간이 흘러 신생아로서 레위기 12장에 따른 부정함이 제거되었을 때 비로소 그들이 이 거룩한 장소(에덴동산)에 들어가는 것을 허락하셨고, 거룩한 물건(그 안에 있는 모든 거룩한 나무)을 만질 수 있도록 허락하셨다. 출산과 흙으로 아담과 하와를 창조한 것 간의 이러한 연관성은 저자가 이 땅을 자궁과 동일시했음을 암시하는데, 이러한 연관성은 또한 다른 유대 문헌에서도 발견된다(예. 시 139:13-15; 욥 1:21; 전 5:15; 집회서 40:1).[45] 이러한 아담과 하와의 창조 이야기와 그들이 나중에 에덴동산 밖에서 보내야 했던 정결 의식의 시간을 고려하면 우리는 저자가 신생아도 산모가 겪는 출산에 의한 의식적 부정함에 똑같이 오염되었다고 믿었다는 결론에 도달할 수 있다.[46]

이와 마찬가지로 쿰란의 파편적인 본문인 4Q265도 일련의 율법을 아담과 하와의 창조와 연결한다. 조지프 바움가튼(Joseph Baumgarten)에 의해 재구성된 이 본문도 하나님이 아담과 하와를 에덴동산에 둔 이

---

44 성전으로서의 에덴동산에 관해서는 다음을 보라. G. Anderson, "Celibacy or Consummation in the Garden?," 129-31; Hayward, "Figure of Adam," 6-7; Ego, "Heilige Zeit," 214.

45 나는 이 점에 관해 Meyer, *Adam's Dust*, 48에 빚을 졌다.

46 또한 다음도 보라. J. Baumgarten, "Purification after Childbirth"; H. Harrington, *The Purity Texts*, 62, 100. 추가로 다음도 보라. J. Baumgarten's critical edition with commentary, "265. 4QMiscellaneous Rules."

야기를 레위기 12장의 출산 규례와 연결하고 있음을 보여준다. 「희년서」 저자처럼 4Q265의 저자도 에덴동산과 그 안에 있는 나무가 모두 거룩하다고 믿었다. "[이는] 에덴동산이 거룩하고 그 안에 있는 어린 싹이 모두 거룩하기 때문이다"(파편 7, 14행). 결과적으로 아담은 에덴동산에 들어가기 전에 40일을 기다려야 했고, 하와는 80일을 기다려야 했다(11-13행). 또한 이 저자도 「희년서」 저자와 마찬가지로 남아와 여아에게 적용되는 출산 이후의 다양한 정결 의식 기간과 레위기에 기록된 정결 규례를 아담과 하와의 창조 기사와 연결한다. 바움가튼이 지적하듯이 "아담과 하와가 각자의 정결 의식 기간을 마친 후 에덴동산에 들어간 점은 사실 남아와 여아를 모두 거룩한 장소에 들어가는 것을 허용하는 전형적인 행위로 보아도 무방할 것이다."[47]

「희년서」와 4Q265는 모두 아담과 하와가 나중에 에덴동산에 들어간 점과 레위기 12장의 산모 관련 규례를 서로 연결한다. 비록 어느 본문도 앞으로 이스라엘의 모든 신생아가 출산 부정함에 오염될 것이라고 명시하진 않지만, 이러한 추론은 레위기의 규례와 원시 내러티브를 서로 연결한 것에 대한 논리적인 결론으로 보인다.

하지만 분명한 것은 이러한 증거가 제2성전기의 모든 유대인들이 레위기 12장을 모든 신생아가 출산 부정함에 오염되었다는 의미로 이해했음을 시사하지 않는다는 것이다. 4Q266이라는 쿰란의 또 다른 본문

---

[47]   J. Baumgarten, "Purification after Childbirth," 5.

은 일부 유대인들이 이 사실을 믿지 않았다는 증거를 분명히 보여준다. 이는 이 본문이 갓 태어난 아기를 산모가 돌보지 못하게 하고 유모를 고용할 것을 요구하기 때문이다(6 II, 10-11). 근본적으로 이러한 규정은 만약 산모가 신생아를 돌보게 될 경우 그에게 부정함을 전파할 것이라는 점을 전제한다. 따라서 4Q266의 저자는 신생아가 부정함에 취약할 수 있다고 믿는 「희년서」와 4Q265에 동의하지만, 부정함이 언제(출산 때 혹은 부정한 상태 초기에) 전파되는지에 관해서는 그들에게 동의하지 않는다. 이와 관련하여 기원후 2세기 말에 기록된 기독교 작품인 「야고보의 유아기 복음」(Infancy Gospel of James)은 5장에서 비록 마리아의 어머니 안나가 마리아를 낳긴 했지만, 정결 의식 기간이 다 찰 때까지 마리아에게 모유를 주지 않았다고 주장한다. 이 작품의 저자는 신생아가 출산 부정함에 취약하다는 믿음을 4Q266의 저자와 공유하면서 이러한 의식적 부정함으로부터 예수의 어머니를 보호하려고 한다. 마샤 힘멜파브(Martha Himmelfarb)는 다음과 같은 결론에 도달한다. "레위기 본문에 대한 [이러한] 해석은 정말 엄청난 설득력을 갖고 있다. 왜냐하면 P 문서도 산모가 산후 초기 단계에 자신과 접촉한 사람에게 부정함을 전파한다는 관점을 공유한다는 데 동의하지 않을 수 없기 때문이다. 물론 신생아가 그러한 접촉을 회피하지 못했을 것이라는 사실을 P 문서가 포착하지 못했을 리는 만무하다."[48]

---

48   Himmelfarb, "Impurity and Sin," 26.

예루살렘 성전에서 거행된 신생아 예수 헌아식

비록 「희년서」와 4Q265가 신생아도 부정함에 노출될 가능성이 있음을 보여주긴 했지만, 레위기 12장은 신생아의 상태에 대해 전혀 언급하지 않는다. 힘멜파브는 이에 관해 상당히 설득력 있는 이유를 하나 제시한다. "레위기 12장은 이러한 접촉에 대해 아무런 우려도 표명하지 않는다. P 문서는 이 문제를 중요하게 생각하지 않기 때문에 단순히 무시하는 듯하다. 레위기 12장에서 구체적으로 말하는 부정함의 결과는 성소에 들어가거나 성물을 만질 기회가 없고, 제사의 고기나 다른 성별된 음식을 먹을 수 없는 신생아와는 전혀 무관하다."[49] 「희년서」와 4Q265에서 아담과 하와가 에덴동산—즉 거룩한 공간—에 들어가는 내용을 담고 있기 때문에 이 저자들은 아담과 하와가 레위기 12장에서 요구하는 정결 의식 기간을 다 채웠다는 사실을 명시할 수밖에 없다. 이

---

[49] Himmelfarb, "Impurity and Sin," 26. Himmelfarb의 발언은 산모가 정결 의식 기간 내내 부정함을 전파한다고 주장하는 Wilfried Paschen의 결론과 비슷하다(*Rein und Unrein*, 60). *Canons of Hippolytus*(특히 캐논 18을 보라)는 기원후 4세기에도 일부 그리스도인들이 여전히 출산이 부정함을 유발하므로 산모와 산파를 모두 신성한 장소에서 격리해야 한다고 믿고 있었음을 보여준다. 산파에 관해 *Canons of Hippolytus*는 이렇게 말한다. "산파는 정결 의식을 마칠 때까지는 이 신비에 참여하지 않는다. 그들의 정결 의식은 다음과 같다. 그들이 출산을 도운 아이가 남자이면 20일 동안, 여자이면 40일 동안이다. 그들은 그 격리 조치를 무시해서는 안 되며, 격리된 그녀를 위해 하나님께 기도해야 한다. 정결 의식 기간이 끝나기 전에 하나님의 집에 가면 그녀는 아직 입교하지 못하고 온전하다는 판결을 받지 못한 초심자들과 함께 기도해야 한다." 이러한 요건은 출산과 관련된 생식기 분비물을 유출하는 자와 접촉한 사람은 누구나 의식적으로 부정해진다는 것을 전제한다. 물론 산파가 이 부정함을 견뎌야 하는 기간은 산모의 절반에 해당하지만 말이다. 이런 사례와 다른 사례는 다음을 보라. Bradshaw, *Canons of Hippolytus*.

러한 관찰은 누가복음 2:22에 담긴 누가의 의도를 이해하는 데 도움을 준다. 비록 레위기와는 대조적이긴 하지만 「희년서」 및 4Q265와 맥을 같이하는 누가는 예수의 부모가 예루살렘 성전에서 그를 하나님께 바칠 때 신생아 예수도 거룩한 장소에 함께 들어가는 모습을 분명하게 보여 준다. 비록 레위기를 쓴 제사장 문헌 저자는 신생아의 정결함에 관해 언 급할 필요가 없었는지 모르겠지만, 누가는 성전 안에서 의식적으로 정결 한 상태에 있는 예수를 보여주기 위해 그 내용을 반드시 다루었어야만 했다. 내가 본 장 앞부분에서 이미 강조했듯이 누가의 유년기 내러티브 는 예수 가족의 율법 준수를 크게 강조한다(참조. 1:6, 9; 2:22-24, 27, 41-42). 만약 그가 성전에서 예수를 하나님께 바치는 장면을 묘사하는 데 만 전을 기하지 않았다면 그는 무의식적으로 하나님의 성전을 오염시키는 어린 아기 예수의 모습을 그렸을지도 모른다.

사실 누가는 다른 본문에서도 예수 운동이 성전이라는 신성한 공 간을 더럽히거나 오염시키는 잘못을 범하지 않았음을 보여주려고 노력 한다. 사도 바울은 사도행전에서 예루살렘 성전에 들어간 후에 에베소 출신의 이방인 드로비모를 이방인의 뜰을 넘어 성전 경내로 데리고 들 어가 성전을 더럽혔다는 혐의로 고발을 당한다(행 21:28; 24:6). 물론 누가 는 이러한 고발이 거짓임을 분명히 밝힌다. 바울과 그의 (이방인이 아닌) 유대인 동료들은 정결 의식을 치른 후 성전에 들어갔는데(21:26), 이는 바울이 벨릭스 총독 앞에서 자신을 변호하는 상황에서도 강조한 점이다 (24:18).

이처럼 성전에서 예수를 바치는 장면과 사전에 반드시 치러야 할 정결 의식의 필요성을 서로 연결한 점 역시 브라운이 포착한 누가의 잘못된 율법 인식을 잘 설명해준다. 앞에서 이미 지적했듯이 브라운은 누가가 출산 이후에 드리는 제사와 성전에 아기를 드리는 것을 서로 혼동하고 있다고 주장한다. 하지만 레위기 12장에 기록된 규례와 성전에 아기를 드리는 장면을 서로 결합하는 것은 율법의 관점에서 일리가 있다. 예수의 부모가 예수를 하나님께 드리는 모습을 그리는 누가는 정결 의식에 필요한 모든 요구 사항이 반드시 헌아식을 치르기 이전에 이행되었음을 독자들에게 알릴 필요가 있었다. 다시 말해 누가는 서로 다른 두 의식을 혼동하지 않는다. 그보다는 오히려 성전에서 아기를 바치는 헌아식은 의식적 부정함을 제거하는 두 번째(하지만 시차적으로는 그 이전에) 의식을 반드시 필요로 한다.[50]

---

50 의식적 정결함과 관련이 없기 때문에 나는 초기 유대인들 사이에서 흔히 볼 수 있던 관행이 아님에도 누가가 왜 출 13장을 따르는 차원에서 성전에서 예수를 바치는 장면을 묘사했는지에 관한 문제를 다루지 않았다. 비록 우리가 누가의 논리를 확실히 이해할 수는 없지만, 누가가 의식적 순결과는 관련이 없기 때문에, 초기 유대인들 사이에서 흔히 볼 수 없었던 출 13장의 이행으로 왜 누가가 성전에서 예수의 발표를 묘사했는가 하는 문제를 다루지 않고 남긴다. 비록 우리가 누가의 논리에 대해 확신할 수는 없지만, 우리는 다른 많은 곳에서 그가 유대 율법과 그 당시의 관행에 대해 상당한 지식을 보유하고 있음을 보여줌에도 불구하고 누가가 여기서 유대 율법을 오해했다고 주장하려면 매우 신중해야 한다.

결론

나는 누가복음 2:22과 레위기 12장 간의 차이점을 살펴보는 데 상당한 시간을 할애했다. 그 이유는 신약성서 학자들이 이러한 종류의 연구를 적극적으로 활용하고 있기 때문이다. 누가복음 2장에서 발견된다는 누가의 오류를 근거로 조지프 피츠마이어(Joseph Fitzmyer)는 다음과 같이 주장한다. 우리는 "팔레스타인 유대 그리스도인이 아닌 누가가 산모의 산후 정결 의식 관행에 대해 정확히 알지 못했음을 인정해야 한다."[51] 브라운도 다음과 같이 말한다. "그 결과 유대교에 관한 일반 지식과 잘못된 세부적인 지식이 이상하게 뒤섞이게 되었는데, 이는 저자가 유대교 또는 팔레스타인 배경에서 성장한 경험이 거의 없음을 보여준다. 이 관습을 청중에게 설명할 필요가 있다고 느꼈다는 것은 청중도 대부분 팔레스타인 출신이 아닌 이방인이었음을 암시한다.…만약 누가가 그리스도인이 되기 전에 유대교로 개종한 이방인(70인역을 통해 유대교에 대한 지식을 얻은 사람)이었다면 많은 부분이 자명해질 것이다."[52] 특별히 브라운의 결론은 우리의 관심을 끈다. 만약 누가가 자신의 글을 통해 우리에게 무언가를 보여주는 것이 있다면 그것은 바로 그가 유대 경전의 그리스어 역본에 능통한 해석자라는 사실일 것이다. 다시 말해 브라운이 지적했듯이 누가복음은 저자가 유대교에 대한 지식을 "책을 통해" 많이 습

---

51   Fitzmyer, *Gospel according to Luke I-IX*, 424.
52   Brown, *Birth of the Messiah*, 448-49.

득했다는 사실을 반복적으로 보여준다. 이토록 유대 경전에 대한 풍부한 지식을 가진 사람이 출산 부정함과 관련하여 유대 경전과 모순되는 견해를 부지중에 제시했을 가능성은 과연 얼마나 될까? 브라운의 견해와는 달리 누가가 유대교에 대한 지식을 오직 책을 통해서만 얻었다면 나는 예루살렘에서 행한 정결 의식에 대한 그의 묘사가 레위기 12장에 기록된 규례와 더 잘 합치했을 것이라고 주장한다.

「희년서」와 4Q265는 비록 누가가 언급한 마리아의 정결 의식 기간이 레위기 12장의 어법과 일치하지는 않지만, 제2성전기 유대인들 가운데 일부가 율법에 대해 갖고 있던 견해를 대변한다는 점을 암시한다. 따라서 기원후 1세기 유대 관습과 정결 의식 체계에 관한 지식이 부족한 사람은 사실 누가가 아니라 바로 현대 학자들이다. 따라서 현대 학자들이 고대 저자를 향해 유대교에 대한 지식을 책을 통해서만 얻었다고 비난하는 것은 어불성설이다. 왜냐하면 책을 통해 고대 유대교에 대한 지식을 접한 사람은 바로 우리 현대 독자이기 때문이다. 우리는 초기 유대교라는 낯선 세계와 마주해야 하는 어려움에 직면해 있다. 쿰란에서 비교적 최근에 발견된 두루마리들과 다른 초기 유대 문헌이 생존해 있기 때문에 우리는 그 파편들을 서로 하나로 모을 수는 있겠지만, 우리의 지식은 기껏해야 불완전할 수밖에 없다.

그러나 우리는 이러한 파편적인 증거에도 불구하고 누가가 당대 유대 율법의 출산에 관한 입장을 잘 알고 있었다고 결론 내릴 수 있다. 또한 우리는 그가 산모가 의식적으로 부정해지는 바로 그 시간과 장소에서 신생아가 의식적으로 정결한 상태로 남아 있을 수 없다고 생각한 유대 작가들의 편에 섰다고 결론 내릴 수 있다.

누가복음 2:22은 레위기 12장의 규례나 예수의 동시대 유대인들의 출산 관습과 상반되지 않는다. 사실 출산 부정함에 대한 누가의 견해는 훨씬 더 철저한 제2성전기의 몇몇 규례와 일치한다. 어쩌면 누가는 유대 율법에 대한 유명론적(nominalist) 이해보다는 본질주의적(essentialist) 이해에 동의할지 모른다.[53] 의식적 부정함에 대한 필수주의적 이해는 존재론적 실재를 가지고 있다. 즉 시체, "레프라", 생식기 분비물 등은 실제 물질이나 힘을 내포하거나 또는 그것을 이 세상에 분출한다.[54] 출산의 경우 출산 과정에 연루된 생식기 분비물은 참으로 부정하다. 그렇다면 이 분비물과 접촉하는 자는 누구나 이 자연의 법칙에 의해 의식적으로 부정해질 수밖에 없다. 「희년서」는 다수의 쿰란 작품처럼(그중에는 아마도 4Q265가 포함될 듯) 이러한 율법적 필수주의에 동의한다. 누가도 이러한 율법 이해에 동의하는 것으로 이해하는 것이 가장 좋다. 다시 말하면

---

53 율법에 대한 본질주의와 유명론(또는 형식론)에 관해서는 다음을 보라. Amihay, *Theory and Practice in Essene Law*, 19-30. 문제가 있는 용어를 서로 다른 방식으로 사용하면서도 이러한 이분법을 반복하는 주장은 다음을 보라. Schwartz, "Priestly View of Descent at Qumran," and Hayes, *What's Divine about Divine Law*.

54 의식적 부정함에 대한 유명론자적 이해는 부정함에 실제적, 존재론적 본질이 없다고 본다. 그것은 법적 또는 문화적 픽션일 뿐이다. 우리는 고대 지중해 지역의 정결 및 성결법에 대한 유명론자적 이해를 기원후 1세기의 의사이자 철학자였던 섹스투스 엠피리쿠스의 글에서 발견할 수 있다. 그는 다음과 같이 단언한다. "일부 종교에서 거룩하다고 간주하는 물건을 다른 종교에서는 거룩하지 않다고 간주한다. 하지만 본질적으로 거룩하고 거룩하지 않은 물건이 존재한다면 그렇지 않을 것이다"(*Outlines of Pyrrhonism* 3.220).

누가가 묘사한 예수의 탄생과 그 이후의 정결 의식 과정은 유대 율법에 대한 그의 무지를 드러내기보다는 누가가 제2성전기의 일부 유대인들이 이해하던 유대 율법에 대해 잘 알고 있었음을 보여준다. 사실 이것은 현대 학자들이 유대 율법에 대한 보다 더 철저한 해석으로 분류할 만한 해석이다. 이러한 주장은 본 장에서 내가 이미 지적했듯이 누가가 제사장들의 결혼 상대 여자(제사장 집안 후손의 여자)에 대해 훨씬 더 엄격한 율법적 잣대를 갖고 있었다는 사실로도 뒷받침될 수 있다. 그리고 이 두 율법적 입장은 할례에 대한 누가의 보다 더 엄격한 율법적 이해와도 일치한다. 즉 언약적으로 효력이 발생하려면 할례는 태어난 지 이레 만에 **행해져야만** 하며, 이방인이 유대인이 될 수 있는 여지는 전혀 없다.[55]

본 장에서 나는 대체로 누가복음의 유아기 내러티브에만 집중했다. 비록 누가복음이 세 공관복음 가운데 가장 늦게 기록되긴 했지만, 내가 누가복음에 집중한 이유는 여러 가지다. 첫째, 누가복음은 독자들에게 토라와 성전에 대한 예수 가족의 신앙을 가장 분명하게 보여준다. 나는 우리가 누가복음(그리고 사도행전)의 기록 연대를 늦게 설정하면 할수록 이 사실은 더욱더 흥미로워진다고 생각한다. 대다수 학자들이 추측하듯이 누가가 80년대 혹은 90년대에 기록했든, 아니면 다수의 학자가 최근에 주장했듯이[56] 기원후 2세기에 기록했든 예수에 관한 누가의 기사는, 비록 마가와 마태의 핵심 구조를 많이 따라가긴 했지만, 예수 가족의 율

---

55   다음을 보라. Thiessen, *Contesting Conversion*, 5장.
56   예컨대 Tyson, *Marcion and Luke-Acts*; Pervo, *Dating Acts*.

법 준수를 강하게 드러내는 매우 의미심장한 내용을 추가한다. 이러한 누가의 편집은 그에게 있어 유대 율법 준수가 얼마나 필수적이었는지를 잘 보여준다. 예루살렘 성전이 파괴되고, 또 예수 운동 안에서 이방인의 비중이 증가한 지 꽤 많은 시간이 지난 후에도 누가는 **여전히** 유대 신앙의 보편성을 특히 강조한다.

둘째, 세 번째 복음서 저자가 그리스도를 따르는 이방인 제자였다는 점은 사실상 학계의 합치된 견해다.[57] 만약 이것이 사실이라면 누가복음은 유대인 제자의 작품인 마태복음 및 마가복음과 대조된다.[58] 그러나 위의 논의는 이러한 합의점에 의문을 제기할 수 있다. 왜냐하면 이는 누가가 그의 일부 동시대 유대인들의 유대 율법 해석 방법에 대해 잘 알고 있었음을 보여주기 때문이다.

셋째이자 마지막으로 출산 부정함에 관한 누가의 기사는 본 장에서 뿐 아니라 본서 전체에서 여러 가지 방법론적 문제를 제기한다. 나는 지금까지 얼핏 봐서는 레위기 12장과 일치하지 않는 것 같은 율법 논증 (할라카)을 바탕으로 「희년서」나 4Q266의 저자가 절대 유대인일 수 없다는 결론을 내린 학자를 본 적이 없다. 이러한 지적은 요세푸스나 필론 등

---

57 예컨대 Plummer, *Gospel according to St. Luke*, xx; Caird, *Gospel of St. Luke*, 105; Kümmel, *Introduction to the New Testament*, 149; Schmithals, *Das Evangelium nach Lukas*, 9; Fitzmyer, *Gospel according to Luke I-IX*, 41-42; C. A. Evans, *Luke*, 2; Bock, *Luke 1:1-9:50*, 6; Bovon, *Gospel of Luke 1:1-9:50*, 8; Carroll, *Luke*, 2.

58 예컨대 다음을 보라. Runesson, *Divine Wrath and Salvation*; Kampen, *Matthew within Sectarian Judaism*; VanMaaren, "Gospel of Mark within Judaism."

다른 작가에게도 적용된다. 제2성전기 유대 작가의 글에서 다수의 견해와 다른 율법적 입장이 발견되면 그의 입장은 언제나 율법의 발전 또는 다양한 견해의 증거로 취급되었지, 절대로 그가 유대 율법 또는 관습에 무지했다거나, 유대인 작가가 아니었다거나, 또는 유대 율법을 포기하거나 거부했다는 증거로 취급되지 않는다. 하지만 만약 이것이 사실이라면 다른 작품들과는 완전히 다른 방식으로 누가복음(또는 그 어떤 신약성경 저자의 책)을 취급할 수 있는 권한을 누가 현대 신약학자들에게 주었단 말인가? 물론 누가복음이 기록된 지 200여 년이 흐른 후 그리스도인들이 기독교의 근간이라고 할 수 있는 신약성경이라는 모음집에 이 복음서를 포함한 사실은 차치하더라도 말이다.

달리 말하자면 본서의 가장 중요한 전제는 복음서 저자들이 율법을 바라보는 초기 유대인들의 다양한 견해를 보여준다는 것이며, 이러한 다양성은 많은 학자들이 그래왔듯이 1세기의 기독교와 유대교의 단절을 나타내는 증거로 사용되어서는 안 된다는 것이다. 기원후 1세기의 이러한 율법에 대한 다양한 견해는 누가 자신이 유대인이었을 가능성을 새롭게 제기하는데, 이러한 주장은 야콥 예르벨(Jacob Jervell)이 처음으로 제기한 것으로 알려져 있다. 사실 아이잭 올리버(Isaac Oliver)는 예르벨을 "그 시대에 너무나도 예언자적"이며 "홀로 반체제적인 목소리"를 낸 학자로 평가한다. 『기원후 70년 이후의 토라 실천』(*Torah Praxis after 70 CE*,)이라는 책에서 올리버는 반복해서 누가가 율법 준수에 깊은 관심을 보인 사실을 그가 유대인이었다는 증거로 강하게 제시한다.[59] 비록 이 책의 주제가 누가의 민족적 배경은 아니지만, 누가복음과 마태복음이 율법에 대해 초기 유대인들 사이에서 다양한 견해가 존재했다는 증거를 제시한다는 올리버의 주장은 이 본서에서 중요하게 다루는 주제다. 우리는 다음 여러 장에 걸쳐 율법에 대한 다양한 견해가 율법에 대한 무관심이나 거부를 의미하지 않았다는 방법론적인 전제하에 예수의 사명과 그의 부정한 사람들과의 만남을 검토할 것이다.

---

59 Oliver, *Torah Praxis*, 21. 다음을 보라. Jervell, *Luke and the People of God*, and Jervell, *Unknown Paul*. 누가가 유대인이었다는 결론에 도달한 학자들 가운데는 다음과 같은 학자도 있다. Munck, *Acts of the Apostles*, 264-67; Ellis, *Gospel of Luke*, 51-53; Salmon, "Insider or Outsider?"; Sterling, *Historiography and Self-Definition*, 328; Strelan, *Luke the Priest*.

제3장

예수와 걸어 다니는 송장

예수가 마가복음에서 처음으로 만난 의식적으로 부정한 사람은 마가가 "레프라"라고 부르는 질병을 앓고 있던 사람이다. 나는 이 이야기가 의식적 부정함의 근원을 제거하려는 예수의 열망을 강조한다고 주장할 것이다. 마태와 누가는 이 이야기를 그대로 유지할 뿐만 아니라 예수와 "레프라" 환자들의 또 다른 이야기를 추가한다. 이는 마태와 누가가 "레프라" 환자들을 치유하는 예수의 이야기에서 중요한 의미를 지속적으로 발견한다는 점을 시사한다. 첫째, 현대 학자들은 "레프라"라는 그리스어 단어를 종종 잘못 번역했고, 현대 독자들은 이 단어를 잘못 이해해왔다. 따라서 우리는 이 단어를 올바르게 해석할 필요가 있다. 이러한 오해는 복음서 저자들이 예수와 의식적 부정함의 관계에 관심을 보인 이유를 제대로 파악하지 못하게 했을 뿐 아니라 현대인들이 예수가 마치 유대 정결 의식 체계에 반대한 것으로 오해하는 데 영향을 미쳤다.

"레프라"란 무엇인가?

공관복음은 모두 예수가 "레프라" 환자를 만나는 장면을 서술하는데, 이 그리스어 단어는 흔히 "나병"(leprosy, 예. 막 1:40-42; 마 8:2-3; 10:8; 11:5; 눅 5:12-13; 7:22; 17:12)으로 번역되었다. "나병"이란 단어는 오늘날 온갖 무서운 이미지를 떠올리게 한다. 예컨대 나병은 내 어린 시절의 기억으로 신체의 모든 감각을 잃게 만드는 질병이었다. 이로써 나병 환자들은 종종 팔다리를 잃게 된다. 나병은 또한 전염력이 매우 강해 전염을 막기 위해 나병 환자들을 따로 격리해야 하는 병이다. 따라서 복음서 저자들이 이러한 퇴행성 전염병을 앓고 있는 사람에게 연민을 보인 예수를 보여주고 싶어 한 것은 어쩌면 당연한 일이다! 현대 복음서 독자들은 이 "레프라"를 오늘날의 나병과 동일시하기 때문에 전혀 생소하다는 느낌을 받지 않는다. 오히려 현대 독자들은 현대 의학의 관점에서 복음서 이야기를 질병으로 고통받는 사람을 긍휼한 마음으로 아끼고 돌보는 감동적인 이야기로 받아들인다. 이러한 해석은 나병 환자들을 위해 헌신한 인도의 테레사 수녀와 다른 선교사들에게 영감을 주었을 뿐만 아니라 종종 에이즈 환자를 아끼고 보살피는 데도 기여했다.[1]

비록 오늘날에도 이러한 이들을 위해 헌신하려는 사람들의 노력은 진정 존경할 만하지만, 불식 간에 예수를 기원후 1세기의 인물에서 현대의 인물로 탈바꿈시키는 이러한 역사적 재구성은 결코 수용할 수 없다. 한 가지 확실한 것은 현대 의학에서 한센병으로 불리는 이 나병이 신체의 감각을 잃게 하는 만성 세균 감염병이라는 점이다. 그러나 나병은 일반적으로 사지를 모두 잃게 만드는 결과를 초래하지는 않는다. 나병은 오히려 세포 조직을 수축시켜 손가락이나 발가락이 짧아 보이게 만들 수 있다. 게다가 나병은 대중이 생각하는 것과 달리 전염력이 아주 강하지는 않다. 비록 나병을 유발하는 세균(*Mycobacterium leprae*[그리고 2008년에

---

1 예컨대 다음을 보라. W. H. P. Anderson, "Christian Missions and Lepers"; Manus and Bateye, "Plight of HIV and AIDS Persons."

발견된 *Mycobacterium lepromatosis*])은 기침과 재채기를 통해 전파되지만, 이 질병의 감염 경로는 일반적으로 감염자와의 장기간 접촉을 통해서다. 심지어 이러한 경우에도 95%는 이 질병에 대한 면역력이 자연적으로 생겨난다.[2] 따라서 나병은 심각한 질병이긴 하지만, 이 병에 대한 일반적인 생각은 매우 기발하고 엉뚱하다.

이보다 더 근본적인 문제는 "레프라"가 오늘날 우리가 나병이라고 부르는 질병을 지칭하지 않는다는 점이다. 거의 모든 영어 성경이 이 단어를 나병으로 번역하고 있는데, 사실 이 번역은 나병이 레위기가 기록되고 나서도 한동안 지중해 세계에서 나타나지 않았다는 것을 시사하는 고고학적 증거와 및 문헌적 증거와도 충돌을 일으킨다.

예를 들어 초기 이집트 문헌은 고대 왕국 초기(기원전 3000년경)까지 거슬러 올라가는 의학 기록이 있음에도 불구하고 나병에 대해서는 전혀 언급하지 않는다. 또한 대대적인 고고학적 발굴 작업이 진행되었음에도 불구하고 기원전 200년경의 것으로 추정되는 시신 네 구가 이집트에서 발견된 나병 관련 증거 자료 가운데 가장 오래된 것이다.[3] 게다가 나병과 관련하여 유대 지방에서 발견된 것 가운데 가장 오래된 증거는 기원후

---

2   도움이 될 만한 요약은 다음을 보라. Mark, "Alexander the Great," 287-91. 고대의 나병에 관한 고고학적·문학적 증거에 대한 나의 논의는 이 소논문에 빚을 지고 있다.

3   반대 의견으로는 다음을 보라. Grmek, *Diseases in the Ancient Greek World*, 152-76. 한 가지 예외로는 기원전 16세기의 것으로 추정되는 이집트의 한 의학 관련 문서인 에버스 파피루스를 꼽을 수 있다. 이 문서를 번역한 Bendix Ebbell은 이 문서가 "촌의 부기"(Chon's swelling)라는 이름의 나병을 언급한다고 주장한다(*Papyrus Ebers*, 126). 이 병명은 부정확하다. 왜냐하면 이 문서가 묘사하는 증상은 Andersen, "Medieval Diagnosis of Leprosy,"

1세기 예루살렘의 것이다.[4] 비록 기원전 6세기 인도에서 발견된 문서가 있긴 하지만,[5] 기원후 3세기에 이르기까지 이 질병은 지중해 세계에서 전혀 알려지지 않았던 것으로 보인다.

그리스-로마의 어떤 의학 문헌은 최근에 서양에서 발견된 이 질병 사례를 놓고 논쟁을 벌인다. 기원후 2세기 초 에베소의 루푸스라는 의사는 "고대인들은 '엘레판티아시스'[즉 나병]에 대해 아무것도 알지 못했고, 따라서 우리는 아주 사소한 것에서도 모든 것을 고안해낼 수 있는 사람들이 그렇게 심각하면서도 흔한 병을 그냥 지나쳤을지 의아해하지 않을 수 없다"라고 주장한다. 루푸스는 "우리에게 이 질병에 대한 기본 지식을 제공해준 사람"[6]은 기원전 3세기 알렉산드리아의 스트라톤이었다고 주장한다. 조금 더 이른 시기의 플루타르코스의 글에서도 이와 유사한 정서가 담긴 내용이 발견된다.

11가 주장했듯이 "가스 괴저"로 불리는 질병과 관련이 있기 때문이다. 이집트에서 발견된 나병에 대한 최초기 증거는 다음을 보라. Dzierzykray-Rogalski, "Paleopathology of the Ptolemaic Inhabitants." 사실 Grafton Elliot Smith와 Warren Royal Dawson은 이집트에서 한센병에 걸린 시신 한 구만 발견할 수 있었고, 그것도 기원후 6세기 누비아에서 발견된 것이다. 이들의 연구를 바탕으로 Vilhelm Møller-Christensen은 이집트에서 1200 유적지를 검토했지만, 단 하나의 나병 사례만을 추가로 발견했는데, 이것 역시 Smith와 Dawson의 사례가 발견된 그 같은 기독교 묘지에서 나왔다. 더 나아가 그는 고대 가나안 사람들의 정착지였던 라기스에서 거의 600명에 달하는 시신을 검토했다. 다음을 보라. Smith and Dawson, *Egyptian Mummies*, 160; Møller-Christensen, "Evidence of Leprosy," 304.

4   다음을 보라. Matheson et al., "Molecular Exploration."
5   다음을 보라. Bhishagratna, *Sushruta Samhita*, 2:36-37.
6   Oribasius, *Collectio medica* 4.63-64; trans. Mark, "Alexander the Great."

의사인 필론은 '엘레판티아시스'(*Elephantiasis*)라고 불리는 이 질병이 단지 짧은 기간 동안만 사람들에게 알려졌다고 주장했는데, 이는 비록 고대의 의사들이 (대다수에게는 모호하나) 작고 미미한 것을 놓고 많이 논의했지만, 이에 관한 논문을 쓴 사람은 아무도 없었기 때문이다.…[필론이 이런 주장을 할 때] 참석한 이들은 새로운 질병이 그 당시에 생겨나고 형성되었다는 생각에 놀랐지만, 그 놀라운 증상들이 그토록 오랫동안 눈에 띄지 않고 지나갔다면 더더욱 놀라운 일이라고 생각했다. 그러나 대다수는 인류에게 책임을 전가했기 때문에 두 번째 가설을 선호했다. 왜냐하면 그들은 자연이 그런 문제들을 혁신할 수 없다고 믿었기 때문이다.[7]

비록 플루타르코스는 필론과 동시대 사람들이 과연 나병이 새로운 질병이었는지 아니면 그 이전에는 미처 파악하지 못했던 것이었는지를 두고 의견이 분분했다고 주장하지만, 그들은 또 다른 한 가지 가능성, 즉 인구 이동을 통해 특정 시기에 지중해 세계로 유입되었을 가능성을 미처 고려하지 못했다. 만약 플루타르코스의 증언이 신뢰할 만하다면 이는 기원전 3세기 이집트에서, 연대기적으로나 지리적으로나 지중해 세계에서 가장 먼저 나타난 나병 사례임이 틀림없다. 기원전 200년으로 추정되는 이집트의 나병 환자 시체가 이를 지지한다. 기원전 1세기 로마 철학자 루크레티우스는 여전히 "엘레파스 모르부스"(*elephas morbus*)라는 이

---

7 Plutarch, *Moralia* 731A-B.

질병이 나일강 유역에만 국한된 것으로 생각한다.[8] 이러한 플루타르코스의 증언에 의하면 이 질병은 나중에 유럽으로 이동한 것으로 보이며, 거기서 처음으로 로마에서 일하던 기원전 1세기 그리스의 의사 필론에게 알려졌고, 또 서양 의학 사상 최초로 나병에 관한 상세한 설명이 담긴 글을 쓴 카파도키아의 아레타이우스에게 알려졌다.[9] 루크레티우스, 루푸스, 플루타르코스의 증언은 기원후 1세기 대플리니우스의 글에서도 확인되는데, 대플리니우스는 이 질병이 위대한 폼페이우스 시대 이전ㅡ기원전 1세기 중엽ㅡ에는 이탈리아에서 발견되지 않았고, 다만 이집트에서 시작되었다고 믿었다.[10] 그러나 기원후 1세기 이탈리아에서는 나병이 크게 두드러지게 나타나지는 않았던 것 같다. 왜냐하면 켈수스가 "이탈리아에서는 거의 알려지지 않은 이 질병이 다른 특정 지역에서는 종종 나타난다"고 주장하기 때문이다.[11]

이러한 증거는 나병이 기원전 6세기 인도에서 처음 발생한 후 기원전 3세기에는 이집트로 전파되었고, 기원전 1세기에는 레반트와 유럽으로 전파되었다는 고생물 병리학자들의 결론을 지지한다. 알렉산더 대왕이 이끄는 군대가 이 질병을 인도에서 재유입했다는 학자들의 주장과 달리 새뮤얼 마크(Samuel Mark)는 병약한 자들이 나병에 걸릴 가능성

---

8   Lucretius, *Nature of Things* 6.1114-15.
9   다음을 보라. Hude, *Corpus Medicorum Graecorum II*, 85-90.
10 Pliny the Elder, *Natural History* 26.5.7-8; 참조. 20.52.144.
11 Celsus, *On Medicine* 3.25.1.

이 더 높기 때문에 젊고 건강한 남자들로 구성된 군대가 이 질병의 전파 요인이었을 가능성은 희박하다고 말한다. 그는 오히려 기원전 3세기에 특히 여자와 아이들을 포함하여 많은 인도 사람들을 이집트로 끌어들인 노예 매매 행위가 이 질병의 감염 경로였을 것이라고 주장한다.[12]

한편 이와는 관계없이 레위기의 내적 증거와 유대 경전의 증거는 "차라아트"라는 히브리어 단어가 나병을 지칭하지 않았음을 보여준다. 레위기는 환부의 흰 살과 살 안의 하얀 털을 "레프라"의 잠재적 증거로 제시한다(레 13:3-4, 10, 13, 16-17, 19-21, 24-26, 38-39). 왜냐하면 제사장 이 바로 그 하얀색 피부를 보고 그 사람이 레프라로 인해 부정하다고 선 언하기 때문이다. 따라서 그 벗겨진 하얀색 피부가 "레프라"의 주요 증 상 가운데 하나인 것이다. 하지만 무엇보다도 나병학자인 로버트 코크레 인(Robert Cochrane)은 그 독특한 하얀색이 레위기 13-14장의 "레프라" 와 나병을 서로 동일시할 수 없게 만든다고 주장한다. "레위기에는 나병 에 적용할 수 없는 두 가지 요소—'하얀색'과 두피 질환—가 들어 있다. 첫째, 나병 때문에 생기는 환부는 **절대로** 하얀색이 아니다. 둘째, 두피에 생기는 나병은 매우 드물며, 진전된 나종성 나병이 아닌 이상 발병하지 않는다."[13] 우리 논의에서 가장 중요한 부분이 바로 이 레프라의 하얀색 이다. 그리스-로마의 의학 작가들은 코크레인과 마찬가지로 나병을 레 위기 13-14장과 다른 방식으로 묘사한다. 예를 들어 켈수스는 나병을

---

12   Mark, "Alexander the Great."
13   Cochrane, *Biblical Leprosy*, 13.

이렇게 묘사한다. "피부에 다양한 점과 부기가 나타나는데, 처음에는 빨간색이었던 것이 점점 검은색으로 변한다."[14] 플리니우스도 나병을 이와 비슷한 방식으로 묘사한다. "이 질병은 보통 얼굴에서 코끝의 주근깨로 시작하지만, 나중에는 피부 전체가 마르고, 다양한 색깔의 반점이 덮이며, 울퉁불퉁하고 두꺼운 곳과 얇은 곳, 그리고 두피처럼 거칠고 가렵고 딱딱한 곳은 마침내 검은색으로 변한다."[15]

게다가 고대 이스라엘의 세 본문은 "레프라"를 눈과 비교한다. 따라서 이는 레프라의 증상이 하얀색임을 확인해줄 수 있다(출 4:6; 민 12:10; 왕하 5:27). 영어 역본들은 레프라를 흰 눈과 비교하면서도 **색깔**에 관해서는 전혀 언급하지 않는 이러한 본문을 과잉해석하는 우를 범할 수도 있다. 예를 들어 헐스(E. V. Hulse)는 흰 눈과 비교하는 것은 벗겨지거나 떨어져 나간 눈송이와 같은 피부의 각질과 관련이 있다고 주장한다.[16] 그는 이와 관련하여 "레프라"가 "레피스"(*lepis*, "저울"), 및 "레포"(*lepō*, "껍질을 벗기다")와 관련이 있다고 주장한다. 헐스는 이 질병의 증상 중 하나가 피부가 벗겨지는 것이라고 올바르게 주장하지만, 레위기 13장이 왜 하얀 살 색을 자주 언급하는지에 대해서는 적절한 설명을 제시하지 못한다. 따라서 하얗게 벗겨진 피부는 "레프라"의 주요 증상 중

---

14 Celsus, *On Medicine* 3.25.1.
15 Pliny the Elder, *Natural History* 26.5.2-6.
16 Hulse, "Nature of Biblical 'Leprosy,'" 93.

하나인 것으로 보인다.[17] 만약 나병(한센병)이 절대 하얀색 피부로 나타나지 않는다면 나병 환자는 오늘날의 관점에서 결코 레위기 13-14장에 의해 부정하다는 판정을 받지 않았을 것이다. 그럼에도 레위기에서는 나병에 대해 언급하지 않는다는 더욱더 분명한 증거가 있다. 그것은 바로 레프라에 관한 율법이 옷(레 13:47-59)이나 집(14:34-35)이 "레프라"에 감염될 경우에도 이스라엘이 반드시 따라야 할 의식을 서술하고 있기 때문이다. 집이나 옷은 나병에 걸릴 리가 없으므로 여기서는 질병과 무관하다는 것이 분명하다.

그렇다면 레위기 13-14장(그리고 다른 본문들)의 레프라는 어떤 질병을 가리키는 것일까? 제이콥 밀그롬은 그의 레위기 주석에서 현대 피부과 의사가 레위기 13-14장의 "차라아트"에 대한 설명을 읽고 나서 이 본문에 묘사된 증상들은 지금까지 알려진 피부 질환과 실제로 일치하지 않는다는 결론에 도달했다는 이야기를 소개한다. 궁극적으로 밀그롬은 레위기에서 묘사하는 것이 현대의 어떤 질환인지 특정하려는 것은 잘못된 생각이라는 결론에 도달한다. 레위기 13-14장의 묘사는 "병리학이 아니라 의식(儀式)이다."[18]

요약하자면 우리가 가지고 있는 고고학적 증거와 문헌적 증거는 모두 나병이 기원전 3세기 혹은 2세기 이전에는 지중해 세계에서 존재하지 않았고, 레위기를 기록한 제사장 공동체에도 알려지지 않았을 가능

---

17 참조. Mishnah, *Nega'im* 1.1.
18 Milgrom, *Leviticus 1-16*, 817.

성을 시사한다. 대다수 학자들은 이에 동의한다. 그렇다면 예수 시대에는 어떠했을까? 아무튼 내가 위에서 지적했듯이 나병은 기원후 1세기에 유대 지방과 지중해 지역에 더 광범위하게 퍼져 있었다. 그렇다면 복음서 저자들이 "레프라"를 언급했을 때 **그들은** 과연 나병을 지칭했던 것일까? 간단히 말해 그 대답은 "아니오"다.[19]

나병이 중동과 유럽에 도착했을 때 그리스 작가들은 나병을 "레프라"로 지칭하지 않았다. 유대교 경전을 그리스어로 옮긴 역자들은 **언제나** 이 단어를 레위기 13-14장의 피부 질환을 번역하는 데 사용했고, 복음서 저자들도 이 단어를 사용했다. 그리스어 및 라틴어 작가들은 오히려 나병을 지칭할 때 일반적으로 "엘레파스"(elephas)나 "엘레판티아시스"(elephantiasis)라는 단어를 사용했으며, "레프라"(lepra)라는 단어를 결코 사용하지 않았다. 그들은 상대적으로 경미한 피부 질환에 "레프라"라는 단어를 사용했다. 예를 들어 기원전 430년에서 330년 사이에 서양 의학의 아버지로 불렸던 히포크라테스는 그의 글 모음집에서 "레프라"를 건선 또는 곰팡이 감염과 유사한 증상을 지칭하는 데 사용한다.[20] 대플리니우스 같은 후대 의학 작가들은 "레프라"를 괴혈병(psora)을 다루는

---

19 이와는 대조적으로 R. T. France는 다음과 같이 주장한다. "일반적으로 성경에서 '레프라'는 비록 '진짜 나병'(한센병)을 포함하긴 하지만 이보다 훨씬 더 다양한 종류의 질병을 가리키는 데 사용된다"(Gospel of Mark, 117).
20 예컨대 비로 인해 더욱 심해지는 피부병을 언급하는 Humors 17이나 레프라 및 기타 증상은 경미한 결점일 뿐, 질병이 아니라고 주장하는 Affections 35를 보라.

문맥에서 자주 언급하고 "엘레판티아시스"와 구별한다.[21] 기원후 2세기의 갈레노스는 이와 유사한 방법으로 이 용어를 염증과 피부병을 지칭하는 데 사용한다.[22] 기원후 4세기 알렉산드리아의 올리바시오스와 7세기 아이기나의 파울루스 같이 훨씬 더 후대의 작가들조차도 계속해서 "레프라"(피부 질환)를 "엘레판티아시스"(나병)와 구별한다. 복음서 저자들이 예수가 "레프라" 환자를 치유하는 장면을 묘사할 때 만약 그들의 의도가 나병을 가리키는 것이었다면 그들은 그리스어를 사용하는 사람들 가운데 아주 독특한 사람들이었을 것이다. 하지만 그들이 나병을 지칭한다고 생각한 사람은 아마도 아무도 없었을 것이다. 왜냐하면 나병을 지칭하는 데 "레프라"를 사용한 작가는 기원후 8세기 말 또는 9세기 초에 활동한 다마스쿠스의 요한이라는 의사가 최초였기 때문이다. 따라서 요한이 나병과 레프라를 혼동한 결과 복음서의 레프라를 나병으로 해석하는 사례가 후대 작가들 사이에서 널리 통용되기 시작했다.[23] 이러한 잘못된 해석은 심지어 오늘날까지도 성경 번역, 주석, 설교에서 지속적으로 나타난다.

---

21 Pliny the Elder, *Natural History* 28.33.128; 35.51.180.
22 Galen, *Method in Medicine* 5.12.368K.
23 다음을 보라. Andersen, "Medieval Diagnosis of Leprosy."

고대 근동의 "레프라" 같은 질환

하지만 레프라를 정확히 특정하기 위해서는 또 다른 자체적인 질문이 제기된다. 만약 레프라가 의학적으로 나병이 아니었다면 레위기를 집필한 제사장 공동체는 왜 이에 대해 그토록 많은 신경을 썼을까? 한 가지 가능한 설명은 다른 고대 근동 문화에서 찾아볼 수 있다. 예를 들어 빌헬름 밀러-크리스텐센(Vilhelm Møller-Christensen)은 21대 왕조와 23대 왕조(기원전 1100년경에서 700년경까지) 치하에 기록된 것으로 추정되는 이집트 파피루스에는 sbh로 불리는 질병에 대한 수많은 언급이 들어 있다고 말한다. sbh가 레프라에 상응하는 것이었을 가능성은 유대 경전과 신약성경을 후대에 콥트어로 번역한 역자들이 레프라를 번역하는 데 상형문자 sbh에 상응하는 콥트어를 일관되게 사용했다는 사실에서 확인된다.

샘 마이어(Sam Meier)는 고대 메소포타미아인들이 집 곰팡이에 관심을 보인 것에서 또 다른 유사점을 발견한다. *Šumma ālu ina mēlê šakin*으로 알려진 징조판(omen tablets)의 열두 번째 판은 "카타루"(katarru)라고 불리는 곰팡이에 관해 다루는데, 이것은 집 안에서 그 곰팡이의 색과 위치에 따라 미래를 예측하는 각기 다른 징조를 제시한다. 물론 모든 징조가 다 나쁜 것은 아니다. 예를 들어 검은 곰팡이는 성공적인 미래를 예고한다. 사실 우리에게는 아시리아 왕에게 보낸 편지 가운데 카타루 균과 그 치료법에 관해 논의하는 편지 한 통이 있다. "거기에는 액막이 기도가 있고 또 나부(Nabû)의 신전 안쪽 뜰에 나타난 특별한 카무누 이끼와 중앙 창고 벽에 나타난 카타루 이끼를 위한 의식이 있다. Adad-šumi-uṣur는 내일 아침에 이 의식을 치를 것이다. 그는 이 의식을 여러 차례 치러야 한다."[24] 이 편지는 사람들이 집 곰팡이에 대해 실제적으로 우려했음을 보여준다. 사실 이것은 신전에 그것이 있다는 것만으로도 한 나라의 왕을 불안하게 할 만큼 중요했다. 이는 또한 아시리아인들이 곰팡이로 인해 발생할 수 있는 어떤 악으로부터 보호하는 의식―악을 물리치기 위한 기도이자 그 곰팡이를 제거하기 위한 의식―을 가지고 있었다는 것을 보여준다. 마이어는 기본적으로 후자의 의식을 다음과 같이 재구성한다.

1. 곰팡이가 나타난다.
2. 긁어내는 특수 도구를 구매한다.
3. 축귀사는 이 도구로 벽의 곰팡이를 긁어낸다.
4. 축귀사는 이 곰팡이를 태워 제거한다.

그러나 제사장 문헌의 레프라 묘사와 아시리아 문서의 집 곰팡이 묘사 사이에는 차이점이 있다. 가장 중요한 차이점은 전자는 레프라를 별 큰 의미가 없는 자연적인 현상으로 보는 반면, 후자는 레프라의 존재에서 흉조를 발견한다는 것이다. 하지만 자연적으로 발생하는 레프라가 아닐

---

24 S. Meier, "House Fungus." 110번째 편지에 대한 번역은 다음에서 발췌한 것이다. Oppenheim, *Letters from Mesopotamia*, 167.

경우 레위기는 집 안에 있는 레프라를 악마의 행위가 아닌 하나님의 행위로 돌린다. 이는 옷이나 인체에 나타나는 레프라 또한 이스라엘의 하나님에 의한 것일 가능성을 시사한다(레 14:34; 참조. 삼하 3:29). 결국 아람 왕으로부터 나아만의 레프라를 고쳐주기를 원한다는 말을 들었을 때 이스라엘 왕은 자신이 그 질병을 고칠 수 있는 하나님이냐고 반문한다. 이 말은 레프라의 근원이 바로 하나님이며, 따라서 오직 하나님만이 이 병을 고칠 수 있는 분임을 전제하는 듯하다. 또한 이러한 고대 근동 문헌은 악마의 존재에 대해 종종 논의하는 반면, 유대교 경전은 레프라를 오직 의식적 부정함과 연관 지어 논의한다.[25]

다른 고대 근동 문헌도 사람에게 나타나는 레프라와 같은 피부 질환에 대해 논의한다. 예를 들어 제임스 키니어 윌슨(James Kinnier Wilson)은 다음과 같은 내용이 담긴 바빌로니아의 한 징조 문서를 제시한다. "만약 어떤 사람의 피부에 '하얀 푸수(pūsu) 부분'이 나타내거나 '누크두(nuqdu) 점이 찍혀 있다면' 그런 사람은 그의 신에게 거절당했을 뿐만 아니라 인간에게도 거절당할 것이다." 키니어 윌슨은 이 질병이 나병이라고 말했지만, 사실 이 질병은 나병이 아니다. 왜냐하면 하얀 부위는 위에서 설명했듯이 나병의 증상이 아니기 때문이다. 오히려 이 질환은 레위기 13-14장의 피부 질환과 유사하다. 기원전 1000년 이전의 saharšubbû, išrubu, garābu 같은 의학 용어에 의하면 이 질병은 이 질병을

---

25 하지만 레프라와 마귀를 서로 연관 짓는 후대 유대 작가들에 관해서는 아래를 보라.

가진 환자를 "야생 나귀처럼 성 밖을 떠돌아다니게" 만들었다.[26] 따라서 레위기 13-14장의 레프라와 유사한 질환을 가진 아시리아인들과 바빌로니아인들은 사회적으로 고립되는 상황을 스스로 감내해야만 했을 것이다. 헤로도토스는 페르시아에서도 이와 유사한 문제가 나타났다고 말한다. "레프렌(leprēn) 또는 레우켄(leukēn)에 걸린 사람은 마을에 들어올 수도 없었고, 다른 페르시아인들과 접촉할 수도 없었다. 사람들은 그가 어떤 방식으로든 태양에 죄를 지었기 때문에 그런 질병에 걸리게 되었다고 말한다."[27] 로마 작가 아일리아누스는 심지어 기원후 3세기 초에도 "아시아의 모든 민족"이 레프라를 혐오한다고 증언한다.[28] 요약하자면 고대 이스라엘 사회에서뿐만 아니라 다른 고대 근동 문화권에서도 레프라에 대한 우려가 존재하긴 했지만, 완전히 동등한 수준의 우려는 아니었다는 것이다.

위에서 살펴보았듯이 비록 그리스와 로마 작가들이 나병과 이 질병을 동일시하지는 않았지만, 대다수 작가들은 "레프라"와 그 치료 방법에 관해 다룬다. 따라서 그리스와 로마 의사들은 여러 경미한 피부 질환— 한센병보다는 건선, 습진 또는 괴혈병에 더 가까운—을 지칭할 때 이 용어를 사용한다. 이와는 달리 레프라를 포함한 다른 의식적 부정함은 적

---

26 Vorderasiatische Abteilung Tontafel 7525, Vorderasiatisches Museum, Berlin. Kinnier Wilson, "Organic Disease in Ancient Mesopotamia," 206. 바빌로니아의 징조 문서 번역은 Kinnier Wilson의 논문에서 발췌한 것이다..

27 Herodotus, *Histories* 1.138; Loeb Classical Library의 번역을 살짝 수정했다.

28 Aelian, *Nature of Animals* 10.16.

어도 일부 유대인들에게는 죽음의 세력을 의미했다. 밀그롬은 다음과 같이 말한다. "[레프라가] 부정함의 체계 안에서 어떤 위치를 차지하는지를 일러주는 중요한 단서는 바로 레프라가 죽음을 의미한다는 것이다. 즉 레프라 환자는 시체 취급을 받는다."[29] 모세와 아론의 누이 미리암의 이야기는 레프라와 죽음의 관계를 잘 보여준다(민 12장). 하나님은 미리암과 아론이 불평을 하자 구름기둥을 타고 내려오셔서 그들을 꾸짖으신다. 구름이 다시 올라가자 미리암은 레프라에 걸린다. 아론은 미리암과 모세 사이에서 중재자 역할을 하며 "그가 살이 반이나 썩어 모태로부터 죽어서 나온 자 같이 되지 않게 하소서"(12:12)라고 기도한다. 사산한 아이의 살에 대한 이러한 섬뜩한 묘사는 레프라의 겉모습을 시체처럼 되어버린 피부와 연결한다. 레프라로 벗겨진 피부는 제사장 문헌 저자들에게 부패한 시체를 연상시켜줌으로써 죽음을 예고하는 징조가 된다. 즉 미리암은 걸어 다니는 송장 같았다.

우리는 이러한 레프라와 죽음의 연관성을 신명기 사가 문헌에서 아람 왕이 이스라엘 왕에게 나아만의 레프라를 고쳐달라고 요청하는 이야기에서도 발견한다. "내가 사람을 죽이고 살리는 하나님이냐?"(왕하 5:7)라는 왕의 반응은 나아만의 레프라를 치유하는 것이 죽은 사람을 다시 살리는 것과 같다는 점을 암시한다. 하지만 그러한 능력은 오직 하나님만의 것이다. 1세기 유대 역사가였던 요세푸스도 레프라에 걸린 사람

---

29   Milgrom, *Leviticus: A Book of Ritual and Ethics*, 128.

을 죽은 사람과 동일시한다. "그리고 [모세는] 레프라에 걸린 이들을 도시에서 추방하고 그 누구와도 함께 거하지 못하게 했다. 왜냐하면 그들은 시체와 전혀 다르지 않기 때문이다."[30] 마지막으로 후대 랍비들도 이러한 연관성을 반복해서 강조한다. "'그녀가 죽은 사람처럼 되지 않게 하라'고 기록된 것 같이 [레프라 역시] 죽음과 같다."[31]

아마도 이와 관련하여 쿰란의 「다마스쿠스 문서」(*Damascus Document*)도 제사장이 누가 레프라에 걸렸는지를 확인하는 방법을 논하는 과정에서 제사장은 이 질병에 걸린 사람의 "살아 있는" 피부와 "죽은" 피부를 조사해야 한다고 명시한다.[32] 이 작품은 또 다른 본문에서 제사장이 레프라에 걸릴 수 있는 사람의 "죽은 털과 산 털"을 조사하는 것에 관해 이야기한다.[33] 레위기 13-14장에 대한 이러한 확대 해석은 「다마스쿠스 문서」와 연관된 쿰란 공동체가 레프라를 죽음과 동일시했을 가능성을 암시한다. 레프라와 죽음의 이러한 연관성은 이스라엘 제사장들이 왜 이 질병이 의식적 부정함을 초래한다고 믿었는지 잘 설명해주는데, 이는 현대 독자들이 예수가 레프라에 걸린 자들과 소통하는 모습을 그린 복음서 이야기를 더 잘 이해하는 데 도움을 준다.

---

30 Josephus, *Jewish Antiquities* 3.264.
31 예컨대 Babylonian Talmud, *Sanhedrin* 47a; 참조. Babylonian Talmud, *Nedarim* 64b; *Exodus Rabbah* 1.34.
32 4Q269 7 4-7; 4Q272 1 I, 1-5.
33 4Q266 6 I, 10.

제2성전기의 레프라

예수가 살던 시대의 유대인들은 과연 이 규례들을 어떻게 이해했을까? 또한 그들은 레프라와 관련된 규례를 어떻게 지켰을까? 레프라에 걸린 이들은 과연 레위기 13-14장에 기록된 규례에 따라 치료를 받았을까? 제2성전기 유대인들은 과연 이 규례의 해석과 적용을 두고 서로 의견 일치를 보았을까? 쿰란 문서가 발견된 덕분에 우리는 유대인들 가운데 적어도 한 그룹이 예수와 같은 시대 또는 그 이전 시대를 살면서 레프라에 관해 어떤 생각을 했는지를 알 수 있는 문헌적 증거를 상당수 갖게 되었다. 예를 들어 「성전 두루마리」(*Temple Scroll*)에 의하면 모든 유대 도시는 레프라에 걸린 이들을 위해 격리 구역을 지정하고 그들의 도시 출입을 통제함으로써 타인과의 접촉을 통해 부정함이 전파되는 것을 방지했다.[34] 레프라에 걸린 자는 일단 정결 의식을 거쳐야만 이스라엘 도시에 다시 들어갈 수 있었다.[35] 이러한 규례는 레위기 13:45-46과 민수기 5:1-3을 따른 것인데, 이 두 본문은 이스라엘 백성들에게 레프라에 걸린 자를 진 밖으로 추방할 것을 요구한다.

쿰란 공동체는 레프라에 걸린 자들을 너무 허술하게 취급하는 반대자들을 비난했다. 한 편지는 이러한 반대자들이 레프라에 걸린 자들을 너무 일찍 일상생활로 돌려보낸다고 비난하는데, 거기에는 명백히 그들

---

34 11Q19 XLVIII, 14-15.
35 11Q20 XII, 10.

이 목욕 의식을 치른 후 거룩한 음식이 있는 건물에 들어가도록 허락하는 것도 포함된다.[36] 쿰란 공동체의 생각을 따르자면 이러한 관습은 레프라가 사람의 몸에서 사라지면 머리를 깎고 목욕 의식을 치를 뿐만 아니라 장막에 들어가기 전에 7일을 더 기다려야 하는 규례(레 14:8)를 무시하는 행위라는 것이다. 레위기 13-14장에 기록된 의식들은 심지어 기본 증상이 사라진 후에도 의식적 부정함은 여전히 그대로 남는다는 사실을 보여준다. 여기서 작용하는 논리는 레프라 환자의 부정함은 시체와 마찬가지로 같은 건물 안에 있는 모든 물건에 영향을 미칠 만큼 강력하다는 것이다(이 부분은 5장에서 다룰 예정임). 설령 레프라 환자가 거룩한 음식을 만지지 않았더라도 그 음식은 같은 공간에 있었다는 것만으로도 부정해질 수밖에 없다. 따라서 레프라 환자가 너무 일찍(즉 증상이 사라지긴 했지만 의식적 부정함이 여전히 남아 있는 7일을 채우기 전에) 사회로 복귀하도록 허용하는 제사장은 거룩한 음식뿐 아니라 본인도 위험에 처하게 만든다. 즉 그들은 고의로 죄를 짓는 것이다. 이러한 고의적인 죄는 그들이 하나님을 "멸시하고" "모욕하는" 죄를 짓게 한다. 따라서 쿰란 공동체에 의하면 레프라는 쿰란 공동체에 있어 매우 중대한 질병이었고, 이를 허술하게 취급한다는 것은 공동체의 비난을 불러일으키지 않을 수 없었다. 그럼에도 「성전 두루마리」는 초기 유대인들이 레프라 관련 규례를 얼마나 다양한 방식으로 해석하고 준수했는지를 잘 보여준다. 어떤

---

36 4Q396 III, 4-11. 여기서는 다음을 보라. Feder, "Polemic regarding Skin Disease." 쿰란
및 복음서에 나타난 레프라에 관해서는 다음을 보라. Berthelot, "La place des infirmes."

이들은 레프라 환자는 기저질환이 사라진 후에도 7일 동안 더 격리될 필요가 있다고 생각했다. 다른 이들은 레프라 환자가 이 7일 기간에 지역사회로 복귀할 수 있다고 믿었다. 하지만 그 어떤 그룹도 자신들만은 율법을 어기는 죄를 범하지 않는다고 믿었다.

물론 레프라 환자를 일상의 삶으로부터 격리하는 행위가 단지 쿰란 공동체 안에서만 찾아볼 수 있는 것은 아니었다. 예를 들어 요세푸스는 모세가 레프라 환자들이 도시로 들어오거나 다른 사람과 함께 사는 것을 금지했다고 주장한다. 그들은 오히려 죽은 사람처럼 살아야 했다. 즉 그들은 전염력이 강한 시체와 같았다.[37] 요세푸스는 이집트 사제 마네토에 맞서 유대 민족을 변호하는 글에서도 이와 비슷한 주장을 펼친다. 마네토는 모세가 레프라에 걸렸기 때문에 이집트인들이 그를 이집트에서 쫓아냈다고 주장했다. 요세푸스에 의하면 이러한 비난은 거짓이었다. 왜냐하면 레프라 환자는 도시에서나 마을에서 다른 사람들과 함께 살 수 없었고 또 혼자 격리되어 살아야 한다는 법을 제정한 사람이 바로 모세였기 때문이다.[38]

가장 이른 시기의 랍비 문헌도 비록 복음서보다는 나중에 기록되긴 했지만 유사한 사고를 담고 있다. 미쉬나에 의하면 레프라 환자들은 건물 안에 있던 모든 것을 포함하여 그들이 머물렀던 나무 아래 있던 모든

---

37   Josephus, *Jewish Antiquities* 3.264.
38   Josephus, *Against Apion* 1.281.

것도 전부 오염시킨다.[39] 이러한 규정은 레프라의 강한 전염력과 환자의 격리 필요성을 강조하는 쿰란 공동체의 사고와 맥을 같이한다. 상당한 시간이 흐른 다음 아람어로 의역된 열왕기하 15:5에 의하면 아사랴 왕은 하나님이 그를 레프라로 치신 후 죽을 때까지 예루살렘 성 밖에서 살았다고 한다. 이러한 확대 해석은 당대 유대교의 해석 관행을 반영할 수도 있다. 왜냐하면 열왕기하는 아사랴 왕이 단순히 (아마도 왕궁과 분리된) 별채에서 살았다고만 진술하고 있기 때문이다. 하지만 미쉬나는 레프라 환자가 성관계를 맺지 않는 이상 정결 의식의 초기 단계를 마친 후에는 집으로 돌아가는 것을 허용한다.[40] 이러한 입장은 위에서 이미 지적했듯이 공동체가 반대했던 것이다. 아울러 레프라를 언급하는 랍비 문헌이 모두 레프라 환자는 자신이 속한 공동체로부터 격리될 필요가 있다고 말하는 것은 아니다. 예를 들어 어떤 랍비 문헌은 레프라 환자가 높은 칸막이를 사이에 두고 다른 사람과 거리를 둔다면 부정하지 않은 사람들과 함께 공부방에 들어가는 것을 허용한다.[41]

따라서 모든 증거는 기원후 1세기의 많은 유대인들이 다른 이들에게 부정함을 전파하지 않도록 사람들과 거리를 유지할 필요가 있다고 생각했지만, 얼마 동안 그 거리를 유지해야 하는지에 관해서는 합의점을 찾지 못했음을 암시한다. 비록 레프라 환자로 인해 이차적으로 부정하게

---

39   Mishnah, *Nega'im* 13.7-12.
40   Mishnah, *Nega'im* 14.2.
41   Mishnah, *Nega'im* 13.12.

되는 것은 죄가 아니었지만, 사람들이 붐비는 환경 속에서 자신도 모르게 레프라 환자에게 전염되고 나서 신성한 음식이나 신성한 공간과 접촉할 위험성은 늘 도사리고 있었다.

성난 예수의 손에 달린 레프라 환자의 운명

나는 현대 독자들이 예수와 레프라 환자들의 만남이 지닌 중요한 의미를 올바로 파악할 수 있도록 하는 차원에서 사전 기초 작업을 광범위하게 진행할 필요가 있었다. 그리스-로마 작가들은 레프라를 질병으로 인식하긴 했지만, 이를 나병과 동일시하지는 않았다. 의학적인 관점에서 보면 레프라는 오히려 사소한 질환에 불과했다. 한편 유대인들은 레프라를 어떤 질환으로 여기기보다는 주로 의식적으로 부정하게 만드는 질환으로 생각했다. 이제 다시 복음서로 돌아가 보자. 만약 의학적으로 레프라가 습진이나 괴혈병과 별반 다를 바 없다면 복음서 저자들은 왜 일주일에 두 번 정도 비듬 샴푸나 항균 연고를 사용하는 것과 별반 다를 바 없는 수준의 기적을 행하는 예수의 모습을 그토록 보여주고자 했을까? 예수가 피부의 점 같이 하찮은 것을 극복하려 한다는 사실은 그의 사명과 정체성에 관해 우리에게 무엇을 말해주는가? 물론 1세기에는 마가, 마태, 누가가 모두 관심을 가질 만큼 훨씬 심각한 질병이 더 많이 있었을 것이다! 하지만 위의 질문에 대한 정답은 현대 신약학자들이 흔히 주장하듯이 그들이 예수가 유대 정결 의식 체계를 거부했다는 것을 보여주려 하지 않았다는 것이다. 오히려 초기 예수 추종자들은 그가 레프라의 존재 자체를 거부했다는 것을 보여주고자 했다. 이 두 해석 간에는 엄청난 차이가 있다. 전자는 의식적 부정함의 실재와 능력을 부정한다. 후자는 그 실재를 인정하면서도 예수의 능력이 그 의식적 부정함을 유발하는 능력을 초월한다고 믿는다.

마가복음에서 예수가 처음으로 행한 기적 가운데 하나가 바로 레프라 환자를 치유하려는 것이었다.

> 한 **레프라 환자**가 예수께 와서 꿇어 엎드려 간구하여 이르되 "원하시면 저를 깨끗하게 하실 수 있나이다." 분노하신 [예수께서] 손을 내밀어 그에게 대시며 이르시되 "내가 원하노니 깨끗함을 받으라!" 하시니 곧 **레프라**가 그 사람에게서 떠나가고 깨끗하여진지라. 곧 [예수께서] 보내시며 엄히 경고하사 이르시되 "삼가 아무에게 아무 말도 하지 말고 가서 네 몸을 제사장에게 보이고 네가 깨끗하게 되었으니 모세가 명한 것을 드려 그들에게 입증하라" 하셨더라. 그러나 [이전에 **레프라 환자**였던 자가] 나가서 이 일을 많이 전파하여 널리 퍼지게 하니 그러므로 예수께서 다시는 드러나게 동네에 들어가지 못하시고 오직 바깥 한적한 곳에 계셨으나 사방에서 사람들이 그에게로 나아오더라(막 1:40-45).

마가의 이야기는 다수의 의문을 제기하지만, 나는 여기서 예수가 이 사람을 만나 그의 요구를 듣고 왜 화가 났는지에 관한 질문에만 초점을 맞추겠다. 예수의 분노에 관해서는 본문비평적으로 상당한 문제점이 제기된다. 즉 마가복음 사본 가운데 단지 소수만 "분노하다"(*orgistheis*)로 되어 있고, 대다수의 사본은 "긍휼히 여기다"(*splanchnistheis*)로 되어 있다.[42] 현대의 대다수 역본은 후자의 사본을 따르지만, 본문비평 원칙에 의하면 일반적으로 필사자가 어려움을 스스로 만들어내기보다는 어려움을 제거할 가능성이 더 높기 때문에 해석자들은 더 어려운 독법을 선호해야 한다. 비록 외부 증거는 매우 미미하지만, 여기서는 더 어려운 독법을 보다 선호할 만하다. 이러한 결론은 마가복음을 활용하고 수정한 마태와 누가가 예수의 긍휼과 그의 분노에 관해 전혀 언급하지 않는다는 사실에 의해 지지를 받는다.[43] 그들의 이러한 침묵은 그들이 활용한 마가복음도 "긍휼히 여기다"가 아닌 "분노하다"로 되어 있었을 가능성을 시사

---

42 "오르기스테이스"(*orgistheis*, "분노하여")라는 독법은 오직 D 사본(Codex Bezae), 구 라틴어 사본 셋, 그리고 디아테사론뿐이며, 거의 모든 나머지 사본은 "스플랑크니스테이스"(*splanchnistheis*, "긍휼이 여기사")라는 독본을 따른다. Bruce M. Metzger(*Textual Commentary on the Greek New Testament*, 76)는 Bart Ehrman("Text and Tradition")처럼 전자의 독법이 원문이라고 생각한다. "스플랑크니스테이스"(*splanchnistheis*, "긍휼이 여기사")가 원문일 가능성에 대한 가장 강력한 논증은 다음을 보라. Johnson, "Anger Issues." 내가 아래에서 강조하겠지만, 설령 Johnson의 논증이 설득력이 있다 하더라도 결국 이 이야기는 여전히 이 사람을 거칠게 다루는 예수의 모습을 묘사한다.

43 나는 공관복음 사이의 문학적 관계를 확실히 알 수 없기 때문에 우리가 마가의 본문을 검토할 때 마태와 누가의 증거를 고려해서는 안 된다는 Peter J. Williams의 주장을 받아들일 수 없다("An Examination of Ehrman's Case," 4). 마가복음 우선설과 마태와 누가의 마가복음 의존설(누가와 마태의 정확한 관계와 상관없이)은 대다수 학자들에게는 논쟁의 여지가 없다. 따라서 학자들이 해야 할 일은 왜 마태와 누가가 마가의 기사를 이런 방식으로 수정했는지를 설명하는 것이다.

한다. 왜냐하면 이 두 저자가 모두 예수의 긍휼에 대한 언급을 생략했을 가능성보다는 "분노하다"라는 난해한 표현을 생략했을 가능성이 더 높기 때문이다(참조. 마 8:1-4, 눅 5:12-16).

이와는 대조적으로 네이선 존슨(Nathan Johnson)은 예수의 분노를 보여주는 증거가 초기 그리스도인들이 마르키온과의 논쟁에서 사용하기에 아주 좋은 증거였으리라고 주장한다. "오리게네스는 마르키온의 주장에 반대하면서 분노하는 예수, 즉 회개하지 않는 종이 고문을 받도록 내어주는 인물을 **찾고 있었던** 것으로 보인다."[44] 하지만 이러한 지적은 여기까지만 사실이다. 만약 마가복음 1:41의 원문이 "오르기스테이스"(*orgistheis*)라는 독법을 갖고 있었다면 오리게네스에게는 거의 아무런 도움이 되지 못했을 것이다. 왜냐하면 이 구절은 회개하지 않는 어떤 죄인에게가 아니라 **구원**을 받으러 온 사람에게 분노한 예수를 묘사하고 있기 때문이다. 오히려 마태와 누가가 이러한 예수의 분노에 대한 언급을 삭제하고 싶었을 것이라는 증거는 그들이 본문비평적으로 보다 더 안전한 본문에서 예수의 분노에 대한 마가의 언급을 삭제하는 데서 찾아볼 수 있다. 예를 들어 마가는 예수가 손이 마른 사람을 안식일에 만났을 때 안식일에 병을 고친다고 비난하는 사람들을 향해 분노하면서 주위를 둘러보았다고 주장한다(막 3:5). 예수가 안식일에 병을 고친다고 자신을 비난하는 이들에게 분노한 것은 어느 정도 정당화될 수도 있는데,

---

44   Johnson, "Anger Issues," 197.

마태와 누가는 이 기사를 수정하면서 "분노하여"라는 말을 생략한다(마 12:13; 눅 6:10). 또한 제자들이 아이들이 그에게 접근하는 것을 막으려고 할 때 예수는 제자들에게 화를 낸다(막 10:14). 또 마태와 누가는 예수의 분노를 정당한 방식으로 언급하는 것도 생략한다(마 19:14; 눅 18:16).

이와는 반대로 마태와 누가는 예수의 **긍휼**을 언급하는 것을 크게 불편하게 생각하지 않는다. 예를 들어 마태복음에서 예수는 군중에게 긍휼을 느끼는데(마 9:36; 15:32), 이러한 긍휼은 또 다른 상황에서는 그가 병자들을 치유하도록 이끈다(14:14; 20:34). 이러한 사례 가운데 마태복음 9:36과 15:32은 마가가 마가복음 6:34과 8:2에서 사용한 긍휼이라는 표현을 따른다. 누가 또한 예수의 긍휼 용어 사용을 아무런 불편함 없이 소개한다. 물론 누가는 이 용어를 외아들을 장사하러 가는 과부에 대한 예수의 긍휼을 묘사하는 데 단 한 번밖에 사용하지 않지만 말이다(눅 7:13). 이것은 예수가 의식적으로 부정한 자들과 교류하는 모습의 또 다른 사례인데, 나는 5장에서 이 내용을 더 상세히 다룰 것이다. 긍휼에 대한 언급이 마가의 레프라 환자 기사에서 나왔다면 마태와 누가가 왜 이에 대한 언급을 생략하기로 했는지 이해하기 어렵다.[45] 이러한 주장은 두 자료

---

45 Johnson은 어떤 아버지가 예수에게 그의 아들에게서 마귀를 내쫓아 달라고 요구하는 막 9:22에서 *splanchnistheis*가 등장하고, 나중에 마 17장과 눅 9장에서 이 동사가 생략된 점을 지적한다("Anger Issues," 185). 비록 그의 지적은 옳지만, 그가 이 사실을 사용한다는 점은 설득력이 없다. 이것은 마태와 누가가 긍휼에 대한 언급을 제거하려는 의도를 나타내지 않는다. 막 9:21-22은 오히려 예수가 그 아버지에게 그의 아들이 얼마 동안 이 질병을 앓았는지 묻고, 그 아버지는 예수에게 긍휼과 도움을 청하는 장면을 묘사한다. 마태와 누가는 모두 아마도 이 본문에서 불필요한 대화를 제거하기 위해 이 대화 전체를 생략

가설이나 패러 가설의 타당성 여부와 상관없이 성립된다. 두 자료 가설에 의하면 마태와 누가는 긍휼에 대한 마가의 언급을 서로 **독립적으로** 생략하는 길을 선택했을 것이다. 패러 가설에 의하면 마태는 긍휼에 대한 언급을 생략했을 것이고, 마가복음과 마태복음을 접한 누가는 마가의 이야기보다는 마태의 이야기를 더 선호했을 것이다. 어느 시나리오라도 가능성은 없지 않아 보인다. 한편 마태와 누가가 예수가 분노할 만한 상황(즉 사람들이 예수의 치유에 저항하거나 아이들을 그에게서 떼어놓으려는 상황)에서 분노하는 모습까지 생략한 것을 보면 왜 그들이 전적으로 부당해 보이는 상황에서 분노하는 예수의 모습을 생략했는지 어느 정도 이해가 간다.

마지막으로 분노하는 예수는 마가복음 1:43에 묘사된 예수의 분노하는 모습과도 일치한다. 예수는 여기서 그 사람을 꾸짖고(참조. 막 14:5) 쫓아낸다(마가는 여기서 그리스어 "에크발로"[ekballō]를 사용하는데, 그는 이 단

한다. 사실 Johnson은 누가는 "마가복음에서 사용된 '스플랑크니조마이'(splanchnizomai)를 모두 생략한다"고 주장한다("Anger Issues," 185). 이러한 주장은 사실보다 훨씬 더 대단해 보인다. 논쟁의 여지가 있는 1:41의 용법과 막 9:21-22에 대한 누가의 병행 본문에서 이 단어가 생략된 점을 제외하면 이 동사는 마가복음에서 단 두 번 등장한다(6:34; 8:2). 이 두 경우 누가는 "스플랑크니조마이"(splanchnizomai) 동사를 단순히 제거하지 않는다. 그는 오히려 막 6:34을 모두 생략하고 막 8:2이 들어 있는 이야기(사천 명을 먹이는 마가의 이야기; 8:1-10)를 완전히 제거한다. 게다가 누가복음에는 예수의 긍휼에 대한 언급이 없다(7:13). 또한 막 5:19의 긍휼(ēleēsen)에 대한 언급과 마태복음과 누가복음에서 이에 대한 언급이 생략된 점이 자신의 주장을 지지한다는 Johnson의 주장 또한 도움이 되지 않는다. 또한 마태는 예수와 귀신 들린 자가 나눈 대화 전체를 생략한다. 이와는 대조적으로 누가는 마가복음의 예수가 한 말을 단순히 축약한다. 요약하자면 이 중에 그 어느 본문도 Johnson이 마태와 누가가 막 1:41에서 했다고 주장하는 것에 해당하지 않는다.

어를 예수가 마귀를 쫓아내는 모습을 묘사할 때 일반적으로 사용한다). 그렇다면 이 만남에서 분명히 무언가 예수를 화나게 만든 요인이 있었을 것이다. 그것은 과연 무엇이었을까? 학자들은 일반적으로 예수가 분노한 이유를 다음 네 가지 중 하나로 본다. 첫째, 그 사람 자체, 둘째, 그 사람이 앓고 있던 레프라, 셋째, 그 질병과 관련된 악마적 존재, 마지막으로 일부 학자들이 주장하듯이 지나칠 정도로 가혹한 격리 조치를 요구하는 정결 의식 체계 전체다.[46] 안타깝게도 이에 대해 마가는 침묵한다. 아마도 이러한 모호함이 잘 입증된 예수의 연민에 대한 이문(異文, textual variant)을 유발하는 데 기여했을 것이다.

가장 설득력이 없는 것은 네 번째 이유다. 만약 예수가 정결 의식 체계와 의식적 부정함의 존재 자체를 거부했다면 마가는 이 부정한 사람을 **정결케 하는** 예수를 아예 묘사하지 않았어야 했다. 그러한 행동은 이러한 부정함의 실존을 부정하는 예수의 메시지를 약화시켰을 것이다.

---

46 예를 들어 William R. G. Loader는 이 사람이 부정한 상태에서 예수께 나아온 것에서 알수 있듯이 예수가 율법을 무시하는 이 사람에게 화를 내고 있다고 주장한다("Challenged at the Boundaries," 56). Stephen Voorwinde는 이 사람의 질병을 유발한 그의 죄 때문에 화가 났을 수 있다고 주장한다(*Jesus' Emotions in the Gospels*, 74). 비록 이러한 주장은 마가의 기사에 근거한 것이 아니지만, 이러한 죄와 레프라의 연관성은 다른 본문에서도 찾아볼 수 있다. 비록 한참 후대에 기록되긴 했지만, 민수기 라바는 레프라가 열 가지 죄에서 비롯되었으며(*Numbers Rabbah* 7.5) 이스라엘은 광야에서 송아지를 우상으로 섬긴 이후로 이 질병에 시달리게 되었다고 주장한다(13.8). 참조. *Leviticus Rabbah* 18.1. 예수가 레프라를 향해 화를 냈다는 주장은 다음을 보라. Gnilka, *Das Evangelium nach Markus*, 1:92-93. 예수가 귀신의 존재에 화를 냈다고 주장하는 학자는 다음과 같다. Sariola, *Markus und das Gesetz*, 66n86; Marcus, *Mark 1-8*, 209. 마지막으로 예수가 유대 정결 의식 체계 때문에 분노했다는 학자는 다음과 같다. France, *Gospel of Mark*, 118; Myers, *Binding the Strong Man*, 152-54.

예수는 오히려 그 사람과 무리에게 이 체계가 배타적이라고 가르쳤어야 했고, 또 그들도 이 사람을 정결한 자로 여기도록 격려했어야 했다! 존 필치(John Pilch)는 예수가 바로 그렇게 했다고 주장한다. "예수는 지역 공동체에서 이 사람을 수용하고 환영할 만큼 정결하다고 선언했다. 예수는 사회의 경계를 넓혔고, 많은 소외된 사람(나병 환자, 세금 징수원, 매춘부)을 거룩한 공동체로 들어오게 했다."[47] 필치는 예수가 레프라 환자들을 포용하기 위해 사회의 경계를 넓혔음을 시사하면서 예수가 레프라와 연관된 부정함을 간과하거나 실제로 레프라가 부정하다는 생각을 거부했다고 말한다. 이러한 해석은 의식적 부정함이 실제로 존재한다는 사실을 상상조차 할 수 없는 많은 현대 독자들의 생각과 잘 어울린다. 하지만 그것은 외부인의 관점에서 의식적 부정함을 바라보는 것이다. 오늘날 복음서를 읽는 대다수 독자들은 의식적 부정함의 존재를 믿지 않는다. 따라서 우리는 예수의 행동을 우리의 세계관과 일치하는 방향으로 해석하는 것을 아주 당연하게 여긴다. 결과적으로 우리는 이 이야기를 예수가 레프라 환자와 군중에게 정결함과 부정함의 이분법적 사고를 포기할 것을 종용하는 것으로 해석한다. 따라서 이러한 해석은 당연히 예수를 **우리의** 세계로 끌어들인다. 비록 1세기 갈릴리와 유대 지방에서 살고 있었지만, 예수는 (우리가 그런 것처럼!) 의식적 부정함이 오직 배타적 기

---

47 Pilch, *Healing in the New Testament*, 51. 이와 마찬가지로 John Dominic Crossan은 예수가 "이 질병의 의식적 부정함과 사회적 외면을 받아들이기를 거부했다"고 단언한다(*Jesus*, 82).

능만 수행할 뿐임을 잘 알고 있었다. 따라서 그는 포용을 선포하고 가르치는 것을 자신의 사명으로 삼았다. 하지만 마가의 이야기는 예수를 이런 식으로 묘사하지 않는다. 왜냐하면 예수는 이 사람을 정화하기를 원한다고 말하고 있기 때문이다.

그럼 이번엔 세 번째 이유를 생각해보자. 일부 초기 유대교 및 기독교 본문은 레프라를 마귀와 연결한다. 예를 들어 「다마스쿠스 문서」는 이 질병과 관련하여 "루아흐"(*ruah*)를 언급한다.[48] 「빌라도행전」(*Acts of Pilate*)으로 알려진 초기 기독교 작품도 예수가 레프라 환자를 치유하는 내용을 소개한다. 예수에게 병 고침을 받은 사람들이 그를 변호하기 위해 빌라도의 법정 앞에 선다. 어떤 이는 예수가 자신의 레프라를 치유해주었다고만 말한다(6.2). 저자는 결말 부분에서 사탄이 의인화된 하데스(지옥)에게 자기가 "척추 장애인, 시각 장애인, 다리 장애인, 레프라 환자"로 만들어버린 사람을 예수가 모두 말 한마디로 고쳐주었다고 한탄하는 모습을 소개하면서 레프라와 마귀의 활동을 서로 연관 짓는다(20.1). 마지막으로 후대의 랍비들도 이 질병을 일으키는 마귀에 관해 이야기한다.[49] 하지만 마가의 이야기는 이러한 내용을 전혀 언급하지 않

---

48 참조. 4Q269 7 1-4; 4Q272 1 I, 1-5. 예컨대 J. Baumgarten, "4Q Zadokite Fragments," 162: "따라서 이 본문에서 피부병을 ['루아흐']로 간주하는 것은 악의 침투나 마귀의 영향으로도 해석할 수 있다." 하지만 Werrett, *Ritual Purity*, 31의 신중한 평가도 보라. 보다 더 광범위하게 마귀와 질병의 관계에 대해서는 다음을 보라. Wassen, "What Do Angels Have against the Blind?"; Machiela, "Luke 13:10-13."

49 참조. Babylonian Talmud, *Ketubbot* 61b.

는다. 따라서 마가가 마귀의 존재를 레프라와 연관 지었다는 것은 역사적으로 타당하지만, 마가의 이야기는 마귀의 존재에 대해서는 전혀 관심을 두지 않는다. 예수는 심지어 그의 병을 고쳐준 후에도 자신의 분노에 찬 행동—그 사람에게 화를 내며 그를 쫓아내는 행동—을 이어간다.

그렇다면 두 번째 이유는 어떠한가? 만약 마가가 그 사람 안에 있는 레프라 때문에 예수가 분노한 것으로 묘사하고자 했다면 이는 예수가 의식적 부정함을 증오했음을 보여준다. 예수의 이러한 모습은 아무도 부정한 상태에서 자신의 지상 처소(성소)에 접근하지 못하도록 하신 이스라엘의 하나님의 모습과 잘 어울린다. 이러한 해석은 그 사람의 레프라를 치유하려는 예수의 행동과 잘 어울릴뿐더러, 부정함을 증오의 개념과 연결하는 연구와도 맥을 같이한다.[50]

그러나 나는 이 중 첫 번째 이유가 가장 설득력 있다고 생각한다. 예수는 그 사람을 향해 분노한 것이다. 예수가 그를 고쳐주고 나서도 그에게 화를 내며 그를 쫓아낸 행동(그가 더 이상 레프라 환자가 아님에도 불구하고)은 이 해석을 지지한다.

그렇다면 예수는 **왜** 그 사람을 향해 분노했을까? 어쨌든 그 사람은 깨끗함을 얻기 위해 예수를 찾아왔다. 그리고 그는 예수가 자신을 깨끗게 할 수 있는 능력자임을 입으로 고백함으로써 상당한 수준의 믿음을 보여준다. 후대 랍비들은 레프라를 치유하는 것이 죽은 자를 다시 살리

---

50 여기서는 다음을 보라. Kazen, *Emotions in Biblical Law*, 71-94; Kazen, "Role of Disgust"; Feder, "Contagion and Cognition."

는 것만큼이나 어렵다고 주장하기도 했다. 위에서 언급한 바와 같이 랍비 요하난은 열왕기하에 나오는 나아만의 레프라 치유 사건을 가리켜 "그것은 '그녀를 죽은 자와 같이 내버려 두지 말라'고 기록된 것과 같이 사실상 죽음과 다름 없다"라고 주장한다.[51] 그러나 마가에 의하면 이 사람은 예수가 레프라를 치유할 수 있는 능력자임을 확신한다. 그럼에도 마가는 이 사람의 믿음을 크게 강조하지 않는다. 이와는 대조적으로 나중에 부정한 "영"(*pneuma*)에 사로잡힌 어떤 소년의 아버지는 예수가 자기 아들을 위해 무엇을 할 수 있을지 의문을 제기한다(막 9:22-23). 그러한 의심 또한 예수를 분노하게 만든다. 하지만 여기서 마가는 과연 예수가 이 사람을 치유하기를 **원하는지**를 놓고 이 이야기를 서술한다. 이것이 가장 중요한 문제다! 이 사람의 의구심은 예수가 과연 레프라를 **치유할 수 있는지**보다는 그가 과연 그것을 **원하는지**와 관련이 있다. 예수는 과연 레프라가 치료받아야 할 질병이라고 생각했을까? 또 만약 그렇다면 그는 자신의 능력을 사용하기를 원했을까?

다시 말해 이 이야기는 의식적 부정함에 대한 예수의 태도에 초점을 맞춘다. 아무튼 이 이야기는 의식적으로 부정한 자가 예수를 찾아온 첫 번째 사례다. 이 사람은 예수가 레프라를 고쳐주기를 원하는지 확신이 없는데, 이 사실 자체는 마가가 예수와 의식적 부정함의 관계를 분명히 하고 싶어 한다는 점을 잘 보여준다. 마가는 예수를 향해 던져지는

---

51   Babylonian Talmud, *Sanhedrin* 47a.

질문이나 비판이 바로 이 사람의 입에서 나온다고 생각한다. 이 사람의 불확실함은 예수를 분노하게 만든다. 그 이유는 바로 마가가 의식적 부정함에 대한 예수의 생각에 의구심을 품는 것 자체가 어처구니없는 일이라고 생각하기 때문이다. 마가복음의 예수는 의식적 부정함이 실제적이라고 생각한다. 즉 자연 가운데 **실제로** 존재하는 어떤 물질 또는 기운이라는 것이다. 다시 말해 마가와 예수는 모두 율법적 필수주의자들(legal essentialists)이다. 또한 예수는 레프라가 이처럼 매우 심각한 결과를 가져올 수 있기 때문에 그 질병에 걸린 사람들을 치유하기를 원하는데, 그런 생각에 동의하지 않는 사람들 때문에 화가 난다. 그의 이러한 반응은 다시 한번 독자들의 시선을 예수가 원하는 것에 집중시킨다. 예수는 "내가 원한다! 정결해져라!"라고 말한다. 레프라 환자와 예수의 뜨거운 열전은 마가복음의 예수가 의식적 부정함에 관한 율법에 "무심"하거나 또는 율법을 "뒤엎으려고" 했다는 학계의 주장이 허위임을 잘 보여준다.[52]

그러나 의식적 정결함에 대한 예수의 관심은 거기서 끝나지 않는다. 예수는 그가 이제 유대 사회에서 다시 정상적인 삶을 살 수 있다고 말하는 대신에 그 사람을 쫓아내면서 제사장에게 가서 보여주고 정결 의식에 필요한 제물을 바치라고 말한다(참조. 레 14:2-7). 이러한 예수와 레프라 환자 간의 대화는 레위기에 기록된 정결 의식의 초기 단계와 완벽하게 일치한다. 즉 레프라 환자는 부정한 상태(레 14:2)에서 회복되어야

---

52 예컨대 뒤엎음(전복, subversion)에 관해서는 다음을 보라. Crossan, *Historical Jesus*, 263; 그리고 무관심(indifference)에 관해서는 다음을 보라. Kazen, *Jesus and Purity Halakhah*, 8.

하고, 이어서 제사장의 지시에 따라(14:4-8) 제물을 드려야 하며(그리고 머리를 밀어야 한다), 마지막으로 기저질환이 제거된 날로부터 7일 후에 공동체 안으로 들어가야 한다. 예수는 정결한 자와 부정한 자를 선별하는 제사장의 특권을 행사하지 않는다. 예수는 그 사람이 스스로 그런 선언을 받도록 제사장에게 보낸다.[53] 그의 이러한 행동은 비제사장 감독관이 그런 선언을 하도록 허용하지 않는 쿰란 공동체의 입장과도 일치한다. 예를 들어 「다마스쿠스 문서」는 레프라를 식별하는 방법에 관해 기록하고 있다. "피부병 관련 율법에 따라 제사장은 진으로 들어갈 것이며, 감독관은 제사장에게 율법의 세부 사항을 일러줄 것이다. 그리고 설령 그[제사장]가 이에 관해 무지하다 하더라도 그는 [환자를] 따로 격리해야 한다. 왜냐하면 판단은 그들[제사장들]의 것이기 때문이다."[54] 이는 오직 제사장만이 레프라 환자가 정결해졌는지 선언할 수 있도록 규정하는 랍비들의 생각과도 일치한다. "모든 사람이 재앙을 조사할 수 있지만, 부정함과 정결함(에 대한 선언)은 제사장의 입에 달려 있다."[55] 쿰란 공동체와 초기의 랍비들 같이 예수는 제사장만이 누가 정결하며 누가 부정한지를 판단하고 이에 대한 판결을 내릴 수 있다고 말하는 레위기 13-14장의 규례를 지지한다(14:2-7). 사실 예수는 제사장이 아니므로 이 사람의

---

53 따라서 다음도 보라. Loader, *Jesus' Attitude towards the Law*, 22.

54 *Damascus Document* XIII, 5-7.

55 Mishnah, *Nega'im* 3.1. 미쉬나는 히브리어 성경에서 흔히 등장하는 명사 "차라아트"(*tsara'at* = *lepra*)를 사용하지 않고 대신 "네가임"(*nega'im*, "재앙들")이라는 단어를 사용한다.

정결함을 스스로 선언할 수 없다.[56] 따라서 예수의 행동은 레프라에 대한 판결을 내려야 하는 제사장들의 역할에 대한 유대인들의 이러한 폭넓은 사유와도 잘 어울린다.

마가복음이 예수가 레위기 13-14장의 규례를 철저히 준수하는 모습을 분명히 보여주고 있음에도 해석자들은 종종 이 이야기의 내적 증거가 정결 의식 규례를 거부하는 예수를 보여준다고 주장한다. 에드윈 브로드헤드(Edwin Brodhead)는 제사장에게 가라는 예수의 명령에 관해 이렇게 단언한다. "예수는 깨끗하다고 판결한 이 사람을 일전에 부정하다는 판결을 내린 그 제사장에게 보낸다. [레프라 환자는] 거기서 예수의 능력과 또 암암리에 제사장의 무능력함에 대해 증언해야 한다."[57] 많은 해석자들은 근본적으로 이 결론에 동의한다. 이 결론은 아마도 예수가 "그들에게 증언하기 위해"(*eis martyrion autois*) 제사장에게 보이라고 말한 것을 통해서도 뒷받침될 수 있다. 사이먼 조지프(Simon Joseph)는 전치사 "에이스"(*eis*)의 부사적 용법(즉 이 어구를 "그들에 **반하는**[against] 증거"로 해석)을 바탕으로 "마가는 그 사람이 실제로 제사장에게 갔는지, 어떤 제물을 드렸는지에 관해 우리에게 아무 것도 말해 주지 **않는다**"라고 말

---

56 히 7:13-14에서도 지상의 제의와 관련하여 예수의 비제사장적 신분을 이와 유사하게 인정한다.

57 Brodhead, "Christology as Polemic and Apologetic," 25. 이 어구에 대한 또 다른 부정적 독법은 예컨대 다음을 보라. Lohmeyer, *Das Evangelium des Markus*, 47. 이 어구에 대한 보다 더 긍정적인 독법은 다음을 보라. Pesch, *Das Markusevangelium*, 1:146; Schweizer, *Good News according to Mark*, 58; Gnilka, *Das Evangelium nach Markus*, 1:93.

한다.[58] 그러나 이러한 지적은 마가복음의 예수를 이해하는 데 아무런 도움이 되지 않는다. 아무튼 예수는 그에게 모세가 명한 것을 드리라고 분명하게 명령한다. 예수는 그 사람이 레프라 관련 율법을 준수하기를 원했다. 그 이유는 그가 이 율법이 여전히 유효하며 중요하다고 생각했기 때문이다. 이 사람은 의기양양하여 예수의 명령을 거역했다. 하지만 그가 예수의 명령을 거역했다고 해서 예수나 마가가 그가 제물을 드리는 일에 대해서도 전혀 신경을 쓰지 않았다는 결론에 도달하는 것은 마치 부자가 예수를 따르기 위해 재산을 나누어주기를 거부했으므로 예수와 마가도 그 부자의 돈에 대해 전혀 신경을 쓰지 않았다고 결론 내리는 것만큼이나 터무니없는 일이다(막 10:17-22). 어쩌면 이 사람의 불순종은 마가가 예수가 의식적 정결을 무시했다는 잘못된 인식이 그의 행동이나 가르침에서 비롯된 것이 아니라 이 사람이 예수의 명령을 따르지 않았다는 사실에서 비롯되었음을 넌지시 알리려는 의도였을 수도 있다. 예수는 이 사람이 모세의 율법을 준수하기를 원했고, 또 제사장에게는 자기도 정결 의식법에 동의한다는 것을 보여주고자 했다. 하지만 이 사람의 불순종은 나중에 예수와 제사장들 간에 오해를 불러일으켰다. 아이러니하게도 전에는 레프라 환자가 이 질병으로 인해 마을에 들어갈 수 없었다면 이제는 그가 예수의 명령을 어기는 바람에 예수가 마을에 들어갈 수 없게 되었다(1:45).[59]

---

58 Joseph, *Jesus and the Temple*, 118.
59 따라서 다음도 보라. Marcus, *Mark 1-8*, 210.

다른 학자들은 마가복음에서 예수가 손을 내밀어 레프라 환자를 만졌다고 서술하고 있기 때문에(1:41) 그가 정결 의식법에 관심을 두지 않았다고 주장한다.[60] 물론 레프라 환자를 만지는 것 자체는 죄가 되지 않는다. 단지 그 부정함을 신성한 공간으로 옮기거나 신성한 그릇과 음식을 만지지 않도록 주의하면 된다. 설령 마가가 레프라 환자와 접촉함으로써 예수가 부정해졌다고 믿었다 하더라도 그 믿음은 예수가 율법을 거부했다는 결론을 요구하지 않는다. 마가는 무언가 제사장의 직무와 관련되어 있지만 또 그와는 다른 일을 하는 예수를 보여주려고 한다. 예수의 행동은 존 도미닉 크로산의 주장과 달리 자신이 예루살렘 성전에 대해 "기능적으로 반대하고, 대안을 제시하고, 이를 대체하는 자"가 아니었음을 보여준다.[61] 제사장 문헌이나 제2성전기 문헌은 결코 제사장들이 레프라를 제거할 수 있는 능력이 있다고 말하지 않는다. 하나님이 그들에게 맡기신 임무는 질병을 **진단**하는 것이지, **치료**하는 것이 아니다.

예수가 그 사람을 정결케 한 것은 레위기에서 제사장에게 전혀 기대하지 않았던 아주 놀라운 능력을 행한 것이었다. 하지만 이것은 마가가 제사장들을 비판하거나 유대 정결 의식 체계를 거부하려고 했다는 것을 의미하지 않는다.[62] 우리는 비(非)제사장 예언자가 레프라 환자

---

60 예컨대 Sariola, *Markus und das Gesetz*, 66-67.

61 Crossan, *Historical Jesus*, 355.

62 따라서 다음도 보라. Preuss, *Biblical and Talmudic Medicine*, 18-19. 결과적으로 Robert L. Webb은 예수의 행동은 "제사장의 특권을 위반한 것"이라고 잘못 주장한다("Jesus Heals a Leper," 200).

를 치유하는 사례를 유대 경전에서 두 차례 발견한다. 미리암은 아론이 **아닌** 모세의 기도를 통해(민 12장),[63] 아람 사람 나아만은 엘리사를 통해 (왕하 5장) 각각 고침을 받는다. 따라서 레프라에 대한 제사장과 예언자 의 역할 사이에는 실제적인 차이가 있다.[64] 유대 경전은 비록 흔하지는 않지만 어떤 특정한 인물이 타인의 질병을 제거할 수 있는 능력을 가질 수 있음을 시사한다. 마가복음의 예수는 모세와 엘리사처럼 부정함의 근 원을 퇴치할 수 있는 능력과 열망을 모두 가지고 있다. 그러나 모세나 엘 리사와 달리 예수는 레프라를 제거하는 데 기도나 요단강 물을 필요로 하지 않는다. 이러한 차이점은 예수의 정체성에 의문을 제기한다.

이와 관련하여 후대의 랍비들은 다음과 같이 주장한다. "제사장은 이 세상에서 [레프라]를 조사한다. 하지만 거룩한 자가 말씀하신다. 장 차 올 세상에서는 '내가 너희를 정결하게 하리라.' 기록된 바 '**내가 맑은 물을 너희에게 뿌리면 너희는 정결하게 될 것이다**'[겔 36:25]"[65] 랍비들 은 비록 레프라 앞에서 무력한 제사장들의 제한된 능력을 시인하지만, 사실 이것은 그들을 비판하는 것이 아니다. 오히려 이것은 적어도 일부 랍비들이 언젠간 하나님이 성전과 제사장들에게 허용하지 않은 수단을

---

63 일부 본문에 의하면 모세는 예언자이자 제사장이었다. 출 24:6과 레 8:30-9:24은 모세 가 제사장임을 암시하고, 시 99:6은 모세가 제사장이었다고 명시한다. 기원후 1세기에 위(僞)필론(*Liber antiquitatum biblicarum* 51.6)과 필론(예. *Who Is the Heir?* 182)은 모세 가 제사장이었다고 주장하는 반면, 요세푸스는 모세가 제사장이 아니었다고 주장한다(예. *Jewish Antiquities* 3.188-91, 307).

64 따라서 다음을 보라. Baden and Moss, "Origin and Interpretation of ṣāraʿat," 646.

65 *Leviticus Rabbah* 15.9(강조는 원저자의 것임).

통해 의식적 부정함의 근원을 제거하리라는 소망을 품고 있었음을 여실히 보여준다. 물론 마가도 이러한 소망을 공유하지만, 그는 이제 이스라엘의 하나님이 예수 안에서 레프라로 고통받는 사람들을 정결케 하신다고 믿는다. 장차 올 세상, 곧 "하나님 나라"는 마가복음 1:14에서 예수가 하신 말씀처럼 이제 이 세상에 이미 침투해 들어왔고, 또 이 최후의 정화 작업도 이미 시작되었다.

따라서 이 이야기를 통해 마가는 예수의 행동이 레위기에 기록된 것과 모두 일치하며, 그가 성전 제의와 정결 의식 체계를 적극 지지하고 있다는 점을 강조한다. 마가는 이러한 기적 기사를 일련의 논쟁 이야기(막 2:1-3:6)보다 앞에 배치함으로써 독자들이 예수가 유대 율법을 중시한다는 사실을 분명히 깨닫도록 유도한다. 사실 예수의 명령은 이 이야기가 시작되면서 제기된 질문과 연계되어 있으며, 그 질문에 대한 답을 제시하는 데도 도움을 준다. 예수는 과연 의식적 부정함을 제거하기를 원했는가, 아니면 정결 의식 체계 전체에 대해 무관심했는가? 결국 정결해진 이 사람의 증언은 예수께 의식적 부정함을 제거할 수 있는 **능력**이 있음을 보여주려는 것이 아니다. 그의 증언은 오히려 예수가 의식적 부정함의 근원을 제거하기를 **원한다는** 것을 보여준다. 레프라에 걸렸던 이 사람은 예수와 소통함으로써 정결한 상태를 되찾는다. 예수는 부정함을 유발하는 질병을 제거함으로써 이 사람이 나머지 부정함을 제거하는 데 필요한 레위기 14장의 규례를 준수할 수 있도록 해준다. 이 사람은 이제 더 이상 레프라 환자가 아니라는 명백한 증거를 제사장에게 보여줌으로써 예수가 강력한 정화 작업을 전개하고 있음을 직접 목격할 수 있게 했다고 볼 수 있다. 조엘 마커스(Joel Marcus)가 지적하듯이 "이 이야기의 지배적인 주제는 바로 '깨끗게 하다'이다('나를 깨끗하게 씻을 수 있나이다', '깨끗함을 받으라!', '그는 깨끗함을 받았다', '너의 깨끗함 받음을 위해 드려라')."[66] 그러나 "원한다"라는 주제도 이 이야기를 지배하고 있다("네가 원하면"; "**내가** 원한다"). 따라서 마가복음의 예수는 의식적 부정함에 무관심하기는 커녕 의식적 부정함의 근원과 전면전을 벌이고 있는 것이다.

마지막으로 마가복음의 또 다른 본문도 살펴볼 필요가 있다. 마가는 나중에 예수와 제자들이 시몬이라는 **레프라 환자**의 집에서 함께 식사하는 장면을 소개한다(14:3; 참조 마 26:6). 마가는 그 사람이 아직도 레프라를 앓고 있는지, 만약 그렇다면 예수가 그 질병을 치유해주었는지에 대해서는 전혀 언급하지 않는다. 마커스는 이러한 침묵을 근거로 이 사람이 실제로 레프라를 앓았고, 예수가 그의 집에 있다는 것 자체가 세리들 및 죄인들과 어울리는 그의 모습과 일치한다고 주장한다.[67] 하지만 나는 오히려 그것보다는 마가가 과거에 레프라를 앓았던 사람을 언급함으로써 결과적으로 그가 "레프라 환자" 시몬으로 알려지게 되었을 것이라고 생각한다.[68]

---

66 Marcus, *Mark 1-8*, 208. 마가복음에 나타난 하나님 나라에 관해서는 다음을 보라. Marcus, *Mystery of the Kingdom of God*; Marcus, "Entering into the Kingly Power of God."

67 Marcus, *Mark 8-16*, 933.

68 따라서 다음을 보라. Lane, *Gospel of Mark*, 493; Westerholm, *Jesus and Scribal Authority*, 69.

마태복음과 누가복음의 레프라

비록 마가는 위에서 언급한 본문 외에 다른 본문에서 예수와 레프라 환자의 만남을 소개하지 않지만, 마태와 누가는 마가의 이야기에 또 다른 이야기를 추가한다. 마태복음에서는 세례자 요한이 옥에 갇혔을 때 제자들을 보내 예수가 "오실 그 이"(*ho erchomenos*, 11:3; 참조. 눅 7:22)인지를 알아보라고 지시한다.[69] "오실 그 이"라는 칭호는 초기 예수 추종자들에게 메시아를 지칭하는 의미를 갖고 있었던 것으로 보인다. 왜냐하면 네 정경 복음서는 모두 한결같이 예수가 예루살렘에 입성하는 장면을 묘사하면서 시편 118:26(117:26 LXX)을 인용하기 때문이다. "호산나 다윗의 자손이여! 찬송하리로다. 주의 이름으로 오시는 이여![*ho erchomenos*]"(막 11:9; 마 21:9; 눅 19:38; 요 12:13). 요한복음은 이에 덧붙여 무리가 예수의 오병이어의 기적을 보고(요 6:1-14) "이는 참으로 세상에 오실 그 선지자라!"(6:14)라고 외쳤다고 주장한다. 히브리서는 또한 하박국 2:3(LXX)을 인용하며 이 어구를 메시아를 지칭하는 표현으로 사용한다. "잠시 잠깐 후면 오실 이[*erchomenos*]가 오시리니 지체하지 아니하시리라"(히 10:37). 따라서 요한의 질문은 메시아로서 예수의 정체성과 관련이 있다.

예수는 이에 대해 자신이 레프라 환자들을 정결케 한다는 사실을

---

69 마태도 마가의 레프라 환자 이야기를 산상수훈 이후에 배치하는데, 이는 아마도 예수가 (의식을 위한) 율법을 폐하러 온 것이 아님을 보여주려는 의도였을 것이다(마 5:17-20). 한편 누가는 이 이야기를 예수의 공적 사역 초기에 둔다.

가리키면서 자신이 메시아임을 입증한다(마 11:5; 눅 7:22). 예수의 사명을 묘사하는 이 어록은 그가 진정으로 장차 오실 그분임을 보여준다. 레프라를 제거하는 것이 바로 메시아가 해야 할 일, 곧 메시아의 핵심 사역인 것이다. 더욱이 예수는 레프라를 치유할 뿐만 아니라 그렇게 할 수 있는 권세를 제자들에게도 부여한다(마 10:8; 참조. 눅 7:22). 마태복음에 의하면 레프라를 제거할 수 있는 힘은 예수와 그의 추종자들에게 주신 사명이었으며, 오랫동안 고대했던 메시아가 마침내 도래했음을 입증해주었다.[70] 마태복음 11:5과 누가복음 7:22과 마찬가지로 「빌라도행전」도 레프라를 치유하는 것이 이스라엘의 메시아가 감당해야 할 사역 중 하나였음을 암시한다(6.2).

누가가 마가복음과 마태복음을 모두 알고 있었다고 전제한다면 레프라 환자 시몬에 대한 간략한 언급 외에도 마가복음과 마태복음의 레프라에 대한 언급을 누가가 모두 의도적으로 남겨두었다는 사실은 명백해진다. 그렇다면 이러한 이야기는 누가가 예수의 이야기를 전개해나가는 데 있어 매우 중요한 의미를 지닌다. 게다가 누가는 자신이 갖고 있던 다른 자료를 덧붙임으로써 레프라에 대한 자신의 지속적인 관심을 나타낸다. 그런데 여기서 중요한 것은 누가가 열 명의 레프라 환자가 자비를 구하며 예수를 찾아오는 모습을 서술한다는 점이다(눅 17:12-19). 앞에서 예수가 한 명의 레프라 환자를 만진 것과는 대조적으로 여기서는 단지

70　메시아와 치유의 일반적인 관계에 대해서는 다음을 보라. Novakovic, *Messiah*.

그들에게 말만 건넨다. 하지만 예수는 앞의 이야기에서와 마찬가지로 그들에게 가서 제사장에게 보일 것을 명령한다. 누가복음에 따르면 그들은 제사장에게 가는 도중에 고침 받지만(17:14; 참조. 레 14:2) 단 한 명만 다시 돌아와 예수에게 감사의 마음을 전한다. 그리고 누가는 여기서 감사의 마음을 전한 이 한 사람이 유대인이 아니라 사마리아인이라는 점을 강조한다. 예수는 자신의 질병이 치유되었다는 사실을 믿는 이 사람의 믿음(*pistis*)을 칭찬한다. 비록 그는 아직 제사장의 확인을 받지 못한 채 7일간의 정결 의식 기간에 돌입하긴 했지만, 감사하는 마음으로 돌아와 하나님께 모든 영광을 돌린다. 아마도 유대인으로 추정되는 나머지 아홉 명은 제사장의 판결을 듣지 못했기 때문에 아직 하나님께 감사하거나 영광을 돌리지 못했을 것이라는 의미가 담겨 있을 것이다. 레프라 환자를 치유하는 마가복음의 이야기처럼(그리고 마태복음과 누가복음의 재서술처럼) 누가복음의 이야기도 예수가 레위기 13-14장의 규례를 적극 지지하고 있다는 점을 강조한다. 비록 누가는 그들이 성전에 제물을 드려야 한다는 사실을 명시하지는 않지만, 그들은 정결 판정을 받기 위해 제사장에게 가서 (자신을) 보였을 것이다. 따라서 누가는 여기서 예수의 성전 신앙을 보여주려고 했다고 볼 수 있다.

예수의 레프라 치유에 대한 유대 전례

빌헬름 브루너스(Wilhelm Bruners)는 누가가 나아만 장군 치유 기사(왕하 5:8-19)를 토대로 열 명의 레프라 환자 이야기를 썼다고 주장했다.[71] 그는 이 이야기와 누가의 또 다른 이야기(마가와 마태의 레프라 이야기에 추가된) 사이의 연관성에 주목한다. 예수는 누가의 이야기에서 나사렛 사람들이 품은 의구심에 다음과 같이 대응한다. "또 선지자 엘리사 때에 이스라엘에 많은 레프라 환자가 있었으되 그중의 한 사람도 깨끗함을 얻지 못하고 오직 수리아 사람 나아만뿐이었느니라"(눅 4:27). 이 두 이야기는 예수가 레프라 환자를 치유한 이야기를 예언자 엘리사와 연결한다. 누가복음에서 예수가 엘리사와 나아만의 이야기를 언급했다는 사실은 그가 레프라를 치유하는 것을 포함하여 그의 전체 사역을 이스라엘 역사의 배경에서 이해하고 있음을 암시한다. 그러나 아울러 이 이야기는 예수를 이해하려는 학자들의 연구에서 자주 발견되는 근본적인 문제도 여실히 드러낸다.

엘리사와 나아만의 이야기는 레프라 환자를 치유하는 몇 안 되는 고대 이야기 가운데 하나다. 열왕기하에 따르면 승승장구하던 아람 군대

---

71 Bruners, *Die Reinigung der zehn Aussätzigen*. 누가에게 있어 엘리야/엘리사 내러티브의 중요성에 관해서는 다음을 보라. C. A. Evans, "Luke's Use of the Elijah/Elisha Narratives"; Öhler, *Elia im Neuen Testament*, 77-89; Kloppenborg and Verheyden, *Elijah-Elisha Narrative*.

의 나아만 장군이 레프라에 걸린다. 나아만의 종들 중에는 이스라엘에서 사로잡혀간 소녀가 한 명 있었는데, 그녀는 나아만에게 사마리아에 있는 예언자를 찾아가면 레프라를 치유 받을 수 있다고 말한다. 이 사실을 전해 들은 아람 왕은 이스라엘 왕에게 편지를 써 보내며 나아만의 병을 고쳐달라고 부탁한다.[72] 그러나 이스라엘 왕은 아람 왕이 나아만의 병을 고쳐주기를 원한다는 말을 듣고, 그가 단지 전쟁할 구실만을 찾고 있다고 단정한다. "내가 사람을 죽이고 살리는 하나님이냐? 그가 어찌하여 사람을 내게로 보내 그의 레프라를 고치라 하느냐?"(왕하 5:7) 이러한 왕의 반응은 많은 고대 유대인들이 레프라를 죽음과 직접 연결했음을 확인해줄 뿐만 아니라 레프라를 치료하는 것이 단순히 올바른 연고나 침을 바르는 문제가 아니었음을 분명히 보여준다. 레프라는 만성 질환으로서 근본적으로 불치병이었고, 오직 하나님만이 치유할 수 있는 질병이었다.

그러나 예언자 엘리사는 나아만의 레프라를 자신이 고쳐줄 수 있다고 주장하며 나아만에게 살이 다시 회복되기 위해서는 요단강에서 일곱 번 목욕하라고 명령한다(왕하 5:10). 나아만은 크게 실망하는데, 이는 시시한 강에서 몸을 씻기보다는 어떤 일순간의—하나님께 공개적으로 기도하면서 아픈 부위에 손을 얹는—치유 기적을 기대했다는 것을 보여준다. 그러나 그는 엘리사의 명령에 순종하여 요단강에서 일곱 번 목욕했고, 그 결과 레프라를 치유 받게 된다.

---

72 이 편지는 주로 왕에게 의료 지원을 요청하는 고대 의료 관행과 일치한다. 다음을 보라. Zucconi, "Aramean Skin Care."

엘리사와 나아만의 이야기에서 주목할 점은 바로 이 이야기에서 언급하지 않는 부분이다. 이 이야기에서 이스라엘의 제사장이나 성전 혹은 정결 의식은 전혀 언급되지 않는다. 어쩌면 그것은 나아만이 이스라엘 사람이 아니었으므로 제사장의 정결 의식이 그에게 적용되지 않기 때문일 수도 있다.[73] 그 이유를 막론하고 고대 혹은 현대 독자 중에는 아무도 열왕기하 5장에서 엘리사가 제사장 제도나 성전 제의, 또는 정결 의식 체계에 반대하거나 혹은 이를 대체하려 한다고 결론짓지 않을 것이다.

모세와 그의 아내에 대해 불평한 결과로 레프라에 걸린 모세의 누이 미리암의 경우에도 동일한 논점이 적용될 수 있다. 비록 그가 제사장이긴 했지만 아론이 레프라를 치유하기 위해 할 수 있었던 일은 아무것도 없었다. 그는 오히려 모세에게 미리암을 위해 개입해줄 것을 호소했다. 모세가 하나님께 드린 기도는 레프라가 치유되어 그녀의 피부가 결과적으로 정상으로 회복되는 것이었다. 모세가 미리암의 일에 성공적으로 개입했다는 것 자체는 그녀의 의식적 부정함을 처음 관찰한 아론의 제사장적 역할을 약화시키지 않는다. 그런 의미에서 이 이야기는 미리암이 정결해진 후에 제물을 드리는 내용을 다루지 않는다. 그러나 우리는 이러한 침묵을 토대로 모세와 그의 가족이 율법을 제대로 준수하지 않았다거나 또는 민수기를 기록한 제사장 문헌 저자/편집자가 정결 의식 체계를 비판하려고 했다는 결론에 도달해서는 안 된다.

---

[73] 참조. Mishnah, *Nega'im* 3.1.

그렇다면 학자들은 왜 복음서에서 예수에 관한 이야기를 읽고 나서 이와 유사한 레프라 치유 사건이 이스라엘의 제사장이나 예루살렘 성전 또는 유대 정결 의식 체계를 날카롭게 비판하거나 거부하는 것에 해당한다고 결론지을까? 예수의 레프라 치유 사건 가운데 과연 무엇이 독자들로 하여금 모세나 엘리사의 치유 사건에 비해 이 레프라 사건을 그토록 다른 시각으로 보게 만드는 것일까? 사실 엘리사나 모세는 레프라로부터 고침 받은 사람더러 제사장에게 가서 깨끗해진 사실을 확인받으라거나 레위기 13-14장에서 요구하는 제물을 드리라고 명령하지 않는다. 하지만 예수는 마가복음 1:44(마 8:4과 눅 5:14에서 반복되는)과 누가복음 17:14("가서 제사장들에게 너희 몸을 보이라!")에서 그것을 명령한다. 결과적으로 폴라 프리드릭슨(Paula Fredriksen)은 마가복음 1:44은 "레위기 14장에 상세히 기록된 목욕재계 및 제사 절차(새 한 마리, 숫양 두 마리, 온전한 한 해된 새끼 양 한 마리)에 단순하게 동의하며, 이로써 [레프라 환자는] 부정함에서 정결함으로, 고립에서 공동체 생활로 이동한다"라는 올바른 결론에 도달한다.[74] 이러한 이야기들은 율법을 준수하는 예수의 모습을 다음과 같이 분명하게 소개한다.

---

74 Fredriksen, *Sin*, 20-21. M. Eugene Boring도 다음과 같이 지적한다. "율법에 대한 마가의 견해는 미묘하며 변증법적이다. 마가는 이 이야기를 여기에 배치함으로써 예상된 비난에 선제공격을 가한다. 모세, 제사장들, 제사는 모두 여기서 확증된다"(*Mark*, 72). 참조. Vermes, *Religion of Jesus*, 18.

1. 예수는 레프라와 연관된 의식적 부정함의 존재론적 실재를 믿는다.
2. 예수는 의식적 부정함의 근원을 제거하기를 원한다.
3. 예수는 이러한 질병을 제거하기 위해 자신의 능력을 사용한다.
4. 예수는 새롭게 치유 받은 레프라 환자들에게 성전으로 가서 제사장들에게 그들의 몸을 보여주고 필요한 제물을 드려 나머지 의식적 부정함을 제거하라고 명령한다.

그렇다면 공관복음 저자들이 예수가 레프라와 연관된 부정함을 얼마나 심각하게 생각했는지를 보여주려고 했다는 사실을 현대 학자들이 스스로 깨닫게 하려면 무엇이 더 필요할까?

결론

나는 이번 장에서 무엇이 레프라이며 또 무엇이 레프라가 아닌지를 분명하게 밝히는 데 많은 지면을 할애했다. 레프라는 나병이 **아니다**. 레프라는 고대 유대인들이 의식적 부정함을 전파한다고 생각했던 경미한 피부병이다. 레프라에 걸린 사람은 성막 또는 성전에 들어갈 수 없었다. 왜냐하면 부정함과 거룩함은 서로 섞일 수 없었기 때문이다. 예수와 레프라 환자의 만남에 관한 마가의 이야기에서 우리는 이 사람의 의식적 부정함의 근원이라고 할 수 있는 레프라를 직접 처리하는 예수를 발견한다. 레프라를 "나병"으로 번역함으로써 이 이야기를 전염력이 강한 아주 끔찍한 병을 기적적으로 치유한 이야기로 해석하는 역본들은 마가복음을 읽은 고대 유대 독자들은 물론, 심지어 유대 경전에 익숙한 이방인 독자들에게조차도 분명하게 드러났을 법한 사건, 즉 과거에 의식적으로 부정했던 사람이 기적적으로 깨끗게 되는 사건을 현대 독자들만 보지 못하게 만드는 데 기여했다.

그렇다면 복음서 저자들이 묘사하는 예수도 모세와 엘리사같이 큰 능력을 행사하는 사람이다. 그는 레프라를 제거할 수 있는 희귀한 능력을 소유한 인물이다. 복음서 이야기가 전개되는 시점에서는 이러한 능력이 예수의 정체성에 관해 무엇을 말해주는지는 여전히 논쟁의 여지가 있다. 그러나 논쟁의 여지가 없는 것은 복음서 저자들이 보여주듯이 예수 역시 유대 정결 의식이 지배하던 세계에서 살고 있었고, 그의 사상 또한 그 안에서 형성되었다는 점이다. 복음서 저자들은 레위기 13-14장의 규례와 완벽하게 일치하는 방식으로 행동하는 예수를 묘사한다. 사람들의 레프라를 치유한 후(참조. 레 14:2) 예수는 레프라가 치유된 다음에도 그들에게 계속 남아 있는 부정함을 제거하는 데 필요한 의식을 치르기 위해 성전에 갈 것을 명령한다(레 14:8, 9, 20).

제4장

예수와 죽은 자궁

마가복음 1:40-45에서 예수가 레프라 환자를 만나는 장면을 서술한 후 마가는 예수가 안식일을 준수하는 문제와 사람들의 도덕적 부정함을 용서한다는 그의 주장을 중심으로 일어난 논쟁을 일련의 이야기로 묶어 기록한다(막 2-3장). (예수의 안식일 준수에 관해서는 7장에서 다룰 것이다.) 사실 우리는 마가복음 5장에 가서야 예수와 의식적으로 부정한 사람이 만나는 장면을 보게 된다. 그런데 거기서 우리는 마가의 편집에 의해 하나로 엮인 (한 명이 아닌) 두 명의 부정한 사람의 이야기를 만나게 된다. 이 이야기는 아버지와 병든 딸의 이야기로 시작해서 하혈하는 여인의 이야기로 이어지고, 다시 죽은 어린 딸의 이야기로 되돌아온다. 학자들의 표현을 빌리자면 마가의 "샌드위치" 기법은 저자가 독자들이 두 이야기의 상호 연관성을 염두에 두고 읽을 수 있도록 특별히 고안해낸 것이다. 따라서 우리는 다음 두 장에서 예수가 이 소녀와 여인을 만나는 이야기를 살펴볼 것이다. 하지만 본 장에서는 열두 해 동안 하혈로 고통받아온 여인에게 초점을 맞출 것이다.

많은 학자들은 지금까지 이 이야기가 부정함에 관한 제사장 규례와 관련이 있다고 믿었다. 이 여인은 오랜 세월 동안 생식기 분비물 유출로 고생한 "자바"(*zavah*)다. 결과적으로 학자들은 예수가 유대 율법(특히 유대 정결 의식 체계)에 대해 어떤 입장을 취했는지 파악하기 위해 이 본문에 집중했다. 예를 들어 말라 셀비지(Marla Selvidge)는 "이 이야기는 생리 기간 동안 여자들이 겪어야 했던 '니다'(*niddah*, 격리)라는 사회적 속박으로부터 초기 기독교 여성들을 해방시키려는 목적으로 기록되었다"라고 주장한다. 그녀는 또 다른 글에서 유대 정결 의식 체계 전체를 바라보는 마가의 태도를 폭넓은 관점에서 다루기 위해 다음과 같이 추론한다. "마가복음 5:25-34은 초기 기독교 공동체가 종교적·사회적 측면에서 여성의 권리를 제한하고 배제해온 유대 정결 의식 체계와 단절한 사건을 기억하는 차원에서 보존되었다고 볼 수 있다."[1] 셀비지의 이러한 평가는 많은 비판의 대상이 되었고, 그 이유는 충분했다. 첫째, 그녀의 페미니즘에 대한 관심은 그녀가 초기 유대교를 부정적인 시각에서 바라보게 하는 결과를 가져왔다.[2] 가부장제도와 성차별에 대한 그녀의 정당한 우려도 유대인들과 유대교에 대한 공격으로 비쳤다. 그녀의 해석에 따르면 기독교는 유대교와 유대 율법의 성차별적 속박으로부터 여성을 해방하고, 또 "종교적·사회적 측면에서 여성의 권리를 제한하고 배제해온 유대 정결 의식 체계"로부터 그들을 해방한다. 여성에 관한 유대 정결 규례에만 집중적으로 초점을 맞춘 셀비지의 견해는 남성도 정결 규례 아래 있었음을 인정하지 않는다. 유대 율법은 종교적·사회적 측면에서 여성을 배제하려고 하지 않았다. 그 목적은 오히려 남녀를 막론하고 의식적 부정함을 종교의 영역에서 배제하는 것이었다. 여자는 예루살렘 성전의 제사장이 될 수 없었으며, 이로써 여자는 사실 성소의 영역

---

1   인용문은 다음에서 발췌한 것이다. Selvidge, *Woman, Cult and Miracle Recital*, 30; Selvidge, "Mark 5:25-34 and Leviticus 15:19-20," 619.
2   현대 기독교 신학에서 이처럼 문제가 많은 추세에 관해서는 다음을 보라. Plaskow, "Feminist AntiJudaism"; Kellenbach, *Anti-Judaism in Feminist Religious Writings*; Kraemer and D'Angelo, *Women and Christian Origins*.

에서 제외되었다(물론 제사장 집안 출신이 아닌 모든 남자도 마찬가지였다). 모든 고대 지중해 문화는 성, 생리, 출산 등과 관련하여 유사한 정결 규범을 갖고 있었다.[3] 많은 현대 독자들에게는 이러한 규범이 낯설게 느껴질지도 모르지만, 이러한 제약은 고대 세계 도처에 만연해 있었다.

유대교에 대한 셀비지의 부정적인 묘사는 차치하더라도 과연 마가가 독자들이 이 이야기를 생식기 분비물 유출에 관한 유대 율법의 폐지로 이해하도록 유도했을 것이라는 견해가 사실일까? 이것이 본 장에서 던지는 가장 중요한 질문 가운데 하나다. 이 질문에 답하기 위해 우리는 먼저 유대교 경전의 생식기 분비물 유출에 관한 규례를 살펴보고, 이러한 규례를 보다 더 폭넓은 문맥에서 검토함으로써 이러한 신념이 유대교에만 국한된 것이 아니라 고대 지중해 세계에서 보편적으로 나타난 현상이었음을 보여줌과 동시에 이러한 규범이 또 어떻게 초기 유대교 내에서 이해되었는지를 살펴볼 것이다.

레위기와 생식기 분비물 유출

레위기 15장은 생식기 분비물 유출로 고생하는 남자와 여자에 관한 세부 규정을 다룬다. 내가 1장에서 이미 다루었듯이 최근에 출산한 여자들

---

3 Selvidge는 때로는 남자들도 격리된다는 사실을 각주에서만 시인한다("Mark 5:25-34 and Leviticus 15:19-20," 619n4).

은 두 단계로 나누어진 부정한 상태의 긴 기간을 감수해야 한다. 남자아이를 출산한 여자는 7일 동안 격상된 부정한 상태에 들어가고, 이어서 33일 동안은 격하된 형태의 부정한 상태에 들어간다. 여자아이를 낳은 여자는 14일 동안 격상된 부정한 상태에 들어가고, 이어서 66일 동안은 격하된 형태의 부정한 상태에 들어간다.

하지만 레위기 15장은 생식기 분비물 유출자들에 관한 정결 규례를 가장 집중적으로 다룬다. 제이콥 밀그롬의 주장에 의하면 레위기 15장은 어떤 사려 깊은 편집자에 의해 재구성된 정결 규례를 다음과 같이 보여준다.

서론: 레위기 15:1-2a

비정상적인 남성 분비물 유출("자브"[*zav*]): 레위기 15:2b-15

정상적인 남성 분비물 유출: 레위기 15:16-17

성관계: 레위기 15:18

정상적인 여성 분비물 유출: 레위기 15:19-24

비정상적인 남성 분비물 유출("자바"[*zavah*]): 레위기 15:25-30

주제 및 요약: 레위기 15:31-33[4]

정교하게 재구성된 이 본문은 생식기 분비물 유출로 인한 부정함을 세

---

4   Milgrom, *Leviticus 1-16*, 905.

부적으로 다룬다. 첫째, 제사장 문헌 저자에 의하면 정상적인 생식기 분비물 유출과 비정상적인 생식기 분비물 유출 사이에는 차이점이 있다. 예를 들어 생식기 분비물 유출, 성관계, 월경 등 주로 밤에 이루어지는 것은 모두 정상적이며 자연적인 신체 현상이다. 신중하게 편집된 레위기 15장의 구조를 통해 드러나는 정상적인 유출과 비정상적인 유출 간의 차이점은 유대교 내에서 "여성의 정상적인 생체 리듬은 비정상적인 것으로 여겨졌다"는 셀비지의 주장이 잘못되었음을 보여준다.[5] 유대인들은 월경을 비정상적인 것으로 여기지 않았다. "부정함"이라는 단어도 질병이나 비정상적인 것과 아무런 상관이 없다. 사실 요세푸스는 유대인들이 생리 과정을 "자연에 따라"(kata physin) 나타나는 신체 기능으로 보고, 다른 비정상적 또는 이례적인 생식기 분비물 유출과 구별했음을 분명히 보여준다.[6]

또한 성관계를 가진 남자와 여자는 모두 하루 동안 부정하지만(레 15:18), 이로 인한 부정함은 성관계 자체가 비정상적이거나 잘못된 것이라는 의미가 아니다. 사정한 남자는 하루 동안 부정하지만(15:16), 생리하는 여자는 7일 동안 부정하다(15:19). 이러한 특별한 경우에도 레위기는 부정한 사람에게 부정한 기간이 끝나면 성전에 제물을 바칠 것

---

5   Selvidge, *Woman, Cult and Miracle Recital*, 55. 다음의 유용한 논평도 보라. D'Angelo, "Gender and Power," 84. 그리고 Tarja Philip이 말하듯이 "부정함(impurities)은 인간의 본성과 삶의 한 부분으로 취급되며 그 자체로는 부정적인 것(negative)이 아니다. 부정함은 거룩한 것과의 관계에서만 부정적인 것(negative)이 된다"("Gender Matters," 42).

6   Josephus, *Jewish Antiquities* 3.261.

을 요구하지 않는다. 여자가 제물을 드려야 하는 경우는 단지 출산 후뿐이다. 제사장 문헌은 오직 생식기 분비물을 불규칙적으로 유출하는 남자인 "자브"나 생리와 관계없이 하혈을 하는 여자인 "자바"의 경우에만 비정상적인 질병으로 간주한다. 비정상적으로 취급되는 이유는 이것이 단지 어떤 특정 기간에 한정된 것이 아니라 무한정적으로 나타내기 때문이다. 정상적인 생식기 분비물 유출(출산을 제외하고)의 경우와는 대조적으로 "자브"와 "자바"는 일단 깨끗해지면 새 두 마리를 제물로 드려야 한다(15:15, 29-30).

제사장 문헌의 저자가 상정하는 이 규정의 동기 및 요점은 이스라엘 백성이 부정한 상태에서 성스러운 공간에 들어가지 않도록 그들의 부정한 상태를 알려주는 것이다. 만약 레위기 15:31에서 명시하듯이 사람들이 이 규정을 어긴다면 그들의 부정함이 그들에게 죽음을 가져다줄 것이다. 따라서 하나님이 모세와 아론에게 이렇게 지시하신 것은 이스라엘 백성이 불가피하게 경험하는 생식기 분비물 유출 때문에 부정해진 상태에서 성스러운 공간에 들어가 목숨을 잃는 사례를 막기 위함이다. 이러한 보호적 성격의 제사장 규례에 비추어 보면 우리는 인간의 생명을 존중하는 긍휼과 관심은 제한적 성격을 띤 이러한 계명에서 필수적인 요소임을 알 수 있다. 현대 기독교 신학이 예수의 치유 행위와 긍휼에 근거한 정결 의식 체계를 구분한다는 것은 정결 의식 체계의 취지를 잘못 이해하고 잘못 묘사하는 것이다. 현대 의료 관행을 예로 들어보자. 우리는 면역력이 약한 사람에게 병원에 가지 말라고 권유한다. 병원에 있는 동안 다른 질병에 걸릴 수 있기 때문이다. 오직 비상식적인 사람만이 이러한 조언을 강압적인 제약으로 간주할 것이다. 하지만 이것은 오히려 그런 사람들을 보호하기 위한 동기에서 마련된 대비책이다.

복음서는 생리 때문에 부정해진 여자나 야간에 배출된 분비물 때문에 부정해진 남자를 치유하려는 예수를 묘사하지 않는다. 이러한 현상은 인간의 정상적인 생리 현상이며 단기간에 해결할 수 있는 부정함이므로 특별한 치료가 필요 없다. 복음서는 오히려 어떤 특정한 형태의 생식기 유출로 고생하는 사람, 즉 생리와 무관한 생식기 분비물을 유출하는 여자와 소통하는 예수를 보여준다. 레위기는 이러한 여성은 유출이 진행되는 동안 계속해서 의식적으로 부정하다고 말한다. 그녀는 유출이 멈추고 나서도 7일을 더 기다린 후 성전에 가서 새 두 마리를 제물로 드려야 비로소 의식적으로 정결한 상태로 되돌아갈 수 있다. 부정한 기간에는 그녀가 앉거나 누운 곳이 모두 의식적으로 부정해지고 하루 동안 진행되는 부정함을 타인에게 전파할 수 있다(레 15:26-27).

부정한 여자와 접촉할 경우 과연 그 여자를 만진 사람에게 그 부정함이 전파되는지에 관해서는 사본학적으로 논쟁이 있다. 레위기 15:27의 히브리어 원문—마소라 본문과 사마리아 모세오경—은 그 위에 여자가 앉았던 **물건을** 만지는 사람이 모두 부정해진다고 진술하는 반면, 70인역과 다수의 중세 히브리어 사본은 **그녀를** 만지는 사람이 부정해진다고 명시한다. 밀그롬은 아마도 그리스어 사본이 원문을 반영하며 가장 이치에 맞는다고 주장한다.[7] 레위기도 이러한 결론에 동의하면서 "자브", 곧 생식기 분비물을 유출하는 남자가 손을 씻지 않고 누군가를 만지면 타인에게 그 부정함을 전파한다고 말한다(15:11). 우리는 이 본문에 기초하여 "자바"도 손을 씻지 않고 누군가를 만지면 타인에게 그 부정함을 전파한다는 결론을 유추할 수 있을 것이다. 설령 밀그롬의 주장이 틀렸다 하더라도 아마도 마가와 그의 독자들은 모두 70인역을 사용했을 가능성이 높다. 따라서 그들이 레위기 15장을 읽거나 누군가가 낭송하는 것을 들었다면 아마도 그들은 이 본문이 만약 누군가가 "자바"와 접촉하면 부정함이 그 사람에게 전파될 수 있다는 것으로 이해했을 것이다.[8]

하지만 셸비지의 주장과는 대조적으로 레위기 15장은 "자바"나 생식기 유출로 고생하는 사람이 모두 격리될 필요가 있다고 암시하지 않는다. 레위기 저자는 본문 전반에 걸쳐 부정한 남자나 부정한 여자가 계속 집안에 거하며 사람들과 계속 접촉해도 무관하다는 점을 거듭 암시한다. 결론 부분에서 분명히 밝혔듯이 한 가지 분명하게 지켜야 할 규정은 바로 부정한 사람이 성막 기구나 성전 기구와 멀리 떨어져 있어야 한다는 점이다.

---

7   Milgrom, *Leviticus 1-16*, 943.
8   따라서 다음을 보라. Haber, "A Woman's Touch," 175; Kazen, *Jesus and Purity Halakhah*, 143.

민수기 5장

민수기 5장은 레위기 15장과는 대조적으로 이스라엘 백성 가운데 부정한 상태에 있는 사람들을 다루는 방법을 다양하게 소개한다. 광야의 진영 안에서 일어나는 상황을 폭넓게 다루는 문맥에서 하나님은 모세에게 다음과 같이 말씀하신다. "이스라엘 자손에게 명령하여 모든 레프라 환자와 '자브'와 주검으로 부정하게 된 자를 다 진영 밖으로 내보내되 남녀를 막론하고 다 진영 밖으로 내보내어 그들이 진영을 더럽게 하지말라"(민 5:2-3). 하나님은 진 중앙에 있는 성막에 거하셨다. 따라서 하나님의 임재와 가까이 접해 있다는 사실은 의식적으로 매우 부정한 상태에 있는 자들에게는 한층 더 보강된 규제가 적용될 수밖에 없음을 의미한다. 비록 이 규례가 자바를 명시적으로 언급하지는 않지만, 하나님이자브를 배제하신다는 사실과 또 이스라엘 백성에게 부정한 남자와 부정한 여자를 모두 진영 밖으로 내보낼 것을 명령한 사실은 이 본문이 생식기 분비물을 비정상적으로 유출하는 여자에게도 적용된다는 점을 시사한다. 광야에서 진은 성막과 광야 사이에서 일종의 완충 장치 기능을 수행했기 때문에 훨씬 더 강도 높은 정결함이 요구된다. 의식적으로 부정한 사람이 모두 격리의 대상은 아니다. 산모, 성관계를 가진 사람, 밤에 분비물을 유출한 남자, 생리 중인 여자 등은 진영 밖으로 나갈 필요가없다. 가장 극심한 부정함(레프라, 비정상적인 생식기 유출, 시체 등으로 인한 부정함)에 노출된 사람만 진을 떠나야 했다.[9] 그러나 이러한 제한적인 격리 조차도 매우 엄격했기 때문에 샤이 코헨(Shaye Cohen)은 다음과 같은 결론에 도달한다. "민수기 5:1-4은 레위기 15:31을 유토피아적으로 확대 해석한다. 중앙 성소인 '성막'의 둘레는 '진'의 둘레와 맞닿아 있다."[10]

따라서 민수기 5장은 이 본문을 레위기 5장과 일치시키고 당시 상황에 적용하고자 노력한 후대 유대인들에게 해석학적으로 상당한 의문을 제기한다. 이스라엘 백성이 광야를 떠나 아브라함에게 약속하신 땅으로 들어가면 이 계명은 과연 어떤 역할을 하게 될까? 후대 유대인들에게도 이 계명은 여전히 유효한 것인가? 예를 들어 랍비 전승은 민수기 5:2을 부정한 자의 성소 출입만 금지하는 것으로 해석한다.[11] 이 해석을 따르자면 이토록 엄격한 민수기 5:2의 규례도 레위기 15장의 의도와 일치한다. 즉 이 두 본문의 의도는 부정한 자를 신성한 공간에서 격리하는 것이다.

---

9   Mishnah, *Kelim* 1.4.

10   Cohen, "Menstruants and the Sacred," 275. 보다 더 폭넓은 논의는 다음을 보라. Frevel, "Purity Conceptions."

11   *Sifre Numbers* 1.

고대 근동 여성과 생식기 분비물 유출로 인한 부정함

현대 독자들은 이스라엘의 정결 의식 체계가 독특하다고 생각해서는 안 된다. 이스라엘은 생식기 분비물 유출로 인한 부정함과 관련하여 많은 부분 주변 국가들의 생각과 일치했다. 고대 이집트에서는 임신 중이거나 생리 중인 여자(따라서 추정컨대 불규칙한 생식기 유출이 있는 여자)와 최근에 성관계를 가진 사람은 종교 행사에 참여하는 것이 금지되었다. 예를 들어 헤로도토스는 이집트인들이 신전에서 행하는 성교를 금지하고, 성관계를 가진 다음에는 반드시 몸을 씻고 신성한 공간에 들어가야 한다고 주장한다.[12] 히타이트 법에 따르면 여자는 성교 후에는 정결함을 위해 목욕을 해야 했는데,[13] 이는 남자의 경우에도 마찬가지였다.[14] 미하일 기하르(Michaël Guichard)와 리오넬 마르티(Lionel Marti)에 의하면 고대 바빌로니아 문헌은 "여자의 월경(*ki-sikil*)은 심각한 부정함의 근원이었다"라고 기록한다. 그들은 기원전 18세기 마리(오늘날의 시리아)의 여자들은 생리 기간 중에 왕궁을 떠나야 했다고 지적한다. 왜냐하면 왕궁은 성스러운 신전을 포함하고 있었기 때문이다.[15] 헤로도토스는 이러한 관습이 바

---

12   Herodotus, *Histories* 2.64.

13   *Keilschrifturkunden aus Boghazköi* 9.22.3.29-32.

14   "Mursili's Speech Loss," 1.19-20, in Laroche, *Catalogue des textes hittites*, 486.

15   이집트인들의 사고에 관해서는 다음을 보라. Wilfong, "Menstrual Synchrony"; Frandsen, "The Menstrual 'Taboo.'" 메소포타미아인들의 사고에 관해서는 다음을 보라. Guichard and Marti, "Purity in Ancient Mesopotamia," 74. 바빌로니아의 본문에 나타난 출산 부정함에 관해서는 다음을 보라. Stol, *Birth in Babylonia*.

빌로니아(및 아라비아) 사회에서 오래 존속되었음을 재확인해준다.[16] 비록 신전으로부터 완전히 격리되는 것은 아니었지만, 어떤 중기 아시리아 왕의 칙령은 "제사 기간이 다가오면 생리하는(문자적: 접근할 수 없는) 궁녀는 임금의 존전(尊前) 앞에 나아가서는 안 된다"라고 명시한다.[17] 신(新) 아시리아 본문도 생리하는 여자를 "은둔하는 여자" 곧 "하리쉬투"(harištu)라고 부르고, 생리하는 여자는 전염력이 강한 부정함에 노출되어 있음을 암시한다. 레위기와 마찬가지로 아시리아 문화에서도 생리하는 여자와 성관계를 갖는 것을 금지했다. 마지막으로 조로아스터교 문헌은, 비록 연대기 측정이 매우 까다롭긴 하지만, 생리하는 여자는 신성한 불에 가까이 갈 수 없었기 때문에 고대 페르시아인들도 성스러운 장소에서 그들을 격리했다고 기록한다.[18]

　이 간단한 조사는 다양한 형태의 생식기 유출을 부정함과 연관 짓는 것이 고대 근동 문화에서도 이스라엘에서와 마찬가지로 얼마나 흔한 일이었는지를 잘 보여준다. 또한 이러한 문화권에서도 일부 생식기 분비물 유출은 죽음과 연관이 있다고 믿었다. 이러한 믿음은 중기 아시리아 점토판에서도 찾아볼 수 있는데, 이 점토판은 어떤 출산을 앞둔 여성을 다음과 같이 묘사한다.

16　Herodotus, *Histories* 1.198.

17　*Middle Assyrian Palace Decrees* 7, trans. Roth, *Law Collections from Mesopotamia*.

18　예. *Vendidad* 16.3.17 (39).

출산을 앞둔 여자는 애를 낳을 때 산통을 경험한다.

출산할 때 그녀에게는 진통이 있고, 아기는 꼼짝달싹할 수 없다.

아기는 꼼짝달싹할 수 없다. 빗장은 굳게 닫혀 있다. 생명을 끝내기 위해.

문은 굳게 닫혀 있다. 젖먹이 앞에서.

산모는 죽음이라는 먼지 속에 갇혀 있다.

전차처럼 그녀는 전쟁이라는 먼지에 싸여 있고,

쟁기처럼 그녀는 나무숲이라는 먼지에 싸여 있고,

전사처럼 그녀는 피 속에 파묻혀 있다.

그녀의 눈은 흐려져 볼 수 없고, 그녀의 입술은 덮여 있고,

그녀는 [눈을] 뜨지 못해 * 죽음의 최후의 운명과 운명들 * 그녀의 눈은 어
슴푸레하다.[19]

또한 고대 바빌로니아 문헌은 신생아를 죽음이나 고난의 부두에서 생명
의 부두로 이동하는 배로 묘사한다.[20] 이러한 문헌은 많은 사람들이 출산
의 경험을 죽음의 영역과 연계했음을 보여주는데, 출산 과정에서 산모
와 아기가 모두 사망할 확률이 높다는 것을 기억한다면 이는 쉽게 이해
할 수 있을 것이다. 이스라엘 주변 국가의 이러한 규정은 생식기 분비물

---

19 Lambert, "Middle Assyrian Medical Text," 32 (lines 33-42). 별표(*)는 Lambert가 본문
을 해독하지 못한 부분을 가리킨다.

20 Stol, *Birth in Babylonia*는 *Babylonisch-assyrische Medizin in Texten und Untersuchungen*
248 1.62-63; 3.58-59를 언급한다.

유출로 고통받는 남자와 여자를 성스러운 영역에서 격리하는 것이 일반적이었음을 암시한다. 고대 정결 체계는 때때로 이러한 신체 현상이 죽음의 영역과 연결되어 있다고 본다. 따라서 제사장 문헌 저자가 출생, 성별, 생식기 분비물 유출 등을 죽음과 연결한다는 제이콥 밀그롬의 주장은 다른 고대 근동 자료를 통해서도 뒷받침된다.

그리스-로마 세계

셀비지는 이런 다른 문화권을 다루지는 않는다. 하지만 그녀는 그리스-로마 세계는 생리 및 분비물 유출에 대해 이와 동일한 관심을 보이지 않았다고 주장한다. "그리스인들에게 여성의 생리 주기는 정화[*katharsia*]의 기간으로 간주되었다. 유대인들은 부정 접두사를 붙여 이를 '부정하다'고 불렀다."[21] 그러나 이러한 주장은 아무리 긍정적으로 받아들

---

21 Selvidge, *Woman, Cult and Miracle Recital*, 55. D'Angelo가 지적하듯이 Selvidge만 이런 주장을 하는 것이 아니다. "학문적 성향이건 대중적 성향이건 신약성경 해석자들 사이에서는 종종 정결함이 그리스인들이나 로마인들에게는 진정한 관심의 대상이 아닌 반면, 유대인들에게 매우 중요한 관심사라는 전제가 깔려 있다"("Gender and Power," 85). Cohen("Menstruants and the Sacred," 287)은 기원후 4세기 율리아누스 황제가 그리스도인들에 대한 한 말을 지적한다. "나머지—신전, 성소, 제단, 정결 의식 및 특정 규례—에 관해서는 우리도 그들과 공통점을 갖고 있다. 왜냐하면 우리도 이와 관련해서는 서로 전혀 다르지 않거나 사소한 문제에 관해서만 차이를 보이기 때문이다"(*Against the Galileans* 306B). 고대 그리스의 월경과 출산을 다룬 간략한 논의는 다음을 보라. Nilsson, *Geschichte der Griechischen Religion*, 1:94-95.

인다 하더라도 오해의 소지가 있다. 첫째, 광범위한 증거는 그리스 문화에서도 어떤 사람이 레위기에서 언급한 생식기 분비물을 유출한다면 그 사람도 신성한 공간에 들어가기 전에 먼저 목욕재계를 해야 했음을 시사한다. 헤로도토스는 그리스인들도 이집트인들과 마찬가지로 신성한 장소에서 성관계를 허용하지 않았고, 신전에 들어가기 전에 반드시 먼저 목욕할 것을 요구했다고 주장한다.[22] 아울러 산모(생물학적으로 정상적인 상태) 역시 신성한 장소의 출입이 허용되지 않았다는 증거도 있다.[23] 재차 강조하지만, 그리스 비극 작가 에우리피데스도 출산은 산모의 종교 행사 참여를 금할 만큼 의식적 부정함을 유발한다고 말한다.[24] 디오게네스 라에르티우스의 말에 의하면 피타고라스도 "정화는 씻음, 세례, 목욕재계를 통해 이루어지며, 모든 죽음과 출산은 물론 모든 종류의 오염으로부터 멀리함으로써 가능하다"라고 가르쳤다.[25] 철학자 테오프라스토스는 이것이 그 당시 비교적 널리 알려진 믿음이었음을 보여준다. 이는 그가 "오염"을 피하는 것이 상책이라고 생각하여 출산한 여자를 찾아가보지 않는 사람들을 "미신을 믿는" 사람이라고 조롱하기 때문이다.[26] 이러한 믿음은 기원후 3세기의 증거가 입증하듯이 그리스-로마 세계에서 지속

---

22   Herodotus, *Histories* 2.64.
23   N. Robertson, "Concept of Purity," 196.
24   예. *Electra* 654; *Iphigenia at Tauris* 380-82; *Auge* fragment 266; *Cretans* fragments 16-19.
25   Diogenes Laertius, *Lives of Eminent Philosophers* 8.33.
26   Theophrastus, *Characters* 16.9.

되었다. 예를 들어 켄소리누스는 출산 후 처음 40일 동안에는 여자들이 성스러운 공간을 피해야 한다고 말하며,[27] 기원후 4세기 말 리비아의 키레네에서는 출산 부정함에 관한 규정을 제정하기로 했다.[28]

둘째, 비록 그리스 의학 문헌이 월경을 정화의 기간으로 지칭한다는 셸비지의 주장이 맞지만, 레위기에서도 산혈을 "정화의 피"로 지칭하는 것 역시 사실이다(레 12:5; 비록 70인역 역자는 히브리어 표현을 "부정함의 피"로 번역하고 있지만 말이다). 아무튼 이러한 그리스-로마의 작가들도 생리혈이나 산혈이 정결함이나 건강함을 나타낸다고 생각하지 않았다. 그들은 오히려 생리혈이 신체에 해롭다고 믿었다. 예를 들어 히포크라테스의 논문집 「여성의 질병」(*Diseases of Women*)은 여자들이 생리혈로 인해 온갖 질병에 걸린다고 주장했고,[29] 아리스토텔레스도 생리 중인 여자는 거울을 들여다보기만 해도 거울이 흐려질 수 있다고 믿었다.[30] 기원후 2세기에 의학책을 집필한 소라누스는 「부인과학」(*Gynecology*)이라는 논문집에서 다음과 같이 추론한다. "이것은 또한 '카타르시스'라고도 불린다. 왜냐하면 어떤 사람들이 말하듯이 몸에서 피를 과도하게 많이 흘리면 신체가 정화되기 때문이다."[31] 우리 몸은 피를 흘림으로써 신체에 해롭고 부정

---

27 Censorinus, *The Birthday Book* 11.7.

28 Supplementum epigraphicum graecum ix.72.a.4. 보다 더 폭넓은 논의는 다음을 보라. Cole, "*Gynaiki ou Themis*"; Lennon, "Menstrual Blood in Ancient Rome." 참조. Macrobius, *Saturnalia* 1.23.13; 5.19.26.

29 *Diseases of Women* 1.62.

30 Aristotle, *Insomniis* 459b24-460a23.

31 Temkin, *Soranus' Gynecology* 1.19. 생식기 분비물 유출을 포함하여 여성의 몸에 관한 논의

한 것을 몸 밖으로 배출한다. 그는 또한 다른 글에서 월경은 정상적이긴 하지만, 건강에는 해롭다고 주장한다. 이 주장은 임신, 성, 출산이 자연적인 현상이긴 하지만, 실제로는 여성에게 해롭다는 그의 신념과 더 잘 일치한다.[32] 플루타르코스는 생리혈을 이와 유사한 방식으로 묘사한다. "매달 규칙적으로 일어나는 월경은 피의 양보다는 부패하고 병든 피의 양을 나타내는 지표다. 왜냐하면 융화되지 않고 분비되는 혈액은 신체에 아무런 쓸모가 없기 때문이다."[33]

셋째, 그리고 가장 탁월한 증거는 그리스인들도 생리하는 여자가 성스러운 장소에 들어가는 것을 금했다는 것이다. 예를 들어 기원전 2세기 메갈로폴리스의 한 신전 명문에는 "제사를 드리고 싶은 사람은 출산한 지 9일째 되는 날, 낙태한 지 44일째 되는 날, 생리한 지 7일째 되는 날, 하혈한 지 7일째 되는 날 정결한 상태로 신전 경내에 들어갈지라"라고 적혀 있다.[34] 비록 복음서보다 후대의 기록이긴 하지만, 기원후 2세기 또는 3세기에 프리기아의 달의 신 "멘"(Men) 숭배자의 기념비에는 "부정한 사람은 절대 들어와서는 안 되며, 특히 마늘, 돼지, 여자로부터 멀리하여 스스로 정결케 하라. 같은 날 머리부터 발끝까지 목욕재계를 한 회원들은 입장할 수 있다. 또한 생리 후 7일 동안 몸을 씻은 여자는 입장할

는 다음을 보라. Dean-Jones, *Women's Bodies*; King, *Hippocrates' Woman*; Carson, "Dirt and Desire"; and Flemming, *Medicine and the Making of Roman Women*.

32 Temkin, *Soranus' Gynecology* 1.42; 참조. 1.30.

33 Plutarch, *Moralia* 651D.

34 다음을 보라. Te Riele, "Une Nouvelle Loi Sacreé en Arcadie."

수 있다. 시체와 접촉한 후 열흘 동안 [몸을 씻은 사람도] 마찬가지다."[35]
따라서 적어도 일부 그리스인과 로마인도 레위기에서처럼 월경과 생식
기 불비물 유출이 부정하다고 믿었고, 이로써 거룩한 장소에 들어가는
것을 금했다. 그리고 적어도 한 작가는 남자는 생리하는 여자와 성관계
를 갖는 것을 피해야 한다는 일반적인 생각에 동의한다. 신성한 장소에
생리하는 여자가 들어가는 것을 금했다면 생식기 분비물을 비정상적으
로 유출하는 여자(또는 남자)에게는 이 규정이 얼마나 더 엄격하게 적용
되었을까?

이러한 유사점에도 불구하고 몇몇 그리스-로마 작가들은 월경의
오염 경로를 초기 유대인들의 생각과는 다르게 사고했다. 위에서 언급한
바와 같이 아리스토텔레스는 생리하는 여자들은 거울을 흐리게 한다고
생각했다. 우리는 이러한 믿음을 보여주는 또 다른 1세기 말 또는 2세기
초의 사례도 발견한다.[36] 로마의 농경서 작가 콜루멜라는 생리 중인 여자
들은 특정 작물과 식물을 죽게 만들므로 그들의 접근을 금지할 것을 독
자들에게 권고한다. "하지만 오이와 박이 심긴 곳에는 가능한 한 여자가
들어가지 못하도록 조심해야 한다. 왜냐하면 녹색 물질은 일반적으로 여
자와의 접촉을 통해 성장이 억제되기 때문이다. 또한 만약 생리 중이라
면 그 여자는 단순히 눈으로 바라보는 것만으로도 그 어린 작물을 죽

---

35 Horsley and Llewelyn, *New Documents*, 6:920-21.
36 다음을 보라. Lennon, *Pollution and Religion*, 83; Dean-Jones, "Menstrual Bleeding";
    Schultz, "Doctors, Philosophers, and Christian Fathers."

일 수도 있다."[37] 또한 소라누스는 생리혈은 그것을 만진 사람에게도 해롭다고 생각했다.[38] 이러한 본문은 월경에 관해 구체적으로 다루지만, 생리와 무관한 분비물 유출, 특히 의학적인 관점에서 비정상적으로 분비물을 유출하는 여자도 여기에 포함된다고 추론하는 것은 타당해 보인다. 플루타르코스의 글에 의하면 유출된 피는 분명 "부패하고 병든" 것으로 간주되었다. 우리는 콜루멜라, 플리니우스, 소라누스의 글에서 그리스와 로마의 일부 작가들이 생리혈을 질병과 연결할 뿐 아니라 심지어 식물의 생명과 연결하여 그것을 죽음의 원인으로 간주하고 있음을 발견한다. 고대 근동 문헌과 그리스-로마 문헌은 생식기 분비물 유출에 관한 유대인들의 생각이 고대 지중해 세계에서 독특한 것이 아니었음을 보여준다. 비록 다양한 문화에서 정결함을 각기 독특한 방식으로 표현하긴 했지만, 모든 문화가 한결같이 특정한 생식기 분비물 유출이 사람을 부정하게 만들 뿐 아니라 거룩한 장소의 출입을 불가하게 만든다는 믿음을 공유했다. 비록 마가가 레위기 5장을 염두에 두고 있었는지는 알 수 없지만, 이는 정결함에 대한 관심이 전적으로 유대인들만의 것은 아니었음을 시사한다. 또한 많은 현대 독자와는 대조적으로 마가와 그의 독자들은 유대인들의 정결함에 대한 관심에서 이질적인 면을 결코 발견하지 못했던 것 같다. 디엔젤로(D'Angelo)는 고대 지중해 세계에서 볼 수 있는 이러한 믿음의 편재성으로부터 매우 중요한 결론 하나를 도출한다. "초기 그리

---

37 Columella, *De re rustica* 11.50; 참조. 11.38; 참조. Pliny, *Natural History* 28.23.79.
38 Soranus, *Gynecology* 1.27-29.

스도인들의 눈에는 이러한 제한이 유대교의 가르침은 물론, 심지어 보다 더 일반적인 이해가 가능한 어떤 '자연스러운' 가르침으로 여겨졌을지도 모른다."[39]

제2성전기의 "자바"

이제 우리가 그리스-로마 시대의 유대교 의식 관행으로 돌아가면 유대인들이 계속해서 산모, 생리 중인 여자, 생식기 분비물 유출 남녀가 거룩한 장소에 들어가는 것을 금지했다는 것이 그리 놀랄 만한 일이 아님을 발견하게 된다. 그러나 우리는 민수기 5장과 레위기 15장의 상이한 규례 간의 충돌 때문에 이런 사람들을 어떻게 취급해야 하는지에 대한 매우 다양한 해석과 직면하게 된다.

쿰란 공동체는 정결 의식에 대한 관심이 당대에 한층 고조되었음을 보여준다. 어쩌면 이러한 관심은 부분적으로 자신들이 예루살렘 성전을 임시적으로 대체했다는 확신에서 비롯되었을지도 모른다. 기원전 2세기 후반에 작성된 「성전 두루마리」에 의하면 "자브"와 생리 중인 여자와 산모는 부정한 동안 도시 안에서 따로 격리될 필요가 있었다. "너희는 네 도시에 매장할 장소를 지정해야 한다. 각 도시에 레프라와 상처와 피부

---

39   D'Angelo, "Gender and Power," 85.

병의 딱지로 인해 부정해진 사람들을 위해 장소를 따로 마련하여 그들이 너희 도시에 들어가지 못하게 하여라. 또한 '자빔'과 생리 중이거나 출산으로 인해 부정해진 여자가 그들의 부정함을 너희 가운데 퍼뜨리지 못하게 하여라."[40] 비록 「성전 두루마리」는 "자바"를 언급하지 않지만, 아마도 "자브"에게 적용되는 규정은 "자바"에게도 적용될 것이다. 자바 역시 부정한 동안에는 격리되어야 한다. 이 문서의 저자는 이 여인들이 주변 사람들에게 부정함을 전파할 가능성을 억제하는 것이 이 규례의 존재 목적이라고 생각한다. 어떤 사람이 거룩한 장소에 가까이 살면서 무심코 부정함을 전파할 경우 여러 가지 결과가 발생한다. 예를 들어 만약 어떤 남자가 "자바"나 생리 중인 여자 또는 산모로부터 자신도 모르게 부정함에 오염되면 그는 그 부정함을 자신도 모르게 신성한 장소로 가져올 수 있다. 또한 종교 활동에 참여하기 위해 예루살렘에 온 남자는 부정한 상태에 있는 어떤 여자로부터 부정함에 오염되고 또 그 사실을 알게 될 경우가 있다. 그렇게 되면 그는 신성한 장소의 출입이 일시적으로 금지될 것이며, 다시 신성한 장소에서 의식에 참석할 수 있을만큼 정결해질 때까지 그는 예루살렘에 하루를 더 머물러야 하는 불편함—재정적이든 아니든—을 감수해야 할 것이다. 「성전 두루마리」는 두 열 앞에서 "너희는 도시 동쪽에 서로 분리된 세 곳을 지정하여 그곳에 레프라 환자와 자빔과 정액을 유출한 남자가 올 수 있게 해야 한다"라고

---

40 *Temple Scroll* (11Q19) XLVIII, 13-17. 다음을 보라. J. Baumgarten, "Zab Impurity in Qumran."

말한다.[41] 이와 마찬가지로 정결 규례에 관해 다루는 또 다른 쿰란 두루마리도 "자브"는 깨끗한 공동 음식과 공동 주거지에서 5.5미터 떨어진 곳에 있어야 한다고 말한다.[42] 저자는 여기서 "자바"를 언급하지 않는다. 이는 아마도 남자만을 위한 공동체를 염두에 두고 있기 때문일 것이다.[43] 우리는 이러한 본문이 레위기 15장보다는 민수기 5장에 더 가깝다는 것을 발견한다. 즉 "자바"의 부정함은 신성한 장소나 음식을 오염시키지 못하도록 철저하게 통제될 필요가 있다.

부정함에 대한 쿰란 공동체의 시각은 유대인들이 지닌 부정함에 대한 폭넓은 인식을 반드시 반영하지는 않을 것이다. 그럼에도 요세푸스는 어떤 특정한 부정함을 취급하는 데 있어 이러한 폭넓은 이해를 보여준다.[44] 「유대 전쟁사」(*Jewish War*)에서 그는 "자브"(그리스어: *gonorroios*)와 레프라 환자가 도시에서 완전히 격리되었다고 말한다. 재차 강조하지만 그가 비록 생식기 분비물을 유출하는 남자만을 언급했지만, 이러한 격리 조치는 여자, 즉 "자바"에게도 똑같이 적용되었을 개연성이 높다. 한편 생리 중인 여자는 도시에는 들어갈 수 있었지만, 성전 경내 출입은 허용되지 않았다. 이러한 격리 조치는 부정한 상태의 제사장을 포함하여

41　*Temple Scroll* (11Q19) XLVI, 16-18.

42　4Q274 1 I, 2-3.

43　Hannah Harrington은 다음과 같이 말한다. "「성전 두루마리」의 저자들은 랍비들과 같이 '자브'의 모든 정결 의식 과정이 '자바'에게도 똑같이 적용된다고 가정한다"(*Purity Texts*, 99). 쿰란 공동체의 여자들에 관해서는 다음을 보라. Wassen, *Women in the Damascus Document*; Schuller, "Women in the Dead Sea Scrolls"; Schuller, "Women at Qumran."

44　따라서 다음도 보라. Noam, "Josephus and Early Halakhah," 139.

부정한 남자에게도 똑같이 적용되었다.[45] 신성한 장소—성전, 특정한 상황에서는 예루살렘 성까지—에 대한 부정한 사람의 출입 제한조치에는 신성한 음식의 섭취 제한까지도 포함되었다. "레프라 환자, '자빔', 생리 중인 여자, 그리고 어떤 방식으로든 부정한 사람은 아무도 유월절 잔치에 참여할 수 없었다."[46] 또 다른 본문에서 요세푸스는 민수기 5장을 인용하면서 모세는 레프라 환자, "자브", 생리 중인 여자, 시체로 인해 부정해진 사람을 도시에서 격리했다고 주장한다.[47] 이 본문은 생리 중인 여자가 신성한 장소의 출입뿐만 아니라 예루살렘 성에 들어가는 것까지도 금지한다. 다시 말해 요세푸스는 "자바"를 "자브"와 똑같이 취급했을 가능성이 높다. 아마도 "자바" 역시 예루살렘 성에 들어갈 수 없었을 것이다. 그는 비록 민수기 5장을 언급하고 있지만, 민수기 5장의 규정을 새롭게 수정한다. 민수기 5장의 처방은 오직 광야의 이스라엘 백성에게만 적용된 것이므로 요세푸스는 이 규정을 예루살렘 성과 그 땅에 정착한 유대인들의 삶에 확대 적용한다.

위에서 언급한 바와 같이 코헨은 민수기 5장이 레위기 15장의 규정에 대한 "유토피아적 확대 해석"이라고 주장한다. 따라서 우리가 쿰란의 정결 규례와 요세푸스의 글에서 발견하는 것은 이러한 유토피아적 소망을 다양한 방식으로 구현하고자 애쓴 유대인들의 노력이다. 심각하

---

45 Josephus, *Jewish War* 5.227.

46 Josephus, *Jewish War* 6.425-26(번역은 나의 것임).

47 Josephus, *Jewish Antiquities* 3.261-62.

게 부정한 상태에 있는 사람은 신성한 장소에 들어가는 것을 피할 뿐만 아니라 그곳의 출입이 가능한 사람들에게 부정함을 무심코 전파하지 않도록 자제해야 했다. 후대의 랍비 문헌은 일부 랍비들도 생리하는 여자의 이동을 제한했음을 보여준다. "고대인들은 생리하는 여자와 함께 먹지 않았다."[48] 비록 모든 제2성전기 유대인들이 "자브"와 "자바"를 어떻게 생각했는지 우리는 알 수 없지만, 적어도 일부 유대인들은 이들도 레프라 환자와 거의 마찬가지로 타인에게 전파할 가능성을 제거하거나 최소화하기 위해 격리되어야 한다고 믿었다.[49]

비자발적인 정화 능력

우리는 혈루증 여인과 예수의 이야기를 반드시 이러한 문맥에서 읽어야 한다. 앞에서 진행된 논의를 통해 알 수 있듯이 마가복음 5장을 집한 다수의 초기 독자들은 이 여인을 사실상 부정한 여자로 여겼고, 그들 중 다수는 이 여인을 레위기 15장의 "자바"와 동일시했을 것이다. 예수 추종자 가운데 그가 의식적 정결함에 대해 어떻게 생각했는지를 알고자 했던 사람에게는 이 이야기가 상당히 중요한 의미가 있었을 것이다. 마가는 이 여인을 다음과 같이 묘사한다.

---

48   Tosefta, *Shabbat* 1.14.

49   다음을 보라. Kazen, *Issues of Impurity*, 111.

열두 해를 혈루증[en rhysei haimatos]으로 앓아 온 한 여자가 있어 많은 의사에게 많은 괴로움을 받았고 가진 것도 다 허비하였으되 아무 효험이 없고 도리어 더 중하여졌던 차에 예수의 소문을 듣고 무리 가운데 끼어 뒤로 와서 그의 옷에 손을 대니 이는 "내가 그의 옷에만 손을 대어도 구원을 받으리라" 생각함일러라. 이에 그의 혈루 근원[hē pēgē tou haimatos autēs]이 곧 마르매 병이 나은 줄을 몸에 깨달으니라. 예수께서 그 능력이 자기에게서 나간 줄을 곧 스스로 아시고 무리 가운데서 돌이켜 말씀하시되 "누가 내 옷에 손을 대었느냐?" 하시니 제자들이 여짜오되 "무리가 에워싸 미는 것을 보시며 '누가 내게 손을 대었느냐' 물으시나이까?" 하되 예수께서 이 일 행한 여자를 보려고 둘러 보시니 여자가 자기에게 이루어진 일을 알고 두려워하여 떨며 와서 그 앞에 엎드려 모든 사실을 여쭈니 예수께서 이르시되 "딸아! 네 믿음이 너를 구원하였으니 평안히 가라. 네 병에서 놓여 건강할지어다"(막 5:25-34).

일부 학자들은 이 이야기를 이해하는 데 있어 정결 의식에 대한 유대인들의 관심이 얼마나 중요한지를 지속적으로 무시해왔다. 예를 들어 샬롯 엘리쉬바 폰로버트(Charlotte Elisheva Fonrobert)는 마가가 이 여인의 민족성을 드러내지 않는다고 말하면서 현대 학자들이 이 여인을 유대인으로 보는 시각은 잘못되었을지도 모른다고 주장한다.[50] 만약 그녀의 견해가

---

50   Fonrobert, *Menstrual Purity*, 192.

옳다면, **유대** 정결 의식 체계가 논쟁의 대상은 아니었을 것이다(물론 비유대 그리스-로마 세계에서는 생식기 분비물 유출을 부정하게 여겼지만 말이다). 그러나 마가는 그의 이야기에서 등장인물의 민족성을 좀처럼 드러내지 않는다. 예수는 주로 갈릴리 지방 안에서 살았기 때문에 마가가 달리 명시하지 않는 한 마가의 이야기에 등장하는 인물은 모두 유대인이라고 가정하는 것이 가장 안전하다. 예수가 마가복음 7장에서 이방인, 곧 수로보니게 여인을 만났을 때 사실 마가는 그 여인의 민족성에 주목한다. 예수가 그 여인에게 한 말은 바로 이 사실을 강조한다. 특별한 상황을 제외하면 예수의 사역은 주로 유대인에게 집중되었다(막 7:27). 마가는 이 말씀을 통해 예수가 앞에서 만났던 사람들이 모두 유대인이라는 점을 분명히 한다.

아울러 폰로버트는 마가가 정결 의식 문제에는 관심이 없으며 단지 치유에만 관심을 두고 있다고 주장한다. 그녀는 이렇게 단언한다. "이 이야기의 모호함은 레위기에 기록된 제사장 규례에 따른 이 여인의 부정한 상태가 그들에게는 전혀 관심의 대상이 아니었을 가능성을 제기한다. 왜냐하면 그들은 주로 기적적인 치유에 관심을 두고 있었기 때문이다."[51] 다시 말해 마가가 "정화하다"(to purify) 동사 대신 "치유하다"(to heal) 동사를 사용하고 있기 때문에 이 사건에서는 정화와 관련된 부분은 전혀 신

---

51 Fonrobert, *Menstrual Purity*, 192. 참조. Gundry, *Mark*, 288; Lührmann, *Das Markusevangelium*, 104; Loader, *Jesus' Attitude towards the Law*, 60; D'Angelo, "Gender and Power," 91; Kazen, *Issues of Impurity*, 107.

경 쓸 필요가 없다는 것이다. 하지만 간단히 말해 이 주장은 개연성이 전혀 없다. 이 주장은 히스기야 왕이 예루살렘 성전에서 유월절을 기념하는 행사를 대대적으로 열었을 때 일부 참가자들이 부정한 상태에 있었음에도 유월절 식사를 한 사실이 밝혀지는 역대하 30장의 이야기를 설명해주지 못한다. 히스기야 왕은 그들을 위해 하나님께 기도를 올렸고, 하나님은 그 백성의 부정함을 치유해주셨다(*iasato*, 30:20). 또한 레프라 환자에 관한 제사장 규례도 의식적 정결함의 문제를 다룰 때 치유를 언급하기도 한다(레 14:3, 48; 민 12:13). 또한 그녀가 분비물을 **비정상적으로** 유출하고 있었기 때문에 마가는 당연히 그녀가 치유를 필요로 하는 질병을 앓고 있다고 말할 수 있었다.

혈루증 여인에 관한 마태복음의 병행 본문(9:20-22)을 논하는 과정에서 에이미 질 레빈(Amy-Jill Levine)은 우리가 이 이야기 안에서 의식적 부정함의 의미를 최소화할 수 있는 또 다른 대안을 제시한다. 복음서 저자들은 비록 이 여인이 혈루증을 앓고 있다는 점을 언급하긴 하지만, 그녀가 생식기 분비물 유출로 고생하고 있다는 점을 명시적으로 밝히지는 않는다. 레빈은 그리스-로마의 의학 문헌에도 등장하는 이와 유사한 용어를 근거로 그녀의 몸에서 흐르던 피가 사실은 신체의 다른 부위에서 나왔을 가능성도 있다고 주장한다.[52]

하지만 지성을 겸비한 독자라면 이 이야기를 단순히 치유 이야기

---

52 A.-J. Levine, "Discharging Responsibility," 384. 누가복음에 관해서는 다음을 보라. Weissenrieder, "Plague of Uncleanness?," 207-22.

로 해석하지는 않을 것이다. 이러한 독자는 오히려 이 이야기를 유대 정결 체계와 관련된 특별한 이야기로 읽었을 것이다. 마가의 도입부 "그리고 혈루증을 앓고 있는 여인"(*kai gynē ousa en rhysei haimatos*)이라는 표현도 레위기 15:25의 그리스 법률 용어를 연상시키는데, 레위기의 이 구절 역시 사실 마가의 도입부와 비슷하게 시작한다. "그리고 만약 그녀가 혈루증을 앓고 있다면 그 여인은⋯"(*Kai gynē, ean rheē rhysei haimatos*). 마가복음 5:29의 "그녀의 혈루증"(*hē pēgē tou haimatos autēs*)에 대한 언급도 70인역에서 어떤 여인의 혈루증(*apo tēs pēgēs tou haimatos autēs*)을 단 한 번 언급하는 레위기 12:7의 출산 부정함을 암시한다고도 볼 수 있다. 더 나아가 토머스 카젠(Thomas Kazen)은 마가가 손을 댄다는 표현(그리스어: *haptō*. 참조. 막 5:27, 28, 30, 31)을 특히 강조한다고 지적하는데, 레위기 15장의 규례 역시 이 부분을 강조한다.[53]

마지막으로 마가의 첫 독자들과 마태와 누가는 이 이야기를 레위기 15장과 연결하여 읽었다. 예를 들어 마태는 "피를 흘리는"(bleeding, *haimorrhoousa*, 9:20)이라는 분사를 사용하는데, 이는 레위기 15:33의 70인역 표현을 연상시킨다. 또한 누가는 마가의 "*hē pēgē tou haimatos autēs*"(그녀의 혈루증)을 "*hē rhysis tou haimatos autēs*"(그녀의 혈루증; 눅 8:44)로 수정하기 위해 70인역 역자가 레위기 15장에서 생식기 분비물 유출을 가리키는 데 10번이나 사용한 단어 "뤼시스"(*rhysis*, 참조. 레 20:18과 신

---

53   Kazen, *Issues of Impurity*, 106.

23:11의 유사한 용법)를 사용한다. 따라서 마태복음과 누가복음은 초기 독자들이 자연스럽게 이 여인을 "자바"와 동일시했을 가능성을 제기한다. 더 나아가 마가는 혈루증 여인 이야기를 시체에 관한 이야기 안에, 그리고 다양한 형태의 부정함에 오염된 귀신 들린 사람 이야기 다음에 배치한다(이에 관해서는 6장에서 다룰 것이다). 만약 여기서 마가가 부정함을 염두에 두지 않았다면 이처럼 부정함에 관한 이야기들이 한곳에 모인 것은 단순히 우연의 일치라고밖에 설명할 수 없을 것이다.

마가복음 5장과 레위기 12장 및 15장 사이의 이러한 표현의 일치는 마가가 이 이야기에서 정결함의 문제에 관심이 없었다는 학자들의 주장이 설득력이 없음을 보여준다. 때때로 나는 이 이야기가 부정함에 관한 것이라면 예수와 초기 추종자들이 유대 정결 의식 체계(특히 여성과 관련하여)를 전부 거부했음을 보여주는 증거라고 주장하는 학계의 강한 믿음이 그러한 다양한 주장의 배후에 도사리고 있다고 생각한다.[54] 그러나 마가와 그의 청중은 이 여인이 이 질병 때문에 부정한 상태에 놓이게 되었음을 잘 알고 있었을 것이다.[55] 과연 이 사실을 인정하는 것 자체가 예수나 마가가 정결 의식 체계를 전면 거부했다는 것을 요구하는가? 아니다.

마가는 이 여인에 관한 것을 독자들에게 거의 언급하지 않는다. 우

---

54 예를 들면 우리는 다음의 글에서 이러한 관심사가 명시적으로 나타나 있는 것을 볼 수 있다. D'Angelo, "Gender and Power," 91.

55 따라서 다음도 보라. C. A. Evans, "Who Touched Me?,'" 368; Holmén, "Jesus' Inverse

리는 병명이 혈루증이라는 것 외에는 그녀의 이름이나 신분에 대해 전혀 알지 못한다. 수전 헤이버(Susan Haber)는 다음과 같이 말한다. "이 익명의 여인은 단지 그녀의 육체적 고통의 시각에서만 묘사된다. 즉 그녀의 고통은 그녀가 혈루증을 앓고 있다는 사실과 내러티브 안에서 그녀에게 부여된 문학적인 역할을 내재적 독자들에게 일러준다. 그녀는 '부정한 여인'이 아니라 '혈루증 여인'이다." 그러나 헤이버는 이 이야기에서 얼마나 부정함이 중요한지를 강조한다. "그녀의 혈루증은 마가의 청중이나 그녀가 속한 사회가 결코 무시할 수 없는 부정함을 수반한다. 그녀의 질병은 명시되어 있는 반면, 그녀의 부정함은 단지 암시되어 있을 뿐이다."[56] 랍비들의 표현을 빌리자면 그녀는 오랜 세월 동안 비정상적인 의식적 부정함을 수반한 만성 질환을 앓고 있는 "자바"다. 레위기 15:25(LXX)에 따르면 "만약 어떤 여인이 생리 기간이 아니면서도 여러 날 동안 하혈을 하거나[ean rheē rhysei haimatos] 생리가 끝난 후에도 하혈을 한다면 마치 생리하는 날처럼 하혈하는 날이 모두 부정할 것이다." 이러한 비정상적인 하혈이 계속되는 한, 이 여인은 생리하는 여자와 똑

Strategy," 19-20; Wassen, "Jesus and the Hemorrhaging Woman," 643. 이와 반대되는 견해는 Kazen의 견해다. 그는 다음과 같이 주장한다. "[마가는] 그들이 정결 의식 문제를 고려하기를 원하면 그 문제를 거론한다. 그렇게 하는 이유는 대체로 신학적·기독론적 강조점을 드러내기 위한 분명한 목적 때문이다. 우리는 심지어 그가 과연 진정으로 그의 청중이 이러한 문제들을 고려하기를 원했는지, 아니면 오히려 그의 전승의 세부적인 내용이 그로 하여금 상대적으로 폭넓은 지식을 갖고 있지 못한 청중을 위해 필요한 설명을 제공하도록 강요했는지를 물을 수 있다"(Issues of Impurity, 108).

56   Haber, "A Woman's Touch," 173.

같이 부정하다. 그러나 생리하는 여성의 부정함은 정해진 7일 동안만 지속된다는 점에서 중요한 차이가 있다. 이에 비해 "자바"의 부정함은 하혈을 하는 동안 지속되며, 의식적 정결함을 회복할 때까지 7일이 더 필요하다. 많은 의사들의 최선에도 불구하고 이 여인은 오랜 세월 동안 이렇게 부정한 상태로 남아 있을 수밖에 없었다.

부정함에 관한 율법을 거부한 예수

수많은 기독교 학자들은 이 이야기가 유대 정결 의식 체계에 대한 예수의 이완된 태도를 보여줄 뿐만 아니라, 심지어 이를 경멸하는 모습까지 보여준다고 주장해왔다. 이 학자들은 대체로 이러한 결론을 뒷받침하는 증거로 세 가지 요소를 본문 안에서 발견한다. (1) 이 여인은 부정한 상태에도 불구하고 은둔 생활이나 격리된 생활의 필요성을 완전히 무시했다. (2) 이 여인은 타인에게 부정함이 전파될 수 있다는 점을 심각하게 받아들이지 않았다. 어쨌든 그녀는 많은 사람과 접촉할 수밖에 없는 군중 속으로 들어가 예수의 옷자락을 만졌다. (3) 부정한 여인이 자신의 몸을 만진 것에 대해 무관심한 예수의 모습에서 볼 수 있듯이 예수는 의식적 정결함을 무시했다. 하지만 이러한 해석은 근본적으로 유대 정결 의식 체계와 마가의 이야기의 요점을 모두 오해하는 것이다.

첫째, 많은 학자들은 이 여인이 격리되어 있어야 했다고 주장한다.[57] 마가가 예수를 에워싼 군중 사이로 다니는 그녀의 모습을 서술했다는 것은 그녀가 자신의 부정함이 타인에게 전파할 수 있다는 점을 무시했고, 결과적으로 마가도 이 점에 대해 무관심했다는 것을 보여준다. 위에서 언급했듯이 「성전 두루마리」는 여성의 격리에 관해 이야기하고,[58] 요세푸스도 모세가 생리 중인 여자가 예루살렘 성으로 들어가는 것을 금했다고 주장한다.[59]

이 문서들은 특정한 종류의 부정함에 노출된 자들은 어떤 특정한 상황(광야의 진영, 예루살렘 또는 모든 도시)으로부터 격리되어야 한다고 규정하지만, 이러한 규정은 코헨의 주장과 같이 아마도 전(全) 유대 공동체의 관점에서 볼 때 매우 이상적이었을 것이다. 어쩌면 몇몇 사람이나 일부 공동체만 이러한 격리 조치를 실제로 행했겠지만, 모든 유대인들이 이러한 해석을 어떻게 생각했는지 우리는 알 수 없다. 레위기 15장은 이러한 규례를 포함하고 있지 않으므로 유대인들 가운데 상당수가 민수기 5:2-3의 확대 해석을 따르지 않았다. 다시 말하면 일부 유대인들은 이 여인이 사회로부터 자신을 격리해야 한다고 생각했을 수도 있지만, 다른 유대인들은 이 여인이 격리될 필요가 없다고도 생각했을 것이다. 또 다른 이들은 이 여인이 어느 마을에 들어가거나 또는 구체적으로 예루살

---

57 예컨대 Marcus, *Mark 1-8*, 357.

58 *Temple Scroll* (11Q19) XLVIII, 15-17.

59 Josephus, *Jewish Antiquities* 3.261.

렘 성에 들어갈 경우에만 격리 조치가 적용된다고 생각했을 것이다. 다양한 율법적 입장과 관습이 존재했을 것이며, 사람마다 각각 주장을 뒷받침하기 위해 성경 본문을 제시했을 것이다. 아마도 일부 유대인들은 이 여인이 분비물 유출에 관한 율법을 무시하는 잘못을 저질렀다고 생각할 수도 있지만, 우리에게는 모든 유대인이 같은 결론을 내렸다는 증거가 없다. 따라서 이 여인이 군중들 사이에 있다는 사실은 그녀가 율법을 얼마나 잘 준수했는지에 대해서는 아무런 정보를 제공해주지 않는다. 게다가 그녀가 대중 앞에 있다는 사실은 생식기 분비물 유출 관련 규례에 관한 마가의 견해에 대해서도 아무런 정보를 제공해주지 않는다. 그렇다면 우리는 그녀의 이러한 독특한 행동이 마가복음의 예수와 또 생식기 분비물로 인한 부정함에 관해 예수가 어떤 생각을 갖고 있었는지에 대해 말해준다고 어떻게 확신할 수 있을까?

그러나 이 여인은 의식적으로 부정한 상태에서 공공장소를 거닐 뿐만 아니라 부정한 상태에도 불구하고 의도적으로 예수의 옷자락을 만진다. 윌리엄 로더(William Loader)는 이 여인이 그로 인해 "율법을 범하는 죄"를 지었다고 결론짓고, 페터 트룸머(Peter Trummer)는 이제 이 여인과 예수가 모두 부정하며 유죄(독일어: *schuldig*)라고 주장한다.[60] 로더는 이 여인의 행동에 대한 자신의 이해를 토대로 마가와 그의 공동체에 대한 폭넓은 결론을 도출한다.

---

60 Loader, *Jesus' Attitude towards the Law*, 61; Trummer, *Die blutende Frau*, 85. 참조. Sariola, *Markus und das Gesetz*, 70.

아마도 마가의 관점에서는 생리하는 여자가 더 이상 부정하다고 여겨지지 않았고, 이 문제는 오직 치유에 관한 것일 뿐, 그 여인에게서 더 이상 유효하지 않은 장애물을 제거하는 문제가 아니었을 것이다. 마가는 유대 정결 의식에 대한 관심이 여러 측면에서 이 이야기와 연관되어 있을 가능성을 인식했을 수도 있지만, 그가 침묵했다는 사실은 이러한 요구들이 더 이상 그에게 중요하지 않았다고 보는 것이 가장 좋은 해석일 것이다. 이론적으로 볼 때 이것은 그가 이런 요구들을 받아들이고 이에 대해 전혀 언급하지 않기로 했음을 의미할 수도 있지만, 오히려 그가 이 요구들의 적용 가능성을 더 이상 받아들이지 않았다는 의미일 가능성이 훨씬 더 높다. 결국 마가의 침묵은 (그의 생각에) 예수도 이와 같은 조항에 관심을 두지 않았음을 암시한다.[61]

아쉽게도 이 논평은 이미 널리 알려진 의식적 정결함에 대한 오해를 밝히 드러낸다. 의식적 부정함에 오염된다는 것은 유대인의 사고에서 죄를 범하는 것을 의미하지 않는다. 이 여인 역시 의식적으로 부정하다고 해서 죄를 지은 것이 아니며, 의식적으로 정결한 사람을 만진다고 해서 죄를 지은 것도 아니다. "자바"와의 접촉을 통해 좀 더 낮은 수준의 부정함에 오염된 자 또한 죄가 없다. 의식적 부정함은 잘못된 장소, 즉 신성한 장소에 그 부정함을 전파하지 않는 한, 죄와는 아무런 상관이 없다.

---

61 Loader, *Jesus' Attitude towards the Law*, 62.

일부 학자들이 강조하듯이 의식적 부정함과 도덕적 부정함(죄)은 때때로 중첩되기도 하지만, 사실 이 둘은 서로 다른 범주에 속한다. 의식적으로 부정한 여자에게는 죄가 없다. 그러나 이 여자가 예루살렘 성전의 여인의 뜰 안으로 들어간다면 성스러운 공간을 부당하게 침범했으므로 도덕적 부정함, 곧 죄를 범하게 된다.[62] 레위기 15:31은 다음과 같이 말한다. "너희는 이와 같이 이스라엘 자손이 그들의 부정에서 떠나게 하여 그들 가운데에 있는 내 성막을 그들이 더럽히고 그들이 부정한 중에서 죽지 않도록 할지니라." 의식적으로 부정한 사람이 다른 사람과의 접촉을 통해 좀 덜한 수준의 부정함을 그에게 전파한다 할지라도 그가 죄를 짓는 것은 아니다.

더군다나 마가의 이야기는 먼저 예수를 만진 사람도 그 여인 자신이었고, 심지어 이마저도 예수의 옷자락을 만졌다는 점만 아주 조심스럽게 강조한다. 이 이야기가 무엇에 관한 것이든지 간에 한 가지 분명한 것은 이 이야기의 초점이 유대 정결 의식 체계에 대한 **예수의** 신념에 맞추어져 있지 않다는 점이다. 이 여인이 예수의 옷자락을 만진 행위는 예수의 몸에서 전혀 통제되거나 않고 의도되지 않은 능력이 뿜어져 나오게 만들었다. 따라서 이 이야기는 마가가 이해한 예수의 동기나 생식기 분비물 유출에 관한 할라카의 입장에 관해 전혀 아무것도 말해주지 않는다.

---

62   참조. Josephus, *Jewish War* 5.199, 227.

이 마지막 포인트는 사람들이 왜 예수가 의식적 부정함에 대해 무관심했는지를 보여주는 이 이야기의 결말 부분으로 우리를 이끈다. 다시 말해 예수는 자기 몸에 손을 댐으로써 자기에게 부정함을 전파한다는 이유로 이 부정한 여인을 비난하지 않는다. 예를 들어 아델라 야브로 콜린스(Adela Yarbro Collins)는 다음과 같이 주장한다. "이 이야기는 생식기 분비물 유출로 인해 의식적으로 부정해지는 문제에 대해 상대적으로 무관심한 예수의 모습을 그린다." 또한 로더는 "그렇다면 결론은 불 보듯 뻔하다. 마가복음의 예수는 더 이상 본문에서 제기하는 정결함과 부정함의 경계가 여전히 유효하다는 전제하에 행동하지 않는다"라고 주장한다.[63] 이 진술들은 여러 가지 문제를 야기한다. 첫째, 우리는 의식적으로 부정한 이 여인이 과연 자기 손으로 다른 사람을 만짐으로써 그 사람에게 부정함을 전파했는지 알지 못한다. 레위기 15:11에 따르면 "자브"는 손을 씻지 않을 경우 손을 통해 타인에게 부정함을 전파한다. 밀그롬이 한 말처럼 "일단 손을 깨끗이 씻으면 [자브의] 부정함이 접촉을 통해 전파될 가능성은 일시적으로 사라진다. 이는 소변을 볼 때 성기를 만짐으로써 [자브의] 손이 더러워지긴 하지만, 손을 씻으면 그 부정함이 일시적으로 제거된다는 사실에 근거한다."[64] "자브"가 손을 씻음으로써 손을 통해 타인에게 부정함이 전파되는 것을 막을 수 있다면 아마도 이는 "자바"에게도 똑같이 적용되었을 것이다. 또한 우리는 마가복음 5장의

---

63 A. Collins, *Mark*, 284, and Loader, *Jesus' Attitude towards the Law*, 62.
64 Milgrom, *Leviticus 1-16*, 920.

혈루증 여인이 손을 씻었는지 알지 못한다. 모르긴 해도 마가와 그의 독
자들은 "자바"가 공공장소에 가기 전에 손을 씻었을 것으로 추측했을 것
이다.[65]

그러나 설령 이 여인이 손을 씻지 않고 다른 사람에게 부정함을 전
파했다 하더라도 이런 경로를 통해 부정함이 전파되는 것은 전혀 죄가
되지 않는다. 분명 예수 시대에는 많은 사람들이 부정한 상태에서 정결
한 사람과 규칙적으로 접촉했을 것이다. 설령 그러한 만남이 다른 사람
에게 부정함을 전파하는 결과를 가져왔다 하더라도 그것은 죄로 여겨지
거나 유대 정결 의식을 포기한 것으로 여겨지지 않았다. 만약 이러한 해
석이 잘못된 전제에 기초한 것이라면 우리는 과연 이 이야기를 어떻게
이해해야 할까? 만약 마가에게 예수가 정결 의식 체계를 포기하거나 거
부한 것으로 묘사하려는 의도가 없었다면 그는 과연 이 이야기를 통해
어떤 메시지를 전달하고자 했을까?

---

65   따라서 Wassen은 다음과 같이 결론 내린다. "마가는 부정함이라는 주제를 정당한 이유로
      무시했다. 그가 이 이야기를 전개해나갈 때 혈루증 여인은 그 어떤 부정함도 분출하지 않
      는다"("Jesus and the Hemorrhaging Woman," 660). 더 나아가 그녀는 부정한 사람을 만
      지는 것과 부정한 사람이 만지는 것 사이에는 중요한 차이가 있다고 주장한다(654). 그
      녀는 오직 전자의 경우에만 부정함을 전파한다고 주장한다.

통제되지 않는 능력을 분출하는 예수

마가의 혈루증 여인 이야기는 그녀가 12년 동안이나 이 질병에 시달렸다는 사실을 강조한다. 이 여인은 그로부터 10년이 넘도록 의식적 부정함으로 고통을 받았는데, 그녀의 이러한 처지는 그녀의 일상생활을 완전히 마비시키지는 않았다 하더라도 그녀가 예루살렘 성전에 올라가 예배를 드리거나 또는 심지어 예루살렘 성 근처에 가는 것조차도 허용하지 않았다. 그녀는 부정한 상태에 있었기 때문에 성전 경내 밖에 있는 여인의 뜰에도 들어갈 수 없었다. 대다수의 유대인들은 이렇게 성전 출입을 제한하는 조치를 부정적인 시선으로 바라 보았을 것이다. 열두 해 동안이나 성전에 가지 못했을뿐더러 다시는 그곳에 갈 수조차 없다는 사실이 그 여인에게는 얼마나 큰 아픔이었겠는가! 마치 시편 저자가 다음과 같이 외치듯이 말이다.

> 주의 궁정에서의 한 날이
>> 다른 곳에서의 천 날보다 나은즉,
> 악인의 장막에 사는 것보다
>> 내 하나님의 성전 문지기로 있는 것이 좋사오니(시 84:10[히브리어 원문은 11절])

만약 이 여인이 예루살렘 성전에 대해 헌신적인 신앙을 갖고 있었다면 그녀는 성전에서 거행되는 제사와 예배, 그리고 매년 열리는 축제에 참여하고픈 마음으로 얼마나 성전을 그리워했을까? 오랜 세월 레프라로 고생하는 환자들이나 생식기 분비물 유출로 고생하는 남자들도 똑같은 소원을 갖고 있었을 것이다. 하지만 이러한 소원을 근거로 이 여인이나 레프라 환자나 "자브"가 모두 정결 의식 체계가 폐지되기를 원했을 것이라고 결론 짓는 것은 옳지 않다. "자브"와 "자바"에 관한 규정이 그들의 성전 출입을 제한할 뿐 아니라 그들이 어느 정결 의식 사상에 속하는지에 따라 그들의 행동과 움직임을 다르게 제한하기도 했겠지만, 사실 관련 율법은 하나님의 임재를 보호하고 부정한 상태에 있는 자들을 긍휼히 여기는 마음에서 제정된 것이다. 레위기 15:31은 "자브"와 "자바"에 관한 규례의 결론 부분에서 다음과 같이 말한다. "너희는 이와 같이 이스라엘 자손이 그들의 부정에서 떠나게 하여 그들 가운데에 있는 내 성막을 그들이 더럽히고 그들이 부정한 중에서 죽지 않도록 할지니라."

이 여인은 정결 의식 체계가 폐지되는 것을 추구하지 않았다. 그녀는 오히려 만성적 부정함을 감내할 수밖에 없는 삶으로 자신을 몰아넣은 질병이 완전히 사라지는 것을 추구했다. 만약 의식적 부정함을 경험하는 자들이 성전 출입을 제한하는 제사장 문헌의 동기에 동의했다면 그들은 정결 의식 체계에 대해 거부감을 나타내지 않았을 것이다. 아무튼 정결 의식 체계에는 부정한 사람들이 신성한 장소를 오염시킨 결과로 죽임을 당하지 않도록 하기 위한 하나님의 선한 뜻이 담겨 있다. 따라서 마커스 보그처럼 정결과 성결 체계(레위기의 정결 체계)를 긍휼 체계(예수에 관한 복음서의 묘사)와 대조하는 것은 잘못된 것일뿐더러 유용하지도 않다. "예수는 성결의 정치에 저항했을 뿐만 아니라 이스라엘의 대안적 핵심 가치인 긍휼의 정치를 옹호했다."[66] 이스라엘이 의식적 부정함에 항상 노출되어 있으면서도 절대적으로 거룩하신 하나님과 이토록 가까운 거리에서 살 수 있었던 것은 오로지 철저한 지침과 그들의 율법 준수 때문이었다. 의식적 부정함과 신성한 공간을 적절하게 구별한다는 것은 사실 긍휼의 문제였다.

이 여인은 성전 경내에 들어갈 수 없었을 뿐만 아니라 자식도 낳을 수 없었다. 세실리아 와센(Cecilia Wassen)은 여인의 질병이 가져다주는 결과를 다음과 같이 적절하게 강조한다. "그녀의 질병은 단순히 하혈만이 문제가 아니었다. 하혈은 종종 불임을 수반하기 때문에 문제의 질병을 치료하는 데는 그녀의 임신 능력을 회복하는 것도 포함되었을 것이다. 설령 그녀가 의학적으로 불임은 아니라 하더라도 그녀가 영구적으로 부정하다는 사실 자체가 성관계뿐만 아니라 임신조차 불가능하게 만

66　Borg, *Conflict, Holiness, and Politics*, 15. 이 책의 재판(再版)에서 Borg는 그가 시도한 재
　　　구성은 반(反)유대적이 아니라 단순히 반(反)엘리트적임을 밝히려고 한다. "성결/정결을
　　　강조한 것은 유대적(Jewish) 성향이었지, 유대교(Judaism)는 아니었다. 오히려 이것은 엘
　　　리트 집단과 그 지지자들이 옹호하는 유대교의 한 형태였다. 그들은 당대 유대교 또는 유
　　　대인들을 대표하기보다는 그 당시의 대다수 유대인들을 억압한 자들로 비추어졌을 것이
　　　다"(15). 비록 우리는 비(非)엘리트 유대인들이 정결 의식 체계를 어떻게 생각하고 있었
　　　는지 확실히 알 수 없지만, 유대와 갈릴리 전반에 의식적 목욕이 널리 퍼져 있었다는 점은
　　　예수 시대의 많은 유대인들이 Borg의 말에 동의하지 않았을 것을 암시한다. 다음을 보라.
　　　Miller, *At the Intersection of Texts*.

들었을 것이다."[67] 이 여인의 의식적 부정함은 (종교 및 사회적 영역에서 관계적·가정적·성적 영역에 이르기까지) 그녀의 삶의 다양한 영역에 지대한 영향을 미쳤다. 피터 볼트(Peter Bolt)가 지적하듯이 "그녀의 불임은 대(代)를 잇지 못하는 가문의 죽음을 의미한다는 점에서 죽음과 쉽게 연결되며, 생명을 잉태하지 못한다는 의미에서 임신 불가능한 자궁은 당연히 죽은 것이나 다름없다."[68] 볼트는 여기서 에우리피데스의 「안드로마케」(Andromache)를 언급하는데, 거기서 헤르미오네는 자신에게 저주를 퍼부었다고 믿고 있는 안드로마케에게 다음과 같이 말한다. "나의 자궁은 당신 때문에 결실을 보지 못하고 죽어가고 있어요."[69] 그러나 이 여인은 그녀의 질병 때문에 불임을 넘어 죽음을 목전에 두고 있는 존재로 여겨졌을 것이다. 예를 들어 히포크라테스가 쓴 의학서는 다음과 같이 기술한다. "죽음과 불확실한 관계에 있는 질병은 다음과 같다: 폐렴, 열병, 흉막염, 뇌염, 편도염, 구개수염, 비장염, 신장염, 간염, 이질, 여성의 출혈 [gynaiki rhoos haimatōdēs]."[70] 우리는 불임과 죽음의 이러한 관계를 유대 문헌에서도 찾아볼 수 있다.

레위의 아들 랍비 여호수아는 다음과 같이 말했다. "무자한 사람은 죽은 사람으로 간주한다. 이는 기록된 바와 같이 '나에게 아들을 주십시오. 아니면

---

67 Wassen, "Jesus and the Hemorrhaging Woman," 644.
68 Bolt, *Jesus' Defeat of Death*, 171.
69 Euripides, *Andromache* 157.
70 *Diseases* 1.144.

나는 죽은 사람입니다.'" 또 다음과 같이 가르쳤다. 다음 네 사람, 곧 가난한 사람, [레프라 환자], 눈먼 사람, 무자한 사람은 죽은 것으로 간주한다. 가난한 사람은 기록된 바와 같이 "[너의 생명을 찾던] 모든 사람이 죽었기" 때문이다. [레프로스 환자는] 기록된 바와 같이 "[아론은 미리암을 바라보았다. 보라! 그녀가 (레프라)에 걸렸도다. 그리고 아론이 모세에게 말하기를]…그녀가 죽은 사람처럼 되지 않게 해주십시오." 눈먼 사람은 기록된 바와 같이 "그가 나를 어두운 곳으로 두셨습니다. 늙어서 죽은 것과 같이 말입니다." 그리고 무자한 사람은 기록된 바와 같이 "나에게 아들을 주십시오. 아니면 나는 죽은 사람입니다."[71]

열두 해 동안 죽은 자궁을 가지고 있던 이 여인은 이제 더 이상 죽은 사람이 아니다. 이제 그녀는 아이를 낳을 수 있다. (따라서 우리는 다음 장에서도 열두 살 난 아이를 다시 아버지의 품으로 되돌려준 이야기를 살펴볼 것이다.)

따라서 "자바"에 관한 규례는 혈루증 여인과 예수의 이야기를 이해하는 데 필요한 배경을 제공한다. 조엘 마커스(Joel Marcus)가 주장했듯이 이 여인은 "자신이 치유를 받으려면 반드시 치유자와 신체적 접촉을 해야 한다고 믿었다. 하지만 그녀는 부정할 뿐 아니라 그녀가 만지는 것도 모두 부정해졌다. 따라서 그녀가 치유자와 신체적으로 접촉하는 것은 치유자의 기적을 일으키는 능력을 무효화시키고 모든 노력을 수포로

---

71   Babylonian Talmud, *Nedarim* 64b; 참조. *Exodus Rabbah* 1.34.

돌아가게 만들 위험이 있었다."[72] 어쩌면 이러한 딜레마가 이 여인의 두려움을 증폭시켰을지도 모른다. 예수의 몸에 손을 대는 것이 치유로 이어질지, 아니면 오히려 예수를 부정하게 만들지 전혀 알 수 없었다. 만약 후자였다면 비밀리에 취한 그녀의 행동은 예수가 자신도 모르는 사이에 의식적으로 부정한 상태로 신성한 장소에 들어가도록 **만들었을 수도** 있었다. 그러나 이 여인은 자신의 두려움을 극복했다. 그녀는 예수의 능력이 십여 년 동안 자신을 괴롭혔던 그 끈질긴 질병보다 훨씬 더 강하다고 믿었다. 그리고 그녀의 확신은 마침내 보상을 받았다. 예수의 옷자락에 손을 갖다 댈 때 그녀의 병이 나았기 때문이다.

캔디다 모스(Candida Moss)는 이 이야기를 남녀의 신체를 바라보는 그리스-로마의 관점에서 읽는 데 필요한 도움을 준다. 그녀의 몸은 하혈 때문에 늘 젖어 있었다. 그러나 예수의 옷자락에 손을 대자 그녀의 몸은 곧바로 말랐다. 즉 하혈이 멈춘 것이다(막 5:29).[73] 격상된 형태의 의식적 부정함, 곧 비정상적인 하혈로 인해 고통받던 이 여인은 예수와의 간접적인 접촉을 통해 치유를 받는다. 그녀의 질병이 치유되었기 때문에 마가복음 1장의 레프라 환자처럼 정결 의식을 마친 후에는 다시 신성한 장소에 들어가거나 신성한 음식을 먹을 수 있었고, 성관계를 가질 뿐만 아니라 아이도 낳을 수 있게 되었다.

마가는 이 여인이 통제 불가능한 상태에서 피가 몸 밖으로 흘러나

---

72 Marcus, *Mark 1-8*, 366. 따라서 다음도 보라. Haber, "A Woman's Touch," 183.
73 Moss, "Man with the Flow of Power."

오는 것을 경험한 것 같이 예수의 몸에서도 통제 불가능한 능력이 빠져나가는 것을 경험하는 것을 상세히 묘사한다. 이 여인이 예수의 옷자락을 몰래 만진 행동은 예수의 몸에서 나온 능력이 그녀의 몸으로 들어가게 했다. 마가복음의 초기 독자 가운데 일부는 이 여인의 몸에 있던 의식적 부정함이 예수께로 흘러 들어가 예수를 더럽히리라 예상했을 수도 있지만, 마가는 분명히 예수의 능력이 그에게서 흘러나와 여인에게로 들어가는 것을 묘사한다. 따라서 마가는 부정함을 유발하는 어떤 힘이 이 사람의 몸에서 저 사람의 몸으로 이동하는 것을 묘사하기보다는 예수의 몸에서 여인의 몸으로 이동하여 그녀의 만성 질환을 치유하는 힘 또는 세력을 묘사한다.

이 이야기는 예수에 대해 무언가 예상치 못했던 것을 묘사한다. 아무튼 예수가 어떤 인물이든지 간에 그의 옷자락을 만지는 것만으로도 그의 몸에서 치유의 능력이 무의식중에 흘러나오는 일이 벌어진다. 단순히 예수의 옷자락을 만지는 것만으로도(물론 이 여인의 신념과 더불어) 그런 힘(*dynamis*)이 예수의 몸에서 흘러나왔다면 그것은 강한 전염력을 지닌 어떤 거룩함이 그의 몸 안에 들어 있음을 보여주는 것이다. 예수는 하나님의 거룩한 자(막 1:24)임은 물론, 부정한 세력에 대항하는 거룩한 세력이다. 호레이스 제프리 호지스(Horace Jeffery Hodges)와 존 푸아리에(John Poirier)가 지적하듯이 "예수의 거룩함의 역동성은 대제사장이 속죄일에 들어가는 지성소에서 감지되는 그 거룩함에 비견될 만하며, 제사장 자신의 거룩함보다 더욱더 강력하다."[74] 예수의 옷자락을 만지는 것은 성막 또는 성전 안에 있는 다양한 형태의 거룩함과 접촉하는 것과 같다. 제단 이나 성막의 기구 또는 특정 제물과 접촉하면 접촉한 그 물건은 성결해 진다(출 29:37; 30:29; 레 6:10-11, 27). 사실 마가가 예수에게 부여한 하나님 의 거룩한 자라는 칭호는 70인역의 레위기 21:23과 유사하다. 이 역본은 이 본문에서 성막을 "토 하기온 투 테우"(to hagion tou theou)로 번역했는 데, 이는 마가가 예수에게 부여한 칭호의 중성형이다(ho hagios tou theou). (이 칭호는 또한 왕하 4:9을 연상시킨다. 여기서 부유한 수넴 여인은 남편에게 엘리 사가 하나님의 거룩한 사람—anthrōpos tou theou hagios houtos—이라고 말한다.) 이 러한 성막/성전 기구와 제물은 다른 물건을 성물로 만들지만, 마가복음 은 예수의 거룩함이 의식적 부정함을 유발하는 질병을 제거해주는 것으 로 묘사한다. 하나님의 거룩한 자인 예수와 접촉하면 그에게서 거룩함이 흘러나오는데, 이 거룩함은 그와 접촉한 사람 안에 있는 부정함을 제압 한다. 성막과 그 안에 있는 기구들이 어떤 물건과 접촉했을 때 그 물건을 성결케 하려고 어떤 의지를 발동하지 않듯이 마가도 예수의 몸이 무의 식중에 저절로 믿음으로 자기를 만진 사람을 치유하는 것으로 묘사한다. 그러나 이와는 대조적으로 예수가 고향 나사렛에서 다른 사람들의 병을 치유하고자 했을 때는 그들의 부족한 믿음이 그의 능력을 제한했다(막 6:1-5).

---

74   Hodges and Poirier, "Jesus as the Holy One," 172. 참조. Holmén, "Jesus' Inverse Strategy."

이 이야기의 결말 부분에서 예수는 열두 해 동안 질병과 부정함으로 고생한 이 여인의 병을 치유한다. 이 사실을 근거로 많은 학자들은 마가가 정결 의식 체계가 이제 폐지되었음을 말하려 했다고 결론짓는다. 하지만 과연 이러한 판단은 타당한가? 재차 말하지만, 결코 아니다. 만약 마가가 예수 또는 마가 공동체가 이제 더 이상 의식적 정결함에 관심이 없고 이 정결 의식 체계를 전면 거부했음을 보여주고자 했다면, 예수는 그 여인이 당연히 자신을 만질 수 있고, 또 그녀의 질병이 그녀를 부정하게 만들지 못한다고 말했어야 한다. 또한 예수는 그 여인을 비롯해서 생식기 분비물 유출로 인해 부정해진 자로 분류된 모든 사람(즉 "자브," "자바," 산모, 생리 중인 여자, 성관계를 가진 사람)에게 부정한 상태에서도 성전에 올라가 예배에 참여하라고 격려했어야 했다. 더 나아가 그는 그들에게 정결함과 부정함의 범주가 이제 더 이상 유효하지 않거나 또는 아예 그런 적이 없었다고 선언했어야만 했다. 예수가 만약 그렇게 가르쳤다면 그가 정결 의식 체계를 전면 거부했다는 사실을 모든 이에게 아주 분명하게 보여주었을 것이다. 일부 현대 독자들은 오히려 이러한 해석을 선호할지 모르지만, 마가는 예수가 부정함을 유발하는 그녀의 질병을 무의식중에 치유해주는 모습을 보여준다. 다시 한번 말하지만 지금 마가의 머릿속에는 암묵적 본질주의가 작동하고 있다. 즉 예수의 몸은 어떤 의도나 노력 없이도 거룩함을 발산하고, 여인의 몸 안에서 발생하는 실질적인 세력이나 힘—그녀를 의식적으로 부정하게 만드는 질병—을 파괴하기 때문에 실존적으로 거룩하다는 것이다.

앞 장에서 살펴본 레프라 환자의 경우처럼 이러한 치유 및 정화 작업은 제사장 문헌에서 그 전례를 찾아볼 수 없다. 레위기는 어떤 사람이 (그가 제사장이든 평신도이든 간에) "자브" 또는 "자바"의 기저질환을 기적적으로 치유할 가능성을 상정하지 않는다. 그러나 설령 이러한 정화 작업이 전례가 없었다 하더라도 이는 마가가 정결 의식 체계를 폐지하고자 했음을 의미하지 않는다. 오히려 마가는 과거에는 볼 수 없었던 새롭고 강력한 거룩함의 근원이 정함과 부정함, 그리고 거룩함과 속됨의 범주가 지배하는 세계 안으로 들어왔다는 사실을 보여주려고 한다. 하나님의 거룩한 자인 예수는 심지어 가장 극심한 형태의 의식적 부정함으로 고생하는 자일지라도 그들의 몸에서 하혈이 멈추고, 질병이 떠나가고, 그들이 다시 정결함을 회복하는 것을 가능케 하는 거룩함의 압도적인 힘을 대변한다. 이제 이 여인은 레위기 15:28에서 말하는 하혈이 없는 정결한 상태로 돌아갔다.

레위기는 비록 이 여인의 하혈이 멈추긴 했지만, 7일 간의 의식적 부정함은 여전히 남아 있어서 씻고 기다리면 모두 제거된다고 말한다. 레프라 환자를 치유한 경우와 달리 예수는 여기서 이 여인에게 씻고 기다리라고 명시적으로 말하지 않는다. 어쩌면 마가는 독자들이 레위기 15장을 이미 알고 있기에 그 여인이 바로 그 지시를 따랐으리라는 결론에 도달했으리라 추측했을 것이다. 또 어쩌면 그는 자신이 마가복음 1:44에서 레프라 환자에게 가서 정결 의식을 위해 필요한 제물을 드리라고 명하는 예수를 묘사한 것처럼 여기에도 예수가 여인에게 같은 말을 했으리라는 암시가 들어 있으리라 생각했을 것이다. 어쨌든 예수는 유대인들의 정결 의식 체계를 폐지하려는 의도가 전혀 없었다. 그보다는 오히려 그의 몸이 의식적 부정함의 근원을 자연스럽게 근절시키고 있었던 것이다.

마태복음에 나타난 생식기 분비물 유출

마태는 마가의 이야기에 자료를 추가해서 레프라 환자에 관한 이야기를 쓴 반면, 생식기 분비물 유출과 관련해서는 오로지 이 여인의 이야기만을 다룬다. 하지만 이 혈루증 여인에 관한 마태의 이야기는 마가복음의 이야기에 사소할 수도 있지만 주목할 만한 몇 가지 부분을 수정한다. 첫째, 마태는 마가의 "혈류 속에"(*en rhysei haimatos*)라는 표현을 "피를 흘리는"(*haimorrhoousa*, 마 9:20)이라는 표현으로 바꾼다. 이러한 편집을 통해 마태는 레위기 15:33의 70인역 표현을 연상시키는데, 이는 이 동사가 그리스어로 된 유대 문헌 중에서는 마태복음 9:20에서와 여기서만 등장하기 때문이다.[75] 그는 또한 의사의 도움을 청하는 그녀의 노력을 생략함으로써 이 이야기의 내용을 축소한다. 게다가 그는 마가복음 5:27에서처럼 그녀가 단순히 예수의 옷을 만진 것이 아니라 그의 옷자

---

75 A.-J. Levine("Discharging Responsibility")이 지적하듯이 이 동사는 히포크라테스의 글에서도 등장한다.

락(*kraspedon*)을 만진 것으로 묘사한다. 여기서는 마태가 나중에 마가가 다른 치유 기사에서 언급한 예수의 옷자락에 의존하고 있다고도 볼 수 있다(막 6:56; 참조. 마 14:35-36; 23:5). 이 여인의 행동을 이렇게 묘사한다는 점에서 마태의 이야기는 후대의 랍비 문헌과 유사한 점이 있다. 이 랍비 문헌에는 아이들이 "원 그리는 자" 호니의 옷자락을 붙잡고 비가 오게 해달라고 간청하는 내용이 나온다.[76]

예수의 옷자락에 대한 이러한 언급은 유대인 남자들이 하나님의 명령을 기억하기 위해 옷에 술(그리스어: 크라스페다[*kraspeda*], 히브리어: 치치트 [*tzitzit*])을 달도록 명시한 율법을 준수하는 예수의 모습을 본의 아니게 드러낸다(민 15:37-39; 신 22:12). 사람이 마음과 눈의 욕망을 따르기보다는 하나님의 계명에 집중하게 한다는 의미에서 이 옷의 술이 사람을 거룩하게 한다는 민수기의 주장은 이러한 해석을 일단 지지해준다. 훗날 민수기에 대한 시프레에서 지적하듯이 "옷의 술에 관한 계명은 이스라엘의 거룩함에 도움을 준다."[77] 따라서 예수의 옷자락은 그의 거룩함의 표시이자 연장선이며, 그녀가 정결케 하는 예수의 거룩함이 지닌 능력에 접속하기에 매우 적절한 접촉점이다.

마지막으로 마태는 예수가 누가 자신의 몸을 만졌는지 모른다는 마가의 주장을 삭제하고 예수의 의도에 중요성을 부여한다. 이 여인은 예수가 돌아서서 그녀의 확신이 그녀를 치유 또는 구원했다고 말한 후

---

76   Babylonian Talmud, *Ta'anit* 23b.
77   *Sifre Numbers* 115.

에야 비로소 치유함을 받는다(마 9:22). 마가복음에서는 예수의 몸에서 비자발적인 능력이 분출되지만, 마태복음에서는 예수가 자발적으로 그 여인을 치유한다. 마태는 의식적 부정함과 관련된 질병을 제거하려는 예수의 열망을 다시 한번 보여주는 방식으로 예수의 의도와 사고를 강조한다.

누가복음에 나타난 생식기 분비물 유출

1장에서 이미 살펴본 바와 같이 누가는 예수의 출생 이후 마리아와 요셉이 예수를 데리고 레위기 12장의 규례에 따라 예루살렘으로 올라가 정결 의식을 치르는 모습을 묘사한다. 이 이야기를 제외하면 누가는 다른 생식기 분비물 유출 환자들과의 만남을 추가하지 않고, 마가의 예수와 혈루증 여인 이야기만 재서술한다.

누가는 마가를 따라 이 여인이 자신의 병을 고치지 못하는 의사들 때문에 전 재산을 허비했다고 말한다(눅 8:43). 그러나 또한 누가는 마태를 따라 이 여인이 단지 예수의 옷자락(치치트)만 만졌다는 점을 강조한다.[78] 누가는 그다음부터 마가의 이야기를 상당히 세밀하게 따라간다. 특히 그는 이 여인이 예수의 옷자락을 만지는 순간 즉시 치유되는 모습

---

78 일부 누가복음 사본(예. Codex Bezae와 Old Latin)은 예수의 옷자락에 관한 언급이 없다.

을 서술한다. "[그녀의] 혈루증이 즉시 그쳤더라"(8:44). 게다가 누가는 마가를 따라 예수가 누가 자기를 만졌는지 모른다고 말하는 내용을 기록한다. 그런 의미에서 누가는 이 사실을 인지한 예수를 보여주는 마태를 따르기보다는 무의식중에 분출된 예수의 능력이 부각되는 편을 선택했다고 볼 수 있다. 사실 누가는 주체하기 힘든 강력한 힘이 무의식중에 흘러나온 예수의 몸을 보여주는 마가의 이야기를 기초 삼아 자신의 이야기를 전개해나간다. 왜냐하면 그는 다른 본문에서도 예수의 몸에서 어떤 능력이 무의식중에 흘러나와 그를 만진 사람의 병을 전부 고쳐주는 모습을 보고 사람들이 몰려들어 그를 만지려는 모습을 서술하기 때문이다(눅 6:19). 따라서 누가도 마가와 마찬가지로 거룩한 능력이 예수의 몸에서 무의식중에 그에게 손을 댄 이들에게로 흘러 들어가는 모습을 보여준다는 의미에서 의식적으로 부정한 이 여인의 이야기를 활용하고 있다고도 볼 수 있다.

결론

마가는 예수를 따르는 자들에게 열두 해 동안 혈루증으로 고생했던 여인을 만난 예수의 이야기를 전해야겠다고 생각했다. 그가 죽은 열두 살 소녀의 이야기 안에 이 여인의 이야기를 배치했다는 점은 (내가 곧 다음 장에서 다루겠지만) 이 두 이야기가 매우 밀접하게 서로 연결되어 있다는 점을 강하게 시사한다. 수 세기에 걸쳐 제시된 학자들의 수많은 주장과 달리 이 이야기에서 보여주는 예수는 유대 정결 의식 체계를 포기하거나 거부하지 않는다. 사실 예수는 이 여인이 자기 몸에 손을 대기 전에나 손을 대는 동안에도 어떤 의도적인 행동도 하지 않는다. 이 여인의 망설임에는 예수를 만질 경우 자신의 병이 치유되어 의식적으로 정결한 상태에 한걸음 더 가까이 다가갈지, 아니면 예수를 오히려 부정하게 만들지 모른다는 그녀의 의구심이 반영되어 있다. 하지만 예수의 능력에 대한 그녀의 확신은 그 두려움을 극복하게 만들었고, 마침내 그녀는 은밀히 예수의 옷자락에 손을 댄다. 이에 대한 반응으로 예수의 몸은 무의식 중에 오랫동안 부정한 상태에 있던 그 여인을 다시 정결케 하는 능력을 분출한다. 자신에게 어떤 일이 일어났는지를 깨닫자마자 그의 입에서는 자신의 질병과 부정함의 세력에 대한 두려움을 극복하고 예수의 능력을 신뢰한 여인의 믿음을 칭찬하는 말이 터져나온다. "딸아! 네 믿음이 너를 구원하였으니 평안히[또는 온전한 상태로] 가라. 네 병에서 놓여 건강할지어다"(막 5:34). 여기서도 예수는 이 여인이 처해 있던 상황을 결코 간과하지 않는다. 그는 오히려 이를 인정한다. 오직 질병으로 인한 모든 고통을 실제로 감수해온 사람만이 예수의 치유 능력에 대한 참된 믿음이나 확신을 진정으로 보여줄 수 있다. 공관복음 저자들이 묘사하는 예수의 몸은 심지어 의사들조차도 해결하지 못했던 생식기 분비물 유출이라는 난치병에 자연스럽게 대항하고 또 이를 제압한다. 나는 앞 장에서 예수가 레프라 환자를 치유하는 마가의 이야기에 초점을 맞추었다.

거기서 나는 마가가 그 이야기를 통해 독자들에게 보여주려고 한 것은 바로 의식적으로 부정한 사람을 다시 정결케 하려는 예수의 열망이라고 주장한 바 있다. 마가는 그 이야기를 통해 예수와 그의 추종자들이 이제는 유대 정결 의식 체계에 대해 더 이상 신경 쓰지 않는 문제를 다룬다. 그 이야기는 예수가 의식적 부정함에 얼마나 많은 관심을 두고 있는지를 독자들에게 가르쳐주는 기능을 한다(아무튼 부정함에 대한 무관심한 태도가 그의 분노를 불러온 것이 사실이다). 한편 혈루증 여인에 관한 마가의 이야기(그리고 누가에 의해 재편집된 이야기)에서는 예수의 의지가 전혀 반영되지 않았다. 마가는 여기서 예수의 허락 없이 그의 옷자락을 만지도록 그녀의 마음을 움직인 그 여인의 주저함 섞인 확신을 강조한다. 그녀의 손길이 닿자 예수의 몸에서는 본인의 동의도 없이 엄청난 능력이 빠져나가 부정함으로 인한 그녀의 난치병을 완전히 치유해준다. 이 혈루증 여인의 이야기는 예수가 천부적(혹은 실존적)으로 의식적 부정함에 반대할 뿐만 아니라 마치 자연의 힘처럼 그의 몸이 부정함의 근원을 퇴치할 수밖에 없는 존재라는 인상을 독자들에게 깊이 심어준다.

제5장

예수와 망자(亡者)

3장과 4장에서 나는 예수가 레프라로 고생하는 이들과 열두 해 동안 혈루증으로 고생하는 여인과 소통하는 이야기를 살펴보았다. 나는 복음서 저자들이 예수가 의식적 부정함을 유발하는 기저질환을 치유함으로써 의식적으로 부정한 사람이 정결 의식을 치를 수 있는 길을 열어주는 모습을 보여준다고 주장했다. 이 이야기들은 예수가 의식적 부정함의 근원을 파괴하고자 하는 모습을 보여준다. 제이콥 밀그롬과 다른 학자들이 주장했듯이 이러한 의식적 부정함은 죽음과 관련이 있다. 그렇다면 죽음 자체는 어떤가?

요한복음을 비롯하여 정경 복음서는 각각 시체와 마주하는 예수의 모습을 보여준다.[1] 예수가 시체와 마주할 때마다 시체들은 다시 살아난다. 사실 우리는 시체에 관한 복음서 전승에 시간이 흐름에 따라 극적인 요소가 추가되는 것을 발견한다. 후대 전승일수록 시체와 예수의 물리적 거리는 점점 더 커진다. 예수가 시체와 실제로 마주한 시간과 그 사람이 실제로 사망한 시간의 간격이 점점 더 늘어난다. 현대 독자들은 일반적으로 죽은 자를 살리는 기적 자체에 더 큰 관심을 보인다. 위대한 능력을 보여주는 이러한 복음서 기사가 사실이라면 그러한 관심은 물론 당연하다. 고대 독자들도 마찬가지였을 것이다. 그러나 초기 유대인과 비유대인 독자들은 복음서에 나오는 이야기를 유대 정결 의식 체계의 관점에서 읽었을 것이다. 왜냐하면 시체가 바로 의식적 부정함의 세 번

---

1   참조. *Infancy Gospel of Thomas* 9.3. 여기서 소년 예수는 죽은 친구 중 한 명을 다시 살린다.

째이자 마지막 근원이었기 때문이다. 그런 이유에서 우리는 시체의 부정함에 관한 제사장의 규례에 주의를 기울여야 한다.

제사장 문헌에서 말하는 시체의 부정함

사람의 시체를 만진 자는 이레 동안 부정하리니 그는 셋째 날과 일곱째 날에 잿물로 자신을 정결하게 할 것이라. 그리하면 정하려니와 셋째 날과 일곱째 날에 자신을 정결하게 하지 아니하면 그냥 부정하니 누구든지 죽은 사람의 시체를 만지고 자신을 정결하게 하지 아니하는 자는 여호와의 성막을 더럽힘이라. 그가 이스라엘에서 끊어질 것은 정결하게 하는 물을 그에게 뿌리지 아니하므로 깨끗하게 되지 못하고 그 부정함이 그대로 있음이니라(민 19:11-13).

다른 유형의 부정함과 마찬가지로 시체는 신체와 직접 접촉함으로써 부정함을 전파한다. 즉 시체를 만지면 부정해진다. 그러나 나머지 규례는 시체의 부정함이 다른 유형의 부정함과 어떻게 다르고 또 왜 더 강한지를 보여준다.

장막에서 사람이 죽을 때의 법은 이러하니 누구든지 그 장막에 들어가는 자와 그 장막에 있는 자가 이레 동안 부정할 것이며, 뚜껑을 열어 놓고 덮지 아니한 그릇은 모두 부정하니라. 누구든지 들에서 칼에 죽은 자나 시체나 사람의 뼈나 무덤을 만졌으면 이레 동안 부정하리니(민 19:14-16).

레위기에 기록된 다른 유형의 의식적 부정함과 달리 시체는 사람이나 물건과 직접 접촉하지 않아도 대상을 오염시킨다. 단지 시체와 같은 장소에 있는 것만으로도 7일간 부정해진다.[2] 이와 마찬가지로 무덤과 접촉하면 부정함이 전파될 수 있다. 따라서 시체가 있는 밀폐된 공간은 부정함으로 가득 차고 시체를 묻은 땅도 강력한 부정함을 내뿜는다.

게다가 시체를 만진 사람은 7일간 지속되는 부정함에 오염된다. 이 부정한 기간은 산모(적어도 남자아이의 출생 후 초기 단계, 레 12:1-5), 생리 중인 여자(15:19), 자브/자바(15:13, 28), 레프라 환자(14:8)에게 동일하게 적용된다. 따라서 제사장 문헌에 의하면 시체를 만진 사람은 부정함의 **근원**과 접촉한 사람만큼이나 부정하며, 그 부정함은 의식적으로 부정해진 사람과 접촉한 사람보다 더 강렬하다(참조. 14:46; 15:7-11, 19-23, 27; 22:6).[3] 이토록 오래 지속되는 **이차적** 부정함은 시체의 **일차적** 부정함이 지닌 파급력을 보여준다. 다른 모든 유형의 부정함과 달리 시체는 (후대

---

2   2장에서 이미 살펴보았듯이 후대의 유대 율법 전문가들은 레프라로 인한 의식적 부정함은 신체 접촉 없이도 전파될 수 있다고 믿었다.

3   한 가지 예외는 월경 중인 여자와 성관계를 맺음으로써 얻게 된 7일간의 부정함이다(레 15:24). Jonathan Magonet이 설명하듯이 "성교 행위는 '한 몸'이라는 단일체를 형성하고, 두 사람 모두 똑같이 상대방의 부정한 상태의 영향을 받는다"("But If It Is a Girl,'" 151). 다시 말하면 한 몸이 된 관계로 인해 남자도 여자의 이차적 부정함이 아닌 일차적 부정함을 감수한다.

랍비들의 표현을 빌리자면) "부정함의 아버지의 아버지"다. 즉 시체가 전파하는 부정함은 시체로 인해 부정해진 사람에게도 전염력을 부여한다. 시체로 인해 부정해진 사람은 "부정함의 아버지"가 된다. 이런 사람은 다른 사람에게 격하된 부정함을 전파한다. 따라서 시체로 인한 부정함에 오염된 사람은 지속적으로 전파되는 이차적 부정함을 경험한다.

게다가 시체로 인한 부정함을 경험한 자를 위한 정결 의식은 다른 유형의 정결 의식과 차이가 있다. 민수기 19:12에 명시되어 있듯이 시체로 인한 부정함에 오염된 사람은 부정한 날로부터 사흘째 되는 날과 일곱째 되는 날에 두 번 목욕재계를 해야 한다. 또한 붉은 암소의 재를 물에 섞어 부정한 날로부터 사흘째 되는 날과 일곱째 되는 날에 뿌려야 한다.

> [제사장들은] 그 부정한 자를 위하여 죄를 깨끗하게 하려고 불사른 재를 가져다가 흐르는 물과 함께 그릇에 담고, 정결한 자가 우슬초를 가져다가 그 물을 찍어 장막과 그 모든 기구와 거기 있는 사람들에게 뿌리고, 또 뼈나 죽임을 당한 자나 시체나 무덤을 만진 자에게 뿌리되 그 정결한 자가 셋째 날과 일곱째 날에 그 부정한 자에게 뿌려서 일곱째 날에 그를 정결하게 할 것이며, 그는 자기 옷을 빨고 물로 몸을 씻을 것이라. 저녁이면 정결하리라(민 19:17-19).

요약하자면 시체는 제사장 문헌의 정결 의식 체계 내에서 가장 강력한 부정함의 근원이었다. 그러나 다시 한번 강조하지만 시체로 인한 부정함이 제아무리 심각하더라도 유대인들은 이러한 부정함은 죄가 되지 않으며 심지어 반드시 피해야 하는 것으로도 여기지 않았다. 민수기 19장에 의하면 일반인의 경우 시체로 인한 부정함은 하나님이 예비하신 정결 의식을 통해 처리하지 않을 경우에 한해서만 문제가 되었다. 정결 의식을 치르지 않을 경우 하나님의 신성한 공간을 더럽히는 결과를 초래하게 되는데, 이는 제사장 문헌 저자에 의하면 이스라엘 백성 가운데서 끊어지는 "카레트"라는 매우 무서운 형벌에 해당한다.[4]

마지막으로 제사장 문헌은 특정한 사람이 시체로 인한 부정함에 오염되는 것을 금지함으로써 시체로 인한 부정함의 독특성을 강조한다. 예를 들어 레위기 21장은 제사장이 그의 가까운 친족(부모, 형제자매, 자녀)이 아닌 다른 사람을 통해 시체로 인한 부정함에 오염되는 것을 금지한다 (레 21:1-3; 겔 44:25). 이 규례는 제사장은 죽은 여동생이 미혼이자 처녀인 경우에만 그녀를 대신하여 자신의 몸을 더럽힐 수 있다고 명시한다. 또한 이는 제사장이 죽은 아내를 대신하여 자신의 몸을 더럽힐 수 없다는 것을 암시한다고도 볼 수 있다.[5] 제사장들은 신성한 장소에서 봉사하기 때문에 이 거룩한 장소로부터 7일 동안 그들을 격리할 수 밖에 없는 부

---

4   심지어 여기서도 후대의 유대인들은 어떤 사람이 적시에 정결 의식을 치르지 못한 경우에 대처하는 여러 가지 방법을 제안했다. 예를 들어 요세푸스는 이런 사람은 이러한 부정함을 처리하기 위해 양 두 마리를 바칠 수 있다고 주장한다. 다음을 보라. *Jewish Antiquities* 3.262.

5   이 본문에 관해서는 다음을 보라. Carmichael, "Death and Sexuality."

정함에 오염되지 않도록 조심해야 한다. 이 규례는 또한 대제사장이 그의 직계 가족에게 시체로 인한 부정함에 오염되는 것을 금지한다. 또한 민수기에서 나실인 서원을 한 사람은 절대로 시체로 인한 부정함에 오염되어서는 안된다고 규정한다(민 6:6-8).

고대 근동 사상에서 말하는 시체

사실 고대 이스라엘인들만 유일하게 시체가 부정함을 전파한다고 믿었던 것은 아니다. 만약 독특한 문화를 가진 민족이 있었다면 아마도 그것은 이집트인들이었을 것이다. 왜냐하면 우리는 사람이 무덤에 들어가려면 정결해야 한다는 생각을 이집트 문헌에서 발견하기 때문이다.[6] 예를 들어 조로아스터교는 시체가 부정하다고 여겼기 때문에 시신을 매장하지 않았는데, 그 이유는 시체가 땅을 더럽혔기 때문이다.[7] 비록 우리가 초기 페르시아 시대에 시행되었던 통치자 매장에 관한 증거를 보유하고 있긴 하지만, 사실은 그들의 시체가 돌무덤에 안에 들어 있어 시체로 인한 부정함이 널리 퍼지는 것을 방지해주었다. 그들은 시체를 화장하지도 않았다. 왜냐하면 시체는 그들이 거룩하다고 생각했던 불을 오염시켰기

---

6   고대 이집트의 죽음과 장례에 관해서는 다음을 보라. Assman, *Death and Salvation*.
7   *Vendidad* 1.13; 3.8-13.

때문이다.[8] 그들은 오히려 동물들이 시체를 처리하도록 내버려 두었고,
또 날씨 때문에 부패하도록 내버려 두었다.[9] 동물이나 사람이 죽으면 시
체-마귀가 시체를 차지했고 이를 더럽혔다.[10] 일단 뼈에서 살이 떨어져
나가면 그 뼈들을 유골 단지에 담아 두었는데, 거기에는 시체로 인한 부
정함도 함께 담겼다.[11] 일부 유대인들의 생각과 마찬가지로 집에서 죽은
사람이나 동물은 그 건물 전체를 부정하게 만들었다.[12] 일단 시체와 접촉
하면 열흘간의 정결 의식 기간이 필요했다.

그리스-로마 문헌도 죽음이 부정하다고 생각하는 당대의 보편적인
믿음을 충분히 대변해준다. 나는 이러한 믿음이 얼마나 광범위하게 퍼
져 있었고 오래 지속되었는지를 보여주려는 차원에서 대표적인 본문들
을 연대순으로 인용할 것이다. 패비언 메이널(Fabian Meinel)은 다음과 같
이 말한다. "역사적 증거는 오염의 문제가 그리스 사회에서 호메로스 이
후에 비로소 실질적으로 대두되었음을 시사한다."[13] 비록 우리의 지식
이 단편적이며 기원후 2세기 프로클루스의 명문집(名文集)에 의존하지
만, 기원전 7세기의 서사시 「아에티오피스」(*Aethiopis*)는 아마존 펜테실리
아가 본의 아니게 히폴리타를 죽인 후 자신을 정화한 것과 아킬레스가

---

8   *Vendidad* 1.17.
9   참조. Herodotus, *Histories* 1.140.
10   *Vendidad* 5.27-28; *Gizistag Abāliš* 6.3.
11   다음을 보라. Fong, "Purity and Pollution." 조로아스터 종교의 정결 및 부정함에 관한 사
     상을 폭넓게 다룬 논의는 다음을 보라. Choksy, *Purity and Pollution in Zoroastrianism*.
12   *Vendidad* 8.2-3.
13   Meinel, *Pollution and Crisis*, 2.

테르시테스를 죽인 후 자신을 정화한 것을 언급한다.[14] 제사장 문헌의 사상과 마찬가지로 기원전 6세기 아테네의 정치가였던 솔론의 법도 시체와 접촉한 사람에게 모두 신성한 장소의 출입을 금지했고, 시체를 제거한 후 닷새 동안은 코안(Coan)에 있는 사제 집단의 일원이 시체가 있던 건물에 출입하는 것을 금지했다.[15] 마틴 닐슨에 의하면 성소 안에서 사람이 죽으면 시신을 제거한 후 성소를 다시 정화해야 한다.[16]

기원전 5세기 에우리피데스는 히폴리투스에게 죽음의 시간이 다가오자 아르테미스 여신이 다음과 같은 말을 남기며 그에게서 떠나는 모습을 묘사한다. "잘 가십시오. 내가 죽은 사람의 모습을 본다거나 죽어가는 사람의 마지막 숨결로 인해 내 눈이 오염되는 것은 합당하지 않습니다. 또한 나는 이미 당신이 그 불행에 가까이 갔다는 것을 알고 있습니다."[17] 히폴리투스가 죽음을 맞이하기 직전에 아르테미스가 그를 버린 점은 매정해 보일수도 있지만, 신들도 죽음과 거리를 두었다는 사실은 로버트 파커의 말처럼 "그리스 신학의 불변의 진리"다.[18] 에우리피데

---

14 *Aethiopis* argument 1.

15 Parker, *Miasma*, 38, 52.

16 Nilsson, *Geschichte der Griechischen Religion*, 1:102. 망자와 죽음을 폭넓게 다룬 논의는 다음을 보라. 1:95-104. 또한 다음도 보라. Wächter, *Reinheitsvorschriften im griechischen Kult*, 43-63; Parker, *Miasma*, 32-48. 투키디데스는 재앙 기간 동안 신전들은 시신으로 가득 찼다고 말하지만, 정결 의식에 관해서는 전혀 언급하지 않는다. 이는 그러한 의식이 존재하지 않았기 때문이 아니라 그런 의식이 그의 관심의 범주 밖에 있었기 때문일 것이다(*History of the Peloponnesian War* 2.52.1-3).

17 Euripides, *Hippolytus* 1437-39.

18 Parker, *Miasma*, 33.

스는 그의 연극 「알케스티스」(*Alcestis*)를 이와 같은 주제로 시작하는데, 거기서 아폴론은 죽음이라는 인물과의 만남을 피하려고 아두메투스 궁전을 떠난다. "또한 나는 죽음이 온 집안을 오염시키는 것을 막으려고 내가 그토록 사랑하는 이 궁전을 떠난다."[19] 이와 관련하여 투키디데스는 기원전 426년 아테네 사람들이 아폴론 신전이 있던 델로스의 거룩한 섬에서 모든 무덤을 제거하고, 그곳에서 태어나거나 죽는 것을 전면 금지함으로써 그 섬을 정화시켰다고 주장했다.[20]

기원전 4세기에 테오프라스토스는 미신적인 사람을 다음과 같이 묘사한다. "그[미신적인 사람]는 무덤을 발로 밟거나 시체를 보거나 산모를 방문하는 것을 거부하고, 오염을 유발하지 않는 것이 최선이라고 말한다."[21] 이러한 조롱은 지성인이라면 시체나 출산이 사람을 더럽힌다고 믿지 않았음을 암시하는 것으로도 볼 수 있지만, 사실 테오프라스토스의 조롱은 의식적 부정함에 대한 미신적인 사람의 두려움에 대한 것이었으며, 의식적 부정함의 존재를 믿는 믿음에 대한 것이 아니었다. 아무튼 이러한 증거는 그 당시 의식적 부정함에 대한 사고가 광범위하게 퍼져 있었다는 것을 보여준다. 예를 들어 4세기 키레네의 신성한 법은 만일 어떤 여자가 관절이 형성된 태아를 유산하면 그 집안에 속한 사람이 죽은 것과 같은 방식으로 그 집과 그 안에 있는 모든 물건이 오염

---

19 Euripides, *Alcestis* 22-23; 참조. *Iphigenia at Taurus* 380-82.

20 Thucydides, *History of the Peloponnesian War* 3.104.1-2.

21 Theophrastus, *Characters* 16.9.

된다고 규정한다.[22] 이와 마찬가지로 플라톤도 4세기에 사제들과 여사제들은 무덤에 가까이 갈 수 없다고 주장하면서도 한 가지 예외를 둔다. 즉 그들은 검시관의 장례식에는 참석할 수 있다.[23] 물론 이 경우에도 그들이 그렇게 할 수 있는 이유는 시체가 그들을 더럽히지 않을 것이기 때문이다.

기원전 4세기 말이나 3세기 초에 메난드로스는 어떤 망자의 집 종들이 수로를 통해 외부인과 소통하는 모습을 묘사한다. 이러한 행동은 아테네에서 사람이 집에서 죽으면 그 집 사람들은 의식적으로 부정하기 때문에 타인과의 접촉이 제한되었음을 전제한다.[24] 또한 로버트 갈랜드(Robert Garland)는 기원전 2세기의 레스보스섬에서 발견된 명문을 제시한다. 이 명문은 가족 구성원이 장례식을 마치고 나서 정결 의식을 치르고 20일을 더 기다렸다가 신들을 모신 신전에 들어가야 한다고 규정한다.[25]

나는 위에서 투키디데스가 델로스섬이 시체에 오염되지 않도록 주의해야 한다고 언급했다는 말을 했다. 기원후 1세기의 스트라보의 주장에 의하면 이러한 믿음은 수 세기에 걸쳐 지속되었다. 델로스섬 주민들은 섬을 시체의 오염으로부터 보호하기 위해 시신을 인근 섬으로 이

---

22   Rhodes and Osborne, *Greek Historical Inscriptions 404-323 BC*, 106, no. 97.

23   Plato, *Laws* 12.947.

24   Menander, *The Shield* 465.

25   R. Garland, *Greek Way of Death*, 45.

동했다.[26] 이러한 관행은 그 당시 광범위하게 알려진 신성한 공간에 대한 생각과 일치한다. 그리스 성소 입구에는 종종 다음과 같은 성례법 문구가 적혀 있다. "[성소에는] 아내와 출산과 장례로부터 자유로운 자만 들어갈 수 있다.[27] 유대 제사장 문헌과 마찬가지로 성관계, 출산, 임종에 관여한 자는 신성한 장소의 출입이 금지되었는데, 이는 신들도 부정함을 거부했기 때문이다.

로마 사회도 시체를 부정하다고 여겼다.[28] 예를 들어 「12표법」(Twelve Tables)은 로마 도시를 로마가 지배했던 영토와 구분하는 "포메리움"(pomerium)이라는 종교적 경계선 안에서의 매장과 화장을 금지한다.[29] 시체로 인한 부정함을 억제하고 통제하려는 소망은 로마 신학에 그 뿌리를 두고 있다. 로마 신학은 기원후 1세기에 플루타르코스가 제시한 공리(公理)인데 불멸의 신들도 죽음과 거리를 두고 싶어 한다는 것이다. 오시리스 신은 "지구에서 멀리 떨어져 있고, 파멸과 죽음을 피할 수 없는 모든 물질에 의해 부패하거나 더럽혀지지 않는다."[30]

기원후 2세기의 사모사타의 루키아노스는 키벨레 여신의 내시 사제들은 그들이 시체를 보는 날에는 절대 성소에 들어가지 않는다고 주

---

26 Strabo, *Geography* 10.5.5.
27 N. Robertson, "Concept of Purity," 195.
28 죽음이 유발하는 오염에 대한 로마의 사상에 관해서는 다음을 보라. Lindsay, "Death-Pollution and Funerals"; Edwards, *Death in Ancient Rome*; Lennon, *Pollution and Religion in Ancient Rome*, 136-66.
29 *Twelve Tables* 10.1; 참조. Cicero, *Laws* 2.58.
30 Plutarch, *Isis and Osiris* 382F.

장한다. 그들은 다음날 정결 의식을 마친 후 신전에 들어갈 수 있었고, 다른 사람들은 30일 후 머리를 민 다음에 신전에 들어갈 수 있었다.[31] 또 기원후 2세기의 아울루스 겔리우스도 유피테르 신의 사제에 관한 여러 가지 법규를 언급하면서 기원전 3세기의 파비우스 픽토르의 글에서도 이에 관한 내용을 접할 수 있다고 말한다. 이러한 법규에는 시체에 접근하는 것을 금지한다. "그는 절대 매장지에 들어가서도 안 되고, 시체를 만져서도 안 되지만, 장례식에는 참석할 수 있다."[32] 이러한 금지 조항은 그리스-로마 세계에서 흔히 찾아볼 수 있는 것으로서 레위기 21:1-11의 내용과도 유사하다.[33]

테오프라스토스가 의식적 부정함에 대한 사람들의 두려움을 조롱한 것과 관련하여 기원전 3세기의 스토아 철학자 크리시포스는 (플루타르코스에 따르면) 시체가 사람을 오염시킨다는 생각을 거부했다. 플루타르코스에 의하면 크리시포스는 출산이나 임종의 자리에서 신성한 장소로 직접 이동하는 것은 전혀 문제가 없다고 말한다. 왜냐하면 자연이 동물들의 행동을 통해 이러한 행동이 신들을 오염시키지 않는다는 것을 가르쳐주었기 때문이다.[34] 또한 플루타르코스는 기원전 9세기의 스파르

---

31   Lucian, *Syrian Goddess* 52; 참조. Lucian, *Phalaris* 1.12. 비록 일부 학자들이 루키아노스가 *Syrian Goddess*의 저자였는지 의문을 제기하지만, 그들은 여전히 이 작품의 연대기를 기원후 2세기로 추정한다. 여기서는 다음을 보라. Dirven, "Author of *De Dea Syria*."

32   Aulus Gellius, *Attic Nights* 10.15.24-25.

33   R. Garland, *Greek Way of Death*, 45.

34   Plutarch, *Moralia* 1044F-45A.

타의 입법자 리쿠르고스가 한 일에 대해서도 다음과 같이 말한다. 그는 "도시 안에 시신을 매장할 권리와 신당 가까이에 무덤을 만들 권리를 부여하면서 매장과 관련된 모든 미신적인 두려움을 없애버렸다. 그는 또한 죽음 및 장례와 관련된 오염의 문제를 제거했다."[35] 마지막으로 아마도 키케로의 지지하에[36] 플루타르코스는 로마의 2대 왕인 누마가 로마인들에게 시체가 사람을 오염시키지 않는다고 가르쳤다고 주장한다.[37]

그러나 지금까지 검토한 다양한 유형의 증거는 대다수 그리스인들과 로마인들이 시체는 시체를 만진 사람을 오염시키므로, 시체를 만진 사람은 신성한 장소에 들어가기 전에 정결 의식을 치러야 한다고 믿었음을 증언한다. 종종 본질상 시체로 인한 부정함이 여러 사제 집단에 추가적인 제한을 두었는데, 이는 그들이 신성한 장소에서 봉사했기 때문이다. 따라서 그리스와 로마에서 나온 이러한 증거는 시체로 인한 부정함에 대한 관심이 지중해 세계 전반에 폭넓게 퍼져 있었음을 시사한다. 그 당시 유대인들이 신성한 장소의 출입을 제한했을 때 그들은 다른 문화권에 사는 동시대인들과 함께 수용 가능한 전제를 널리 공유하고 있었다. 따라서 복음서 저자들이 시체와 접촉하는 예수를 묘사했을 때는 유대 율법에 대해 잘 알지도 못했던 이방인 독자들조차도 예수가 의식적 부정함과 소통을 한다고 이해했을 것이다. 모든 고대 독자들은 예수

---

35 Plutarch, *Sayings of Spartans* 238D.
36 다음을 보라. Cicero, *Laws* 2.58.
37 Plutarch, *Roman Questions* 23; 참조. 79.

의 시체와의 만남을 당연히 의식적 부정함과 연결했을 것이다.

시체로 인한 부정함에 관한 규례를 확대한 제2성전기 유대교

제2성전기 유대 문헌은 종종 시체로 인한 부정함에 관한 제사장의 규례를 확대한다. 여기서 이 모든 변화에 대해 자세히 설명할 수는 없지만, 나는 그 당시 유대인들이 시체로 인한 부정함을 억제하는 데 사용한 방법 중 일부를 보여주고자 한다. 이 시기의 주요 문서 중 하나가 바로 쿰란 공동체의 「성전 두루마리」다.[38] 이 작품의 저자는 독자들에게 죽은 사람을 제대로 매장할 것을 충고한다. "너희는 죽은 자를 아무 데나 묻거나 심지어 죽은 사람을 집 한 가운데 묻는 이방인들처럼 하지 말아야 한다. 너희는 오히려 땅 중앙에 죽은 사람을 묻을 장소를 따로 떼어 놓아라. 너희는 매장할 장소를 네 도성에 만들어야 한다."[39] 저자는 죽은 사람을 자기 집에 매장하는 이방인들의 관행을 따라서는 안 되고, 죽은 사람을 가족의 부지가 아닌 따로 지정된 장소(묘지)에 매장할 것을 이스라엘 백성에게 요구한다. 사실 그는 시체로 인한 부정함을 분출하는 장소를 최소화하는 차원에서 이스라엘 백성이 네 개의 마을마다 묘지 하나를 짓기를 원한다. 이 규례는 부정한 시체를 진 밖으로 내보내라는 민수

---

38 다음을 보라. Schiffman, "Impurity of the Dead"; Berlejung, "Variabilität und Konstanz."
39 *Temple Scroll* (11Q19) XLVIII, 11-14.

기 5:2-3을 적용한 것으로 보인다. "이스라엘 자손에게 명령하여 모든 '레프라' 환자와 '자브'와 주검으로 부정하게 된 자를 다 진영 밖으로 내보내되 남녀를 막론하고 다 진영 밖으로 내보내어 그들이 진영을 더럽히게 하지 말라. 내가 그 진영 가운데에 거하느니라." 저자는 시체로 인한 부정함이 발생하는 장소를 제한하고, 시신을 매장한 장소를 모든 사람에게 공지함으로써 부주의함으로 인해 시체에 오염되어 예루살렘 성전 출입이 제한되는 자의 수가 감소하기를 소망한다. 다시 말하면 「성전 두루마리」는 신성한 장소에의 접근성을 높이기 위해 시체와의 접촉을 최소화하고 이를 통제하기를 원한다. 사실 일반 유대인에게는 시체로 인한 부정함에 오염되는 것이 죄로 간주되지 않았고, 또 때에 따라서는 심지어 오염될 필요도 있었지만, 「성전 두루마리」는 시체에 부주의하게 오염되는 것을 줄이기 위한 규정을 추가로 제시한다.

시체로 인한 부정함에 관한 규례는 다른 여러 방식으로도 확대되었다. 예를 들어 「성전 두루마리」는 시체로 인한 부정함에 오염된 자는 셋째 날과 일곱째 날뿐 아니라 첫째 날에도 목욕할 것을 요구한다.[40] 이러한 확대 해석은 쿰란 공동체만의 특별한 관행일 수도 있다. 왜냐하면 첫째 날에 행하는 목욕재계에 대한 다른 증거가 우리에게 없기 때문이다.[41] 이러한 정결 의식은 시체에 오염된 사람이 속된 장소에 거하거나 속된 음식을 먹는 것을 허용했지만, 신성한 장소에 들어가는 것과 성물

---

40 *Temple Scroll* (11Q19) XLIX, 17; 참조. 민 19:12.
41 Werrett(*Ritual Purity*, 140)는 다른 곳에서 첫째 날 목욕 의식에 대한 증거로 Philo,

을 만지는 것만큼은 허용하지 않았을 것이다.

또한 70인역과 쿰란 문헌은 민수기 19장의 장막에 관한 언급이 장막뿐 아니라 영구적인 건물에도 똑같이 적용된다고 보았다. 70인역은 장막(히브리어: *ohel*)을 집(그리스어: *oikos*)으로 번역하고, 「다마스쿠스 문서」와 「성전 두루마리」도 장막이 아닌 집(히브리어: *bayit*)을 언급한다.[42] 사실 「성전 두루마리」는 집 전체(바닥, 지붕, 벽)를 부정하다고 여긴다. 이러한 해석은 붉은 암송아지를 태운 재를 장막에 뿌리라는 요구를 통해 어느 정도 짐작할 수 있다(민 19:18).[43] 따라서 시체를 제거한 지 일곱째 날에 집 전체를 정화해야 한다.

> 만약 너희가 사는 성읍에서 사람이 죽으면 죽은 사람의 집 전체가 이레 동안 부정하게 될 것이다. 집 안에 있는 모든 것과 집 안으로 들어가는 모든 것이 이레 동안 부정하게 될 것이다. 그리고 물이 쏟아진 음식은 모두 부정하게 될 것이다. 모든 음료가 부정하게 될 것이며, 진흙 그릇이 부정하게 될 것이고, 정결한 사람에게는 그 안에 있는 것이 모두 부정하게 될 것이다. 그리고 열린 (그릇은) 모든 이스라엘 사람에게 부정하게 될 것이다.[…] 그리고 그들이 죽은 사람을 그 집에서 제거할 때 그들은 기름과 포도주와 물에

Special Laws 3.206-7을 제시하지만, 필론은 이러한 의식에 대해 전혀 언급하지 않고, 오히려 셋째 날과 일곱째 날의 목욕에 대해 언급한다. 첫째 날에 행해지는 정결 의식에 관해서는 다음을 보라. Milgrom, "First Day Ablutions," and Kazen, *Issues of Impurity*, 63-89.

42 *Damascus Document* XII, 18; *Temple Scroll* (11Q19) XLIX, 5-10.

43 따라서 다음을 보라. Werrett, *Ritual Purity*, 141.

젖은 모든 얼룩을 없애버릴 것이며, 그 집의 마루와 벽과 문을 문질러 닦을 것이다. 그들은 물로 그 돌쩌귀와 문설주와 문지방과 문틀을 씻을 것이다. 죽은 사람을 그 집에서 데리고 나올 때 그들은 집과 모든 기구와 맷돌과 절구와 나무, 쇠, 동으로 만든 도구와 자루와 가죽을 정화할 것이다.[44]

이와 마찬가지로 요세푸스도 "장례를 마친 후에는 집과 거기 사는 사람이 정결 의식을 치러야 한다"라고 주장한다.[45] 또한 미쉬나의 "오할롯"(장막)이라는 소책자에도 잘 나타나 있듯이 랍비들은 초기 랍비 문헌에서 집이 장막의 범주에 속하는 것으로 간주한다. 이것은 인간이 만든 것이며 따라서 부정해질 수 있다.[46]

마지막으로 「성전 두루마리」는 고대 사회에서 정말 흔히 볼 수 있던 지연된 낙태에 관해 이야기한다. 비록 태아는 죽었지만 자궁에 태아가 여전히 남아 있는 임산부의 경우에는 어떻게 해야 할까? 그런 경우 저자는 그 여자가 마치 시체처럼 부정함을 전파한다고 믿었다. "만약 어떤 여인이 임신했는데 아기가 뱃속에서 죽으면 그 여인은 그 죽은 아기가 뱃속에 있는 동안 무덤처럼 부정할 것이며, 그녀가 들어가는 집은 그 안에 있는 도구와 더불어 이레 동안 부정할 것이다. 그리고 그 여인과 접촉하는 사람은 모두 저녁때까지 부정할 것이다. 또한 누군가가 그녀와 함

---

44 *Temple Scroll* (11Q19) XLIX, 11-14; 참조. *Damascus Document* XII, 17-18.
45 Josephus, *Against Apion* 2.205(이 번역은 나의 것임).
46 참조. *Sifre Numbers* 129.

께 집에 들어가면 그 사람도 이레 동안 부정하게 될 것이다."[47] 이러한 규례는 지연된 낙태를 경험한 여인이 의식적으로 정결하다고 말하는 후대 랍비들의 주장과는 대조를 이룬다.[48] 랍비들의 말에 의하면 질 검사를 하는 동안 유산된 태아와 접촉했다면 산파는 이레 동안 의식적으로 부정하지만, 산모는 정결을 그대로 유지한다. 쿰란 공동체의 사고 저변에 깔린 근본적인 논리는 다음과 같다. 시체를 만지는 사람이 이레 동안 부정하다면 죽은 태아를 몸속에 그대로 지니고 있는 여자는 최소한 이레 동안 부정한 것이다. 조너선 매고닛(Jonathan Magonet)은 다음과 같이 말한다. "만약 어떤 실체를 두 인격체로 형성된 '단일체'로 볼 수 있다면 그것은 아기를 임신한 산모일 것이다."[49] 한 걸음 더 나아가 「성전 두루마리」는 부정함의 실제적인 힘이 태아 안에 깃들어 있고, 태아와 산모는 시체와 무덤 같기 때문에 임신한 여인은 무덤처럼 태아가 몸속에 있는 동안에는 시체로 인한 부정함에 노출될 수밖에 없다고 결론짓는다. 아마도 「성전 두루마리」는 여기서도 예레미야 20:17에 의존하고 있을 것이다. "내가 모태에서 죽어, 어머니가 나의 무덤이 되었어야 했는데"(새번역).

비록 민수기의 시체로 인한 부정함에 관한 규례가 초기 유대교 안에서 다양하게 확대되어 나타나지만, 결국 제2성전기 유대인들은 죽은

---

[47]   1Q19 L, 10-13.
[48]   Mishnah, *Hullin* 4.3; 참조. Babylonian Talmud, *Hullin* 72a.
[49]   Magonet, "But If It Is a Girl," 151.

사람을 매장하는 것을 동정 어린 고귀한 행동으로 간주했다. 예를 들어
「토비트」는 많은 자선을 베풀며 진리와 의의 길을 걷겠노라고 말하는 토
비트의 선언으로 시작한다(1:3). 그의 행동이 비록 아시리아 왕 산헤립의
분노를 샀음에도 불구하고 그가 열거한 자선 행위에는 유대인의 시신을
종종 매장한 사실도 포함되어 있다(1:17-19; 2:7-9). 죽은 사람을 보살피
고 매장하는 것, 죽은 사람이 매장되지 않은 채 방치되지 않게 하는 것이
유대인들의 신앙이 어떠한지를 대변해주었다. 기원후 1세기에 요세푸스
와 필론은 모세가 죽은 사람을 매장하고 아무도 매장되지 않은 채 방치
되지 않도록 할 것을 유대인들에게 명령했다고 주장한다.[50] 또한 원칙상
가장 가까운 친척이 장례식을 치러주어야 했다.[51] 사실 요세푸스가 열심
당원들이 유대 반란 기간에 행한 불경스러운 행동으로 꼽은 매우 중요
한 증거 가운데 하나가 바로 죽은 원수들을 매장하지 않고 그대로 방치
한 그들의 관행이었다.[52] 시신에 대한 이러한 경솔한 태도는 죽은 사람에
대한 유대인들의 일반적인 관습과 크게 달랐다. 유대인들에게는 제때에
제대로 매장하는 것이 그토록 중요했다. 따라서 초기 랍비들은 어떤 친
척의 시신이 제대로 매장되지 않은 상태로 방치되어 있다면 그 사람은
쉐마를 암송하고 "테필린"(성구함)을 매야 하는 의무가 면제되었다고 주

---

50 Josephus, *Against Apion* 2.211; Philo, *Hypothetica* 7.7.
51 Josephus, *Against Apion* 2.205.
52 Josephus, *Jewish War* 4.317.

장한다.[53] 이 본문의 또 다른 사본은 이런 사람은 율법의 **모든** 책임으로 부터 면제받는다고 덧붙이는데, 이는 바빌로니아 탈무드에도 잘 나타나 있다. "조문객은 죽은 사람이 자기 앞에 누워 있는 한, 쉐마 및 경문 읽는 것과 토라에 규정된 모든 계명 읽는 것을 면제받는다."[54]

요세푸스는 죽은 사람을 매장하는 것과 죽은 사람과 함께 사는 것은 별개의 것이라고 주장한다. 기원후 20년 갈릴리 지방을 통치하고 헤롯 대왕의 아들이었던 헤롯 안티파스는 로마 황제 티베리우스를 기리기 위해 갈릴리 서쪽 해안에 티베리아스 도시를 건설했다. 이 도시가 요세푸스가 말하는 갈릴리의 가장 좋은 지역에 있었음에도 안티파스는 유대인들이 거기에 정착하도록 설득하는 데 많은 어려움을 겪었다. 사람들이 티베리아스에 거주하기를 꺼린 이유는 이 도시가 묘지 위에 세워졌기 때문이었다.[55] 요세푸스가 말하듯이 안티파스는 사람들이 계속해서 시체로 인한 부정함에 노출될 수밖에 없는 지역에서 살기를 꺼렸기 때문에 사람들이 그곳에 거주하도록 강요하는 수밖에 없었다. 그 지역으로 이주하려면 우선 고향을 떠나야만 했고, 예루살렘 성전에서 예배를 드리려면 그 이전에 이레 동안 정결 의식을 치러야만 했기 때문이다.

---

53   Mishnah, *Berakhot* 3.1(Kaufmann Codex에 의하면).
54   Babylonian Talmud, *Semahot* 48b.
55   Josephus, *Jewish Antiquities* 18.36-38.

예수와 망자

현대 독자들은 예수가 죽은 사람을 살리는 이야기를 접할 때 그 사건에 담긴 기적적인 요소에 감동한다. 그리고 그것은 당연하다. 고대 독자들도 똑같이 이에 감동했을 것이다. 그러나 위의 문헌의 조사 결과를 보면 그들은 그런 행동을 대부분 시체를 부정하게 여겼던 정결 의식 체계와 연관시켰을 가능성이 높다. 재차 강조하지만 이처럼 사람을 다시 살리는 이야기를 유대 정결 의식 체계의 정황에서 읽지 못한다면 우리는 1세기의 예수를 현재 우리가 사는 세계로 이동하는 꼴이 된다. 따라서 시체로 인한 부정함에 관한 이러한 다양한 규례는 (마태와 누가가 재편집한) 마가복음 5장의 열두 살 소녀 이야기와 누가복음 7장의 죽은 과부의 아들 이야기, 그리고 요한복음 11장의 죽은 친구 나사로의 이야기를 포함하여 복음서에 나오는 다수의 이야기가 전달하고자 하는 의미를 제대로 밝혀준다. 이러한 이야기는 또한 내가 곧 다루겠지만 우리가 예수의 많은 어록을 더 잘 이해하는 데 도움을 줄 것이다.

마가복음에 나타난 시체

마가복음에서 회당장 야이로는 예수에게 다가와 죽어가는 병든 딸을 고쳐 달라고 청한다. "내 어린 딸이 죽게 되었사오니 오셔서 그 위에 손을 얹으사 그로 구원을 받아 살게 하소서"(막 5:23). 야이로의 경우도 사실은 우리가 3장에서 다룬 레프라 환자의 경우와 별반 다르지 않다. 만지기만 해도 예수가 자기 딸을 죽음에서 구할 수 있다는 그의 확신은 예수의 능력을 신뢰하는 그의 놀라운 믿음을 잘 보여준다. 앞 장에서 살펴본 혈루증 여인의 이야기가 이 야이로의 딸 이야기를 중간에 중단시키지만, 이 이야기가 재개되면 독자들은 이 열두 살 소녀가 예수의 손길이 닿기도 전에 이미 죽었다는 사실을 알게 된다. 하지만 그런 소식을 접하고 나서도 야이로와 예수 및 세 제자(베드로, 야고보, 요한)는 야이로의 집을 향한 발걸음을 멈추지 않는다. 마가는 예수가 그 집 안으로 들어감으로써 시체로 인한 부정함에 노출되는 장면을 그대로 묘사한다. 시체로 인한 부정함이 그 집 전체를 가득 메우고 있기 때문에 그 집 안으로 들어간 사람은 모두 그 어린 소녀의 시신으로 인해 부정해진다.

에이미 질 리바인(Amy-Jill Levine)은 이 이야기를 의식적 부정함과 연결하는 것은 지나친 해석이라고 주장하면서 다음과 같이 말한다. "물론 이 본문은 시체로 인한 부정함에 관해 아무 말도 하지 않는다."[56] 하지만 복음서의 이러한 침묵에 기초한 결론은 부적절하다. 첫째, 위에서 살펴본 바와 같이 그리스-로마 세계의 대다수 독자들은 이 이야기를 접할 때 시체로 인한 부정함으로 인한 오염을 전제했을 것이고, 유대 관습과 경전에 익숙한 사람들은 그것을 또 민수기 19장과 연관시켰을 것이다. 둘째, 마가(그리고 그를 따라 마태와 누가)는 서로 다른 두 가지 의식적 부정함

---

56   A.-J. Levine, "Discharging Responsibility," 385.

을 경험하는 두 여자의 사례를 하나로 묶으면서 어린 소녀의 이야기를 혈루증 여인의 이야기로 감싼다. 이것은 분명 우연의 일치이거나 마가가 의식적 부정함을 의도적으로 강조한 결과일 것이다. 마가복음 5장 전체가 여러 종류의 부정함(더러운 영들[pneumata], 부정한 돼지 떼, 부정한 무덤, 혈루증 여인, 시체)을 포괄적으로 다루고 있다는 사실을 고려하면 후자일 가능성이 훨씬 더 높아 보인다.

다시 한번 강조하지만 예수가 죽은 소녀로부터 시체로 인한 부정함에 오염되는 것은 불법을 저지르거나 죄를 범하는 것이 아니다. 제사장이나 대제사장 혹은 나실인의 경우라면 어떤 제한을 받을 수도 있겠지만, 예수의 경우는 전혀 이에 해당하지 않는다. 따라서 예수가 시체가 있는 집에 들어간 것 자체는 정결 의식 체계에 대해 그가 어떻게 생각하는지에 관해 아무것도 일러주지 않는다. 예수가 그 집 앞에서 처음 마주친 애도자들도 아마 이제는 의식적으로 부정해졌을 것이다. 분명 우리는 시체로 인한 부정함에 관한 규례를 무시한 책임을 그들에게 물을 수 없다. 게다가 예수가 이미 시체로 인한 부정함으로 가득 찬 집으로 들어갔으므로 소녀의 시신을 만진 것 자체는 그가 율법을 무시했음을 의미하지 않는다. 시체와 접촉하는 것이 밀폐된 건물에서 시체와 함께 있는 것보다 더 심각한 부정함에 노출되는 것은 아니다.

마가는 애도자들을 다 내보낸 후에 예수가 죽은 소녀의 손을 잡고 "탈리타 쿰"—"작은 소녀야, 일어나라!"라는 뜻의 아람어—이라고 말했다고 기록한다. 이 말이 떨어지기가 무섭게 소녀는 즉시 일어나 걷기 시작했고, 사람들은 이 사실을 보고 크게 놀란다. 정결 규례는 시체에서 나오는 부정함이 정결한 사람에게 전파되는 것을 전제한다. 따라서 예수는 부정해졌어야만 했다. 그러나 예수와 죽은 소녀의 이러한 만남은 그녀가 다시 살아나 걷는 것으로 끝난다. 예수의 손길과 그가 던진 말은 그녀를 소생시켰다. 소녀의 몸은 그녀의 부정함의 근원—죽음—과 단절되었다. 이것은 기적이며 지금까지 시체로 인한 부정함에 관한 제사장 법 테두리 안에서는 결코 상상조차 할 수 없던 일이었다.

예수의 죽음과 마태복음에 나타난 시체

마태는 야이로의 딸에 관한 마가복음의 이야기를 다시 수정하고, 예수와 시체가 만나는 마가복음의 이야기를 보완한다. 그 무엇보다 마태는 야이로의 딸에 관한 이야기에서 죽음의 세력을 압도하는 예수의 능력을 신뢰하는 아버지의 믿음을 높이 평가한다. 마태의 이야기에서 딸이 죽은 **후에** 야이로는 예수에게 다가와 단순히 자기 딸의 병을 치유해 줄 뿐만 아니라 죽음 목숨을 다시 살려달라고 간청한다(마 9:18; 이와는 달리 여기서 누가는 마가의 이야기를 따라간다).

마태는 예수가 죽은 사람을 다시 살리는 이야기를 하나 더 추가하는데, 죽은 사람을 다시 살리는 이 소생 사건은 예수가 십자가에 처형당할 때 발생한다. "예수께서 다시 크게 소리 지르시고 영혼이 떠나시니라. 이에 성소 휘장이 위로부터 아래까지 찢어져 둘이 되고 땅이 진동하며 바위가 터지고 무덤들이 열리며 자던 성도의 몸이 많이 일어나되 예수의 부활 후에 그들이 무덤에서 나와서 거룩한 성에 들어가 많은 사람에게 보이니라"(마 27:50-53). 마태복음에만 등장하는 이 이야기는 예수가 숨을 거두는 바로 그 순간에 마가가 언급한 성전의 휘장이 찢어지는 일(막 15:37-38)뿐만 아니라 바위와 무덤이 터지고 열리는 지진과 수많은 시체가 다시 살아나는 일이 일어났음을 암시한다.[57] 마태복음에서는 예수가 숨을 거두는 순간에 시체들이 다시 살아나지만, 사흘이 지나서야 비로소 그들이 무덤에서 빠져 나왔음을 보여준다. 마태는 이들이 그 사이에 무엇을 했는지 독자들에게 전혀 말해주지 않는다.[58]

회복 불가능할 정도로 부정한 상태에 있던 사람들이 예수의 죽음과 더불어 다시 살아났고, 그 사건을 통해 그들은 다시금 정결한 삶을 회복할 수 있게 되었다. 제사장 문헌의 언어와 개념은 마태의 이야기에서 지속적으로 나타난다. 망자들 자체는 거룩했지만 부정한 장소에 거할 수밖에 없었다. 게다가 부정함의 세력이 예수를 완전히 압도하는 듯 보였던 바로 예수의 그 죽음의 순간에 거룩한 자들은 거룩한 도시 예루살렘에

---

57 기원전 1세기 로마의 시인이었던 베르길리우스는 율리우스 카이사르가 죽었을 때 어두움이 임했고, 많은 무덤을 파괴한 지진이 일어났다고 주장한다(*Georgica* 1.466-97). 고대 독자들이 예수의 죽음에 대한 마태의 묘사를 황제의 죽음에 대한 베르길리우스의 묘사와 연계했다면 그들은 한 가지 큰 차이점을 발견했을 것이다. 예수의 죽음은 기적적인 징후를 유발했을 뿐 아니라 죽은 자들이 다시 살아나는 결과를 낳았다.

58 Dale C. Allison Jr.는 이 본문을 "겔 37:1-14과 겔 14:4-5a에 기초한 원시 기독교 전승의 한 부분으로 묘사하는 반면"(*End of the Ages*, 45-46), Timothy Wardle은 이 본문이 사 52:1-2의 관점에서 해석될 수 있다는 점을 보여준다("Resurrection and the Holy City").

들어가기 위해 그 부정한 장소에서 나와 정결한 삶을 향한 첫걸음을 내디딘다. 젠스 허저(Jens Herzer)는 마태복음의 다른 본문에서 이미 죽은 예언자들과 의로운 자들의 무덤과 바리새인들과 서기관들이 중시했던 무덤에 대해 언급하고 있다고 적절하게 지적한다.[59] 그러나 마태복음 23장에 의하면 바리새인들과 서기관들은 예언자들과 의인들을 죽인 자들의 후손이었다. 따라서 예수가 죽을 때 하나님이 다시 살리신 거룩한 자들은 동족에게 부당하게 살해당한 자들일지도 모른다. 동족의 손에 부당하게 목숨을 잃은 예수의 뜻밖의 죽음은 이스라엘의 거룩한 순교자들이 다시 살아나는 결과를 가져온다. 이 거룩한 자들이 다시 살아난 사건은 예수의 순교가 이 거룩한 자들의 죽음보다 더 효과적임을 의미한다. 결국 마태는 죽는 순간에조차도 여전히 예수에게 속해 있는 그의 생명 부여 능력을 보여준다.

여기서 가장 충격적인 것은 마침내 부정함의 세력이 예수를 압도한 것처럼 보이는 바로 그 순간에도, 즉 예수가 시신으로 전락하여 시체로 인한 부정함의 근원이 되는 바로 그 순간에도 거룩한 능력이 예수의 몸에서 뿜어져 나와 죽음을 대변하는 무덤으로 들어간다는 점이다. 그렇게 하는 목적은 바로 의식적 부정함의 근원이었던 죽은 시신들을 건져내기 위함이다. 시체는 일반적으로 일부 부정함의 불쾌한 기운을 유발하지만, 예수의 시체는 오래전에 세상을 떠난 성인들을 선택적으로 다시 소생시

---

59 Herzer, "Riddle of the Holy Ones," 152-53. 또한 *1 Enoch* 51.2에 나타난 거룩한 자들의 부활에도 주목하라.

키는 거룩한 능력의 기운을 내뿜는다. 이러한 거룩한 능력은 골고다 언덕의 십자가에 달린 예수의 시신에서 예루살렘까지 미칠 정도로 광범위하게 분출되었다. 이러한 능력은 또한 오래전에 이미 사망한 자들을 다시 살리기 위해 죽음의 가장 깊은 곳까지 미칠 만큼 강했다. 마태는 예수의 십자가 처형이 궁극적으로 죽음 자체에 대한 승리임을 극적으로 보여준다.

마태는 이제부터 예수가 다른 시체들과 소통하는 사례를 더 이상 보여주지 않고 오히려 예수가 서기관들과 바리새인들의 위선을 크게 책망하는 긴 논쟁적 연설을 소개한다. "화 있을진저 외식하는 서기관들과 바리새인들이여! 회칠한 무덤 같으니 겉으로는 아름답게 보이나 그 안에는 죽은 사람의 뼈와 모든 더러운 것이 가득하도다"(마 23:27) 마태복음의 예수는 사람들이 무의식중에 무덤 사이를 거닐거나 무덤을 발로 밟고 지나가지 않도록 하기 위해[60] 무덤을 흰색으로 칠했던 유대인들의 관습을 언급한다. 예수는 그의 적대자들이 겉과 속이 다른 점을 비난한다. 그들은 겉으로는 순수하고 의롭게—눈처럼 하얗게—보이지만, 실제로는 불법을 행함—즉 도덕적 부정함(마 23:28)—때문에 부정함으로 가득 차 있다. 그는 바리새인들이 지나칠 정도로 율법을 철저하게 지키기 때문에, 혹은 개신교 신학에서 종종 말하듯이 "율법주의자"이기 때문에 그들을 비난하는 것이 아니다. 그는 오히려 그들이 위선적이고 그들

---

60 다음을 보라. Mishnah, *Sheqalim* 1.1; Mishnah, *Ma'aser Sheni* 5.1; Mishnah, *Mo'ed Qatan* 1.2.

의 삶속에서 의로운 모습을 찾아볼 수 없기 때문에 그들을 비난한다. 바리새인들은 단순히 예수의 기준에서 볼 때 충분히 의롭지 못한 것이다.[61]

예수는 자신이 왜 바리새인들의 도덕적 부정함을 비난하는지를 설명하는 차원에서 시체와 관련이 있는 정결 의식 관행을 예로 든다. 하지만 우리는 마태가 이처럼 시체로 인한 부정함을 은유적으로 설명한다고 해서 그가 시체로 인한 부정함을 문자적으로 이해하는 것을 포기했다고 단정해서는 안 된다. 이스라엘의 예언자들은 종종 의식적 부정함이라는 표현을 사용하여 이스라엘의 죄를 묘사하곤 했는데(예. 애 1:17; 겔 36:17; 슥 13:1), 거기엔 의식적 부정함의 중요성을 축소하려는 의도가 전혀 들어 있지 않았다. 이러한 비난은 독자들이 이미 이러한 관행에 대해 잘 알고 있었으며, 심지어 이러한 관행을 따르고 있었다는 점을 전제한다. 이러한 은유적 설명이 효과를 나타내려면 마태복음의 예수처럼 의식적 부정함을 전파하는 주범이 바로 무덤이라는 사실을 전제해야 한다.

따라서 마태는 마가복음의 시체로 인한 부정함에 관한 자료를 그대로 사용하면서 다른 자료를 덧붙인다. 마태는 마가와 마찬가지로 예수가 시체와 관련된 정결 규례를 거부했음을 암시하지 않는다. 오히려 예수의 말과 행동은 그가 이러한 정결 관련 사상에 의존하고 있음을 보여준다.

---

61 마 5:20에 기록된 이와 비슷한 주장과 Thiessen, "Abolishers of the Law"의 논의와도 비교해보라.

예수와 누가복음에 나타난 시체

내가 앞에서 이미 지적했듯이 누가는 야이로의 딸에 관한 마가의 이야기를 그대로 보존하지만, 예수가 십자가에서 죽는 순간에 죽은 자들이 다시 살아나는 마태의 기막힌 이야기는 생략한다. 하지만 그는 시체와 마주하는 예수의 다른 이야기를 하나 덧붙인다.

> 그 후에 예수께서 나인이란 성으로 가실새 제자와 많은 무리가 동행하더니 성문에 가까이 이르실 때에 사람들이 한 죽은 자를 메고 나오니 이는 한 어머니의 독자요 그의 어머니는 과부라. 그 성의 많은 사람도 그와 함께 나오거늘 주께서 과부를 보시고 불쌍히 여기사 "울지 말라" 하시고 가까이 가서 그 관에 손을 대시니 멘 자들이 서는지라. 예수께서 이르시되 "청년아! 내가 네게 말하노니 일어나라!" 하시매 죽었던 자가 일어나 앉고 말도 하거늘 예수께서 그를 어머니에게 주시니 모든 사람이 두려워하며 하나님께 영광을 돌려 이르되 "큰 선지자가 우리 가운데 일어나셨다" 하고 또 "하나님께서 자기 백성을 돌보셨다 하더라." 예수께 대한 이 소문이 온 유대와 사방에 두루 퍼지니라(눅 7:11-17).

내가 앞에서 야이로의 딸에 관해 언급한 내용은 모두 죽은 청년에 관한 누가의 이야기에도 똑같이 적용된다. 하지만 야이로의 딸의 경우와는 달리 예수는 여기서 죽은 사람의 시체를 **우연히** 발견한다. 누가는 이 안타까운 상황에 대한 연민을 증폭시키기 위해 죽은 사람이 젊은 청년으로서 과부의 외아들임을 독자들에게 알린다. 따라서 이 청년의 죽음은 가정을 책임질 가장 없이 홀어머니만을 홀로 남겨둔다. 이런 이유로 예수가 이 여인에게 연민을 느끼게 되었음을 누가는 강조한다. 하지만 많은 그리스도인 독자들이 생각하는 것과는 달리 누가는 이러한 연민을 율법주의와 대비시키려는 의도가 전혀 없다. 여기서 묘사하는 예수의 연민은 오히려 과부를 보호하고 돌보는 것을 반복적으로 강조하는 유대 율법의 요구를 성취하는 것이다.[62]

예수는 여기서도 마가복음 5장에서처럼 의식적 부정함에 오염된 것처럼 보인다. 하지만 마가복음 5장과는 대조적으로 누가복음의 예수는 시체에 손을 대지 않고 상여만을 건드린다. 그는 시체를 향해 이렇게 말한다. "청년아! 내가 네게 말하노니 일어나라!" 예수가 상여를 만진 것과 그 청년에게 던진 말은 그 청년이 죽음에서 다시 돌아오게 하기에 충분했다. 사실 이 청년은 다시 살아났고, 즉시 말을 할 수 있을 만큼 충분한 영(pneuma)을 소유하게 되었다. 예수 안에서 역사하는 거룩함이 어찌나 강했던지 그는 시체와 (상여를 통해) 간접적으로 접촉하는 것만으로도

---

62 참조. 출 22:22; 신 10:18; 24:19-21; 27:19; 욥 24:21; 31:16-18; 시 94:6; 146:9; 사 1:17; 렘 7:6; 22:3; 겔 22:7; 슥 7:10; 말 3:5; 집회서 35:17; 에녹2서 42.9; 에스라4서 2.20. 이러한 율법은 고대 근동 지역에서도 그 전례를 찾아볼 수 있다. 예를 들면 *Laws of Ur-Namma* (LU) Prologue: "나는 고아를 부자에게 넘겨주지 않았다. 나는 과부를 힘 있는 자에게 넘겨주지 않았다"(trans. Roth, *Law Collections from Mesopotamia*). 또한 다음도 보라. Hallo, *Context of Scripture*, 1:100 (1.43). 거기서 고관 렌시는 고아의 아버지이며 과부의 남편이자 거부당한 여인의 오라버니로 묘사된다.

그 청년에게 온전한 생명을 되돌려주기에 충분했다.

따라서 누가의 이런 상세한 설명은 죽음을 압도하는 예수의 능력을 크게 부각시킨다. 마가복음에서 예수는 죽음을 눈앞에 둔 소녀를 치유하기 위해 그녀의 집으로 가고 있었다. 마가복음은 그녀가 바로 죽은 이후에 예수가 다시 그녀를 살려냈다는 것을 암시한다. 한편 소녀의 죽음을 좀 더 과거의 시점으로 되돌린 마태복음에서는 아버지가 딸이 죽자마자 예수에게로 향한다. 그러나 예수는 시체가 여전히 집에 있을 때, 즉 그 소녀가 죽은 지 얼마 되지 않았을 때 그 시체와 마주한다. 누가복음은 소녀가 예수가 도착하기 전에 죽는 마가복음을 따라간다(눅 8:40-42). 하지만 이 젊은 청년의 경우에는 이 청년이 죽은 지 상당한 시간이 이미 흘렀음을 알 수 있다. 왜냐하면 예수는 장지로 가는 도중에 장례 행렬과 마주했기 때문이다. 게다가 세 공관복음에 기록된 야이로의 딸 이야기와는 대조적으로 예수는 그 청년을 다시 살리기 위해 그의 시신을 만질 필요조차 없었다. 또한 죽음의 세력에게 이 청년의 몸을 파괴할 충분한 시간이 주어졌음에도 불구하고 예수는 그를 다시 건장한 청년의 모습으로 되돌려줄 만큼 강한 능력의 소유자임을 입증해 보인다.

누가는 또한 시체로 인한 부정함에 대한 예수의 견해를 엿볼 수 있는 이야기 하나를 추가로 소개한다. 이 이야기는 선한 사마리아인의 비유로 더 잘 알려져 있다. 비록 이 비유에서는 시체와 관련된 예수의 행동을 자세히 소개하지는 않지만, 누가가 이 이야기를 통해 이러한 유형의 부정함과 관련된 예수의 가르침을 소개한다는 점에서 큰 의미가 있다.

율법 교사가 예수에게 영생을 얻으려면 무엇을 해야 하느냐고 물었을 때 예수는 오히려 그에게 율법이 무엇이라고 말하느냐고 반문한다. 누가의 관점에서 보면 이러한 반문은 율법이 그런 질문에 답할 수 있을 만큼 권위가 있음을 예수가 인정한다는 것을 암시한다. 이 사람은 예수의 질문에 신명기 6:5과 레위기 19:18을 인용하며 답변한다. "네 마음을 다하며 목숨을 다하며 힘을 다하며 뜻을 다하여 주 너의 하나님을 사랑하고 또한 네 이웃을 네 자신 같이 사랑하라." 누가는 마가복음과 마태복음에서 예수가 이 구절을 인용하여 답하는 이야기(막 12:28-34; 마 22:34-40; 이 두 기사에서 이 사람은 예수의 답변에 동의한다)를 가져와 예수의 대화 상대자의 대사로 바꾼다.

누가복음의 예수는 이 사람의 대답에 동의하지만, 이 사람은 레위기 19:18과 관련하여 후속 질문을 던진다. "그러면 내 이웃은 누구입니까?" 이 질문에 답하기 위해 예수는 제사장, 레위인, 사마리아인이 길가에 쓰러져 있던 어떤 사람을 각각 만나는 이야기를 들려준다. 강도를 만난 이 사람은 거반 죽은 것처럼 보인다. 제사장과 레위인은 예루살렘에서 여리고로 내려가던 중(즉 그들은 예루살렘 성전으로 올라가는 것이 아니라 여리고로 내려가던 중이다!) 길 건너편으로 건너가 다친 이 사람을 그냥 버려두고 가버린다. 이와 달리 사마리아인은 그에게 다가가 상처를 치료하고 그가 치료를 받는 동안 여관에 머물 수 있도록 숙박 비용을 대신 내준다.

이 이야기는 그리스도인들로부터 유대교와 성전과 정결 의식 체계에 대한 수많은 공격을 불러일으켰다.[63] 논쟁 저변에 깔려 있는 사고에 따르면 이 이야기는 유대인들 가운데 특히 제사장 및 종교 엘리트 집단이 율법을 사람들이 긍휼과 자비로 행하는 것을 저지하는 방식으로 해석해왔음을 보여준다. 물론 이 이야기는 올바른 율법 해석에 관한 것이긴 하지만, 긍휼과 율법 준수를 서로 대치하지는 않는다. 리처드 보컴이 지적하듯이 "예수는 여기서 누가에 의해 1세기의 유대교 율법 교사들 사이에서 흔히 볼 수 있었던 올바른 율법 해석에 관한 논쟁에 관여하고 있는 것으로 묘사된다."[64] 하지만 이것이 바로 우리가 주목해야 할 점이다. 이 이야기는 누가복음의 예수가 스스로 유대 율법을 철저히 준수하고 있다고 믿고 있음을 강조한다.

그러나 다른 어떤 법전(法典)과 마찬가지로 유대 율법도 올바른 적용을 잠재적으로 방해하는 여러 가지 해석학적 쟁점을 포함하고 있다. 예를 들어 기원전 1세기의 로마 법률가이자 정치가였던 키케로 역시 법률적으로 이러한 난점이 있음을 인정했다. "논쟁은 둘 이상의 법이 서로

---

63 이러한 일부 경멸적인 묘사에 관해서는 다음을 보라. A.-J. Levine, *Misunderstood Jew*, 144-49; A.-J. Levine, *Short Stories by Jesus*, 71-106.

64 Bauckham, "Scrupulous Priest," 475-76. Amy-Jill Levine(*Misunderstood Jew*, 145; *Short Stories by Jesus*, 93)과는 달리 Bauckham은 비록 예수가 이에 대해 아무것도 명시적으로 말하지 않지만, 이 이야기는 또한 의식적 부정함에 관한 것이라고 주장한다. "이 비유에서 부정함에 대한 구체적인 언급이 없었기 때문에 여기서도 정결함이 쟁점임을 인정하기를 거부하는 주석가들은 어느 정도 지식이 있는 청자라면 인적이 없는 도로에서 제사장이 죽어가는 사람을 만나는 상황에서는 시체로 인한 부정함에 관한 문제가 제기될 수밖에 없는 1세기 유대 세계에 상상력을 가지고 들어가지 못했음을 자인하는 셈이다"("Scrupulous Priest," 477). 여기서 나의 논의는 Bauckham의 훌륭한 소논문에 의존한다.

일치하지 않고 충돌할 때 발생한다."[65] 하나의 법을 준수하는 것이 다른 하나의 법을 위반하는 결과를 초래한다면 어떻게 될까? 두 개의 법 중에서 어떤 법을 지키고 어떤 법을 무시할 것인지의 문제를 놓고 우리는 어떻게 대처해야 할까? 키케로는 이 질문에 다음과 같이 답한다. "우선 우리는 어떤 법이 가장 중요한 문제를 다루는지, 즉 어떤 법이 가장 시의 적절하고 명예롭고 필수적인 문제를 다루는지를 고려해야 한다. 결론은 두 법(또는 둘 이상)이 충돌하는 상황에서 두 법을 함께 유지할 수 없다면 가장 중요한 문제를 다루는 법이 우선권을 갖는다는 것이다."[66]

보다 더 일반적인 도덕적 사례를 두 가지 들어보자. 굶주린 가족을 먹여 살리기 위해 음식을 도둑질해야 하는가? 누군가가 살해당하는 것을 막기 위해 거짓말하는 것이 옳은가? 키케로의 대답은 더 중요한 문제(이 경우에는 생명 보존)가 덜 중요한 문제보다 우선한다는 것이다. 우리는 쿰란 공동체 안에서도 이러한 법적 논리가 작동하는 것을 발견한다. 예를 들어 어떤 본문은 일곱째 날이 안식일이라면 시체로 인해 부정해진 사람이 최종적으로 물을 통한 정결 의식을 치러야 하는지에 관한 문제를 다룬다. 이러한 본문의 답변은 "아니다"다.[67] 후대의 랍비들도 종종 다음과 같은 질문을 던진다. 예를 들어 창세기 17:12-14과 레위기 12:3에 따라 태어난 지 8일째 되는 날에 남자아이에게 할례를 주기 위

---

65   Cicero, *On Invention* 2.49.144.
66   Cicero, *On Invention* 2.49.145.
67   4Q251 1-2 6; 4Q265 6 5-6.

해서 안식일을 제쳐놓아도 될까? 그들의 답변은 "그렇다"다.

예수의 비유에서 갈등은 두 가지 율법 때문에 일어난다. 위에서 언급한 바와 같이 제사장 문헌에 따르면 제사장들은 직계 가족(어머니, 아버지, 아들, 딸, 형제, 처녀 여동생/자매; 레 21:1-3; 참조. 겔 44:25)을 제외하고서는 그 누구에게서도 시체로 인한 부정함에 오염되어서는 안 된다. 이 금지 조항은 제사장이 가까운 혈육을 제외하고서는 죽은 사람의 시체를 만지거나, 매장하거나, 장례식에 참석할 수 없다는 것을 의미했다. 그러나 신명기 21:23에 따르면 사람의 시체를 나무에 매달 경우에는 같은 날에 매장을 해야 한다. 후기 유대교에서 이 계명은 사람이 죽으면 바로 그날에 매장해야 한다는 것으로 이해되었다. 따라서 위에서 지적한 바와 같이 토비트는 매장되지 않고 방치된 살해당한 이스라엘인들을 찾아 그들의 시신을 자신이 직접 매장한다(토비트 1:17-19; 2:3-9; 12:12-13). 기원후 1세기에 요세푸스도 모세가 유대인들에게 그 누구의 시신도 매장되지 못한 채 그대로 두지 말 것을 명령했다고 기록하고, 필론도 이와 동일한 주장을 한다.[68]

아주 예외적인 상황에서는 이 두 가지 계명이 서로 충돌할 수도 있었는데, 이것이 바로 율법 교사의 질문에 대해 누가복음의 예수가 그의 답변에서 제기한 상황이다. 죽은 사람을 매장하라는 계명이 주어진 상황에서 매장되지 않은 채 방치된 시체를 어떤 제사장이 발견한다면 어

---

68 Josephus, *Against Apion* 2.211; Philo, *Hypothetica* 7.7.

떻게 해야 할까? 과연 그는 신명기 21:23에 대한 이러한 해석과 이웃을 사랑하라는 제사장 문헌에 순종하여 시신을 매장하기 위해 시체로 인한 부정함을 감수해야 할까? 아니면 레위기 21:1-3에 기록된 규례에 따라 시체 또는 시체로 인한 오염을 회피해야 하는가? 이와 관련하여 예수의 이야기에서처럼 만약 그가 생사 확인이 어려운 사람을 발견한다면 과연 그는 어떻게 대처해야 할까? 과연 그는 그 사람이 아직 살아 있어 목숨을 건질 수 있다는 막연한 가능성을 대비해 시체로 인한 부정함을 감수해야 하는가? 이것이 바로 예수의 이야기가 전제하고 있는 법적 난관이다.

이 두 가지 선택, 즉 죽은 사람을 매장하기 위해 부정함에 오염되는 것(그리고 이로써 이웃에게 사랑을 보여주는 것)과 제사장에게 주어진 규례를 따라 시체로 인한 부정함을 회피하는 것은 모두 법 준수에 수반되는 여러 측면이다. 사실 이 두 계명은 모두 제사장 문헌, 즉 레위기 19:18의 사랑 계명과 레위기 21:1-3의 제사장을 위한 시체로 인한 부정함 오염 금지 조항에서 비롯된 것이다. 이러한 (아마도 드물게 나타나는) 상황에 직면한다면 우리는 어떤 법을 준수하고, 어떤 법을 무시해야 할까? 이러한 상황에서 우리는 어떻게 하나님과 그분의 율법을 모두 지킬 수 있을까? 보컴이 주장하듯이 "어떤 율법이 우선하는지를 결정하여 이러한 사례를 해결하는 것은 어떤 율법은 효력이 없거나 또는 무시될 수 있음을 암시하지 않는다. 이것은 율법의 해석에 있어 필수적이다. 따라서 이 비유는 청중에게 할라카적인[즉 율법적인] 판단을 하도록 유도한다."[69]

이러한 판단과 관련하여 보컴은 예수 (또는 누가) 시대의 유대인들이 내렸을 법한 세 가지 결론을 다음과 같이 제안한다.

1. 모든 유대인은 이런 상황에서 제사장이 시체로 인한 부정함을 피해야 한다고 믿었다.

2. 모든 유대인은 제사장이 시체를 매장하기 위해 시체로 인한 부정함을 감수해야 한다고 믿었다.

3. 유대인들은 이런 상황에서 어떤 율법이 우선하는지에 대해 논쟁을 벌였다.[70]

---

69 Bauckham, "Scrupulous Priest," 480.

70 Amy-Jill Levine은 레위인들은 레 21:1-3을 따를 필요가 없었으므로 누가의 이야기에 등장하는 레위인은 시체로 인한 부정함에 오염되는 것에 신경 쓸 필요가 없었다고 주장한다(*Short Stories by Jesus*, 92-93). 물론 그럴 수도 있겠지만, 나는 이 문제에 대해 어느 한 쪽으로 분명하게 말하는 제2성전기 본문이나 초기 랍비 본문을 접한 적이 없다. 사실 미쉬나는 헤롯 아그립바가 성전 경내로 들어왔을 때 레위인들이 노래를 부르기 시작했다고 주장한다(Mishnah, *Bikkurim* 3.4; 참조. *Pesahim* 5.7; *Sukkah* 5.2; *Middot* 1.1). 따라서 레 21장이 구체적으로 레위인들을 언급하지는 않지만, 레위인들 가운데 제사를 맡는 담당자라면(모두가 이 일을 맡은 것은 아니다) 일반 제사장들과 마찬가지로 이와 동일한 종류의 규제를 받았을 수도 있다. 만약 그들이 레위인으로서 신성한 장소에서 이러한 역할 수행을 맡았다면 그들은 부정함에 관한 동일한 규례를 철저히 준수했을 것이다. 마지막으로 Mishnah, *Nega'im* 14.4는 나실인들(민 6:18)과 레위인들(민 8:7)은 머리를 밀도록 되어 있었음을 지적한다(물론 레프라에 걸린 환자들도 마찬가지다). 아마도 이러한 동일 규정을 바탕으로 일부 유대인들은 레위인들도 나실인들에게 명한 것처럼 시체를 피해야 필요가 있다고 결론 내렸을 것이다(민 6:6-7). 이와 유사한 Sanders, *Jewish Law*, 56-57의 주장도 보라.

그는 비록 우리가 제2성전기의 증거를 가지고 있지는 않지만, 초기 랍비 문헌은 우리가 이 질문에 답하는 데 도움을 준다고 주장한다. 예를 들어 미쉬나는 매장되지 못한 채 방치된 시체 관련 율법에 대한 랍비 용어인 메트 미츠바(*Mēt Mitzvah*)의 문제를 다룬다. 이 율법의 전제는 유대인들이 방치된 시체를 돌보려면 원칙적으로 시체로 인한 부정함을 **감수해야** 한다는 것이다. 그러나 이는 또한 이러한 율법은 대제사장이 가까운 친척을 포함하여 다른 사람을 대신해서 시체로 인한 부정함에 오염되는 것을 금지하는 율법(레 21:11; 참조. 21:1-3)과 나실인 서약을 체결한 사람이 직계 가족에게서 시체로 인한 부정함에 오염되는 것을 금지하는 율법(민 6:6-7)과 충돌한다는 것을 인정한다. 따라서 이는 누가복음의 예수가 제기한 것과 비슷한 상황을 상정한다. 대제사장이나 나실인이 매장되지 못한 채 방치된 시체를 만나면 그들은 어떻게 해야 할까? 랍비들은 다음과 같은 시나리오를 상상한다. "그리고 그들[즉 대제사장과 나실인]이 길을 걷고 있을 때 방치된 시체를 발견한다."[71] 어떻게 해야 할까? 랍비들의 의견은 서로 갈린다. 미쉬나에 의하면 기원후 1세기의 랍비 엘리에셀은 대제사장은 오염을 감수해야 하는 반면, 나실인은 그렇게 해서는 안 된다고 주장한다.[72] 이와는 대조적으로 현자들은 나실인은 시체로 인한 부정함에 오염되는 것을 감수해야 하지만, 대제사장은 그래서는 안

---

71 Mishnah, *Nazir* 7.1.
72 참조. Babylonian Talmud, *Megillah* 3b; Babylonian Talmud, *Zevahim* 100a.

된다고 주장한다.[73] 이 본문에 대한 후대의 논평은 엘리에셀과 현자들이 이 두 사람이 함께 걸어가다가 매장되지 않은 시신을 만나게 되는 (가능성이 매우 희박한) 경우에 이 가운데 어떤 사람이 오염을 감수해야 하는지를 놓고 서로 의견이 갈린다고 주장한다. 그렇다면 이 후대의 논평은 초기 랍비들이 나실인과 대제사장이 혼자 있었다면 그런 상황에서 자신을 더럽혀야 한다는 데 동의했지만, 그들이 함께 있었다면 두 사람 중 누가 오염을 감수하고, 누가 거룩한 상태를 유지할지를 놓고 논쟁을 벌였음을 보여준다.[74] 다시 말하면 이 문제는 실제로 일어날 것 같지 않은 상황에서 누가 정결한 상태를 유지할 것인지를 두고 전개된다.

랍비들의 이러한 논쟁은 예수의 이야기와 관련이 있다. 왜냐하면 이는 한 가지 요점, 즉 일반 이스라엘인과 일반 제사장은 시신을 매장하기 위해 자신을 **더럽혀야 한다**는 점을 전제하고 있기 때문이다. 이것이 바로 누가복음의 예수가 그의 비유에서 제기하는 시나리오다. 제사장이나 레위인은 대제사장이나 나실인이 아니기 때문에 (후대 랍비들의 주장에 따르면) 그들은 (a) 그 사람의 생사 여부를 확인하고, (b) 그가 죽었다면 그를 매장하기 위해 자신을 더럽힐 의무가 있다. 이러한 법률적 의견은 아

---

73 참조. Mishnah, *Nazir* 6.5.

74 Babylonian Talmud, *Nazir* 47b. 이 견해에 대한 한 가지 예외(대제사장이나 나실인은 매장되지 못한 시신을 대신하여 자신을 더럽혀야만 한다): 만약 대제사장이 할례나 유월절 어린양 제사, 즉 이를 준수하지 않으면 이스라엘에서 끊어진다고 규정한 두 가지 규례를 등한시해야 한다면 그는 죽은 사람을 대신하여 자신의 몸을 더럽혀서는 안 된다 (Babylonian Talmud, *Nazir* 48b).

마도 누가가 자신의 복음서를 쓸 당시에도 존재했겠지만, 우리는 그러한 해석이 얼마나 널리 퍼져 있었는지 알 수 없다. 사두개인이나 쿰란 공동체가 이 문제에 대해 서로 다른 법적 견해를 가지고 있었을 가능성도 있다(물론 확실하지는 않지만 말이다).[75] 여기서 우리는 유대인들이 때로는 유대 율법을 어떻게 해석하고 어떻게 삶에 적용해야 하는지를 놓고 서로 의견이 달랐다는 것을 인정하는 것의 중요성을 발견한다. 누가복음의 예수는 자신의 견해를 가지고 이 논쟁에 뛰어든다. 그는 방치된 시체를 매장하려는 이웃 사랑과 제사장은 망자를 위해 자신을 오염시켜서는 안 된다는 요구 사항을 서로 대비시킨다. 달리 말하자면 예수는 레위기 19:18과 민수기 21:23의 율법이 레위기 21:1-3의 율법보다 우선한다고 주장하는 것이다.

랍비들은 시신을 매장하라는 계명과 이웃을 사랑하라는 계명을 명시적으로 연결하지는 않지만, 다른 랍비 문서들은 레위기 19:18에서 자기 이웃을 사랑하라는 계명이 율법에서 가장 위대한 원칙임을 강조한다. 예를 들어 기원후 1세기 말이나 2세기 초에(후대 랍비들의 주장을 믿을 수 있다면) 랍비 아키바는 레위기 19:18이 율법에서 가장 위대한 원칙이라고 주장한다.[76] 사실 누가와 마가는 1세기 유대인들이 유대 율법에서 이

---

75 Mann, "Jesus and the Sadducean Priests"의 제안도 보라.
76 *Sifra Leviticus* 19.18; *Genesis Rabbah* 24.7; Jerusalem Talmud, *Nedarim* 9.3-4. 모세의 율법에 담긴 613개 계명을 하나의(혹은 소수의) 원칙으로 정제하려는 시도에 대해서는 다음을 보라. Babylonian Talmud, *Makkot* 24a; *Berakhot* 63a; *Shabbat* 31a.

웃 사랑이 가장 중요한 두 가지 계명 중 하나라는 데 동의했음을 보여
준다(눅 10:27; 막 12:32-33).[77] 그러나 이러한 법적 논쟁은 일부 기독교 해
석자들의 생각과는 대조적으로 예수가 여기서 유대교 내에 존재했던 일
종의 율법주의를 공격하고 있지 않음을 보여준다. 보컴은 재차 다음과
같이 적절하게 지적한다. "그는 다친 사람을 도와주는 과정에서 이 계명
을 준수하고 있다. 그의 연민은 율법주의에 대한 어떤 대안이 아니다. 그
것은 이웃을 사랑하라는 계명이 요구하는 것이다."[78]

제사장이 낯선 사람에게 시체로 인한 부정함에 오염되는 것을 우려
하는 것보다 이웃 사랑을 더 중시하는 예수의 마음을 강조하는 이 이야
기는 이웃에 대한 연민이나 사랑이 의식적 부정함과 상반된다는 기독교
의 주장을 유발했다. 그러나 이러한 율법이 서로 충돌을 일으키는 경우
는 드물 것이다. 그 외에는 내가 이 책에서 계속 되풀이했듯이 정결 의식
체계는 연민과 이웃 사랑에 의해 움직인다. 즉 제사장 문헌은 부정한 사
람들의 삶을 망치려는 것이 아니라 그들의 삶을 보호하기 위해 그들을

---

77 Dale C. Allison Jr.는 다음과 같이 말한다. "신약성경이 토라의 다른 어떤 말씀보다 레
19장의 핵심 구절인 그 유명한 19:18을 인용한다는 것은 이 19장이 사람들에게 인기
가 있었음을 암시한다. 이와 마찬가지로 유대 자료들도 이 함축적인 계명을 선호한다"
(*Constructing Jesus*, 352). 그는 이 주장을 지지하기 위해 다수의 초기 문헌을 제시한다. 집
회서 13:15; 희년서 7.20; 20.2; 36.4, 8; 다마스쿠스 문서 VI, 20; 1QS V, 25; 르우벤
의 유언 6.9; 잇사갈의 유언 5.2; 갓의 유언 4.2; 베냐민의 유언 3.3-4; 마 5:43; 19:10;
막 12:31, 33; 롬 12:9; 13:9; 갈 5:14; 약 2:8; *Gospel of Thomas* 25; *Didache* 1.2;
Gospel of the Nazarenes fragment 16; *Sibylline Oracles* 8.481. 이제 사랑에 대한 계명은 다
음을 보라. Akiyama, *Love of Neighbour*.
78 Bauckham, "Scrupulous Priest," 486. 또한 다음도 보라. Fredriksen, "Compassion Is to
Purity."

신성한 장소에서 격리하는 것이다. 정결 체계 자체는 다수의 유대인들이 생각하듯이 성스러운 것(삶)을 보존하고 부정한 세력(죽음)을 억제하는 데 그 목적이 있었다.

게다가 사마리아인의 행동은 의식적 부정함을 감소시켰다. 예수의 이야기에서 피해자가 아직 살아 있는지 확인하기 위해 시체로 인한 오염을 감수해야 하는 제사장이나 레위인은 이로써 (a) 구타당한 사람의 생명을 보존하고, 이를 통해 이 세상에 시체 하나가 더 발생하고 이 세상을 끊임없이 오염시키는 세력을 막거나, (b) 시체를 매장함으로써 그 사람을 사랑하고 존중하며, 매장지를 표시하여 다른 사람들이 무의식적으로 시체에 오염되지 않도록 한다. 이 두 시나리오 모두 필연적으로 시체로 인한 부정함을 줄여준다. 이러한 결과는 학자들이 미처 관찰하지 못했던 것이다. 긍휼을 베푼다고 해서 정결 의식 체계가 약해지는 것은 아니다. 그것은 오히려 궁극적으로 정결 체계를 확고하게 만들어준다. 이 이야기는 이번 장에서 논의한 다른 이야기들과 마찬가지로 죽은 자들의 의식적 부정함의 근원에 다시 생명을 불어넣음으로써 기본적으로 이들이 의식적으로 정결한 상태로 회복될 수 있게 한다. 예수의 경우에서는 죽은 시체가 다시 살아난다. 제사장과 레위인과 사마리아인의 이야기에서는 사마리아인이 구타당한 사람을 죽음에서 구해내고 곧 시체로 변할 사람을 다시 살려 건강을 되찾게 한다.[79]

---

79 마태복음과 누가복음은 (비록 죽음으로 유발한 부정함은 아니지만) 죽음과 관련된 어록을 예수에게 귀속시킨다. "제자 중에 또 한 사람이 이르되 '주여, 내가 먼저 가서 내 아버

요한복음과 다시 소생한 나사로

비록 이 책에서는 주로 공관복음을 살펴보지만, 요한복음 11장에서 예수가 나사로를 살리는 이야기를 살펴보는 것도 중요하다. 공관복음과 달리 요한복음은 예수가 레프라 환자나 생식기 분비물 유출로 고생하는

지를 장사하게 허락하옵소서.' 예수께서 이르시되 '죽은 자들이 그들의 죽은 자들을 장사하게 하고 너는 나를 따르라' 하시니라"(마 8:21~22). 누가는 이 이야기를 두 가지 방식으로 수정한다. 첫째, 그는 이 사람을 예수의 제자라고 부르지 않는다. 그 이유는 이 사람은 실제로 예수를 따르지 않기 때문이다. 둘째, 누가복음의 예수는 죽은 자들이 그들의 죽은 자들을 장사하게 하라는 명령에 이 사람이 가서 하나님의 나라를 선포하라는 명령을 덧붙인다(눅 9:56~60). 그러나 내가 이미 언급했듯이 성경의 두 가지 선례가 특정한 사람들, 곧 대제사장과 나실인은 심지어 아버지의 시신이라 할지라도 시체로 인한 부정함에 오염되어서는 안 된다는 점을 암시한다(레 21:11; 민 6:7). 이 두 경우 모두 대제사장의 거룩함과 나실인의 거룩함은 그들이 죽은 사람을 돌보는 것을 금하고, 다른 사람들이 죽은 사람을 장사하는 것을 전제한다. 예수의 이 말씀도 마찬가지로 다른 사람이 죽은 사람을 장사하는 것을 전제한다. 그렇다면 마태와 누가는 예수가 자신을 따르는 자들에게 이 격상된 거룩함을 확대하는 모습을 묘사하려고 했을 가능성이 높다. 비록 마태가 이를 명시적으로 밝히지는 않지만, 누가는 하나님 나라를 선포하는 행위가 아버지를 장사하는 것보다 더 중요하다는 것을 암시한다. 후대의 랍비들은 죽은 사람을 보살피는 것이 쉐마를 암송하는 것보다 우선하고 어쩌면 토라의 다른 모든 의무보다도 우선한다고 주장하지만, 예수의 주장은 어떤 의무들은 죽은 아버지를 장사하는 것보다 더 중요하다는 점을 암시한다. 다시 말해 예수는 할라카에 기초한 주장을 펼친다. 예수의 논리가 설득력이 있으려면 우리는 여기서 두 가지 전제를 수용할 필요가 있다. (1) 예수와 그의 추종자들은 하나님 나라에 대한 올바른 생각을 갖고 있었고, (2) 이 하나님 나라를 선포하는 것이 아버지를 장사하는 것보다 우선한다.

흥미롭게도 미쉬나는 랍비의 동료, 곧 "하베르"(*haber*)가 죽은 사람 때문에 자신의 몸을 오염시켜서는 안 된다고 지적한다(Mishnah, *Demai* 2.3). 이러한 진술은 가까운 가족의 죽음과 같이 예외 조항을 두지 않으며, 따라서 예수의 진술과 유사하다. 적어도 일부 랍비들에게는 토라를 연구하는 의무가 죽은 사람을 보살피는 것보다 우선한다. 궁극적으로 이러한 논쟁과 진술이 진정으로 의미하는 바는 바로 유대 율법을 준수하느냐 마느냐에 있지 않고, 유대 율법을 구성하고 있는 다양한 규례를 어떻게 올바르게 정리하느냐에 있다.

이들을 치유하는 사건들을 언급하지 않는다. 또한 예수가 마귀―공관복음 저자들이 때때로 부정한 영(*pneumata*)으로 언급하는 존재―를 다루는 모습에 관해서도 요한은 침묵한다. 요한이 이런 부정함의 근원을 전혀 다루지 않는다는 점은 그가 (예수가 나사로를 죽음에서 다시 일으킨 이야기를 제외하고는) 의식적 부정함에 대해 전혀 관심이 없다는 것을 암시한다고도 볼 수 있다.

학자들은 요한복음과 공관복음 간의 이러한 상당한 차이점을 고려하여 요한이 과연 다른 복음서들을 알고 있었는지에 관해 오랫동안 논쟁을 벌여왔다. 물론 이 질문에 어떤 답변을 제시하느냐에 따라 나사로 이야기에 대한 해석이 달라지는 것은 아니지만, 나는 요한이 공관복음 중 하나 이상을 알고 있었다고 확신하며,[80] 나사로의 소생에 관한 그의 이야기는 이미 앞에서 보도한 다른 소생 이야기에서 발견할 수 있었던 극적인 부분을 한층 더 고조시킨다고 믿는다. 첫째, 나사로는 이미 죽은 지 오래되었고, 무덤에 사흘 동안 매장되어 있었다(요 11:17). 그는 누가복음 7장의 청년에 비해 죽은 지 이미 사흘이나 더 지났다. 요한은 이 사실을 강조한다. 왜냐하면 예수가 무덤의 돌을 옮겨놓으라고 요구했을 때 마르다는 나사로가 이미 죽은 지 오래되었다는 점을 부각시켰기 때문이다. 그의 몸은 이미 부패한 시체에서 나는 악취를 풍겼을 것이다(요

---

[80] 요한이 공관복음을 알고 있었다는 견해에 반대하는 고전적인 주장은 여전히 Gardner-Smith의 *St. John and the Synoptic Gospels*이다. 그러나 이에 대한 다양한 주장은 다음을 보라. Denaux, *John and the Synoptics*; Keith, "If John Knew Mark.'"

11:39). 어쩌면 요한은 독자들이 나사로의 부패한 모습을 통해 그의 영혼이 이미 그의 몸에서 떠났다고 결론짓기를 원했는지도 모른다. 이러한 믿음은 후기 랍비 문헌에서도 발견되는데, 기원후 3세기 말에 랍비 레위는 사람이 죽은 후 그 영혼이 3일 동안 시신 부근을 맴돈다고 주장했다. 그러나 사흘이 지나면 시신은 분해되기 시작하고 영혼은 그 몸에서 떠난다.[81] 둘째, 예수가 직접 손을 댄 어린 소녀의 이야기와 상여를 통해 간접적인 접촉이 이루어진 청년의 이야기와는 대조적으로 나사로의 이야기에서는 예수가 시신과 상당히 멀리 떨어져 있다. 결과적으로 이 이야기에서 예수가 시체로 인한 부정함에 오염될 가능성은 희박했을 것이다. 게다가 이번에는 예수의 말씀만으로(나사로야, 나오라!) 죽은 사람이 다시 살아났다(11:43-64).

또한 요한은 한때 의식적으로 부정한 사람을 만나는 예수를 묘사한다. 의도적이든 아니든 간에 요한은 마태복음과 누가복음에서 볼 수 있던 현상을 한층 더 부각시킨다. 즉 죽음을 압도하는 예수의 능력은 시간과 공간을 초월한다. 이미 매장되어 썩어가던 나사로의 시신은 여전히 예수의 거룩한 힘의 지배를 받고 있었으며, 예수는 그를 죽음에서 생명으로, 부정함에서 정결함으로 구해낼 수 있는 능력자다.

---

81 *Leviticus Rabbah* 18.1.

예수의 시체 취급에 대한 유대 전례

야이로의 딸을 다시 살린 이야기는 엘리야와 엘리사에 관한 두 이야기에 의존한다. 첫 번째 이야기에서는 예언자 엘리야가 사르밧 과부의 아들을 다시 살리는 반면(왕상 17:17-24), 두 번째 이야기에서는 엘리사가 수넴 여인의 아들을 다시 살린다(왕하 4:32-37). 사실 이 두 이야기는 엘리야와 엘리사가 이 어린 아들의 시신과 광범위하게 접촉한다는 점을 공히 강조한다. 엘리야는 그 소년 위에 세 번 눕고, 엘리사는 그 수넴 여인 아들 위에 한 번 눕고, 그의 입과 눈과 손을 시신의 입과 눈과 손에 얹는다. 이러한 밀접한 접촉은 두 소년이 다시 소생하는 결과를 가져온다. 분명히 엘리야와 엘리사는 시체로 인한 부정함에 오염되는 것을 전혀 우려하지 않았다. 그리고 저자는 이러한 신체적 접촉 이후 그들이 과연 정결 의식을 치렀는지에 관해서도 전혀 아무 말도 하지 않는다.[82]

두 예언자는 죽음에 대항하는 생명의 힘을 보여준다. 사실 엘리사의 능력은 전염력이 강해 심지어 죽은 후에도 치유의 능력을 발휘한다. 열왕기하 13장에 의하면 일부 이스라엘 사람들은 모압 사람들이 쳐들어왔을 때 죽은 사람을 땅에 매장하고 있었다. 이스라엘 백성은 급히 도망치는 가운데 시신을 엘리사의 무덤에 던졌는데, 그 시신이 엘리사의 유골에 닿았다. 엘리사의 유골에 닿자 그 시신은 다시 살아난다. 이것은 상

---

82 우리는 여기서 하나님이 시신으로 가득 찬 골짜기로 이끈 제사장/예언자 에스겔을 떠올릴 수도 있다(겔 37장).

당히 놀라운 이야기다. 왜냐하면 제사장 규례(혹은 유대 경전)는 그 어디에서도 시체가 다른 시신에 생명을 공급할 수 있다고 말하지 않기 때문이다. 그러나 고대 유대인이나 현대 학자 가운데 그 누구도 열왕기하 저자가 이 이야기에서 정결 의식 체계를 거부했다고 해석하지 않는다. 이러한 독특한 이야기의 정확한 의미가 무엇이든지 간에 아무도 이 저자(또는 엘리야나 엘리사)가 정결 의식 체계나 성전 예배를 폐지하고자 의도했다고 결론짓지 않는다. 엘리야와 엘리사의 행동이 그런 해석을 전혀 유도하지 않았다면 왜 수많은 학자들은 예수의 이와 유사한 행동이 정결 의식 규례의 폐지를 요구한 것으로 이해하는 것일까? 아마도 이에 대해서는 예수와 그의 추종자들이 의식적 부정함에 대해 어떻게 생각했을지에 대한 우리의 사고가 현대 기독교의 전제에 의해 제약을 받고 있다고 말하는 것이 정답일 것이다.

결론

네 복음서는 모두 예수가 시체와 소통하는 모습을 담고 있다. 복음서 저자들이 이러한 이야기를 소개한 이유는 그들이 예수의 부활을 예고하는 이야기를 통해 그가 죽음을 제압하는 모습을 그리고 싶었기 때문이다. 그러나 복음서 저자들과 초기 독자들은 일반적으로 시체가 사람을 오염시킨다고 믿고 있던 세상에 살고 있었다. 유대 정결 의식 사상에서 시체는 가장 강한 오염의 근원이었으며 단순한 접촉뿐만 아니라 가까이 있다는 이유만으로도 부정함을 전파할 수 있었다. 그리고 시체들이 전파하는 부정함은 오래 지속될 뿐만 아니라(이레 동안) 다른 사람에게 전염되었다. 현대 독자들과 달리 예수가 죽은 자를 다시 살린 이야기를 접한 고대 독자들은 당연히 이 이야기를 의식적 부정함이라는 문맥 안에서 이해했을 것이다.

마가와 누가는 모두 예수가 죽은 지 얼마 되지 않은 소녀의 손을 잡아 일으키며 그녀를 소생시키는 모습을 그린다. 마태도 예수가 이 소녀를 다시 살리는 모습을 묘사하는데, 마태가 다시 편집한 이야기에서는 이 소녀가 죽은 지 더 오래되었다고 한다. 과부의 아들에 관한 누가의 이야기에서는 심지어 그 청년의 죽음과 예수와 그 청년의 만남 사이에 더 많은 시간이 흐른다. 게다가 예수는 시체와 직접 접촉하지도 않으며, 그의 거룩한 힘은 그가 만진 상여에서 그 청년의 시신으로 이동한다. 이런 방식으로 예수의 힘은 마치 시체의 부정함이 멀리서도 전파되듯이 심지어 멀리 떨어져 있는 가운데서도 그 전염력을 발휘한다. 마지막으로 우리는 예수의 거룩한 힘이 신체적 접촉 없이도 그의 몸에서 나와 사람을 다시 살리는 모습을 여러 차례 목격한다. 이런 점에서 예수의 힘은 먼 곳에서도 부정함을 전파할 수 있는 시체의 힘과 유사하다고 할 수 있다. 요한복음에서는 나사로가 죽은 지 며칠이 지났고, 물리적으로 멀리 떨어져 있었음에도 불구하고 예수는 나사로를 다시 소생시킨다. 그리고 마태의 십자가 처형 이야기에서 예수의 거룩한 힘은 심지어 죽는 순간에도

(그리고 심지어 다른 이야기에서보다 물리적으로나 시간상 더 멀리 떨어져 있었음에도) 죽은 자들을 다시 살린다. 시체에 의한 부정함이 유대인의 정결 사상에서 가장 강력한 부정함이라는 사실에도 불구하고 복음서 저자들은 예수가 이를 압도하는 모습을 반복적으로 보여준다. 이를 바탕으로 우리가 내릴 수 있는 유일한 결론은 바로 복음서 저자들이 예수가 죽음 자체보다 더 강한 거룩함의 근원임을 확신했다는 점이다.

제6장

예수와 부정한 악령

이전 장들에서 우리는 예수가 레프라 환자, 생식기 분비물 유출 여인, 시체 등 의식적으로 부정한 자들과 소통하는 모습을 검토했다. 이러한 의식적 부정함과 관련하여 예수는 제사장 문헌에는 없고 엘리야와 엘리사이야기에서 그 선례를 찾아볼 수 있는 기적을 행사했다. 그런데 복음서저자들은 제사장 문헌에서는 찾아볼 수 없는 또 다른 형태의 부정함, 즉마귀의(또는 *pneumatic*) 부정함과 마주하는 예수를 묘사한다.[1] 이러한 이야기를 이해하기 위해서는 유대 경전과 고대 근동, 초기 유대교, 그리스-로마 세계에서 폭넓게 등장하는 악한 세력에 관해 살펴보는 것이 유익할 것이다. 이로써 우리는 현대의 개념으로 복음서 이야기를 왜곡하는우리의 오류에서 벗어남으로써 복음서에 등장하는 마귀의 존재를 올바른 시각으로 바라보게 될 것이다.

유대 경전에 나타난 마귀

비록 마귀에 대한 믿음은 고대 근동에 널리 퍼져 있었지만, 제사장 문헌은 마귀의 존재나 그러한 존재와 관련된 오염에 관해 침묵한다. 이러한침묵을 근거로 제이콥 밀그롬은 비록 이스라엘의 정결 사상이 다른 고대 메소포타미아의 정결 체계와 많은 공통점을 갖고 있었지만, 제사장들

---

1   다음을 보라. Kazen, *Jesus and Purity Halakhah*, 300-341.

이 그들의 세계관에서 마귀를 삭제해버렸다고 주장한다. 악한 존재와 선한 존재에 대한 믿음이 만연했던 그들의 주변 문화와 달리 이스라엘의 제사장들은 이 세상을 탈(脫)신화화했다(demythologized). 밀그롬에 의하면 제사장 문헌은 "더 높은 영역이나 동료들과 경쟁하지 않는 최고의 유일한 하나님의 존재를 상정한다. 마귀의 세계는 존재하지 않는다. 자주적인 적들과의 싸움도 없다. 왜냐하면 그럴 만한 존재가 아무도 없기 때문이다. 마귀의 죽음과 함께 '마귀'의 힘을 유일하게 갖게 된 피조물은 오직 인간뿐이었다."[2]

제사장 문헌을 대충 훑어보더라도 밀그롬의 주장이 전반적으로 옳다는 것을 알 수 있다. 그리고 심지어 레위기 안에도 마귀의 흔적은 남아 있다. 가장 중요한 점은 속죄일인 "욤 키푸르"가 두 마리 염소 가운데 한 마리는 이스라엘의 하나님께 바치고, 다른 한 마리는 아사셀에게 바칠 것을 요구한다는 것이다(레 16:8, 10, 26). 아사셀과 야웨(YHWH) 간의 이러한 대비는 레위기 16장의 규례가 아사셀을 일종의 신적 존재로 본다는 추론을 가능하게 한다. 또한 이 본문에서는 아사셀을 다른 본문에서는 마귀의 은신처(예. 사 13:21; 34:14)로 알려진 광야에 위치시킨다(레 16:10). 밀그롬은 광야로 내보낸 염소는 이교도들이 아사셀이라는 마귀

---

2   Milgrom, *Leviticus: A Book of Ritual and Ethics*, 9. Milgrom은 여기서 Kaufmann, *Religion of Israel*, 103-4의 초기 주장을 따른다. 제사장 문헌 저자가 더 광범위한 고대 근동 지역처럼 마귀들이 성막 또는 성전을 위협했다고 생각하지 않았기 때문에 악마론을 논하지 않았다는 설득력 있는 주장에 관해서는 다음을 보라. Cranz, "Priests, Pollution and the Demonic."

에게 바쳤던 희생제물에서 유래한 것이며, 제사장 문헌 저자가 이를 제사장들의 의식에 포함하여 탈(脫)신화화한 것이라고 주장한다. 물론 이것이 사실일 수도 있지만, 이러한 제안은 제사장 문헌에서 탈(脫)신화화되었다가 후대 유대 문헌에서 다시 재(再)신화화되었다는 가설을 우리가 받아들일 것을 요구한다.[3] 게다가 제사장들이 아사셀을 마귀의 존재로 여기지 않았다면 그들이 폭넓은 문화 속에서 그 이름을 언급한다는 것은 부적절해 보인다. 그럼에도 그들은 이 이름을 언급했는데, 이는 그들이 마귀 사상에 대해 전적으로 반대하지 않았음을 암시한다.

질투하는 남편을 위한 의식(민 5:11-31)도 제사장 문헌에 나타난 마귀에 대해 추가적 증거를 제공한다고 볼 수 있다. 왜냐하면 이 문헌은 질투의 "루아흐"(ruaḥ, 영)가 남편이 아내의 간음을 의심하도록 부추기는 경우를 위해 마련된 절차를 포함하고 있기 때문이다. 그러나 이 "루아흐"가 과연 마귀를 가리키는 것으로 이해해야 할지는 불분명하다.[4] 그렇다면 붉은 암소의 재 의식 역시 마귀로부터 보호하기 위한 액막이에 기초한 것일지도 모른다.[5]

한편 레위기와 민수기는 이스라엘의 어떤 특정한 엘리트 그룹인 제

---

3   예. 에녹1서 8.1; 9.6; 10.4-8; 13.1; 54.5; 4Q203 7 I, 6; 아브라함의 묵시 13.4-9; 에녹3서 4.6; *Pirqe Rabbi Eliezer* 46. 다음도 보라. Orlov, *Dark Mirrors*.

4   최소한 후대 랍비 전승에서 어떤 이들은 이 "루아흐"를 악마적이며 부정하다고 보았다 (Babylonian Talmud, *Sotah* 3a). 하지만 다음의 책도 보라. Feinstein, *Sexual Pollution*, 43-47.

5   Milgrom, *Leviticus 1-16*, 270-78과 예컨대 *Pesiqta of Rab Kahana* 7.4의 Yoḥanan ben Zakkai의 후기 주장을 보라. 참조. *Pesiqta Rabbati* 14.14; *Numbers Rabbah* 19.8.

사장 집단의 문학적 산물이다. 밀그롬은 제사장들이 정결 의식 체계를 해설하는 가운데 마귀의 존재를 삭제했다(또는 적어도 관심을 두지 않았다)고 결론 내린다. 그의 결론이 옳을 수도 있지만, 이것은 모든 고대 이스라엘인들이 정결함과 부정함을 마귀의 영역과 구별했다는 것을 의미하지는 않는다.[6]

제사장 문헌을 제외하고서도 유대 경전은 악령의 존재를 여러 차례 언급한다. 예를 들어 신명기 사가는 악령의 존재와 이에 대한 광범위한 믿음을 전제하면서 악한 "루호트"(영들)를 무심코 언급한다. 이스라엘의 첫 번째 왕인 사울의 생애를 회고하면서 이 신명기 사가는 하나님의 "루아흐"가 사울에게서 떠난 후 악한 "루아흐"가 그에게 들어가 그를 괴롭혔다고 말한다(삼상 16:14-23; 그리스어: *pneuma*).[7] 하나님의 "루아흐"와 악한 "루아흐" 간의 대비는 이스라엘의 하나님과 구별되는 어떤 힘이 존재한다는 것을 암시한다. 다윗은 사울을 달래는 데 성공하지만, 이 악한 "루아흐"는 다윗을 죽이는 데 혈안이 되어 그를 죽이라고 사울에게 강요한다(18:10-11, 25; 19:1, 9-17). 하지만 이 이야기는 심지어 이 억압적인

---

6   따라서 다음도 보다. D. Wright, *Disposal of Impurity*, 4. 보다 더 광범위하게 Karel van der Toorn은 다음과 같이 결론짓는다. "메소포타미아에서 발견된 귀신에 대한 풍부한 자료와 비교하면 히브리 성경은 귀신에 관한 내용과 거리가 멀다. 이것은 일반 이스라엘인들이 주변 국가의 동시대인들에 비해 마귀의 활동이 가져다주는 위험성에 대해 덜 관심을 보였다는 의미는 아니다"("Theology of Demons," 62). Van der Toorn은 메소포타미아 본문을 통해 알려진 마귀를 언급하는 세 가지 본문(신 32:23-24; 사 34:14; 합 3:5)을 검토한다. 참조. Dietrich, Loretz, and Sanmartín, *Die keilalphabetischen Texte* 1.5 ii 24; 1.14 i 18-19; 1.15 ii 6.

7   참조. *Liber antiquitatum biblicarum* 60.1-3; *Psalms Scrolla* XXVII, 10.

악령조차도 결국에는 이스라엘의 하나님을 섬긴다는 것을 분명히 보여준다(18:10-11; 19:9-10).

신명기 사가가 예언자 미가야의 말을 통해 명확히 밝히듯이 악령은 사람들을 괴롭힐 뿐만 아니라 그들을 속이기도 한다. "여호와께서 말씀하시기를 '누가 아합을 꾀어 그를 길르앗 라못에 올라가서 죽게 할꼬?' 하시니…한 영('루아흐')이 나아와 여호와 앞에 서서 말하되 '내가 그를 꾀겠나이다.' 여호와께서 그에게 이르시되 '어떻게 하겠느냐?' 이르되 '내가 나가서 거짓말하는 영('루아흐')이 되어 그의 모든 선지자들의 입에 있겠나이다.' 여호와께서 이르시되 '너는 꾀겠고 또 이루리라 나가서 그리하라' 하셨은즉"(왕상 22:20-22). 이러한 천상의 알현실에 대한 예언 기사는 하나님이 자기 뜻을 관철하기 위해 신하를 찾는 모습, 즉 아합 왕이 시리아 왕과 싸우기 위해 길르앗 라못으로 올라가도록 설득하는 모습을 그린다. 하나님은 아합이 이 속임수를 통해 죽기를 원하신다. 거짓말하는 "루아흐"는 서둘러 하나님의 명령을 실행에 옮긴다. 이 악령은 예언자들의 거짓말을 인용하며 하나님이 아합에게 전쟁에서 승리할 것을 약속하셨다고 말한다. 그 결과 아합은 거짓 예언자들이 들려주는 "루아흐"의 거짓말을 듣고 길르앗 라못으로 올라가 거기서 전사한다. 레위 지파의 자손이거나 제사장 집안의 자손일 것으로 추정되는 역대기 저자가 이 같은 이야기를 이스라엘 역사에 포함했다는 사실(대하 18:18-23)은 제사장 가문에 속한 이들 가운데 적어도 일부는 악령의 존재에 대해 열려

있었음을 암시한다.[8]

신명기 역사에서 마지막으로 등장하는 "루아흐"에 관한 언급도 주목할 만하다. 아시리아 왕 살만에셀이 예루살렘을 포위했을 때 이사야는 하나님이 왕에게 한 "루아흐"를 보내셔서 그가 소문을 듣고 다시 본국으로 돌아가 거기서 죽게 될 것이라고 예언한다(왕하 19:7; 참조. 사 37:7). 이런 이야기에서는 "루아흐"가 하나님의 통제하에 사람을 속이거나 죽이는 존재로 묘사된다. 따라서 신명기 역사는 이러한 악한 영적 존재를 인정하면서도 그들이 또한 이스라엘의 하나님을 섬긴다는 점을 강조한다. 결과적으로 이 문헌은 (밀그롬의 말에 의하면) 이스라엘인들이 제사장이든 아니든 간에 "더 높은 영역이나 동료들과 경쟁하지 않는 최고의 유일한 하나님의 존재"[9]를 상정하면서도 또 수많은 악령의 존재를 믿을 수 있었음을 보여준다. 궁극적으로 폴라 프리드릭슨이 지적하듯이 고대 유일신 사상은 (유대교와 비유대교 모두) "우주의 가상 구조에 대해 이야기한 것이지, 그 우주의 절대 인구에 대해 이야기한 것이 아니다."[10] 고대 유일신 사상은 다수의 영적 존재의 가능성을 배제하지 않았다. 다만 그들에게는 다른 모든 신들 위에 군림하는 최고의 유일한 하나님만이 필수적이었다.

---

8   예를 들어 Ralph W. Klein은 이 저자가 성전 당국자였다고 제안한다(*1 Chronicles*, 17). 나는 여기서 본래 친(親)레위인 문서가 나중에 친(親)제사장 편집자에 의해 편집되었는지 여부에 관한 논쟁에 참여하지 않을 것이다(예. De Vries, *1 and 2 Chronicles*, 191-96). 여기서 중요한 점은 이 작품이 성전에서 일하던 자들의 산물이라는 것이다.

9   Milgrom, *Leviticus: A Book of Ritual and Ethics*, 9.

10 Fredriksen, "Mandatory Retirement," 241.

신명기 역사에 등장하는 악령들은 예수와 마귀에 대한 우리의 논의와 관련하여 스가랴의 한 본문을 이해하는 데 도움을 줄 수도 있다고 생각한다. 이 예언자에 따르면 하나님은 다음과 같이 약속하신다. "만군의 여호와가 말하노라. '그날에 내가 우상의 이름을 이 땅에서 끊어서 기억도 되지 못하게 할 것이며 거짓 선지자와 더러운 귀신('루아흐')을 이 땅에서 떠나게 할 것이라"(슥 13:2). 우리는 "더러운 귀신"이라는 이 어구를 사람의 내적 상태를 가리키는 것으로 해석할 수도 있지만, 어쩌면 여기서는 이 예언자가 언급한 어떤 악한 영적 세력을 가리킨다고도 볼 수 있다.[11] 이스라엘의 하나님은 이 영적 세력을 곧 제거하실 것이다.[12] 만약 이러한 해석이 옳다면 이 본문은 다시 한번 어떤 제사장이 악령의 존재에 대해 믿고 있었음을 보여준다(슥 1:1).

---

11   예를 들어 시편에 대한 70인역 역자는 "우상들"(*elilim*)을 지칭하는 히브리어 단어를 *daimonia*로 번역한 것으로 미루어보아 우상들을 마귀들과 동일시한 것으로 보인다(시 95:5 LXX; 96:5 마소라 본문). 참조. 고전 8:4-6; 10:18-21에 기록된 사도 바울의 발언.

12   예를 들어 기원후 1세기에 랍비 엘리에셀도 이 같은 용어를 사용하고 그것을 하나님의 거룩한 "루아흐"(*ruaḥ*)와 대조한다(*Sifre Deuteronomy* 173). 다음을 보라. Lange, "Considerations concerning the 'Spirit of Impurity.'" "루아흐"에 대한 해석과 관련된 어려움은 다음을 보라. Lilly, "Conceptualizing Spirit."

고대 근동의 악령

밀그롬이 지적하듯이 이스라엘의 이웃 국가들은 매우 탄탄한 마귀 사상을 가지고 있었다. 마귀에 관한 가장 중요한 작품 중 하나로 알려진 "우두그-훌"(악한 귀신들)이란 책은 열여섯 개의 판에 기록되어 있는데, 마귀가 사람들을 지배할 수 있다는 믿음이 얼마나 일찍부터 널리 퍼져 있었는지를 잘 보여준다. 이 작품에는 고대 아카드 시대(기원전 2300년-2200년)에서 셀레우코스 시대(기원전 300년-200년)까지의 자료가 포함되어 있어 많은 고대 근동 사람들이 오랫동안 마귀에 대한 두려움을 갖고 있었음을 잘 보여준다.[13] 예를 들어 이 작품에 들어 있는 한 액막이 본문은 다음과 같이 기록하고 있다.

> "내 [옆에] 서 있겠다"고 [말하지] 마.
> [악한 우두그-마귀야] [먼 곳]으로 떠나라.
> [악한 알라-마귀야] [사막]으로 꺼져라.[14]

레위기 16장에서처럼 여기서도 우리는 마귀와 광야, 그리고 마귀를 쫓아내는 데 사용된 주문을 볼 수 있다. 또 다른 본문은 어떤 사람을 사로

---

13 개요는 다음을 보라. Sorenson, *Possession and Exorcism*, and Geller, *Forerunners to Udug-Hul*. 다음도 보라. Geller, *Evil Demons*.

14 *Udug-hul* 8.73-75, in Geller, *Forerunners*(괄호는 원저자의 것임).

잡는 모습과 그 사람의 몸에서 마귀를 제거하는 데 필요한 의식을 묘사한다.

> 가거라, 내 아들 아살루히야,
>
> 안잠-컵에 물을 붓고
>
> 그리고 거기에 능수버들과 인누스-식물을 넣어라.
>
> (그는 에리두 주문을 외웠다) 환자를 진정시키고 그를 위해 향로와
>
> 횃불을 가지고 나와
>
> 사람의 몸 속에 존재하는 남타르 마귀가 그 몸에서 떠나갈 수 있도록
>
> 하라.[15]

또 다른 중요한 본문은 다음과 같은 관점에서 마귀의 본질을 설명한다.

> 그들은 남자도 여자도 아니다.
>
> 그들은 세차게 부는 바람이다.
>
> 그들은 아내도 없고, 아이를 낳지도 않는다.
>
> 자비를 베푸는 법도 모르고
>
> 기도와 탄원을 듣지도 못한다.[16]

---

15 *Udug-hul* 7.669-74, in Geller, *Forerunners*(괄호는 원저자의 것임). 다음을 보라. *Šurpu* 5.6.1-16, in Reiner, *Šurpu*. 여기서도 귀신 들린 것을 언급한다.

16 *Cuneiform Texts from Babylonian Tablets in the British Museum* 16, plate 15, v. 37-46; Jacobsen, *Treasures of Darkness*, 12-13.

우리는 조로아스터교 문헌에서도 마귀에 대한 비슷한 사상을 엿볼 수 있는데, 그 기록의 연대 추정은 어렵기로 악명이 높다. 나중에 72장으로 구성된 야스나 경전에 포함된 가사(Gathas)의 열일곱 개의 찬송은 조로아스터교 사상의 이원론적인 세계관을 보여준다.

네 맞습니다. 두 개의 기본적인 영이 있는데, 서로 갈등을 겪는 가운데 있는 것으로 유명합니다. 그들은 생각과 말과 행동에서 둘로 나뉩니다. 선과 악으로 말입니다. 게다가 이 두 영이 처음 서로 만났을 때 그들은 삶과 죽음을 창조했습니다.[17]

학자들은 이 진술이 야스나 경전에서 가장 오래된 자료라고 믿고 있다. 중요한 것은 이 진술이 악한 영을 죽음의 시초와 연관시킨다는 것이다. 야스나 경전 뒷부분으로 가면 우리는 이러한 사상이 다음과 같이 확대되는 것을 발견한다.

나는 악한 대바스와…대바스를 따르는 자들과 귀신과 귀신을 따르는 자들과 그들의 생각, 말, 행동 또는 외적인 징조로 어떤 존재에게라도 해를 끼치는 자들을 모두 포기하기로 선서합니다.[18]

17　*Yasna* 30.3-4, in Insler, *Gāthās of Zarathustra*.
18　*Yasna* 12.4-5, in Boyce, *Textual Sources*.

이와 유사하게 오랜 기간에 걸쳐 편찬된 자료가 담긴 악한 영에 관한 조로아스터교의 개요서인 벤디다드(*Vendidad*)는 파괴의 영인 앙그라 마인유(Angra Mainyu)가 인류를 괴롭히는 질병 99,999개의 근원이라고 주장한다.[19] 따라서 악령은 인류 가운데 존재하는 질병과 죽음의 근원이며, 조로아스터교 신도들이 숭배한 고귀한 생명의 영이며 창조자이자 힘이라고 할 수 있는 아후라 마즈다에 대항하는 진정한 죽음의 세력이다. 조로아스터교 신도들도 우리가 5장에서 논의한 이스라엘의 제사장 사상과 견줄 만한 방식으로 시체를 부정함의 원인으로 여겼다. 그러나 조로아스터교 사상은 이스라엘의 제사장 문헌과는 달리 시체로 인한 부정함을 "드루그 나수"라는 악령과 연결했다.

> 만약 어떤 사람이 혼자 시체를 운반하면 나수가 고인의 코와 혀와 턱과 생식기와 다리에서 나와 그를 더럽히려고 그에게 달려든다. 이 드루그 나수는 그에게 달려들어 심지어 손톱 끝까지 그를 더럽히기 때문에 그는 영원히 부정하다.[20]

이러한 조로아스터교 문헌은 모두 악령과 부정함을 죽음의 영역과 연결한다. 기원후 10세기 작품으로 알려진 뎅카르드(*Dēnkard*)에 보존된 한 격언은 이러한 조로아스터교 사상을 잘 요약하고 있다. "정결함이란 바

---

19   *Vendidad* 22.2; 2.29.
20   *Vendidad* 3.14, in Darmesteter and Mills, *Zend-Avesta*.

로 마귀와 분리되는 것이다."[21] 이러한 정서는 비록 조로아스터교 문헌이 악령을 부정한 것으로 여기지는 않지만, 스가랴 13:2의 "부정한 영"이라는 용어가 악령을 가리키기에 적절한 표현이었음을 암시한다.

그리스-로마 세계의 악령

거의 모든 고대 유대인은 악령은 악하며 하나님과 인류에 대항한다고 생각했다. 그러나 이러한 믿음이 유대 세계 밖에서도 똑같이 받아들여 지지는 않았다. 데일 마틴(Dale Martin)은 그의 『미신 만들기』(*Inventing Supertition*)에서 사람들이 그리스-로마 세계에서 악령을 어떻게 인식했는지에 대해 기술한다. 철학자들은 일반적으로 악령을 선한 존재로 본 반면, 많은 사람들은 악령을 악한 존재로 본 듯하다.[22] 결과적으로 우리는 문맥에서 요구하지 않는 이상 그 용어의 부정적인 의미를 그리스-로마 문헌에 적용하지 않도록 주의해야 한다.

긍정적인 의미로 사용된 두 가지 사례를 언급하는 것만으로도 충분할 것 같다. 예를 들어 기원전 5세기의 그리스 비극 작가 에우리피데스는 최근에 사망한 알케스티스가 이제는 "복된 악령[*daimōn*]"이라고 말

---

21   *Dēnkard* 576, in Choksy, *Purity and Pollution in Zoroastrianism*, 112.
22   Martin, *Inventing Superstition*, x. Petersen도 다음과 같이 말한다. "고대 그리스 문화에서는 귀신에 대한 확일적인 개념이 존재하지 않았다"("Notion of Demon," 24).

한다.[23] 또한 플라톤의 「향연」도 "악령의 세계가 신과 인간 사이에 있다"
는 믿음을 보여준다. 이러한 악령이 존재하며 또 신과 인간 사이에 존재
하는 실존론적·공간적 틈새를 메워준다는 믿음은 널리 퍼져 있었다. 악
령은 하늘과 땅을 두루 누비며 다니는 사신으로 생각했다. "인간의 일을
해석하여 신들에게 전달하고 신들의 일을 인간에게 전달함. 아래로부터
는 간청하는 기도와 제사를, 위로부터는 규례와 율례를 전달함. 서로를
보완하여 전체가 하나가 되게 하는 가교의 역할을 함."[24] 우리는 이러한
믿음을 호메로스 시대처럼 매우 이른 시기에 발견하지만,[25] 플루타르코
스는 헤시오도스가 "신, 반신, 영웅, 그리고 마지막으로 인간이라는, 이
성을 지닌 네 가지 존재를 분명하게 제시한 첫 번째 인물이었다"라고 주
장한다.[26] 플라톤은 악령은 거짓말을 할 수 없다고 주장한다.[27] 그리고 디
오 카시우스는 칭찬의 의미를 담아 하급 신들보다 더 낮은 신인 아우구
스투스보다 누가 더 악하냐고 묻는다.[28]

플루타르코스는 기원후 1세기와 2세기에 악령에 대해 가장 정통해
보이는 설명을 제공한다.

---

23   Euripides, *Alcestis* 1003.
24   Plato, *Symposium* 202E.
25   Homer, *Iliad* 1.222. 또한 다음도 보라. Aphrodite in *Iliad* 3.420; 5.438-41.
26   Plutarch, *Moralia* 415B-C.
27   Plato, *Republic* 382E.
28   Dio Cassius, *Roman History* 53.8.1.

플라톤과 피타고라스와 크세노크라테스와 크리시포스는 거룩한 존재에 대한 초기 작가들의 인도를 따라 [악령이] 인간보다 더 강하고, 그 힘에 있어서는 오염되지 않고 순수한 신적 자질을 소유하지는 못했어도 우리의 본질을 크게 능가했고, 영혼의 본성과 육체의 지각 능력을 공유하며, 기쁨과 고통 및 이러한 변이에 부수적으로 나타나는 그 어떤 다른 경험에 대한 민감성을 가지고 있고, 어떤 것에는 더 불안하게 하고 또 다른 것에는 덜 불안하게 하는 것의 근원이라고 주장한다. 왜냐하면 [악령] 안에는 사람 안에서와 마찬가지로 다양한 수준의 선과 악이 있기 때문이다.[29]

플루타르코스의 묘사는 모든 악령이 다 선의적이지는 않다는 점을 암시한다. 인간처럼 어떤 악령은 다른 악령보다 더 도덕적이다. 그럼에도 플루타르코스는 동시대인 가운데 다수가 악령을 두려워할 만큼 악의적이고 파괴를 일삼는 초인간적인 세력을 지닌 존재로 보았다는 사실을 탄식한다. 그는 이러한 믿음을 "데이시다이모니아"(*deisidaimonia*)라고 부르는데, 이 단어는 종종 "미신"으로 번역되지만, 사실 그 당시에는 기본적으로 악령에 대한 두려움을 의미했으며 플루타르코스의 경멸을 불러일으킬 만큼 널리 퍼져 있었다. 사실 이와 비슷한 조롱은 기원전 4세기나 3세기보다 더 이른 시기의 테오프라스토스의 「성격론」(*Characters*)에서도 찾아볼 수 있다.

---

29   Plutarch, *Moralia* 360D-E; 참조. 362E.

그리스-로마 세계에서는 악령과 죽음 간의 연관성이 널리 퍼져 있었기 때문에 악령을 두려워하던 많은 사람들이 악령을 쫓아내는 의식을 통해 액막이를 하고자 했다.[30] 우리는 이미 헤시오도스의 글에서 악령들을 황금기에 죽은 자들이 변형되어 지구상을 떠도는 존재로 보는 믿음을 발견한다.[31] 에우리피데스는 방금 죽음을 제압하고 나서 "나는 [악령들]의 대장과의 충돌을 끝냈다"라고 자랑하는 헤라클레스를 소개한다.[32] 비록 이들은 악의적이지 않을 수 있지만, 죽음의 힘 앞에서는 굴복한다. 토비트를 상기시키는 로마 제국 시대의 한 비문은 결혼을 앞둔 젊은 여성의 죽음을 악령의 탓으로 돌린다. "아버지 도로테오스는 그의 열여덟 살 처녀 외동딸을 여기 묻었다. 그녀는 네가 데려간 티비윌 스무 번째 날에 결혼하려고 했지만, 악한 마귀 너는 그녀가 예상한 대로 (집으로) 돌아오지 못하게 했다."[33] 플루타르코스는 그의 「스파르타인들의 어록」(Sayings of Spartans)이란 어록 모음집에서 무덤을 떠도는 어떤 악령의 이야기를 소개하고,[34] 악령들이 시체가 모여 있는 지역에 살고 있다고 주장하는 어떤 마술 관련 파피루스 문서를 소개한다.[35]

이러한 반복적인 죽음과 악령의 연계는 사람을 죽이려는 의도가 악

30 Ferguson, *Demonology*, 41.
31 Hesiod, *Works and Days* 121-39.
32 Euripides, *Alcestis* 1140; 참조. 843-44.
33 Horsley and Llewelyn, *New Documents*, 4:221-29.
34 Plutarch, *Sayings of Spartans* 236D.
35 *Papyri Graecae Magicae* 4.446, in Betz, *Greek Magical Papyri*; 참조. 8.81.

령에게 있다는 사상으로 발전했다. 플루타르코스는 이러한 두려움을 다음과 같이 요약한다. "비열하고 악의적인 악령들은 선한 사람들을 부러워하고 그들의 행위에 대항하면서 그들을 혼란스럽게 만들고 겁을 주어 그들이 계속 명예로운 길을 걸어가 죽음 이후에 더 나은 몫을 얻지 못하도록 그들의 덕스러운 삶이 흔들리고 동요하게 만들려고 노력한다."[36] 일반적으로 악령을 선의적인 신과 연결하는 호메로스조차도 악령의 공격을 받아 앓아누운 어떤 사람을 묘사한다.[37] 아이스킬로스는 그의 비극 「페르시아인들」에서 전쟁의 패배를 "어떤 파괴적인 힘이나 사악한 악령"의 탓으로 돌린다.[38] 또한 5세기 비극작가 소포클레스는 네소스의 피로 얼룩진 옷이 헤라클레스에게 고통을 안겨주었다고 말하면서 이러한 고통을 악령이라고 부른다. "그것은 내 옆에 찰싹 달라붙어 나의 연한 속살을 갉아먹었고, 나의 폐의 통로를 삼켜버리기 위해 지금도 나와 함께 살고 있다. 이미 그것은 나의 신선한 피를 마셨고 내 온몸은 망가졌다. 이제 나는 가히 형용할 수 없는 것에 속박되어 있다.…다시 고문의 경련이 나를 태워버렸고, 그것은 내 옆구리를 스쳐 지나갔다. 그리고 무자비한 질병은 절대 나를 괴롭히지 않고 그냥 내버려 둘 것 같지 않다.… 왜냐하면 그것은 다시 한번 나를 가지고 잔치를 벌이고 있으며 이미 꽃

---

36   Plutarch, *Dion* 2.
37   Homer, *Odyssey* 5.396.
38   Aeschylus, *Persians* 354.

을 활짝 피웠다."[39] 기원후 2세기의 지리학자였던 파우사니아스는 돌에 맞아 죽었다가 다른 사람들을 죽이기 위해 다시 돌아온 사람의 악령에 관해 이야기한다.[40] 심지어 악령에 대한 공포를 탄식하는 플루타르코스 조차도 카이사르의 악령이 그를 살해한 이들에게 복수하려 했다고 주장한다.[41] 비록 피터 볼트가 "스토아 학파는 악마를 나타내는 어휘를 일반적으로 회피했다"고 주장하지만,[42] 이 주제에 대한 스토아 학파의 침묵은 (플루타르코스의 글을 신뢰할 수 있다면) 아마도 이러한 내용이 실제로 빠져 있었다기보다는 스토아 학파의 글이 보존되는 과정에서 일어났던 파란만장한 역사 때문일 것이다. 그는 스토아 사상에 대해 다음과 같이 단언한다. "크리스포스의 철학 학파는 악령들이 신들이 불경하고 불의한 자들을 처형하고 복수하기 위한 수단으로 사용하는 자들을 집요하게 따라다닌다고 생각한다."[43]

악령의 이러한 악행에 대한 일반적인 믿음에도 불구하고 우리는 그들의 영향력을 감소시키기 위한 축귀 또는 액막이 행위에 대한 증거를 거의 갖고 있지 않다. 이에 대한 가장 좋은 예는 기원전 2세기에서 기원후 5세기까지 거슬러 올라가며 이집트에서 유래한 「그리스어 마술 파피루스」에서 발견된다. 여기서 우리가 예수를 연구할 때 주의 깊게 살펴

---

39   Sophocles, *Trachiniae* 1053-89.

40   Pausanias, *Description of Greece* 6.6.8.

41   Plutarch, *Caesar* 69.

42   Bolt, "Jesus, the Daimons and the Dead," 80.

43   Plutarch, *Moralia* 277A, alt.

보아야 할 내용이 하나 등장하는데, 한 문서는 다음과 같은 주문을 담고 있다. "악령아, 네가 누구이든지 간에 내가 너에게 명한다[*exorkizō*].…악령아, 네가 누구이든지 간에 나와라[*exelthe*]. 그리고 어서 빨리 지금 당장 아무개한테서 떠나라. 귀신아, 나와라[*exelthe*]. 내가 절대 끊어질 수 없는 족쇄로 너를 묶었으니까. 그리고 나는 파멸이라는 어두운 혼란 속으로 너를 집어넣을 테니까."[44] 비록 우리가 이 문서의 기록 연대를 확정할 수는 없지만, 우리는 기원후 2세기의 소피스트였던 필로스트라투스의 주장도 가지고 있다. 그는 기원후 1세기와 2세기 초에 살았던 피타고라스 철학자 아폴로니우스의 전기에서 악령을 내쫓는 모습을 묘사한다.[45] 사모사타의 루키아노스도 어떤 퇴마사에 관해 이야기한다.

> 이온은 말했다. "당신은 모든 것을 의심하려고 터무니없는 행동을 하는군요. 나는 당신이 귀신들린 자들을 공포에서 풀어주는 사람들에게 그렇게 분명하게 악령들을 쫓아내면서 뭐라고 말씀하시는지 묻고 싶습니다. 나는 이것에 대해 논의할 필요가 없습니다. 모든 사람들은 팔레스타인 출신의 시리아인에 대해 알고 있습니다. 또한 그가 그의 능숙함으로 달빛에 넘어져 눈을 굴리고 거품을 입에 무는 수많은 사람을 그의 손으로 일으키는 것에 대해서도 알고 있습니다. 그럼에도 그는 그들의 건강을 회복시키고, 많은 돈을 받고 그들을 궁핍한 삶에서 구해내어 정상적인 삶으로 돌려보냄

---

44   *Papyri Graecae Magicae* 4.1239-41, 1243-48, in Betz, *Greek Magical Papyri*.
45   Philostratus, *Life of Apollonius* 4.12.

니다. 그들이 누워 있을 때 그가 옆에 서서 '당신이 언제 그의 몸으로 들어왔습니까?'라고 물으면 환자 자신은 침묵하지만, [악령은] 그리스어나 그의 본고장의 언어로 대답하며 어떻게 그리고 언제 그 사람에게 들어갔는지를 말합니다. 그러면 그는 [악령에게] 명하고 만약 그가 순종하지 않으면 그를 위협하며 그를 쫓아냅니다."[46]

악령의 악행에 대한 대중의 이러한 믿음은 복음서 저자들이 예수를 묘사하는 데 있어 그 배경을 제공해준다. 그 이유는 에버렛 퍼거슨이 주장하듯이 "로마 세계에서 기독교가 성공하는 데 있어 크게 기여한 요소가 바로 악령으로부터의 구원에 대한 약속"이기 때문이다.[47]

제2성전 및 랍비 시대의 악령

고대 근동 문헌과 조로아스터교 문헌에 비하면 제사장 문헌은 악령과 관련하여 여전히 신중한 태도를 유지한다. 그러나 악마 사상의 초기 확대 조짐이 이미 여러 70인역 역본에서 나타난다. 예를 들어 시편 96:5의 히브리어 원문은 "만국의 신들은 우상들(*elilim*)이다"라고 말하는 반면, 70인역은 "만국/이교도의 신들은 악령들이다"(*daimonia*, 시 95:5

---

46 Lucian, *The Lover of Lies* 16.
47 Ferguson, *Demonology*, 129.

LXX)라고 말한다. 우리는 70인역 역자들이 다른 본문에서 이방 신 숭배를 악령과 연결하는 모습에서 이와 유사한 방식으로 우상들과 악령을 서로 연결하는 모습을 발견할 수 있다(예. 신 32:17; 시 105:37 LXX; 사 65:3).

이와 같은 시기의 초기 유대 문헌에서도 악령 사상이 폭발적으로 나타나는 것을 볼 수 있다. 예를 들어 토비트는 아스모데우스라는 이름의 악령을 묘사한다. 저자에 따르면 아스모데우스는 사라라는 이름을 가진 여자를 질투한 나머지 결혼이 성사되기 이전에 그녀의 결혼 상대자를 반복적으로 죽여버린다(토비트 3:8).[48] 이러한 일곱 번의 의문사는 마침내 사라의 시녀들이 그녀를 검은 독거미라고 비난하고 그녀에게 자살을 종용하기에 이른다. 하지만 그녀는 오히려 하나님께 기도하고, 하나님은 천사 라파엘을 보내어 그녀를 이 사악한 스토커로부터 건져내어 토비아스와 결혼하게 하신다(3:17). 라파엘은 신부의 방에서 물고기의 심장과 간을 태워 그 향이 사라에게서 악령을 쫓아내게 할 것을 토비아스에게 지시한다. 이러한 액막이 행위는 아스모데우스를 이집트까지 쫓아내고 사라와 토비아스의 결혼이 성사되어 그들의 혈통을 이어갈 후손을 낳을 수 있게 해준다. 이 악령의 이름은 저자가 조로아스터교의 악령 사상에 대해 알고 있었을 가능성을 제기한다. 왜냐하면 아스모데우스가 페르시아의 분노의 악령인 애스마-데바와 연결될 수 있기 때문이다.[49]

---

48   참조. Babylonian Talmud, *Berakhot* 54b.
49   따라서 Haupt, "Asmodeus." 토비트 이야기에 등장하는 아스모데우스에 관해서는 다음을

만약 그렇다면 토비트는 조로아스터교의 악령 사상이 유대교 사상에 영향을 주었음을 확인해주고, 유대교의 마귀 사상이 발현하는 데 촉매제 역할을 했을 가능성을 확인해준다. 이와 관련하여 기원전 3세기나 2세기 초에 기록된 것으로 추정되는 「창세기 아포크리폰」(*Genesis Apocryphon*)은 파라오가 사라를 아내로 맞이들이려고 마음먹은 후에 파라오와 이집트인들을 여러 재앙으로 괴롭히던 악령들을 아브라함이 내어쫓는 모습을 그린다.[50]

「희년서」에 의하면 노아는 하나님이 홍수 이전부터 축적되어온 폭력을 이 땅에서 척결하신 후에도 악령들이 계속해서 그의 후손에게 영향력을 행사해오고 있다는 사실을 깨닫는다. 그는 악령들이 자식들을 유혹하는 것을 보면서 그가 죽은 후에 그들이 다시 폭력의 길로 되돌아갈 수 있음을 우려한다.[51] 노아의 이러한 불길한 예감은 더러운 악령들이 그의 자식들을 멸망의 길로 인도하기 시작하면서 곧 현실로 나타난다. 노아의 자식들은 악령들이 자신들을 속이고, 자신들의 눈을 멀게 하며, 자신들의 자녀들을 죽이고 있음을 알리면서 도움을 요청한다.[52] 노아가 자녀들을 악령들의 지배하에서 구해 달라고 하나님께 간청하자 하나님은 거의 모든 악령을 결박하는 방식으로 응답하시지만, 그들 가운

보라. Owens, "Asmodeus." 후대 랍비 문헌은 귀신을 내쫓기 위해 향을 피우는 것에 대해 알고 있었지만 이 행위를 비난한다(Babylonian Talmud, *Sanhedrin* 65a).

50 *Genesis Apocryphon* XX.

51 *Jubilees* 7.26.

52 *Jubilees* 10.1-2.

데 1/10을 악령들의 왕자인 마스테마의 수하에 남겨둔다. 비록 하나님이 그들의 행동 범위를 제한하셨지만, 그들은 여전히 인류의 멸망을 추구한다.[53] "그리고 마스테마 왕자는 강하게 대처했다.…그리고 그는 자기 손 아래에 있는 사람들에게 다른 영들을 보내어 그들이 모든 잘못과 죄악과 모든 죄를 행하게 하고, 멸망하게 하고, 무너지게 만들고, 땅에 피를 흘리게 하였다."[54]

「희년서」의 서언에서 모세는 벨리알의 영이 이스라엘을 다스리지 못하게 하고 하나님이 이스라엘 백성에게 곧고 거룩한 영을 부어주시기를 기도한다.[55] 이러한 벨리알의 영과 **거룩한** 영 간의 대비는 벨리알의 세력이 전부 부정하다는 것을 암시한다. 저자는 이 악령들이 천사와 인간이 섞인 잡종이었기 때문에 부정한 존재로 여겼을지도 모른다. 로렌 스투켄브루크가 관찰한 바와 같이 "거인들은 바로 그들이 천사와 여자의 결합의 산물인 **복합적인 피조물이기 때문에** 선천적으로 부패하거나 부정하다."[56] 따라서 이러한 선천적 부정함은 유대 사상에서 특정 동물

---

53 *Jubilees* 10.9.

54 *Jubilees* 11.5.

55 *Jubilees* 1.20-23.

56 Stuckenbruck, "Giant Mythology and Demonology," 335(강조는 원저자의 것임). 다음도 보라. VanderKam, "Demons in the Book of *Jubilees*." 이러한 생각은 마귀를 하늘의 신에게서 나왔지만 하늘과 땅 그 어디에도 어울리지 않는 기형화된 자식으로 보는 초기 메소포타미아인의 개념과 잘 어울린다. van der Toorn은 다음과 같이 말한다. "마귀는 우주적 사고, 비정상적 출생, 피조물의 부적응이다. 본래 사악한 마귀의 본성은 선천적으로 도덕적 결함을 갖고 있고, 초자연적인 능력과 결합되어 있어 더더욱 두렵다"("Theology of Demons," 68).

의 선천적인 부정함과 견줄 만하다.[57]

현재 「에녹1서」에 보존되어 있는 "감시자의 책"에도 이와 유사한 악령 사상이 포함되어 있다. 저자에 의하면 천상의 감시자들(즉 천사들)과 여자들이 성관계를 맺어 거인들이 탄생한다.[58] 이러한 천상의 존재와 지상 존재의 결합, 곧 우주의 경계를 무너뜨리는 행위는 돌연변이 자식을 낳고, 그들은 심지어 피까지 먹으며 인간과 동물을 향해 폭력을 일삼는다.[59] 그들이 죽자 이 폭력적인 거인들은 전부 악령으로 변하여 모든 사람을 향해 계속해서 폭력적인 행동을 이어간다. "거인들의 영들은 서로 탄압한다. 그들은 타락하고, 넘어지고, 흥분하고, 땅에 엎어지고, 슬픔을 초래하게 될 것이다. 그들은 음식을 먹지도 않고, 목마르지도 않고, 장애물에 걸리지도 않는다. 이 영들은 백성의 자녀들과 여인들에게 대항하며 일어설 것이다. 왜냐하면 그들은 (그들에게서) 나왔기 때문이다."[60]

여자들과 동거했던 최초의 천사들은 비록 "악한 영"이나 "악령"으로 불리지는 않았지만, 분명히 이 영역에 속한다. "비유의 책"은 이 타락한 천사들을 그들이 저지른 다양한 반인륜적 죄악과 함께 소개한다. 예를 들어 예콘과 아스벨은 천사가 하늘에서 내려와 여자들과 어울리게 된 주 원인이었다. 가데르엘은 인간에게 "죽음의 치명타"를 가르쳐주었

---

57 따라서 다음도 보라. Wahlen, *Jesus and the Impurity of Spirits*, 36.
58 *1 Enoch* 7.2; 9.8-9; 15.3-4; 참조. 창 6:1-4; *Jubilees* 5.1.
59 *1 Enoch* 7.3-5; 참조. 창 9:4.
60 *1 Enoch* 15.11-12. 다음을 보라. Stuckenbruck, "'Angels' and 'Giants' of Genesis 6:1-4."

274 죽음의 세력과 싸우는 예수

고, 그들에게 무기를 공급해주었다. 피네메는 인간에게 글 쓰는 기술을 가르쳐주었는데, 저자는 그 기술이 죽음의 원인이라고 생각한다. 그리고 카사디아는 그 무엇보다도 인간에게 낙태법을 가르쳐주었다.[61]

「희년서」와 에녹 문헌은 쿰란 공동체에 영향을 미쳤다. 따라서 쿰란에서 발견된 다른 문헌에서도 악령에 대한 유사한 관심을 발견하는 것은 그리 놀라운 일이 아니다. 예를 들어 한 본문은 백선(白癬)을 비롯해 제사장이 환자를 검사하는 내용을 다루면서 그 사람의 몸에 "루아흐"가 침투하는 것을 언급한다.[62] 「공동체 규칙서」(Community Rule)는 인간을 지배하는 이 두 "루호트"—거룩함과 빛의 "루아흐"와 부정함과 어두움의 "루아흐"[63]—에 관해 논하고 나서 몇 열 후에 "나는 벨리알[악한 "루아흐"]을 내 마음에 두지 않을 것이다"라는 내용을 담고 있다.[64] 이 본문은 서로 다른 두 "루호트"—하나는 거룩하고 하나는 불순한—를 대조하면서 인간의 몸을 전쟁터로 여기는 역동적인 세력들을 묘사한다.

이와 마찬가지로 어떤 시편 두루마리는 다음과 같이 구원을 요청하는 기도를 담고 있다. "야웨여, 나의 죄를 용서하여 주시고, 나의 죄악에서 나를 정결하게 하소서. 내게 믿음과 지식의 '루아흐'를 주소서.…사탄이나 부정한 '루아흐'가 나를 다스리지 못하게 하소서. 고통이나 악한

---

61   *1 Enoch* 69.4-15.
62   4Q273 4 II, 10.
63   예. 1QS IV, 21-22.
64   1QS X, 21.

욕망이 내 뼈를 소유하지 못하게 하소서."[65] 천사와 여자가 혼합된 자손
(참조. 창 6장)을 언급하며 *4QIncantation*은 "잡종들의 모든 '루호트'"(즉
그 혼합된 자손들)와 "부정함의 '루아흐'"에 관해 이야기한다.[66] 축귀에 관
한 내용을 담고 있는 어떤 단편적인 아람어 본문(*4QExorcism ar*)은 사람
들의 몸 안으로 들어가 그들을 신체적으로 괴롭히는 사악한 남녀 "루호
트"를 보여준다. 이러한 상황에서는 악령에 사로잡힌 사람의 몸에서 악
령을 제거하기 위한 퇴마술이 필요하다.[67] 우리는 「외경 시편」(*Apocryphal
Psalms*ᵃ)으로 알려진 어떤 단편적인 두루마리에서 이스라엘의 솔로몬 왕
이 강력한 퇴마사였다는 믿음을 보여주는 최초의 증거를 발견한다.

> […] 솔로몬[…] 그리고 그는 불렀[다].
>
> […루]호트와 악마 […]
>
> […] 이것들은 [악]마들이며, 마스테[마의 왕]자다
>
> […] 무저[갱][68]

이 본문은 밤의 악마에 대항하기 위한 주문으로 이어진다.

---

65   11Q5 XIX, 13-16.
66   4Q444 2 I, 4.
67   이 본문에 관해서는 다음을 보라. Penney and Wise, "By the Power of Beelzebub." 그들은
       첫 번째 열의 첫 번째 행을 "[베엘]제붑"으로 재구성한다.
68   11Q11 II, 2-5.

다윗의 시. YHW[H]의 이름으로 외우는 주문. 언제든[지 주문을 외워라].

하[늘]. 그가 밤[중]에 너를 대적하면 너는 그에게 이렇게 [말]해라.

너는 누구냐? 사람의 [씨]이자 거[룩]한 이들의 씨여!

너의 얼굴은 [속임]수의 얼굴이며, 너의 뿔은 꿈의 뿔이다. 너는 어둠이지 빛이 아니다.

[정]의가 아닌 불의다. […] 군대의 왕자. YHWH는 너를 [쓰러뜨릴] 것이다.

깊은 [스]올까지. [그는] [빛이 들어오지 않는] 동으로 만든 [문]을 닫아버릴 것이다.[69]

「전쟁 두루마리」는 하나님의 군대와 벨리알의 군대(빛의 자녀들과 어두움의 자녀들)의 종말론적 싸움을 묘사하면서 다음과 같이 선언한다. "그의 증오스러운 계획으로 인해 벨리알은 저주를 받을지어다. 그는 자신의 사악한 통치로 인해 멸망할지어다. 그의 모든 [루호트]는 그들의 사악한 계획으로 인해 저주를 받을지어다. 그들은 자신들의 더럽고 부정한 행위로 인해 멸망할지어다. 이는 그들은 어두움에 속한 자들이지만, 하나님께 속한 자들은 [영원]한 빛을 위함이기 때문이다."[70] 따라서 다수의 쿰란 문서는 현재의 우주가 하나님과 벨리알의 세력, 곧 거룩함의 세력과

---

69 11Q11 V, 4-11. 축귀에 관해서는 다음을 보라. Puech, "11QPsApᵃ," and Puech, "Les deux derniers psaumes davidiques."

70 1QM XIII, 4-6.

부정함의 세력이 싸우는 무대라는 것을 보여준다. 하나님과 빛의 자녀들은 마지막 때에 벨리알과 어둠의 자식들을 완전히 물리칠 것이다. 다시 한번 강조하지만, 우리는 여기서 수많은 악마의 세력에 대한 믿음과 공존하는 최고의 유일한 하나님에 대한 강한 믿음을 발견한다.

1세기 알렉산드리아의 유대인 철학자 필론도 이 악령들에 관해 논한다. 천사들이 이 땅으로 내려와 여자들과 성관계를 맺는 창세기 6장의 신화를 해석하면서 그는 철학자들이 악령이라고 부르는 존재를 천사라고 부른다. 필론에 의하면 이 존재들은 공중에 떠도는 영혼들이다.[71] 많은 비유대인들처럼 필론에게 있어 악령들은 선할 수도 있고 악할 수도 있다.[72] 아마도 부분적으로 70인역에 의존하고 있는 필론은 발락이 예언자 발람을 어떤 악령을 위해 세운 기둥으로 데려갔다고 주장하면서[73] 이방 신들을 자신이 악령이라고 부르는 하급 신들과 동일시하는데, 이러한 현상은 그의 다른 저술에서도 발견된다.[74]

요세푸스의 역사서에는 악령들에 관한 언급이 다수 들어 있다. 요세푸스는 신명기 역사를 새롭게 쓰면서 사울 왕을 향한 악령의 공격에 대해 언급하면서도[75] 이 악령이 사울을 질식시키려고 했다고 덧붙인다. 그는 다른 본문에서 "악령"이라는 용어를 "악한 프뉴마"와 섞어서 사용

---

71   Philo, *On Giants* 6.
72   Philo, *On Giants* 16.
73   Philo, *On the Life of Moses* 1.276.
74   예. Philo, *On the Decalogue* 54; Philo, *On the Virtues* 172.
75   Josephus, *Jewish Antiquities* 6.166; 참조. 삼상 16:14-16.

한다.[76] 그는 자신의 「유대 전쟁사」에서 헤롯의 아들 알렉산드로스가 헤롯이 죽인 히르카누스와 마리암네의 악령들을 대신하여 그의 아버지에게 복수할 것을 자랑했다고 말한다.[77] 이러한 소문은 헤롯이 그의 두 아들 알렉산드로스와 아리스토불로스를 살해하게 만들었고, 그 이후 그들의 악령들은 그 왕궁을 독차지했다.[78] 따라서 요세푸스에게 있어 악령은 악의를 가지고 산 자들 가운데서 떠도는 죽은 자들의 영이며, 그는 「유대 전쟁사」에서 이에 대한 믿음을 간략하게 진술한다. 악령은 "지원이 오지 않는 이상 산 자에게 들어가 그들을 죽이는 사악한 자들의 영"이다.[79] 그는 또 다른 글에서 하나님은 솔로몬에게 악령에게 고통받는 사람들을 도울 수 있는 능력을 주었고, 이러한 능력은 요세푸스 시대에까지 이어져 엘르아살이라는 사람에게까지 이어졌다고 주장한다.[80] 요세푸스는 「희년서」 및 「에녹1서」와 마찬가지로 악령들이 창세기 6장의 거인들이 아니라 인간의 영이라고 믿으면서도 악령들을 죽은 자의 영과 연관시킨다. 필론을 제외한 다른 나머지 제2성전기 유대인 작가와 마찬가지로 요세푸스도 이러한 존재들이 보편적으로 폭력에 집착하고 인간을 죽이려는 경향이 있다고 믿는다.

우리는 제2성전기 유대 유언 문헌에서도 하나님 나라가 도래하면

---

76 Josephus, *Jewish Antiquities* 6.211.

77 Josephus, *Jewish War* 1.521.

78 Josephus, *Jewish War* 1.599, 607; 참조. *Jewish Antiquities* 13.317, 415, 416.

79 Josephus, *Jewish War* 7.185.

80 Josephus, *Jewish Antiquities* 8.45-49.

사탄은 더 이상 존재할 수 없음을 강조하는 내용을 발견한다.[81] 「베냐민의 유언」은 **부정한 영들**과 짐승들이 선한 일을 하는 사람으로부터 도망치게 될 것을 약속한다.[82] 「시므온의 유언」에 의하면 요셉을 죽이려는 시므온의 욕망은 속임수의 왕자가 보낸 질투의 영으로부터 비롯되었다.[83] 시므온은 아들들에게 거짓과 질투의 영을 주의하라고 조언한다. 그가 사람이 하나님께 피하면 사악한 영이 그에게서 달아날 것이라고 주장하는 것으로 미루어보아 이는 분명히 의인화된 악을 가리킨다.[84] 시므온의 아들들은 질투심을 회피함으로써 그들의 발밑에 있는 속임수의 영을 짓밟고 사악한 영을 다스리게 될 것이다.[85] 「레위의 유언」에 의하면 모든 사악한 영은 이스라엘을 공격하고, 음행의 영은 예루살렘 성전을 오염시키기 위해 성전을 공격하지만, 하나님의 천사는 그러한 공격으로부터 그들을 보호해준다.[86] 또한 단은 그의 자녀들에게 다음과 같이 지시한다.

이제 내 자녀들아, 주님을 두려워하고, 사탄과 그의 [영들]을 경계하여라. 하나님과 너희를 위해 중재하는 천사에게 가까이 다가가라. 이는 그가 이스라엘의 평화를 위해 하나님과 사람 사이를 중재하는 자이기 때문이다.

---

81 예. *Testament of Moses* 10.1.82. *Testament of Benjamin* 5.2.
82 *Testament of Benjamin* 5.2
83 *Testament of Simeon* 2.7; 참조. 창 37:20.
84 *Testament of Simeon* 3.1-5; 참조. 4.7-9.
85 *Testament of Simeon* 6.6; 참조. *Testament of Levi* 18.10-12.
86 *Testament of Levi* 5.6; 9.9.

그는 원수의 왕국에 대항할 것이다. 그러므로 원수는 주님께 부르짖는 모든 사람을 넘어뜨리려 한다. 이는 그가 이스라엘이 신뢰하는 날에 원수의 왕국이 멸망할 것을 알고 있기 때문이다. 이 평화의 천사는 이스라엘이 사악한 운명에 굴복하지 않도록 이스라엘을 강하게 만들 것이다. 그러나 이스라엘의 무법 시대에는 주님이 이스라엘을 떠나지 않을 것이며, 이스라엘이 그의 뜻을 이루려고 애쓸 것이다. 왜냐하면 그 어떤 천사도 그와 같지 않기 때문이다.[87]

마지막으로 위(僞)필론(Pseudo-Philo)은 악령을 "부정한 영"이라고 부른다.[88] 여기서도 우리는 악령들의 주된 목표 중 하나가 사람들을 잘못된 길로 인도하는 것임을 보게 된다. 즉 엘리 제사장은 밤중에 사무엘을 부른 목소리가 사무엘을 속이려는 악하고 더러운 영일 수 있다고 생각한다.

앞에서 소개한 제2성전기 유대인들의 악령 사상을 보면 우리는 필론을 제외한 나머지 제2성전기 유대 작가들이 악령들은 항상 악하다는 점을 강조한다는 사실을 발견한다. 이러한 존재들에게 어떤 동기가 부여된다면 그것은 인간을 속이고, 다치게 하고, 파괴하려는 욕망일 것이다.

비록 랍비 문헌이 공관복음의 저술보다 후대의 것이긴 하지만, 우리가 복음서로 눈을 돌릴 때 랍비들이 악령들을 어떻게 생각하는지에

---

87   *Testament of Dan* 6.1-6.
88   *Liber antiquitatum biblicarum* 53.3.

대한 간략한 조사는 우리에게 유용할 것이다.[89] 예를 들어 바빌로니아 탈무드는 악령들이 존재하며 사람들을 멸망시키려는 의도를 가지고 있다고 거듭 주장한다. 결과적으로 랍비들은 사람들이 밤에 밖에 나가지 말 것을 권한다. 왜냐하면 "마할라트[악령들의 여왕]의 딸 이그랏과 파멸시키는 180,000명의 천사들이 나가서 각자 독립적으로 파멸 허가를 받았기 때문이다."[90] 더 나아가 랍비들은 악령들을 위험한 동물들과 연관시키며 악령들을 "죽음의 대리인"이라고 부른다.[91] 랍비들은 또한 악령들을 공동묘지와 연결한다. 랍비들에 의하면 어떤 이들은 금식하며 공동묘지에서 밤을 지새면서 부정한 "루아흐"가 자신들을 사로잡아 미래를 예언하는 데 도움을 주기를 원한다.[92] 사악한 "루호트"는 또한 사람들이 올바른 생각을 하지 못하도록 한다.[93] 마지막으로 이러한 악령들은 사람들 안에 들어가 죄를 짓게 한다.[94]

비록 제사장 문헌이 악령의 존재에 대해 신중한 태도를 보이지만, 랍비들은 악령들과 제사장 세계의 중심인 성막을 서로 연결한다. 만약 후대 랍비의 기록을 신뢰할 수 있다면 기원후 1세기의 랍비 요하난은 다음과 같은 주장을 펼쳤다고 한다. "성막이 세워지기 이전부터 악령

---

89 다음을 보라. Rosen-Zvi, *Demonic Desires*; Ronis, "'Do Not Go Out Alone at Night.'"
90 Babylonian Talmud, *Pesahim* 112b.
91 Babylonian Talmud, *Semahot* 47b.
92 Babylonian Talmud, *Sanhedrin* 65b; 참조. Babylonian Talmud, *Niddah* 17a; Babylonian Talmud, *Hagigah* 3b.
93 Babylonian Talmud, *Eruvin* 41b.
94 *Sifre Deuteronomy* 318.

들은 이 세상에서 인류를 괴롭히는 습관을 가지고 있었다. 성막이 세워지고, 쉐키나가 여기 아래서 그 거처를 차지한 순간부터 악령들은 세상에서 말살되었다."[95] 이러한 주장은 악령들이 본질적으로 하나님과 그분의 거룩한 임재에 대항한다는 것을 암시한다. 궁극적으로 이 둘은 서로 공존할 수 없으며, 성막이 세워지고 하나님이 이 땅에 안전하게 거하실 수 있는 새로운 공간이 조성됨으로써 하나님은 이 세상에서 악령들을 몰아내신다.

예수와 부정한 악령들

복음서에 나오는 악령의 이야기를 전수 조사하는 대신, 나는 마가복음에 등장하는 두 축귀 기사를 살펴보기에 앞서 중요한 주제 몇 가지를 먼저 다룰 것이다. 첫째, 복음서 저자들은 반복적으로 악령들을 인간들을 괴롭히며 그들에게 신체적 고통을 주는 적대 세력으로 묘사한다. 그들은 또한 악령들을 그 무엇보다도 사람들이 귀머거리와 벙어리가 되게 하는 질병과 연결한다(예. 막 9:25).[96] 복음서 저자들은 악령들을 인간을 유혹하는 존재로 묘사하지 않는다. 물론 사탄은 예외다(막 1:13; 8:33; 마 4장; 눅 4장; 13:16; 22:3). 그들은 오히려 악령들이 인간의 몸을 파괴하고 약화시

---

95 *Numbers Rabbah* 12.3.
96 다음을 보라. Machiela, "Luke 13:10-13"; Wassen, "Impurity of the Impure Spirits."

키는 힘에 초점을 맞춘다. 또한 악령들이 인간에게 나타내는 적대감은 죄악스러운 행위에 대한 하나님의 심판과 뚜렷한 연관이 없다. 인간은 악령들의 연약한 희생자일 뿐이다. 인간은 해방을 갈망하지만 예수를 만나기 전에는 결코 도움을 받을 수 없다(참조. 12:43-45).

하나님의 거룩한 자와 마가복음에 나타난 부정한 영들

마가복음은 예수를 뜻밖에 갑자기 소개한다. 마태나 누가와 달리 마가는 독자들에게 예수의 삶의 정황을 제시하는 그의 유아기 이야기를 소개하지 않는다. 그는 요한이 예수에게 세례를 베풀고 예수가 광야에 40일간 머무는 것을 시작으로 예수를 공적 무대에 세운다. 광야에서 돌아온 예수는 시몬, 안드레, 야고보, 요한 등 몇몇 제자들을 부르고, 갈릴리 가버나움 마을에 있는 회당에서 가르치기 시작한다. 마가는 예수의 가르침이 권위(exousia)가 있어 사람들에게 깊은 인상을 준다고 단언한다. 마가는 이 권위의 증거로 예수가 공적 사명을 수행하면서 처음으로 보여준 능력 행위를 제시한다. 그것은 바로 예수와 부정한 영의 대결이었다.

마침 그들의 회당에 더러운 귀신(pneuma) 들린 사람[97]이 있어 소리 질

---

[97] 그리스어는 anthrōpos en pneumati akathartō로 되어 있고, 따라서 그 의미가 모호하다. 이 사람은 더러운 영(pneuma)의 영역 또는 몸 **안에** 있는가, 아니면 더러운 영(pneuma)을 갖고 있는가? 내 생각에 Joel Marcus는 전치사 "엔"(en)을 장소의 의미로 받아들인다. "그를 오염시키는 장소에 갇혀 있는 '더러운 영 안에 있는 사람'이라는 이 표현은 소름이 끼친

러 이르되 "나사렛 예수여! 우리가 당신과 무슨 상관이 있나이까? 우리를 멸하러 왔나이까? 나는 당신이 누구인 줄 아노니 하나님의 거룩한 자니이다." 예수께서 꾸짖어 이르시되 "잠잠하고 그 사람에게서 나오라" 하시니 더러운 귀신(*pneuma*)이 그 사람에게 경련을 일으키고 큰 소리를 지르며 나오는지라. 다 놀라 서로 물어 이르되 "이는 어찜이냐? 권위 있는 새 교훈이로다. 더러운 귀신들(*pneumata*)에게 명한즉 순종하는도다" 하더라. 예수의 소문이 곧 온 갈릴리 사방에 퍼지더라(막 1:23-28).

예수와 부정한 영에 사로잡힌 사람 간의 이러한 만남은 마가복음에 기록된 예수의 공적 사역을 시작한다. 조엘 마커스는 "마태가 자신의 복음서를 산상설교로 시작하고, 누가는 나사렛 회당의 최초 설교로, 그리고 요한은 가나의 혼인 잔치로 시작하듯이 마가도 의도적으로 이 놀라운 장면을 예수의 공적 사역 초기에 배치한다"라고 말한다.[98] 마가복음의 예수는 부정한 영들(*pneumata*, 마가가 다른 본문에서 악마라고 부르는)을 내쫓는 자로 자신을 사람들에게 소개한다(예. 막 7:25-30).

이 이야기에서 마가가 사용한 용어는 악령의 세력을 이 책의 폭넓

다"(*Mark 1-8*, 192). 사실 Marcus가 주장하듯이 1:23-24의 표현은 이 사람과 귀신이 하나로 혼합된 존재임을 암시한다. "이 사람의 인격은 귀신에 의해 완전히 정복당한 나머지 귀신은 이 사람을 완전히 집어 삼켜버렸다. 이 사람의 정체성과 귀신의 정체성이 서로 하나가 되었다는 사실은 이 본문의 문법을 통해 강조된다"(*Mark 1-8*, 192). 이는 "크라시스"라는 고대 스토아 이론과 유사해 보이는데, 거기서 "영"(*pneuma*)과 다른 형태의 물질이 서로 혼합된다.

98 Marcus, *Mark 1-8*, 190.

은 주제와 연결한다. 그는 이 사람을 사로잡고 있는 영을 묘사하기 위해 "부정한"이라는 형용사를 세 차례나 사용한다. 이와는 대조적으로 이 사람은 예수를 하나님의 거룩한 자(*ho hagios*)라고 부른다. 마가는 독자들에게 세례자 요한의 말을 통해 예수가 물이 아닌 거룩한 영(*pneuma*)으로 세례를 베풀 것이며(1:8), 바로 그 영(*pneuma*)으로 무장하고, 또 그 영이 그를 광야로 내몰 것이라고 말한다(1:10-12).[99] 마가복음 1장은 현재 부정한 영(*pneuma*)에 사로잡힌 사람을 상대하기 위해 거룩한 영(*pneuma*)으로 무장한 하나님의 거룩한 자를 무대 위에 세운다. 따라서 마가복음의 도입부에서 사용하는 언어는 제사장들의 주요 관심사를 상기시킨다. "너희가 거룩하고 속된 것을 분별하며 부정하고 정한 것을 분별하고"(레 10:10). 밀그롬이 주장했듯이 거룩한 것과 속된 것이 서로 대립하고, 정한 것과 부정한 것이 서로 대립하는 반면, 제사장들의 사고에서는 오직 거룩한 것과 부정한 것만이 서로 대립한다. 부정한 것이 거룩한 것과 접촉하면 거룩한 것이 물러나는 것이 일반적인 관례다. 이 역동성을 고려하면 우리는 마가가 독자들에게 예수를 얼마나 극적으로 소개하는지를 볼수 있다. 하나님의 거룩한 자가 부정함을 대표하는 강한 영적 세력과 맞붙고 있는 것이다.[100]

---

99 마태는 그것이 하나님의 "영"(*pneuma*)이라고 밝히는 반면(마 3:16), 누가는 그것이 예수 위에 내려와 충만하게 하고 그를 광야로 보낸 거룩한 "영"(*pneuma*)임을 강조한다(눅 3:22; 4:1).

100 Lührmann, *Das Markusevangelium*, 51.

거룩한 것과 부정한 것 간의 이러한 접촉은 어떤 식으로든 결과를 초래할 수밖에 없다. 이 부정한 "프뉴마"는 이 사실을 인식하고 분쟁의 상황에서 자주 일어나는 질문을 던진다. "우리가 당신과 무슨 상관이 있나이까?"(예. 삿 11:12; 삼하 16:10; 왕상 17:18; 왕하 3:13; 대하 35:21) 예수와 부정한 "프뉴마"에 사로잡힌 사람 사이에서는 과연 무슨 일이 일어날까? 이 사람은 나름대로 자기가 우려하는 것이 있다. "우리를 멸하러 왔나이까?" 클린턴 왈렌(Clinton Wahlen)은 "이 부정한 영은 예수가 악령들을 모두 멸할 것을 두려워하는 악령의 군대 전체를 대신해서 말하고 있는 것 같다"라고 지적하지만, 이 "프뉴마"와 이 사람이 본질적으로 서로 하나가 된 상태이므로 여기서 "우리"는 이 사람과 이 "프뉴마"를 모두 가리킨다고 보는 것도 타당해 보인다.[101] 결국 이 질문에 대한 답변은 동시에 "그렇다"와 "아니다"다. 예수는 이 부정한 "프뉴마"에게 그 사람에게서 떠나라고 명령하면서(그리고 그는 이에 복종한다) 그를 침묵시킨다. 이 부정한 "프뉴마"와 이 사람의 결합은 여기서 끊어졌다. 악령은 멸망했고 이 사람은 구원을 얻었다. 따라서 우리는 이 첫 번째 이야기에서 하나님의 거룩한 자가 부정함의 세력과 마주하며 그를 쫓아내는 모습을 본다. 예수에게 강림하여 그를 움직인 이 거룩한 "프뉴마"는 이 사람 안에 있던 부정한 "프뉴마"보다 훨씬 더 강하다.

이 첫 번째 이야기는 앞으로 이어질 마가의 예수 묘사의 분위기를

---

101 Wahlen, *Jesus and the Impurity of Spirits*, 91. 다음도 보라. Stuckenbruck, "Satan and Demons."

결정한다. 예수는 반복적으로 인간을 괴롭히는 부정한 세력인 악령들과 교류하며 그들을 제압한다. 이러한 예수에 대한 보고를 듣고 사람들은 병든 자와 귀신 들린 자를 예수께로 데려오기 시작하고, 그는 그들의 병을 고치고 귀신을 쫓아낸다(막 1:32-34; 참조. 8:16-17; 9:32-34; 17:14-20).[102] 사람들은 귀신 들린 자들을 예수에게 데려오지만, 예수도 갈릴리 전역을 돌아다니며 하나님 나라를 선포하고 귀신을 내쫓는다(막 1:39). 그가 귀신 들린 자와 마주쳤을 때 그 부정한 영들은 그의 앞에 엎드려 절하며 그가 하나님의 아들임을 알아차린다(3:11). 그는 심지어 멀리서도 마귀들을 내쫓기도 한다(막 7:25-30; 참조. 마 15:22-28). 그리고 하나님의 거룩한 자는 제자들에게도 능력을 부여하여 그들이 마귀를 내쫓을 수 있는 권세를 준다(막 3:15; 6:7; 참조. 10:1).

강한 자 결박하기

그러나 예수의 성공적인 축귀 사역은 모든 사람으로부터 환영을 받지는 못한다. 마가에 의하면 일부 예루살렘 서기관들은 예수의 능력 자체가 사악한 마귀의 음모로 치부한다. "그가 바알세불이 지폈다 하며 또 귀신의 왕을 힘입어 귀신을 쫓아낸다 하니"(막 3:22). 다시 말하면 마가가 분

---

102 Ferguson은 이 본문이 "귀신 들림은 비록 일반적으로 같은 장애 범주에 속하지만 신체적, 정신적 질병과 구별된다"는 점을 보여준다고 주장하지만(*Demonology*, 4-5), 다음도 보라. Machiela, "Luke 13:10-13."

명히 말하듯이 그들은 예수가 부정한 영에 사로잡혀(3:30) 사람들을 속여 자신을 따르도록 한다고 비난한다. 비록 바알세불은 초기 유대 전승에서 알려지지 않았지만,[103] 2세기 기독교 작품인 「솔로몬의 유언」은 그를 귀신들의 우두머리로 언급한다.[104] 우리는 이러한 사상—어떤 사람이 귀신의 속임수를 통해서만 귀신을 지배할 수 있는 것처럼 보일 수 있다는 사상—을 위(僞)에우세비오스의 글에서도 찾아볼 수 있는데, 거기에는 기원후 1세기에 기적을 행하며 명성을 날렸던 아폴로니우스가 "다른 귀신의 도움으로 또 다른 귀신을 쫓아낸다"는 비난의 글이 담겨 있다. 이러한 축귀의 궁극적인 목적은 첫 번째 귀신이 떠나고 두 번째 귀신이 이를 비밀리에 다시 교체하기 위함이다.[105] 이럴 경우 축귀사는 귀신들을 위해 일하는 이중 첩자와 같다.

이러한 비난에 대해 예수는 "사탄이 어찌 사탄을 쫓아낼 수 있느냐?"라고 반문한다. 그리고 이어서 그는 다음과 같은 비유를 든다. "또 만일 나라가 스스로 분쟁하면 그 나라가 설 수 없고, 만일 집이 스스로 분쟁하면 그 집이 설 수 없고, 만일 사탄이 자기를 거슬러 일어나 분쟁하면 설 수 없고 망하느니라"(막 3:23-26). 사탄의 집에 관한 사상을 바탕으

---

103 하지만 바알-제붑(LXX: *baal-myia*)은 왕하 1장에 의하면 에그론의 신이다. 후대 기독교 작품인 「빌라도행전」은 이 두 이름을 동일시한다.

104 *Testament of Solomon* 3.5-6; 6.1-2; 16.3.

105 Eusebius, *Against Hierocles* 26; 참조. Origen, *Against Celsus* 1.6.109. *Papyri Graecae Magicae* 4.1239-41, 1243-48, in Betz, *Greek Magical Papyri*. 참조. *Damascus Document* XIII, 10: "그는 그들을 결박하고 있는 사슬을 풀어주어 그의 회중 가운데는 해를 당하거나 억압을 받는 자가 아무도 없을 것이다."

로 그는 오직 사탄을 지칭하는 용어인 "강한 자"를 결박해야만 그의 집을 약탈할 수 있다고 주장한다. 마가는 예수가 바로 그 일을 실행하고 있는 것으로 묘사한다.

마가복음 5장에서 예수는 주로 이방인들이 거주하는 열 도시로 형성된 데가볼리로 가려고 바다를 건너간다. 그가 어떤 사람을 이방인 지역에서 처음 만나는 이야기는 회당에서 귀신 들린 사람을 만난 이야기(막 1:21-28)와 유사하다. 여기서는 예수가 배에서 내리자 부정한 영에 사로잡힌 사람이 그를 맞이한다. 이 사람에 대한 마가의 묘사는 소름 끼칠 정도로 공포스럽다. "더러운 귀신 들린 사람이…무덤 사이에 거처하는데 이제는 아무도 그를 쇠사슬로도 맬 수 없게 되었으니"(5:2-3). 마가는 "더 이상"(ouketi), "아무도"(oudeis), "심지어…조차도"(oude) 등 다수의 부정사를 사용함으로써 사람들이 그 사람을 통제할 수 없다는 사실을 크게 강조한다. 영어에서는 이중 부정은 긍정을 나타내고, 두 개 이상의 부정은 단지 혼란을 초래할 뿐이지만, 그리스어에서 부정사를 중복해서 사용한다는 것은 그 점을 크게 강조하는 것이다. 마가는 과거에 사람들이 그의 발을 족쇄로, 그의 손을 쇠사슬로 묶으려 했지만, 그가 계속해서 이 사슬들을 끊어버렸다고 독자들에게 일러준다. 간단히 말하자면 아무도 그를 제압할 능력이 없었다는 것이다. 그 결과 그 사람은 밤낮으로 무덤 사이를 돌아다니면서 소리를 지르고 돌로 스스로를 자해했다.

현대 독자들이 이 사람에 대한 마가의 예술적 묘사를 제대로 이해하려면 그 당시의 정황을 어느 정도 설명하는 것이 도움이 될 것이다. 첫째, 마가가 이 사람이 밤낮으로 무덤에 거하는 것으로 묘사한 것은 이 사람의 심리 상태를 나타낸다. 예를 들어 후기 랍비 문헌은 무덤에서 밤을 지새는 사람은 정신이 건강하지 못하다는 것을 강조한다.[106] 마가는 결말 부분에서 이 사람이 이제는 옷을 입고 있고, 또 "올바른 정신"으로 돌아왔음을 독자들에게 알려줌으로써 그가 전에는 정신이 건강하지 않았음을 확인시켜준다(5:15). 우리가 앞에서 죽은 자와 악령 간의 수많은 연관성을 언급한 점을 고려하면 사람들이 악령들을 종종 묘지를 떠도는 존재로 묘사했다는 것은 그리 놀랄 만한 일이 아니다.[107] 따라서 묘지는 부정한 영에 사로잡힌 이 사람이 거할 수 있는 자연스러운 장소가 된 것이다.

더 나아가 어떤 사람을 육체적으로 속박하는 것이 끔찍하고 비인간적인 것으로 보일 수도 있지만, 이것이 바로 이 사람이 속한 공동체가 유일하게 할 수 있는 일이었다. 즉 그것은 그가 자기 몸을 해치는 것을 막아주는 것이었고, 마태복음에 의하면 그것은 타인을 해치지 못하게 막아주는 것이었다(마 8:28). 하지만 그들이 사용한 쇠사슬은 이 강한 자를 결박하기엔 너무나 역부족이었으므로 그가 자유롭게 산을 돌아다니며 자해를 하도록 내버려 둘 수밖에 없었다. 마가는 이 사람이 처한 상황을 매우 처절하게 묘사한다. 그런데 이 강한 자가 이제 예수의 발 앞에 엎드려 그에게 자신을 괴롭히지 말아달라고 간청한다. 나는 이 두 사람의 대화

---

106   예. Tosefta, *Terumot* 1.3; Babylonian Talmud, *Hagigah* 3b.

107   예. Plato, *Phaedo* 81D; Plutarch, *Sayings of Spartans* 236D.

를 순서대로 재구성해보았는데 그 내용이 매우 흥미롭다.

> **예수**: 더러운 귀신아, 그 사람에게서 나오라!
>
> **그 사람**: 지극히 높으신 하나님의 아들 예수여, 나와 당신이 무슨 상관이
>
>   있습니까? 하나님의 이름으로 명하노니 나를 괴롭히지 마옵소서!
>
> **예수**: 네 이름이 무엇이냐?
>
> **그 사람**: 내 이름은 '군대'입니다. 이는 우리가 많기 때문입니다.
>
> (그리고 그 사람은 자기를 그 지방에서 내보내지 마시기를 간청한다.)
>
> **그 사람**: 우리를 돼지에게로 보내어 들어가게 하소서.
>
> (예수는 그들이 돼지에게로 들어가는 것을 허락한다. 귀신 들린 돼지들은
>
> 바다에서 익사한다.)

마가가 비록 이 두 사람의 대화의 순서를 나름대로 재구성하면서 감추
려고 했지만, 사실 이 부정한 영은 예수가 명령을 했을 때 그 사람에게서
즉시 떠나지 않는다. 그 영은 오히려 마가복음 1장의 부정한 영이 했던
동일한 질문을 예수에게 던진다. "나와 당신이 무슨 상관이 있나이까?"
이 부정한 영을 쫓아내려는 예수의 첫 번째 시도는 실패로 돌아간다.
누가는 예수의 실패한 축귀 기사를 그대로 보존한 반면(눅 8:29), 마태는
그 내용을 생략하고(마 8:28-32), 오히려 귀신 들린 사람의 수를 두 배로
늘려 예수의 능력을 증폭시킨다.
    더 나아가 이 귀신은 마가복음 1장과 유사한 방식으로 예수를 알아

보고 그의 이름을 부른다. "지극히 높으신 하나님의 아들 예수여!" 축귀의 문맥에서 상대방의 이름을 알고 그 이름을 사용한다는 것은 상대방을 제압할 수 있게 해준다. 따라서 여기서 귀신은 예수의 이름을 밝히고, 또 자신을 괴롭히지 말 것을 하나님의 이름으로 명함으로써 예수를 제압하려고 시도한다. 여기서 동사 "명하다"(*horkizō*)는 축귀 문맥에서 주로 등장하는데, 보통 축귀사가 귀신에게 사용한다.[108] 우리가 앞에서 살펴보았듯이 어떤 마술 파피루스는 다음과 같은 주문을 담고 있다. "귀신아, 네가 누구이든지 간에 내가 너에게 명한다[*exorkizō*].…귀신아, 네가 누구이든지 간에 나와라[*exelthe*]. 그리고 어서 빨리 지금 당장 아무개한테서 떠나라. 귀신아, 나와라[*exelthe*]. 내가 절대 끊어질 수 없는 족쇄로 너를 묶었으니까. 그리고 나는 파멸이라는 어두운 혼란 속으로 너를 집어넣을 테니까."[109] 이 주문은 마가복음에서와 같은 표현을 사용하고, 귀신을 사슬로 묶는 것을 언급하는데, 이는 예수가 오기 전에 그 사람을 결박하지 못한 쇠사슬을 연상케 한다. 귀신은 예수를 제압하려고 하지만, 예수는 **그 귀신의** 이름을 요구하면서 판세를 뒤집는다. 귀신은 자신의 이름을 밝힌다. 그의 이름은 "군대"인데, 이는 약 5천 명의 병사로 구성된 부대를 지칭하는 로마 군사 용어로서 수많은 귀신이 이 사람을 괴

---

108 다음을 보라. Bauernfeind, *Die Worte der Dämonen*, 3-10; Kee, "Terminology of Mark's Exorcism Stories."

109 *Papyri Graecae Magicae* 4.1239-41, 1243-48, in Betz, *Greek Magical Papyri*. 참조. *Damascus Document* XIII, 10: "그는 그들을 결박하고 있는 사슬을 풀어주어 그의 회중 가운데는 해를 당하거나 억압을 받는 자가 아무도 없을 것이다."

롭힐 뿐만 아니라 그에게 압도적인 힘을 실어주고 있음을 의미한다.[110] 따라서 예수와 부정한 영 간의 전투는 귀신 5천 명과 하나님의 거룩한 자 한 명이 싸우는 불균형적인 싸움으로 보인다. 그러나 귀신의 군대 는 그곳에 남기 위해(또는 누가의 기사에 의하면 무저갱으로 들어가지 않기 위해) 근처에 있는 돼지 떼에 들어가게 해달라고 간청한다. 하지만 돼지 떼는 그곳을 벗어나 바다로 뛰어들어 익사함으로써 그들의 소망을 좌절시킨다.

이 이야기는 부정한 영에 사로잡힌 사람의 이야기로 시작한다. 그의 가장 가까운 이웃이 돼지 떼였던 이 사람은 정신이 온전하지 못한 채 무덤 사이에서 살고 있었다. 비록 마가가 분명하게 밝히진 않지만, 초기 유대 정결 의식에 익숙한 사람이라면 이 도입 부분 전체가 부정한 영, 부정한 시체로 가득 찬 무덤(참조. 민 19장), 부정한 돼지 떼(참조. 레 11장; 신 14장) 등 온통 부정한 것으로 가득 차 있음을 알아차렸을 것이다.[111] 하지만 예수와 이 사람의 만남은 이 사람이 이 모든 부정함의 근원으로부터 구원받는 결과를 가져다준다. 이 부정한 영들은 그 사람에게서 나와 돼지 떼에게로 들어갔고, 이 돼지 떼는 자기 자신과 부정한 영들을 한꺼번

---

110 비록 나는 여기서 이 쟁점을 다루지 않지만, 나는 "레기온"이라는 이름이 마가의 반로마 정서를 반영한다고 믿는 학자들에 동의한다. 참조. Myers, *Binding the Strong Man*, 192-94. 그럼에도 이 이야기는 단순히 탈(脫)신화화될 수 없고, 그 의미를 제국 및 제국주의비평으로 국한함으로써 친숙하게 느껴지도록 만들 수 없다.

111 Mishnah, *Bava Qamma* 7.7은 유대인이 돼지를 키우는 것을 금지한다. 다음도 보라. Jerusalem Talmud, *Ta'anit* 4.5; Babylonian Talmud, *Bava Qamma* 82b.

에 물속에 빠뜨렸다. 이 사람은 이제 제정신으로 돌아왔기 때문에 다시는 무덤 가운데 살지도 않고 자기 몸을 상하게도 하지 않는다.

이 이야기는 예수가 마가복음 3장에서 그를 대적하는 자들에게 하신 말씀이 성취되었음을 내러티브를 통해 알리는 역할을 한다. 거기서 예수는 먼저 강한 자(ischyros)를 결박하고(deō) 그의 집을 강탈하지 않으면 아무도 그 강한 자의 집에 들어갈 수 없다(ou dynatai oudeis)고 주장한다. 마가복음 5장에서 우리는 아무도 결박할 수 없는(oudeis edynato auton dēsai) 강한 자를 만난다. 예수가 도착할 때까지는 아무도 그를 제압할 수 있을 만큼 강하지(ischyō) 못하다. 예수는 이 귀신들의 집을 강탈하고, 그들의 소유―그 사람―를 그들의 손아귀에서 빼앗는다.

피터 볼트가 결론짓듯이

이 사건은 마가복음에 기록된 최고의 축귀 사건이다. 예수가 적대자들에게 답변 대신 던진 이 수수께끼 같은 말은 이미 "사람이 먼저 강한 자를 결박하지 않고는"(3:27) 아무도 강한 자의 집을 강탈할 수 없음을 암시했다.···3:27에 대한 이러한 암시에 의하면 이 결박 불가능한 강한 자를 제압한 사건은 독자들에게 이 이야기의 또 다른 측면을 암시한다. 즉 예수의 수수께끼 같은 말은 이제 그 답을 찾아 나섰고 그 강한 자는 제압을 당하고 있다는 것이다. 예수가 귀신의 군대를 쫓아내고 그 사람을 무덤에서 구출

해내자 "귀신의 왕"은 이제 대패를 당한다.[112]

거룩한 영에 대한 신성모독

마가복음 3장과 5장의 이러한 연관성은 마가복음과 예수를 올바르게 이해하는 데 이 이야기가 얼마나 중요한지를 잘 보여준다. 마가복음 3장은 예수가 누구이며 그의 권세와 능력이 어디서 나오는지에 대한 질문에 초점을 맞춘다. 심지어 예수의 가족까지도 그가 제정신이 아니라고 생각한다. 또한 서기관들도 그가 귀신이 들려 귀신들의 우두머리인 바알세불의 권위로 놀라운 기적을 일으킨다고 믿는다. 비록 마가가 자기가 말하는 "서기관"의 의미를 규정하진 않지만, 그들은 레위 지파나 제사장 혈통으로서 유대 사회에서 지식층에 속했을 것이다.[113] 이러한 판단이 정확하다면 예수에 대한 그들의 견해는 결정적이었다. 왜냐하면 그들은 대중을 대표하는 탁월한 법적·종교적 권위를 갖고 있었기 때문이다. 또한 그들은 귀신을 제압하는 예수의 권위의 근원도 부정하다고 생각했다.

이러한 평가와 더불어 서기관들은 하나님이 레위기 10:10에서 그들에게 주신 명령에 따라 거룩한 것과 속된 것, 부정한 것과 정한 것을 구별하고자 노력했다. 하지만 마가에 의하면 그들은 이 모든 것을 혼동하

---

112 Bolt, *Jesus' Defeat of Death*, 146-47.

113 다음을 보라. Schwartz, *Studies in the Jewish Background*, 89-101; Sanders, *Judaism*, 170-82; Schams, *Jewish Scribes*.

고 있었다. 마가 자신이 분명히 밝히듯이 예수는 세례받을 때 거룩한 영을 받은 후 그 거룩한 영으로 다른 이들에게 세례를 베푼다(1:8). 그리고 예수가 처음 만난 부정한 영은 그를 하나님의 거룩한 자라고 일컫는다. 마가와 그의 독자들의 관점에서 보면 이 서기관들은 거룩함의 세력과 부정함의 세력을 잘못 인식했다. 예수의 사역이 정화하고 생명을 부여하는 사역이었다면, 서기관들은 그의 사역을 부정함과 악한 세력, 그리고 궁극적으로는 기만 및 죽음과 연결하는 잘못을 범했다. 그런 의미에서 예수는 거룩한 영의 사역을 거룩함과 직결시키며 거룩한 영을 모독하는 자들은 치명적인 잘못을 저지르는 것이라고 청중들에게 경고한다. 그들은 거룩한 것과 부정한 것, 생명과 죽음을 혼동했으며, 이로써 스스로 죽음과 짝하고 생명과 맞서게 되었다. 비록 마태와 누가가 마가의 자료를 수정하긴 했지만, 그들도 예수와 귀신 간의 교류를 자주 언급했다는 사실은 예수의 행동에 대한 이러한 이해가 후대 그리스도 추종자들에게도 계속 반향을 불러일으켰음을 보여준다.[114] 사실 마태와 누가는 마가의 예수 변호 발언(막 3장)에 이어 예수의 축귀 사역이 하나님 나라의 도래와 인간에 대한 사탄 통치의 종말을 보여주는 뚜렷한 징조라는 점을 덧붙인다(마 11:26-28; 눅 11:18-20).

---

[114] Dale C. Allison Jr.가 지적하듯이 이러한 증거는 "예수가 축사자였음은 물론, 그를 비롯해 다른 사람들이 그의 사역을 사탄의 세력에 성공적으로 맞서는 것으로 보았다"는 점을 암시한다(*Constructing Jesus*, 18). 한편 Allison은 「도마복음」이 귀신에 대해 언급하지 않는다는 점을 지적하는데(133), 이러한 지적은 요한복음에도 똑같이 적용된다.

결론

공관복음에 나타난 예수의 정화 사역은 제사장 문헌에 언급된 세 가지 의식적 부정함의 근원(레프라, 생식기 분비물 유출, 시체)을 넘어 부정함의 악마적 근원에까지 확대된다. 악령의 세계는 이제 인간들을 무작정 괴롭힐 만큼 자유롭지 못하다. 마가는 그의 첫 번째 축귀 기사에서 이 사실을 분명히 보여준다. "우리가 당신과 무슨 상관이 있나이까? 우리를 멸하러 왔나이까?"(막 1:24) 또한 강한 자를 내쫓는 축귀 사건에서 귀신들은 예수에게 자신들을 괴롭히지 말아달라고 간청한다(막 5:7; 눅 8:28). 이 요구는 매우 역설적이다. 왜냐하면 유대 문헌과 비유대 문헌이 종종 강조하듯이 귀신들의 주임무가 바로 인간을 괴롭히고 죽이는 것이기 때문이다 (참조. 마 15:22; 행 19:16; 고후 12:7). 강한 자를 내쫓는 마태의 축귀 기사는 귀신들이 언젠가는 자신들도 고통당할 것을 알고 있었지만 예수가 그보다 일찍 왔다고 믿었음을 암시한다. "때가 이르기 전에 우리를 괴롭게 하려고 여기 오셨나이까?"(마 8:29) 귀신들은 이 땅에서 자신들이 원하는 대로 할 수 있는 자유가 있다고 생각했지만, 복음서 저자들은 예수가 이 세상에 침투하여 이 세상을 귀신들의 손에서 되찾아 이 땅에 하나님 나라를 세우는 모습을 그린다.

그런 의미에서 공관복음에서 보여주는 예수의 행동은 후대 랍비들이 묘사하는 이스라엘의 성막과 유사한데, 거기서도 귀신들을 이 땅에서 내쫓는 이야기가 나온다. 예를 들어 라브 카하나의 페시타는 시편 91편에 관해 다음과 같이 말한다. "회막이 세워지자 귀신들은 이 세상에서 완전히 멸망했다. 그러나 랍[비] 요하난은 이렇게 말했다. 왜 나는 내 손에 있는 본문에서도 찾을 수 있는데 저 멀리 있는 성경에서 그 증거를 찾으려고 할까? 주님이 네게 복 주시고 너를 (귀신들로부터 당연히) 지키시기를 원하노라(민 6:24)."[115] 민수기 라바에서도 이와 비슷한 내용이 등장한다. "성막이 세워지기 전에도 귀신들은 이 세상에서 인간들을 괴롭혔다. 성막이 세워지고 쉐키나가 아래에 거하는 순간부터 귀신들은 이 세상에서 말살되었다."[116] 비록 이 두 본문이 공관복음보다 훨씬 후대의 글이긴 하지만, 라브 카하나의 페시타가 (복음서 저자들이 예수를 이와 유사한 방식으로 묘사한 시기와 거의 같은) 기원후 1세기 말에 살았던 랍비 요하난이 이 전통을 알고 있었다고 주장하는 것은 우리에게 강한 호기심을 불러일으킨다. 이 땅에 침투한 예수는 악령의 세력에 대항하면서 거룩함을 드러내는 강한 힘을 이 땅에 도입한다. 만약 복음서 저자들과 동시대를 살았던 이들 가운데 일부가 이러한 기능을 이스라엘의 성막(그리고 더 나아가 예루살렘 성전)에 부여했다면 복음서 저자들은 아마도 하나님이 인류를 괴롭혀왔던 악령의 세력을 실제로 통제하셨던 것처럼 이제는 이스라엘의 하나님의 그 거룩하심이 예수의 인격 안에서 역사하신다는 것을 암시했다고도 볼 수 있다.

---

115 *Pesiqta of Rab Kahana* 1.5.
116 *Numbers Rabbah* 12.3.

제7장

예수, 치유, 그리고 안식일의 삶

앞에서 나는 복음서 저자들이 예수가 정결 의식 체계를 거부하거나 의식적 정결함의 존재 자체를 부정한 것으로 묘사하지 않는다고 주장했다. 그들은 오히려 예수가 자신이 시체, 생식기 분비물 유출, 레프라로 인한 의식적 부정함이 어떤 실제적이고 유형적인 것이라고 믿지 않지 않았다면 하지 않을 행동을 하는 인물로 일관되게 묘사한다. 이러한 의식적 부정함은 복음서 이야기에 자주 등장하는 악령들에게만큼이나 예수에게도 똑같이 실제적이다. 예수가 행하는 기적은 이러한 부정함이 자연 속에서 강력한 힘을 발휘한다는 전제하에 이루어지며, 따라서 그 부정함의 근원을 제거하기 위해서는 똑같이 실제적이며 한층 더 강력한 형태의 거룩함을 필요로 한다. 복음서 저자들은 한결같이 예수가 바로 그 거룩함이라는 강력한 힘을 소유한 자, 곧 하나님의 거룩한 자라고 선언한다. 한정되지 않은 기간 동안 의식적으로 부정해지는 질병을 앓고 있는 사람은 누구나 예수를 만나 그 질병으로부터 치유함을 받는다.

그러나 이러한 주장은 예수와 유대교 율법을 같은 선상에서 취급하는 견해가 재고될 필요가 있음을 암시한다. 복음서에서 묘사하는 예수는 정결 의식 체계를 거부하거나 의식적 부정함에 대한 우려를 완전히 저버리지 않는다. 오히려 그는 의식적 부정함의 근원을 접할 때마다 그 부정함의 근원을 체계적으로 제거해버린다. 이러한 사실을 고려하면 예수는 질병을 치유하면서 어떤 전혀 뜻밖의 일(완전히 새로운 일이 아니라면; 엘리야와 엘리사를 다시 한번 생각해보라)을 한다고도 볼 수 있지만, 복음서 저자들은 예수가 거룩한 것과 속된 것, 정한 것과 부정한 것을 구별하는 제사장의 범주 자체가 실제적이며 시의적절한 것으로 생각했다고 믿었음이 분명하다. 그런 의미에서 예수는 이러한 부정함의 근원을 제거하고, 사람들에게 정결함의 길을 다시 열어줌으로써 더 많은 사람이 거룩함의 영역으로 나아갈 수 있게끔 해준다.

복음서 이야기 세계에 등장하는 인물 가운데 그 누구도 예수가 레프라, 생식기 분비물 유출, 또는 시체로 인한 의식적 부정함을 무시한다고 비난한 적은 없지만, 우리는 예수의 안식일 준수 문제를 놓고 사람들이 그를 비난하는 이야기를 다수 접한다. 공관복음 저자들은 어떻게 의식적 부정함에 대한 관심을 계속 유지하는 예수와 안식일 규례를 범하는 예수를 동시에 보여줄 수 있을까? 그들은 과연 예수가 어떤 율법은 거부하고 또 어떤 율법은 준수한다고 확신한 것일까?[1] 예수가 안식일에 행한 행동은 과연 그가 거룩한 것과 속된 것의 구분이 없고 모든 날이 다 일하기 좋은 날이라고 생각했다는 것을 보여주는가? 다시 말해 과연 하나님의 거룩한 자라는 칭호를 가진 사람이 거룩한 날을 욕되게 함으로써 신성한 것을 노골적으로 모독한 것일까? 다시 말하지만 이것은 개연성이 없다. 아무튼 복음서 저자들은 동시대 유대인들이 늘 그래왔던 것처럼 예수가 안식일에 회당에 출석하는 모습을 반복적으로 묘사한다

---

[1] 다수의 학자들은 공관복음 저자들이 안식일 준수를 거부하는 예수를 묘사하고자 의도했다고 확신한다. 예컨대 다음을 보라. Yang, *Jesus and the Sabbath*(양용의, 『예수님과 안식일 그리고 주일』, 이레서원). 아울러 Willy Rordorf는 다음과 같이 결론짓는다. "예수가 안식일 계명 자체를 공격한 것이 아니라 단지 바리새인들의 궤변적인 수정만을 공격한 것이라는 주장은 잘못된 것이다"(*Sunday*, 63).

(막 1:21; 3:1-2; 6:2; 마 12:9-10; 눅 4:16, 31; 6:6; 13:10).[2]

그러나 복음서 저자들에 의하면 예수는 자신이 선택한 안식일 준수 방법으로 인해 자주 비난의 대상이 되었다. 그는 안식일에 병자들을 치유하는 바람에 안식일을 범한다는 비난을 지속적으로 받아왔다. 마가복음에서 예수는 안식일에 가버나움이라는 갈릴리 마을의 한 회당에서 처음으로 공개적으로 그의 기적을 행한다(막 1:21-28; 참조. 눅 4:33-37). 나는 이 이야기를 6장에서 다루었지만, 마가와 누가에 따르면 이 축귀 사건은 안식일에 일어났다는 점에도 불구하고 즉각적으로 비난에 휘말리지 않는다.[3] 오히려 이 사건을 목격한 사람은 모두 예수의 가르침과 귀신을 통제하는 능력—그가 귀신들에게 명하니 그들이 복종한다—에 놀란다 (막 1:27). 그럼에도 마가복음의 이 첫 번째 이야기는 이어지는 모든 안식일 논쟁의 전개 방향을 암시하고 이 논쟁의 장을 마련해준다. 한 가지 사건을 제외하면 예수가 비난을 받은 유일한 안식일 활동은 바로 **치유** 행위였다. 마태와 누가는 이러한 논쟁 이야기를 그대로 유지하면서도 주목할 만한 방식으로 이를 수정한다. 현대 독자들이 예수에 대한 이러한 비난을 제대로 이해하려면 먼저 그 당시에 시행되던 안식일 규례를 익힐 필요가 있다.

---

2 참조. Philo, *On the Embassy to Gaius* 156. 여기서는 다음을 보라. Ryan, *Role of the Synagogue*.

3 따라서 다음도 보라. J. Meier, *A Marginal Jew*, 4:252; Sariola, *Markus und das Gesetz*, 113.

유대 경전에 나타난 안식일

안식일 관련 규례는 유대 경전 전체에 걸쳐 나타난다. 출애굽기 16장은 사람이 한 주간의 일곱째 날에 쉬어야 한다고 명시하는 첫 번째 계명을 담고 있다. 이 본문에서 하나님은 이스라엘 백성이 광야에서 막 방황하기 시작했던 시기에 하늘에서 내려오는 만나로 그들이 먹을 음식을 제공하신다. 모세는 그들에게 여섯째 되는 날에는 보통 때보다 두 배의 만나를 거두어들이라고 명령한다. "내일은 휴일이니 여호와께 거룩한 안식일이라. 너희가 구울 것은 굽고 삶을 것은 삶고 그 나머지는 다 너희를 위하여 아침까지 간수하라"(출 16:23). 이러한 분명한 지시에도 불구하고 이스라엘 백성 가운데 일부는 안식일에도 만나를 거두어들이기 위해 나갔지만 아무것도 발견하지 못했다. 하나님은 이러한 불순종에 대해 다음과 같이 대응하신다. "어느 때까지 너희가 내 계명과 내 율법을 지키지 아니하려느냐? 볼지어다! 여호와가 너희에게 안식일을 줌으로 여섯째 날에는 이틀 양식을 너희에게 주는 것이니 너희는 각기 처소에 있고 일곱째 날에는 아무도 그의 처소에서 나오지 말지니라"(16:28-29). 하나님은 여기서 이스라엘 백성에게 안식일의 거룩함을 나타내는 두 가지 가시적 징조를 보여주신다. 첫째, 일곱째 날에는 하늘에서 만나가 내려오지 않는다. 둘째, 다른 날과 달리 그 전날의 만나는 비록 하룻밤을 묵혀두더라도 상하지 않는다(16:24; 참조. 16:20). 따라서 안식일에는 자연의 법칙이 바뀌어 이스라엘 백성은 일하지 않고 쉴 수 있게 된다. 주중에는 썩었던 만나가 안식일의 거룩함 때문에 썩지 않고 그대로 유지되는 것이다.

이러한 안식일 규례는 십계명 안에서도 확대 적용된다. "안식일을 기억하여 거룩하게 지키라. 엿새 동안은 힘써 네 모든 일을 행할 것이나, 일곱째 날은 네 하나님 여호와의 안식일인즉 너나 네 아들이나 네 딸이나 네 남종이나 네 여종이나 네 가축이나 네 문안에 머무는 객이라도 아무 일도 하지 말라. 이는 엿새 동안에 나 여호와가 하늘과 땅과 바다와 그 가운데 모든 것을 만들고 일곱째 날에 쉬었음이라. 그러므로 나 여호와가 안식일을 복되게 하여 그날을 거룩하게 하였느니라"(출 20:8-11; 참조. 신 5:12-15). 이 안식일 규례는 안식일이 누구에게 적용되는지를 규정하면서 한층 더 확대된다. 즉 모든 이스라엘 백성에게 적용된다는 것이다. 하지만 이 규례는 이스라엘인이 아닌 노예들과 그 마을에 거주하는 외국인에게도 적용된다. 이스라엘 백성의 짐승들도 안식일에는 절대 일해서는 안 된다. 이스라엘 백성을 비롯하여 그들과 함께 거하는 사람이나 짐승은 모두 안식일을 지켜야 한다.

더 나아가 출애굽기 20장은 거룩한 날을 천지창조와 연결하면서 이스라엘 백성이 안식일을 지켜야 하는 이유를 제시한다. 하나님은 하늘과 땅을 창조하신 후 일곱째 되는 날에 쉬셨다. "하나님이 그가 하시던 일을 일곱째 날에 마치시니 그가 하시던 모든 일을 그치고 일곱째 날에 안식하시니라. 하나님이 그 일곱째 날을 복되게 하사 거룩하게 하셨으니, 이는 하나님이 그 창조하시며 만드시던 모든 일을 마치시고 그날에 안식하셨음이니라"(창 2:2-3).[4] 제사장 문헌의 창조 내러티브에 의하면 원시적 창조 사역을 마친 후 하나님은 일곱째 날에 쉬셨다. 이러한 하나님의 안식은 창조 질서 안에 들어 있고, 이스라엘 백성에게 일곱째 날마다 일을 그만두고 쉬라고 명령하는 계명의 기초가 된다. 하나님은 일곱째 날을 다른 속된 날과 성별해 놓으시고, 이 날을 다른 날과 존재론적으로 구별하셨다. 따라서 하나님이 이스라엘 백성에게 안식일을 거룩하게 지키라는 명령을 내리신 이유는 하나님 자신이 그날을 거룩하게 하셨기 때문이다. 따라서 이스라엘 백성이 안식일을 지키는 것은 창조 질서를 따르는 것이다. 이러한 안식일 묘사는 어떤 율법이 권위와 힘을 갖고 있다고 믿는 법적 본질주의에 빚을 지고 있다. 왜냐하면 그것이 실제로 사물의 본질을 반영하기 때문이다.[5]

다른 규례는 안식일을 제대로 지키지 못한 결과로 주어지는 형벌을 규정함으로써 안식일의 거룩함을 부각시킨다. "너희는 안식일을 지킬지니 이는 너희에게 거룩한 날이 됨이니라. 그날을 더럽히는 자는 모두 죽일지며, 그날에 일하는 자는 모두 그 백성 중에서 그 생명이 끊어지리라. 엿새 동안은 일할 것이나 일곱째 날은 큰 안식일이니 여호와께

---

4   창 2:2에는 의미 있는 사본학적 쟁점이 있다. 마소라 본문은 하나님이 그의 사역을 일곱째 날에 마치고 일곱째 날에 쉬셨다고 말한다. 반면 70인역, 사마리아인들의 모세 오경, 시리아어 창세기는 하나님이 그의 사역을 여섯째 날에 마치고 일곱째 날에 쉬셨다고 말한다. 대다수 학자들은 마소라 본문이 원문을 보존하고 있다고 믿는데, 이는 이 원문이 하나님이 일곱째 날에도 여전히 일하고 계셨다는 것을 암시한다는 점에서 어려움을 조성하기 때문이다.

5   다음을 보라. Noam, "Essentialism, Freedom of Choice."

거룩한 것이라. 안식일에 일하는 자는 누구든지 반드시 죽일지니라"(출 31:14-15; 참조. 35:2). 안식일을 지키지 못한 것에 대한 형벌은 사형이며, 이 형벌은 이스라엘 백성이 광야에 있을 때 안식일에 나무를 하러 나갔던 사람에게 적용되었다(민 15:32-36). 이 이야기는 안식일에 어떤 종류의 일이 금지되었는지에 대한 내용을 한 가지 덧붙인다. 비록 유대 경전은 안식일에 할 수 있는 일과 할 수 없는 일을 체계적으로 제시하지 않는다는 점에서 비교적 신중한 편이지만, 이 이야기는 불을 지피기 위해 땔나무를 수집하는 것을 비판하고, 출애굽기 35:3은 안식일에 불을 피우는 것을 명시적으로 금지한다. 광야에서 일어난 만나의 이야기를 통해 우리는 먹을 것을 모으는 것도 금지된다고 결론지을 수 있다. 또한 느헤미야 10:31은 물건을 사고파는 것도 안식일을 범하는 것이라고 말하는데(참조. 느 13:15-18; 암 8:5), 예언자 예레미야는 안식일에 짐을 지는 것도 안 된다고 덧붙인다(렘 17:21). 마지막으로 제3이사야는 다음과 같이 말한다.

> 만일 안식일에 네 발을 금하여
> 내 성일에 오락을 행하지 아니하고
> 안식일을 일컬어 즐거운 날이라,
> 여호와의 성일을 존귀한 날이라 하여
> 이를 존귀하게 여기고 네 길로 행하지 아니하며
> 네 오락을 구하지 아니하며 사사로운 말을 하지 아니하면

네가 여호와 안에서 즐거움을 얻을 것이라(사 58:13-14).

이런 추상적인 금지는 세부 조항으로 채워져야 한다. 자신의 이익이나 자신의 것을 추구한다는 것은 무엇인가? 설령 우리가 여러 곳에 흩어져 있는 이런 행동에 대한 비난을 한곳에 다 모은다고 해도 우리는 어떤 행동이 하나님이 허용하시고 또 금지하시는 것인지 전부 다 파악할 수는 없을 것이다. 결국 우리가 곧 살펴보겠지만, 이러한 불확실성은 안식일에 금지된 일의 목록을 만드는 것으로 이어진다. 하나님이 안식일에 일하는 것을 금지하셨다면 하나님과 안식일을 모두 존중하려는 사람은 금지된 일이 어떤 것들인지 확실히 알아야 하지 않을까? 만약 제사장들과 궁극적으로는 모든 이스라엘 백성이 수행해야 할 주요 과제가 거룩한 것과 속된 것을 구별하는 것이었다면 바로 어떤 행동이 안식일을 속되게 만드는지를 파악할 필요가 있었다(레 10:10).

한편 유대 경전은 많은 유형의 업무가 비난을 받지 않고서도 안식일에 행해질 수 있다는 것을 암시한다. 예를 들어 창세기 17장에서 하나님은 아브라함과 그의 후손에게 그들의 아들이 태어난 지 여덟째 날에 할례를 행할 것을 명령하신다. 많은 유대인들은 이 계명을 준수하기 위해 안식일에도 아들에게 할례를 베풀어야 했을 것이다. 민수기에 의하면 제사장들은 안식일마다 곡식, 기름, 전제와 더불어 숫양 두 마리를 제물로 바쳐야 했다(민 28:9-10; 참조. 겔 46:1, 4, 12). 또한 아론과 그의 직무를 맡은 자들은 안식일마다 떡 열두 덩어리를 하나님 앞에 진설해야 했다(레 24:8). 그리고 속죄일, 즉 제사장 문헌 저자가 완전한 쉼의 안식일이라고 일컫는 날(16:31)에는 대제사장이 성소와 이스라엘 백성을 위한 주요 속죄 의식을 거행해야 했다(16:31-34). 이러한 다양한 직무는 특정 계명—적어도 할례와 제사장의 임무—이 안식일 준수보다 우선시된다는 것을 보여준다. 이런 직무는 이 거룩한 날을 실제로 속되게 하지 않는다.

안식일에 이루어지는 직무의 또 다른 사례는 열왕기하에서 찾아 볼 수 있다. 여기서 제사장 여호야다는 성전 호위대에 다음과 같은 지시를 내린다. "너희가 행할 것이 이러하니 안식일에 들어온 너희 중 삼 분의 일은 왕궁을 주의하여 지키고, 삼 분의 일은 수르 문에 있고, 삼 분의 일은 호위대 뒤에 있는 문에 있어서 이와 같이 왕궁을 주의하여 지키고, 안식일에 나가는 너희 중 두 대는 여호와의 성전을 주의하여 지켜 왕을 호위하되, 너희는 각각 손에 무기를 잡고 왕을 호위하며 너희 대열을 침범하는 모든 자는 죽이고 왕이 출입할 때에 시위할지니라 하니, 백부장들이 이에 제사장 여호야다의 모든 명령대로 행하여 각기 관할하는 바 안식일에 들어오는 자와 안식일에 나가는 자를 거느리고 제사장 여호야다에게 나아오매, 제사장이 여호와의 성전에 있는 다윗 왕의 창과 방패를 백부장들에게 주니, 호위병이 각각 손에 무기를 잡고 왕을 호위하되 성전 오른쪽에서부터 왼쪽까지 제단과 성전 곁에 서고"(11:5-8; 참조. 대하 23:3-11). 이러한 지시 사항은 호위병들이 안식일에 새로 왕위에 오른 요아스 왕을 보호하기 위해 무기와 창과 방패를 들고 근무에 임할 것을 요구한다. 이러한 대관식과 군사적 지원은 일을 금지하는 안식일 규례를 범하는 것으로 보이지만, 열왕기하를 기록한 신명기 사가나 역대기 사가는 모두 이 사실에 무관심했던 것으로 보인다. 느헤미야도 마찬가지로 사람들이 안식일을 올바르게 지킬 수 있도록 하기 위해 레위인들에게 안식일에 성문을 지키는 의무를 부여한다(느 13:22).

「희년서」 기록 연대만큼이나 이른 시기부터 안식일에 금지된 모든 일을 체계화하려는 노력이 진행된다.

> 그리고 안식일에 일하는 사람이나, 여행을 가는 사람이나, 집이나 다른 곳에서 밭을 갈거나, 불을 지피거나, 어떤 짐승이나 배를 타고 바다를 여행하는 사람, 그리고 어떤 것을 낚아채거나 죽이는 사람이나, 소나 새의 목을 치는 사람이나 혹은 덫을 놓아 짐승이나 새나 물고기를 잡는 사람, 그리고 금식하거나 전쟁을 일으키거나 누구든지 안식일에 이런 일을 하는 사람은 죽을지라.[6]

또한 랍비 시대처럼 늦은 시기에도 우리는 여전히 안식일 규례를 체계화하고 명확히 하려는 노력을 발견한다. 즉 안식일 법에 관한 논의는 미쉬나에서 가장 큰 부분을 차지하는 소책자에 기록되어 있다. 이러한 높은 관심은 이전의 본문들이 단순히 안식일을 올바로 지킬 수 있는 방법

---

6   *Jubilees* 50.12-13.

에 대한 충분한 지침을 제공하지 않는다는 사실에서 비롯된다.[7] 만약 안식일 준수를 진지하게 생각한다면 무엇이 금지된 일인지를 제대로 파악할 필요가 있었을 것이다.[8]

그러나 유대인들이 서로 동의할 수 없었던 부분이 바로 여기에 있었다. 두 가지 예를 드는 것만으로도 충분할 것이다. 미쉬나 페사힘에 의하면 여리고 사람들은 나무에서 떨어진 과일을 주워 먹는 것은 안식일을 범하는 것이 아니라는 법적 견해를 고수했다. 그 과일은 우발적으로 얻은 소득이므로 그들은 그것을 줍는 것이 불법으로 수확한 행위에 해당하지 않는다고 결론지었다. 그러나 현자들은 이러한 법적 견해에 동의하지 않았다.[9] 사실 랍비들은 종종 어떤 것이 노동에 해당하는지에 대해 서로 의견 일치를 보지 못했다. 예를 들어 랍비 엘리에셀은 안식일에 벌집에서 꿀을 채취하는 것이 금지되었다고 주장한 반면, 현자들은 꿀을 채취하는 것은 허용된다고 믿었다.[10] 이러한 의견의 불일치는 때때로 자신의 의견에 동의하지 않는 사람을 안식일을 범한 율법 위반자라고 비난하는 열띤 논쟁을 불러일으켰을 수도 있지만, 이러한 주장은 비난을 받는 사람의 실제 태도나 의도를 나타내는 척도는 아니었다. 그런 사람은 자신이 안식일을 범하지 않았다고 믿었을 것이다. 복음서에 기록된

---

7 H. Weiss, *A Day of Gladness*, 13; J. Meier, "Historical Jesus," 58-59.

8 안식일 규례는 다수의 제2성전기 작품에서 유대인의 정체성을 나타내는 필수 요소가 된다. 다음을 보라. Grünwaldt, *Exil und Identität*, and Doering, *Schabbat*.

9 Mishnah, *Pesahim* 4.8.

10 Mishnah, *Shevi'it* 10.7; Mishnah, *Uqtzin* 3.10.

안식일 논쟁은 바로 이러한 율법 논쟁의 맥락 안에서 읽혀야 한다.

앞에서 여러 장에 걸쳐 다룬 주제와는 대조적으로 안식일 규례와 관련하여 고대 근동이나 비유대 그리스-로마 세계에서는 이와 유사한 점을 찾아볼 수 없다. 비록 거룩한 시간의 개념이 지중해 세계에 속한 모든 문화에서 잘 알려진 것이었지만, 일곱째 날을 휴식의 날로 지키는 관행은 이스라엘 백성들과 유대인들에게 분명 독특한 것이었다. 복음서 초기 독자들이 안식일 논쟁에 관한 이야기를 처음 접했을 때 사실 이것은 그들에게 유대인의 세계로 진입하는 것을 의미했다. 이제 우리는 바로 그 이야기로 우리의 관심을 돌릴 것이다.

밀밭의 예수

마가는 예수와 그의 제자들이 어느 안식일에 밀밭을 지나고 있었고, 그때 제자들이 밀 이삭을 자르기 시작했다고 전한다(막 2:23-28).[11] 이러한 행동을 목격한 바리새인들은 예수에게 왜 그의 제자들이 안식일에 불법을 행하느냐고 묻는다. 사실 마가의 이야기는 제자들의 이러한 행동 및 바리새인들의 비난과 예수 사이에 일정 거리를 둔다. 밀 이삭을 자른 것

---

11 밀밭 사이로 지나가는 행위 자체가 안식일 준수를 반드시 위반하는 것은 아니다. Lutz Doering은 다음과 같이 말한다. "우리는 여러 자료를 통해 밀밭이 안식일의 제한 거리를 위반하지 않고서도 갈 수 있을 만큼 주거지에서 가까운 거리에 있었다는 것을 알고 있다.

은 예수가 아니라 그의 제자들이라는 것이다. 마가복음을 재서술하면서 마태와 누가는 제자들의 행동에 초점을 맞춘다(마 12:1-8; 눅 6:1-5). 물론 누가의 이야기에서는 바리새인들이 자신들의 비난 대상에 예수도 포함한다고 볼 수도 있지만 말이다. "어찌하여 [당신들은] 안식일에 하지 못할 일을 하느냐?"(눅 6:2)[12]

이 비난에 대한 예수의 응답은 율법상 그들의 행위가 방어 가능하다고 생각했음을 보여준다.[13] 그러나 제자들이 안식일에 한 일, 곧 안식일에 밀 이삭을 자른 것은 노동으로 여겨졌을 것이다. 비록 안식일 계명을 명백히 위반한 것은 아니었지만(예컨대 출 20:10; 34:21 같이), 그들의 행동은 분명 그러한 율법 준수에 대한 동시대인들의 일반적인 해석(아마도 이것은 심지어 추수 기간에도 안식일을 지켜야 한다는 출 34:21에 근거하여)에는 어긋나는 것이었다. 쿰란의 「다마스쿠스 문서」는 안식일에 지켜야 할 여러 가지 요구 사항과 함께[14] 적절한 판단 기준을 담고 있다. "안식일에는 이미 준비된 음식 외에는 아무것도 먹을 수 없다."[15] 따라서 쿰란 공동체는 밀 이삭을 잘라 그 껍데기를 벗긴 제자들의 행동(눅 6:1)이 안식

따라서 이 이야기는 금지된 거리를 걸어감으로써 안식일을 범한 상황에 해당하지 않는다"("Much Ado about Nothing?," 214).

12 그러나 다음을 보라. Daube, "Responsibilities of Master and Disciples."
13 바리새인들의 비난에 대한 예수의 **율법적 대응**은 마가복음의 예수가 Holmén, *Jesus and Jewish Covenant Thinking*, 102의 주장과는 달리 이러한 비난에 전혀 무관심했음을 보여준다.
14 *Damascus Document* X, 14-XI, 18.
15 *Damascus Document* X, 22.

일을 모독하는 것에 해당한다고 여겼을 가능성이 있다. 기원전 1세기 초에 활동했던 필론은 다음과 같은 주장을 펼친다. 안식일은 "모든 종류의 나무와 식물에도 적용된다. 왜냐하면 안식일에는 그 어떤 줄기나 가지, 심지어 잎을 자르거나 과실을 따는 것도 허용되지 않기 때문이다."[16] 후대 랍비들의 해석에 의하면 안식일을 범하는 세 번째 사례는 추수하는 사람이다.[17] 랍비들은 토세프타에서 이 범주에 속하는 일이 무엇인지를 구체화한다. 거기에는 수확의 일환으로 곡식을 따는 것도 포함된다.[18] 이러한 여러 문헌의 증거는 곡식을 따거나 다른 식량을 수확하는 것이 안식일 위반에 해당한다는 관점이 얼마나 널리 퍼져 있었는지를 잘 보여 준다.

마가복음의 예수는 이에 어떻게 대응하는가? 첫째, 예수는 제자들이 곡식을 땀으로써 안식일에 **일을 하고 있다**는 점을 인정한다. 다시 말하면 예수는 「다마스쿠스 문서」와 필론, 그리고 초기 랍비들과 더불어 먹을 것을 거두어들이는 행위가 원칙적으로 안식일에 금지되어 있다는 믿음을 공유한다. 그럼에도 그는 배가 고파 안식일에 금지되어 있던 진설병을 먹은 다윗과 그의 부하들의 예(삼상 21:1-6)를 들면서 제자들의 행동을 변호한다. 이 이야기에서 다윗이 취한 행동은 분명 진설병은 오

---

16 Philo, *On the Life of Moses* 2.22(이 번역은 Loeb Classical Library의 것을 약간 수정한 것임).

17 Mishnah, *Shabbat* 7.2.

18 Tosefta, *Shabbat* 9.17.

직 아론과 그의 아들들(곧 제사장들)만을 위한 것임을 명시한 율법에 어긋나는 것이었다(레 24:9). 마가복음에서 예수의 주장은 다음과 같은 방식으로 전개된다.

명제 1: 성경은 다윗과 그의 부하들이 배고프고 곤궁했기 때문에 그들에게 허락되지 않은 떡을 먹었음을 보여준다.

결론: 예수의 제자들은 안식일에 곡식을 딸 수 있다.

이 이야기에 대한 마가의 서술은 예수의 주장을 약화시킨다. 비록 마가가 다윗과 부하들의 굶주림과 욕구가 진설병에 관한 율법보다 우선하기 때문에 금지된 진설병을 먹을 수 있었음을 강조하지만, 그는 예수의 제자들이 시장했다는 사실을 독자들에게 일러주지 않는다. 따라서 여기에는 예수의 핵심 주장이 빠져 있다.

명제 2: 예수의 제자들은 안식일에 배가 고팠고 곤궁했다.

이러한 결론은 오로지 명제 2와 명제 1이 결합할 경우에만 법적 논증으로서 잠재적인 설득력을 지니게 된다. 더 나아가 마가는 제자들이 실제로 그들이 수확한 것을 **먹었다**는 사실을 언급하지 않는다. 그 결과 우리는 다시 한번 제자들이 곡식을 수확해야 할 만큼 절박하지 않았다는 결론을 내릴 수밖에 없다. 마가가 제자들이 수확한 곡식을 먹었다고 말했다면 그의 주장은 더 설득력을 얻었을 것이다.

명제 1: 성경은 다윗과 그의 부하들이 배고프고 곤궁했기 때문에 그들에게 허락되지 않은 떡을 먹었음을 보여준다.

명제 2: 예수의 제자들은 안식일에 배가 고팠고 곤궁했다.

결론: 예수의 제자들은 자신들의 신체적 요구를 충족시키기 위해 안식일에도 곡식을 따서 먹을 수 있다.

더 나아가 마가는 다윗과 그 부하들의 이야기에서 문제의 대제사장을 아비아달이라고 말한다. 여기서 그는 사무엘상 21:1-6에서 다윗과 협상을 한 아비아달의 아버지 제사장 아히멜렉을 아비아달로 혼동한 것으로 보인다. 이러한 실수를 근거로 존 마이어는 다음과 같은 결론에 도달한다. "마가복음에서 이 예수는 무식할 뿐만 아니라 특정 본문을 놓고 성경 전문가들과 공개 토론을 벌일 만큼 무모하고 어리석었다. 물론 제자들과 적대자들 모두에게 자신이 직접 제시한 본문에 대해 자신이 얼마나 무식한지를 즉석에서 보여주었지만 말이다."[19] 다시 말하면 마가는

---

19   J. Meier, *A Marginal Jew*, 4:278. 마태와 누가(그리고 D 사본과 W 사본)를 포함하여 적어도 마가의 일부 초기 독자들은 이 사실이 얼마나 마가의 예수 묘사를 약화시켰는지를

예수가 율법에 대한 전문 지식을 갖고 있음을 보여주려는 이야기에서 예수가 무의식중에 두 제사장의 이름을 서로 혼동하는 모습을 보여준다.

마지막으로 그리고 아마도 가장 치명적으로 마가는 예수의 논증에서 한 가지 중요한 부분을 생략한다. 앞에서 상술한 논증을 다시 수정하자면 율법에 근거한 예수의 논리는 다음과 같다.

가정된 전제: 배고픔과 곤궁 > 성전/성막 법

증거: 사무엘상 21:1-6은 다윗과 그의 부하들이 배고픔과 욕구 때문에 성전 법이 허용하지 않은 진설병을 먹을 수 있었음을 보여준다.

결론: 예수의 제자들은 자신들의 신체적 요구를 충족시키기 위해 안식일에 곡식을 따서 먹을 수 있다.

공리 1: 안식일은 사람을 위해 만들어진 것이지, 안식일을 위해 만들어진 것이 아니다(막 2:27).[20]

= 사람 > 안식일

잘 알고 있었으며 마가복음의 예수의 주장을 수정하려고 노력했다. 이러한 난점의 일부를 다루는 유용한 논의는 다음을 보라. Botner, "Has Jesus Read What David Did?"

20 메킬타는 이와 유사한 판결을 랍비 시몬 벤 메나샤와 연결한다. "안식일은 너희에게 주어졌지만, 너희는 안식일에 굴복하지 않는다"(*Mekilta of Rabbi Ishmael, Shabbata* 1, trans. Lauterbach, 3:198). 또한 Babylonian Talmud, *Yoma* 85b는 랍비 유다의 아들인 랍비 요세의 어록을 보존하고 있다. "**오직 너희는 나의 안식일을 지킬지라**. 우리는 모든 상황에서 이를 전제할 수 있다. 그러므로 이 본문은 이렇게 읽힌다. '오직' 즉 예외를 허용함. 랍비 요나단 벤 요셉은 다음과 같이 말했다. 이것은 너희에게 거룩한 것이다. 즉 이것[안식일]은 너희의 손에 주어졌고, 너희가 그[안식일] 손에 주어진 것이 아니다"(강조는 원저자의 것임). 참조. *2 Baruch* 14.18: "인류가 이 세상을 위해 창조된 것이 아니라 이 세상이 인류를 위해 창조된 것이다."

공리 2: 인자는 안식일의 주인이다(막 2:28).

= 인자 > 안식일

이러한 논리에 기초하여 학자들은 실제로 사무엘상 21장이 안식일과 전혀 관계가 없기 때문에 다윗의 예는 예수의 논증과 잘 들어맞지 않는다고 주장해왔다.[21] 사실 스티븐 웨스트홀름은 다음과 같은 주장을 펼친다. "[이 이야기는] 다윗의 행동이 불법이라는 사실에 기초한 논증이었으며 그것으로 만족한다. 그는 '먹어서는 안 되는' 것을 먹었다(26절). 그의 행동은 토라와 일치하지는 않지만, 성경에서 토라의 문자적 의미가 깨진 사례로 인용된다. 바리새인이라면 이런 논증을 펼치지 않는다."[22] 이와는 대조적으로 나는 마가가 예수의 주장을 뒷받침할 수 있는 좀 더 완벽한 논리를 분명하게 제시하지 못한다고 생각한다. 만일 배고픔과 신체적 욕구가 성전 제의보다 우선한다면 (인간과 인자의) 배고픔과 욕구가 안식일 준수보다 우선해야 한다.[23] 이것이 마가복음에 나타난 예수의 암묵적인 주장이다.

---

21 예. Dunn, *Jesus, Paul and the Law*, 22.

22 Westerholm, *Jesus and Scribal Authority*, 98. 이와는 대조적으로 N. Collins는 안식일 논쟁 이야기의 예수의 논증과 후대 랍비들의 논증 간의 주목할 만한 유사성을 보여주는데, 나는 예수의 추종자들이 예수에게 신빙성을 제공하기 위해 단순히 동시대 유대인들의 주장을 빌려왔다는 그녀의 결론에 설득되지 않는다(*Jesus, the Sabbath and the Jewish Debate*).

23 따라서 다음도 보라. N. Collins, *Jesus, the Sabbath and the Jewish Debate*, 54.

가정된 전제: 배고픔과 곤궁 > 성전/성막 법

증거: 사무엘상 21:1-6은 다윗과 그의 부하들이 배고픔과 욕구 때문에 성전 법이 허용되지 않은 진설병을 먹을 수 있었음을 보여준다.

가정된 전제 2: 성전/성막 > 안식일

가정된 증거: 안식일에도 제물을 드릴 것을 **요구하는** 규례(레 24:8; 민 28:9; 겔 46:1, 4, 12)

결론: 배고픔과 욕구 > 안식일

공리 1: 사람을 위해 주어진 안식일

공리 2: 인자는 안식일의 주인이다.

나는 비록 마가가 성전 제의가 안식일 준수보다 우선한다는 그의 두 번째 전제를 명시하지는 않았지만, 독자들은 그 생략된 부분을 충분히 인식하고 있었을 것으로 생각했을 것이라고 제안했다. 사실은 그가 제시하는 그 성경 사례(삼상 21:1-6)가 이 전제를 떠오르게 할 수도 있다. 왜냐하면 다윗이 금지된 진설병을 먹은 이야기는 인간의 배고픔과 욕구가 성전 제의보다 우선한다는 것을 보여줄 뿐만 아니라 안식일과의 연관성을 강하게 드러내 보여주기 때문이다. 제사장이 아닌 사람은 이 진설병을 먹지 못하도록 금지하는 본문 또한 제사장들이 진설병을 차리기 위해 안식일에 일할 것을 요구한다(레 24:8-9). 진설병과 제사장의 안식일 사역 간의 연관성은 사무엘상 21장과 관련하여 후대 랍비의 글에서도 지적하고 있는 것이다. 랍비들은 다윗이 율법을 위반한 사실을 강조할 뿐만 아니라 이것이 안식일에 일어났다는 사실을 지적하며 이 사실을 한층 더 강조한다.[24] 랍비들이 사무엘상 21장의 이야기에 추가한 내용은 상당히 논리적이다. 즉 아히멜렉은 다윗과 그의 부하들의 필요를 채워주기 위해 부적절한 시점에 성막에 들어가 인간의 욕구가 성막/성전의 제사보다 우선한다는 점을 보여주었든지, 아니면 인간의 욕구를 채워주기 위해 신성한 공간에서 무언가를 가지고 나와 안식일에 일을 하는 결과를 낳았든지 둘 중의 하나일 것이다.[25]

더 나아가 마가복음의 예수는 사람이 안식일을 위해 있는 것이 아니라 안식일이 사람을 위해 있다고 주장한다. 우리는 랍비 문헌에서도 이와 유사한 주장을 발견한다.[26] 그러나 다시 한번 강조하지만, 이러한 정서는 본질적으로 율법에 관한 것이다. 예수와 랍비들은 모두 이러한 결론에 도달하기 위해 성경 본문에 의존한다. 예를 들어 만나를 거두어들이는 문제를 이야기할 때 모세는 하나님이 **이스라엘 백성에게** 안식일을 주셨다고 주장한다(출 16:29). 또한 에스겔도 하나님이 "내가 나의 안식일을 그들에게 주어"(겔 20:12, 강조는 나의 것임)라고 말씀하셨다고 기록한다. 예수와 후대 랍비들은 이런저런 본문에 근거하여 안식일이 생명을 보존하는 것보다 우선시될 수 없다고 말한다. 즉 하나님은 이스라엘 백

---

24   참조. Babylonian Talmud, *Menahot* 95b; *Yalqut Shimoni* on 1 Sam. 21:5.

25   참조. 대상 9:32; Josephus, *Jewish Antiquities* 3.255-56; Mishnah, *Sukkah* 5.7-8; Mishnah, *Menahot* 11.7. 다음을 보라. Casey, *Aramaic Sources of Mark's Gospel*, 155-57.

26   *Mekilta of Rabbi Ishmael*, *Shabbata* 1, on Exod. 31:14.

성을 위해 안식일을 주신 것이지, 안식일을 위해 이스라엘 백성을 주신 것이 아니다.

마가의 이야기를 개작한 마태

이것이 마가의 이야기를 가장 정확하게 해석하는 방법이며 예수의 주장의 기본 논리라는 사실은 바로 그 이야기를 맨 처음으로 재해석한 본문(마 12장)에서 찾아볼 수 있다. 마태는 마가복음의 예수가 개진하는 논증을 다양한 방식으로 강화한다. 아울러 그는 예수와 그의 제자들을 율법에 기초하여 변호하고 싶은 마음도 보여준다. 마태는 아비아달에 대한 마가의 잘못된 주장을 삭제하고, 예수의 제자들이 굶주려 있었다는 점을 분명히 밝힌다. 그는 또한 그들이 배고픔을 면하기 위해 밀 이삭을 잘랐다고 주장하면서 마가의 기사에서는 암시만 되어 있던 예수 논증의 중요한 연결고리를 제공한다. 나는 여기서 바로 이 마지막 부분에 초점을 맞추고자 한다.

마태복음의 예수는 "또 안식일에 제사장들이 성전 안에서 안식을 범하여도 죄가 없음을 너희가 율법에서 읽지 못하였느냐?"(마 12:5)라고 반문한다. 예수는 율법 준수에도 우선순위가 있으며, 사람이 때로는 어떤 율법을 범하면서도 다른 율법을 지켜야 할 때도 있다는 점을 올바르게 지적한다. 제사장들이 안식일에 일해야 할 경우 비록 안식일을 지키지 못한다 하더라도 그들에게는 죄가 없다. 이는 안식일을 지키는 것보다 성전 제의가 더 우위를 차지하기 때문이다. 따라서 마태는 마가가 암시한 것을 명시적으로 드러낸다. 또한 그 당시 성전 제의가 안식일 준수보다 우위에 있다는 것이 보편적인 믿음이었으므로 마가는 독자들이 생략된 논증을 파악했을 것이라고 추측할 수 있었을 것이다. 예를 들어 마가가 자신의 복음서를 쓰기 이미 두 세기 전에 「희년서」 저자는 오직 한 종류의 일만 안식일에 할 수 있다는 점을 분명히 밝힌다.

> 이는 주께서 이스라엘 백성에게 이 축제의 날에 먹고 마시고 만족할 수 있고, 또 평일과 안식일을 위해 주 앞에 향을 피우고 예물과 제물을 드리는 것 외에는 사람의 자식이 일을 쉬도록 배려해주신 특권은 매우 크기 때문이다. 오직 이 일만은 안식일 날에 너의 주 하나님의 성소에서 행할 것이며, 이로써 그들은 날마다 주께서 받으실 만한 예물을 계속해서 드려 이스라엘을 위해 속죄할 수 있을 것이며, 그는 또한 그가 너에게 명하신 것처럼 날마다 영원토록 그 예물을 받으실 수 있을 것이다.[27]

후대 랍비들도 이와 같은 우선순위에 주목한다. "성전 제의는 안식일을

---

27 *Jubilees* 50.10-11. 나의 직감은 이 저자가 할례 의식을 위해 한 가지 예외를 두었을 것이라는 점이다. 이는 그가 다른 곳에서도 창 17:12-14과 레 12:3에 따라 강조한 것인데, 이 두 구절은 할례는 태어난 지 여드레 만에 행해야만 한다고 말한다(*Jubilees* 15장).

무효화한다."[28] 「희년서」 저자와 후대 랍비들은 성전 제의를 거행하는 제사장들이 **법적으로** 안식일을 "범할" 수 있다는 것을 인정한다. 만약 「희년서」 저자와 랍비들이 성전 제의보다 더 우선하는 무언가가 있다고 확신했다면 그들은 이것이 무엇이든지 간에 안식일보다 법적으로 우선권을 갖는다는 결론을 내렸어야만 했을 것이다.

마가는 다만 이 논리를 전제하고, 마태는 이를 명시적으로 드러낸다. 마태복음의 예수는 지금 여기에 무언가 성전보다 더 큰 것이 있어 그것이 안식일보다 우선해야 한다고 주장한다. 그는 제자들이 안식일에 일한 것을 인정하면서도 안식일에도 일을 해야 하는 제사장들의 처지와 비교될 만큼 그들도 그 일을 할 수밖에 없었다고 생각한다. 사실은 이 두 가지 중 그 어떤 일도 실제로 안식일을 속되게 하지는 않는다. 마태는 이 더 큰 것이 무엇인지 명시적으로 밝히지는 않지만,[29] 그가 인용한 호세아 6:6(LXX, "나[하나님]는 제사보다 자비를 더 원한다")은 제사보다 자비를 더 우선시하는 또 다른 우선순위―곧 성전 제의―가 있음을 암시한다.[30] 마태복음의 예수는 자신이 세리 및 죄인들과 어울리는 것을 변호하기 위해 이미 이 구절(마 9:13)을 인용한 바 있다. 그리고 마태복음 끝부분에서 예

---

28 예. Mishnah, *Temurah* 2.1; *Sifre Numbers* 144; Babylonian Talmud, *Yoma* 85b.

29 따라서 다음도 보라. Luz, *Matthew 8-20*, 181-82; Doering, "Sabbath Laws," 223. William R. G. Loader는 이것이 메시아 예수라고 주장하는 반면(*Jesus' Attitude towards the Law*, 202-4), Daniel J. Harrington은 예수, 하나님 나라, 추종자들의 공동체라고 제안한다(*Gospel of Matthew*, 172).

30 Kruse, "Die 'dialektische Negation'"는 이 진술이 "제사"를 부정하려는 것이 아니라 긍휼을 우선시하려는 것이라고 주장한다.

수는 또다시 율법을 올바로 준수하는 방법으로서 이와 같은 우선순위를 강조한다. 식물을 십일조로 드리는 것도 가치 있는 일이지만, 그것이 정의, 자비, 신실함과 같은 율법의 중대한 측면에는 미치지 못한다는 것이다(23:23).

다시 말하면 성전 제의와 제사보다 자비가 훨씬 더 우선한다는 것이다. 이 자비는 무엇인가? 비록 마태가 이에 대해 언급하지는 않지만, 그가 마가복음에서 가져온 다음 이야기는 최소한 이 자비가 인간의 생명을 치유하고 회복시키는 것의 일환임을 보여준다(마 12:9-14; 참조. 막 3:1-6; 눅 6:6-11). 어쩌면 현대 기독교에서 인식하는 것과는 대조적으로 마태복음의 예수는 여기서 전혀 주목할 만한 것을 언급하지 않는다. 예를 들어 기원후 2세기 초의 랍비 시므온 벤 아자이는 작은 법들을 언급한 반면,[31] 기원후 3세기의 랍비 예후다 하나시는 작은 계명과 큰 계명을 서로 구별한다.[32] 이러한 논리를 바탕으로 토세프타는 "자선과 의로운 행위는 토라의 다른 모든 계명을 능가한다"라는 익명의 견해를 담고 있다.[33] (라반 시므온 벤 가말리엘에 의하면) 삼마이 가문과 힐렐 가문은 율법을 가장 잘 지킬 수 있는 방법을 놓고 논쟁을 벌였기 때문에 이러한 견해도 기원전 1세기로 거슬러 올라간다.[34] 삼마이 가문은 안식일을 자선

---

31 Mishnah, *Avot* 4.2.
32 Mishnah, *Avot* 2.1.
33 Tosefta, *Pe'ah* 4.19; 참조. Mishnah, *Avot* 1.2.
34 Tosefta, *Shabbat* 16.22.

이나 병자를 위한 기도보다 더 우선시한 반면, 힐렐 가문은 자선이나 병자를 위한 기도를 안식일보다 더 우선시했다. 또한 탈무드에 따르면 1세기의 랍비 엘르아살은 "각 사람은 안식일에 가난한 자에게 베풀 자선금을 정할 수 있다"라고 판결했다.[35] 원칙상 안식일에는 재정에 관한 계산을 할 수 없었지만, 자선에 있어서는 그런 행동이 허용되었다. 왜냐하면 자선(즉 자비)은 안식일 준수보다 더 중대한 율법의 요구이기 때문이다.[36] 마태복음의 예수가 성전 제의(그리고 결과적으로 안식일)보다 자비/자선을 우선시 했을 때 그는 비인도적인 유대 율법주의라는 광야에서 홀로 외치던 외로운 목소리가 아니었다. 그는 오히려 자비와 자선이 심지어 성전 제의와 안식일과 같이 중대한 율법보다도 우선한다는 결론에 도달한 많은 유대인의 목소리 가운데 하나였다.

안식일: 생명을 위함인가, 죽음을 위함인가?

마가는 밀 이삭을 자르는 이야기 바로 다음에 예수가 안식일에 병을 고

---

35 Babylonian Talmud, *Shabbat* 150a.
36 랍비 사상에서 중요한 위치를 차지하는 자선에 관해서는 다음을 보라. Gray, "Redemptive Almsgiving and the Rabbis"; Gray, *Charity in Rabbinic Judaism*; Wilfand, *Poverty, Charity, and the Poor*; and Gardner, *Origins of Organized Charity*. 마태복음의 자선 주제(그리고 긍휼과 자선의 동일시)에 관해서는 다음을 보라. Eubank, *Wages of Cross-Bearing*; 누가복음의 경우에는 다음을 보라. Giambrone, *Sacramental Charity*.

치는 이야기를 소개한다. 이 이야기는 안식일보다 어떤 종류의 일이 우선하는지를 잘 보여준다. 따라서 마가복음 3:1-6은 안식일이 **어떻게** 또는 **왜** 주어졌는지, 그리고 인자가 **어떻게** 심지어 안식일에도 주인인지를 보여준다.

> 예수께서 다시 회당에 들어가시니 한쪽 손 마른 사람이 거기 있는지라. 사람들이 예수를 고발하려 하여 안식일에 그 사람을 고치시는가 주시하고 있거늘 예수께서 손 마른 사람에게 이르시되 "한가운데에 일어서라" 하시고 그들에게 이르시되 "안식일에 선을 행하는 것과 악을 행하는 것, 생명을 구하는 것과 죽이는 것, 어느 것이 옳으냐?" 하시니 그들이 잠잠하거늘 그들의 마음이 완악함을 탄식하사 노하심으로 그들을 둘러 보시고 그 사람에게 이르시되 "네 손을 내밀라" 하시니 내밀매 그 손이 회복되었더라. 바리새인들이 나가서 곧 헤롯당과 함께 어떻게 하여 예수를 죽일까 의논하니라 (막 3:1-6; 참조. 마 12:9-14; 눅 6:6-11).

이것이 예수가 안식일에 행한 두 번째 기적이므로 마가는 예수가 마가복음 1장에서 행한 축귀가 적어도 나중에 일부 동시대인 사이에서 어떤 우려를 초래한 것으로 본 듯하다. 따라서 예수가 다른 안식일에 회당에 들어갈 때 어떤 바리새인들은 예수가 또다시 누군가를 치유할 수 있을지를 가만히 지켜본다. 최소한 마가의 서술에 의하면 이 바리새인들은 손 마른 사람을 미끼로 삼아 예수가 안식일 규례를 무시한다는 의심을 공개적으로 드러낼 수 있을지를 보고자 했던 것 같다. 예수는 그 사람을 은밀히 치유하는 대신 온 회당이 그 사람에게 주목하도록 유도하면서 그에게 그들 가운데서 일어나라고 명한다. 예수는 손 마른 사람을 교훈의 대상으로 삼아 그의 적대자들에게 다음과 같이 두 가지 질문을 던진다.

안식일에 선을 행하는 것이 합당한가? 아니면 악을 행하는 것이 합당한가?
안식일에 생명을 구하는 것이 합당한가? 아니면 죽이는 것이 합당한가?

마가는 이 두 가지 질문이 예수가 안식일에 병을 치유했다는 근거를 제공해준다고 생각한다.

후자의 질문—생명을 구하는 것이 합당한지 아니면 죽이는 것이 합당한지—은 전쟁 시 안식일을 지키는 것의 비현실성에 대한 문제를 반영하는 당대의 유대교 논쟁에 비추어 이해할 필요가 있다. 이미 기원전 4세기에 마케도니아의 프톨레마이오스 1세 소테르는 안식일을 기해 예루살렘에 입성했기 때문에 예루살렘을 점령할 수 있었다.[37] 그 이후 기원전 37년에 셀레우코스 왕조의 안티오코스 4세 에피파네스는 안식일에 많은 유대인들을 죽였는데, 이는 그들이 원수들의 공격을 막기 위해 안식일을 범하는 것을 믿음으로 거부했기 때문이다.[38] 시리아인들

---

37 Josephus, *Jewish Antiquities* 12.4.
38 1 Macc. 2:35-38; 참조. Josephus, *Jewish Antiquities* 12.274.

에 대한 반란을 선동한 모디인 출신의 제사장이었던 마타티아스는 이러한 유형의 안식일 준수를 지지하는 대신 다시는 이러한 살육이 일어나지 않도록 유대인들도 안식일에 나가 싸워야 한다고 주장했다. 이러한 결정은 그 역시 유대 율법을 열정적으로 옹호하는 자였다는 사실을 고려하면 매우 실용적인 것이었다. 마타티아스의 근거는 다음과 같다. "우리가 모두 형제들이 한 일을 하고, [안식일에] 우리의 생명과 규례를 위해 이방인들과 전쟁을 하지 않으면 그들이 우리를 이 땅에서 쓸어버릴 것이다."[39] 마타티아스에게 있어 생명을 보존하는 것은 안식일을 지키는 것보다 더 위대한 것이었다. 하지만 이 일에도 조건이 있었다. "우리를 공격하는 자가 있으면 안식일이라도 맞서서 싸우자"(마카베오1서 2:41). 이것은 오로지 그들이 안식일에 공격을 받을 때만 적용되는 것이었다. 군사적 방어는 법적으로 허용되었다. 하지만 군사적 공격은 허용되지 않았다.[40]

마타티아스의 이러한 상식적인 접근 방법이나 후대 랍비들의 주장과는 대조적으로 「희년서」는 안식일에 행해지는 모든 군사적 행동을 비난한다. 안식일에 대한 논의의 끝부분에서 저자는 안식일에 금지된 일 가운데 하나가 안식일에 전쟁을 치르는 것이라고 선언한다.[41] 적어도 「희년서」 저자에게 안식일에 전쟁을 하는 것은 무조건 사형에 해당했다.

---

39   1 Macc. 2:40; 참조. Josephus, *Jewish Antiquities* 12.276.
40   다음을 보라. Doering, *Schabbat*, 201-4, 232-35.
41   *Jubilees* 50.12.

마이어가 결론짓듯이 안식일에 대한 저자의 논의가 전쟁에 대한 언급으로 마무리된다는 사실은 그가 이 책을 쓸 당시 이 문제가 논쟁의 대상이었음을 암시한다.[42] 또한 쿰란의 한 단편적인 글도 「희년서」의 입장을 지지한다고 볼 수 있다. 왜냐하면 이 글 역시 공격하는 적군을 만나러 나가는 것을 금지한 듯 보이기 때문이다.[43] 그러나 제2성전기 후반에 유대인들 사이에서 우세했던 견해는 마타티아스가 제시한 정의로운 전쟁 이론이었다.[44] 요세푸스도 전쟁과 안식일에 관해 서로 다른 두 가지 견해를 밝히면서 동족 유대인들이 로마에 반기를 들지 않도록 회유하고자 애쓴 헤롯 아그리파 2세의 말을 다음과 같이 소개한다.

> 또한 [전쟁의] 오염으로부터 당신의 종교적 원칙을 보호하는 것이 얼마나 어려운지 생각해보라. 심지어 당신이 덜 무서운 적과 전쟁을 치르고 있다 하더라도 말이다. 그리고 만약 당신이 하나님의 도움을 향한 당신의 희망을 부여잡는 바로 그 원칙을 위반하도록 강요받는다면 당신은 어떻게 그분을 당신에게서 멀어지게 할 것인지도 생각해보라. 만일 당신이 안식일 관습을 지키고 그날에 어떤 행동도 취하지 않는다면 당신도 당신의 조상들이 폼페이에게 그랬던 것처럼 틀림없이 포위망이 무방비 상태로 있을 때 쉽게 패배하고 말 것이다. 정반대로 만약 당신이 조상의 법을 어긴다면 나는 당

---

42   J. Meier, *A Marginal Jew*, 4:34.
43   *Community Rule* (4Q264a) 3 8.
44   참조. Josephus, *Jewish Antiquities* 13.12; 14.64; 14.226; Josephus, *Jewish War* 1.146; 2.517; Frontinus, *Strategems* 2.1.18.

신이 더 이상 어떤 적대행위에 해당하는지 찾지 못할 것이다. 왜냐하면 당신의 유일한 목적은 조상의 모든 제도를 어기지 않고 그대로 보존하는 것이기 때문이다. 당신은 그분께 존경을 표하는 것을 의도적으로 빠뜨린 후에 어떻게 그 하나님의 도움을 청할 수 있겠는가?[45]

한편 마타티아스의 입장은 안식일을 준수하는 것보다 생명을 보호하는 것이 더 중요하다는 믿음에 뿌리를 두고 있으며, 이는 후대 랍비 문헌에서도 찾아볼 수 있다. "생명을 구하는 것에 관한 모든 문제는 안식일보다 우선한다."[46] 이 본문은 한 사람의 생명이 위험에 처할 수 있는 다수의 사례를 인용한다. 예를 들어 어떤 사람이 죽을 지경으로 시장기를 느낀다면 그는 자신의 목숨을 구하기 위해 부정한 음식까지도 먹을 수 있다. 광견에 물린 사람은 비록 그것이 (유대 율법의 기준에서 볼 때) 정결한 음식이 아니라 할지라도 개의 간의 일부라도 먹어야 한다. 그리고 목이 아픈 사람은 안식일에도 약을 먹어야 한다. 후대 랍비 전통은 이러한 율법의 원칙을 "생명을 구하기 위한 법적·종교적 의무라고 부른다.[47]

그럼에도 쿰란의 율법 관련 자료들은 안식일이 인간의 목숨보다 더

---

45 Josephus, *Jewish War* 2.390-93.

46 Mishnah, *Yoma* 8.6; 참조. Babylonian Talmud, *Yoma* 83a, 84b.

47 또한 다음도 보라. Tosefta, *Shabbat* 9.22; 15.11. *Mekilta of Rabbi Ishmael*, Nezikin 4: "랍비 시몬 벤 메나샤는 이렇게 말한다. 생명을 구해야 하는 의무는 안식일 율법을 대체해야 하며 다음과 같은 논리의 지지를 받는다. 만약 살인을 벌하는 것이 성전 제사를 대체한다면 성전 제사를 대체하는 생명을 구해야 하는 의무는 얼마나 더 안식일 율법을 대체해야 할까?"(Lauterbach, 3:40)

중요하다고 믿는 사람들도 있었음을 암시한다. 아마도 이것은 「희년서」
와 4Q264에서 볼 수 있는 안식일 전쟁 금지 내용과 관련이 있을 것
이다. 예를 들어 「다마스쿠스 문서」는 다음과 같이 기술한다.

> 그리고 물이나 또는 […] 장소에 산 사람이 떨어지면 […]
> 아무도 사다리, 밧줄, 또는 도구를 가지고 그 사람을 끌어내지 말라.[48]

한편 또 다른 쿰란 문서는 구덩이에 빠진 사람을 밖으로 끌어내기 위해
입고 있던 옷을 사용할 수는 있지만, 곤경에 빠진 사람을 돕기 위해 다른
물건을 가지러 집에 갈 수는 없다고 규정한다.[49]

    우리는 바로 이러한 유대 율법 논쟁의 맥락에서 예수의 안식일 논
쟁을 읽어야 한다. 비록 생명을 구하는 것과 죽이는 것을 서로 대조한
것 자체가 안식일에 전쟁을 치르는 것에 대한 예리한 비판일 수도 있지
만, 마가복음 3장의 예수의 말씀은 안식일 준수보다 생명 보존을 더 중
시하는 전통의 흐름에 더 잘 어울린다.[50] 만약 예수의 적대자들이 안식일
에 생명을 구하는 것이 가하다고 답변하면 그들은 예수의 행동이 율법
상 수용 가능하다는 것을 받아들이는 셈이 된다. 예수의 적대자들은 이
에 대한 답변을 거부함으로써 암암리에 생명 대신 죽음을 택하며 그들

---

48 *Damascus Document* XI, 16-17.

49 4Q265 6 5-8.

50 여기서는 다음을 보라. Casey, *Aramaic Sources of Mark's Gospel*, 173-92.

의 강퍅한 마음을 드러낸다.[51] 생명을 구하는 것보다 죽이는 것을 선호한 적대자들의 입장은 이 이야기 끝부분에서 재차 나타난다. 마가는 예수를 죽이기 위한 음모를 꾸미기 위해 회당을 떠나는 바리새인들과 헤롯당 소속 사람들의 모습을 그린다. 그들은 생명보다 죽음을, 선을 행하는 것보다 악을 행하는 것을 선택했고, 도덕적 부정함과 시체로 인한 부정함을 유발하는 음모를 꾸밈으로써 그들 자신이 안식일을 모독하는 죄를 범하게 된다. 조엘 마커스가 지적하듯이 "그렇다면 안식일에는 생명을 보존한다는 바리새인들의 원칙과 그날을 거룩하게 지키겠다는 그들의 의지와는 달리 그들은 그것을 예수를 살해하려는 음모에 이용함으로써 안식일을 모독한다."[52] 사실 쿰란 공동체나 「희년서」 저자의 입장을 따르는 이들은 바리새인들과 헤롯당 소속 사람들의 음모를 결코 허용될 수 없는 안식일 규례 위반으로 여겼을 것이다. 왜냐하면 이러한 입장은 안식일에 무언가를 논의하는 것을 금지하기 때문이며, 아마도 여기에는 누군가의 죽음에 대한 음모도 포함되었을 것이다.[53] 4Q264ª로 알려진 쿰란 문서도 이 금지 조항을 확대 해석한 것으로 보인다.

아무도 [안식일에 그의 작업을 추진하는 것에 대해]

---

51 다음을 보라. Bolt, *Jesus' Defeat of Death*, 118. Bolt가 지적하듯이 일부 후대 필사자들은 생명보다 죽음을 선호하는 것에 주목하여 "마음의 강퍅함[*pōrōsis*]"을 "마음의 죽음 [*nekrōsis*]"으로 수정한다.

52 Marcus, *Mark 1-8*, 253-54.

53 *Jubilees* 50.8; *Damascus Document* X, 19.

[그의 입으로] 계산하지 못한다.

그는 바로 다음 [날] 그 어떤 문제, 작업, 재산 또는 [구매]

[그리고 판매 또는 여행하는 것]에 대해 아무 말도 하지 못한다.

그는 관례대로 거룩한 문제에 관해서만 말할 수 있고,

하나님을 축복하는 말만 말할 수 있다.

하지만 사람은 먹고 마시는 것

[…그리고 안]식일에 누리는 즐거움[에 대해서는] 말할 수 있다.[54]

이 본문에 빈약하게 나타나 있는 율법에 관한 견해가 암시하는 바는 안식일의 즐거움과 무관한 모든 대화는 안식일의 거룩함을 율법적으로 침해한다는 것이다. 결과적으로 이 입장을 따르는 사람은 누구나 바리새인들과 헤롯당원들의 살해 음모를 불법으로 간주했을 것이다. 본서 앞부분에서 제기한 주장들을 고려하면 마가와 마태(누가는 아님)가 바리새인들과 헤롯당원들이 시체로 인한 부정함을 불러일으키는 음모를 꾸미기 위해 거룩한 안식일을 이용하는 행태를 그대로 묘사한 것은 주목할 만하다. 마가의 이야기는 안식일을 범할 뿐만 아니라 이를 통해 의식적 부정함을 증폭시킨 장본인이 바로 바리새인들과 헤롯당원들임을 분명하게 보여주려는 의도를 담고 있다.

---

54 4Q264a 1 I, 5-2 II, 1. 나는 Noam and Qimron, "Qumran Composition of Sabbath Laws"에서 4Q264a fragment 1과 4Q241 fragments 2, 8, 13을 재구성한 본문을 여기에 다시 싣는다.

이 이야기에 등장하는 바리새인들과 헤롯당원들과는 달리 "예수는 문자 그대로 **아무것도 하지 않는다.** 그는 손 마른 사람에게 간단명료한 단 두 가지 명령만을 내릴 뿐이다."[55] 바리새인들과 헤롯당원들의 행동과는 대조적으로 예수의 명령은 안식일의 즐거움과 관련이 있다. 분명 손 마른 사람과 회당에 있던 사람들은 모두 그의 손이 치유된 것으로 인해 기뻐했을 것이다. 한편 이 이야기와는 사뭇 달리 다른 본문에서는 예수가 안식일에 다른 사람들에게 손을 대며 치유한다(예. 막 1:31; 요 9:14).

안식일에 이 사람을 치유하는 것이 예수에게는 선을 행하는 것일 수도 있다. 하지만 복음서 저자들은 생명에 지장이 없는 질병을 고쳐주는 예수를 두고 그가 안식일에 생명을 구하고 있다는 주장을 어떻게 정당화할 수 있을까?(막 3:4; 참조. 마 12:12; 눅 6:9) 한정되지 않은 기간 동안 손이 말랐던 사람은 물론 그것 때문에 당장 죽진 않았을 것이다. 적어도 마태는 사람들이 예수에게 던진 질문을 그 사람을 치유한 그의 행동과 일치시킨다. "안식일에 병 고치는 것이 옳으니이까?"(12:10) 하지만 마가와 누가는 어떠한가? 이에 대한 부분적인 답변은 고대 유대인의 병에 대한 사고에서 발견할 수 있는데, 존 레벤슨은 그것이 병에 대한 현대의 개

---

55 J. Meier, *A Marginal Jew*, 4:254. 테르툴리아누스는 이 사실을 이미 오래전에 깨달았다. "너는 안식일에 아무 일도 하지 말라고 말씀하실 때 이는 사람이 자신의 기술이나 사업으로 일하지 말라는 것을 의미하는 것이지, 하나님의 일을 가리킨 것이 아니다. 하지만 치유하는 일이나 구출하는 일은 사람의 일이 아니라 하나님의 일이다." *Against Marcion* 4.12.10.

넘과 다르다고 제안한다.[56] 특히 발전한 현대 의학의 관점에서 볼 때 우리는 질병을 다음과 같이 이해한다.

생명 → 질병 ‖ 죽음

즉 현대의 사고에서는 건강하든 병들었든지 간에 생명과 죽음 사이에는 분명한 구분이 있다. 한편 고대 유대의 사고에서는 질병이 죽음과 훨씬 더 밀접하게 연관되어 있었다.

생명 ‖ 질병 → 죽음

만약 질병이 죽음과 밀접하게 연관되어 있다면 질병의 치유는 그것이 어떤 종류의 것이든 어떤 사람을 생명과 질병을 구분하는 경계를 넘어가게 하는 것이다. 또한 이러한 사고는 예수가 각양각색의 질병을 가진 수많은 사람을 치유한 사건들과 의식적 부정함을 유발하는 질병에 시달리는 사람들을 보다 더 구체적으로 치유한 사건들 사이에도 어떤 개념적 연관성이 존재한다는 점을 일깨워줄 것이다. 의식적 부정함은 죽음을 의미하고, 질병은 죽음과 연관될 수 있기에 이러한 다양한 능력을 행함은 예수가 죽음을 다스리는 권세를 소유하고 죽음의 세력에 압도당한

---

56   Levenson, *Resurrection and the Restoration of Israel*, 35-66.

사람들에게 자유를 선사할 수 있는 인물이라는 사실을 보여준다.

또한 여기서 마른 손은 마비된 손을 가리킬 가능성이 높고, 따라서 이는 죽음을 취급하는 악령의 사역과 연관될 수 있다. 예를 들어 후대에 기록된 「솔로몬의 유언」은 사지의 마비와 스판도르라는 악령의 파괴 활동을 서로 연관시킨다.[57] 그리고 그리스-로마의 의학 사상에서 피가 마른 신체 부위는 생명이 없거나 죽은 것으로 여겨졌다.[58] 피가 마른 사지는 죽은 사지였다. 사지를 회복하는 것은 신체의 한 부위(그리고 어쩌면 전신)를 죽음에서 생명으로 옮기는 것이었다.

예수와 그의 제자들의 밀밭 이야기에서처럼 마태는 또 다른 율법 논쟁을 마가의 기사에 추가함으로써 그 이야기를 보완한다. "너희 중에 어떤 사람이 양 한 마리가 있어 안식일에 구덩이에 빠졌으면 끌어내지 않겠느냐? 사람이 양보다 얼마나 더 귀하냐? 그러므로 안식일에 선을 행하는 것이 옳으니라"(마 12:11-12). 누가는 마가의 기사를 잘 따라가지만, 다른 본문에서는 수종병 환자를 치유하는 사건과 관련하여 이와 비슷한 율법적 주장을 덧붙인다. "너희 중에 누가 그 아들이나 소가 우물에 빠졌으면 안식일에라도 곧 끌어내지 않겠느냐?"(눅 14:5)[59] 이 후자

---

57 *Testament of Solomon* 18.11.

58 다음을 보라. Plato, *Timaeus* 88D; Hippocrates, according to Aretaeus, *De causis* 1.7.2. 다음을 보라. Bolt, *Jesus' Defeat of Death*, 119-21. 일반적으로 신체 마비에 대한 고대인들의 이해에 관해서는 104-15을 보라.

59 다수의 사본은 "아들이나 소"로 되어 있다. 일부 사본은 "나귀나 소", 다른 사본은 "나귀, 아들, 또는 소", 또 다른 사본은 "양이나 소"로 되어 있다. 마지막 독법은 아마도 마 12:11-12이 눅 14:5에 미친 영향의 결과일 것이다. 세 번째 독법은 아마도 처음 두 독

의 이야기와 관련하여 적어도 고대 작가 가운데 디오게네스 라에르티오스라는 작가는 수종병(hydrōpikos)이 사람의 죽음을 재촉하므로 잠재적으로 생명을 위협한다고 생각했을 것이다.[60] 그러나 누가는 그러한 믿음을 명시적으로 드러내지 않는다.

이 자료를 마가의 논쟁 이야기에 추가하면서 마태와 누가는 예수의 안식일 치유 활동을 율법에 근거하여 변호한다. 이 두 이야기에서 예수의 주장은 그의 청중이 자신의 질문에 긍정적으로 답할 것을 전제한다. 그들은 정말로 안식일에 짐승을 구할 것이다. 이러한 전제된 합의를 고려한다면 사람은 얼마나 더 많은 사람의 생명을 구해야 할까? 이 진술의 논리는 다음과 같이 전개된다.

명시된 전제: 어떤 사람에게 속한 짐승의 생명 > 안식일

가정된 전제: 인간의 생명 > 짐승의 생명

결론: 인간의 생명 > 안식일

그러나 어떤 이들은 청중들이 구덩이에 빠진 짐승을 구하기 위해 안식일에 쉬거나 또는 쉬어야 한다는 예수의 전제가 근거 없다고 주장했는

법을 융합하려는 시도일 것이다. 초기 사본들이 "아들이나 소"를 지지한다는 점(예. P[45], P[75], A, B, W, Δ, 28)과 이것이 부자연스러운 조합(두 동물에 비해 인간과 동물의 조합)이라는 점을 고려하면 첫 번째 독법이 가장 선호할 만하다.

60 Diogenes Laertius, *Lives of Eminent Philosophers* 4.27. Oliver, *Torah Praxis*, 140이 지적하듯이.

데, 이는 이러한 가능성에 관해 다룬 소수의 문헌이 그렇지 않음을 암시하기 때문이다. 예를 들어 「다마스쿠스 문서」는 다음과 같이 주장한다.

> 아무도 안식일에 짐승의 출산을 돕지 말아야 한다.
> 그리고 만약 그 짐승이 우물이나 구덩이에 빠지면 아무도 그것을 안식일에 끌어올릴 수 없다.…
> 그리고 물이나 또는[…]장소에 산 사람이 떨어지면[…]
> 아무도 사다리, 밧줄, 또는 도구를 가지고 그 사람을 끌어내지 말라.[61]

이 문서는 아무도 안식일에 짐승의 생명을 구하는 일을 할 수 없다고 결론짓는다. 이 문서의 저자와 이 입장을 지지하는 이들은 예수가 이 이야기에서 언급한 전제에 동의하지 않았을 것이다. 사실 그들은 안식일을 지키는 것이 사람의 생명을 보존하는 것보다 더 중요하다고 생각했다. 관련 문서인 4Q265에는 약간 다른 입장이 담겨 있다. "아무도 안식일에 물에 빠진 짐승을 끌어올리지 말라. 그러나 안식일에 산 사람이 물에 빠지면 사람은 그곳에서 그를 들어 올리기 위해 자신의 옷을 사용할 것이나 안식일에는 도구를 갖고 다니면 안 된다."[62] 이 문서는 여기서 다시 한번 사람은 짐승의 생명을 구하기 위해 안식일에 일을 할 수 없음을 암시한다. 그러나 이 문서는 「다마스쿠스 문서」와는 대조적으로 인간의 생

---

61   *Damascus Document* XI, 13-14, 16-17.
62   4Q265 6 5-8.

명과 관련하여 한 가지 매우 중요한 예외를 둔다. 즉 사람은 타인의 생명을 구하기 위해 착용 중인 옷을 사용할 수 있지만, 집에 가서 그 어떤 도구도 가져올 수 없다. 그렇다면 이 두 작품은 유대 율법이 (잠정적으로) 서로 충돌하는 측면을 어떻게 해결할지, 곧 생명 보존의 필요성과 안식일 준수의 필요성을 놓고 씨름한다.

우리는 후대의 랍비 문헌에서도 서로 충돌하는 율법 사이에서 우선순위를 정하려는 노력을 발견한다. 예를 들어 토세프타에 의하면 라반 시므온 벤 가말리엘은 안식일에 구덩이에 빠진 짐승에게 먹이를 줄 수는 있지만, 안식일이 끝날 때까지는 구덩이에서 꺼낼 수 없다고 결론 내렸다.[63] 탈무드는 기원후 3세기의 라브에게서 유래된 말을 다음과 같이 보존하고 있다.

만약 짐승이 제방에 빠지면 베개와 침구를 가져와 [그것들을] 그 밑에 놓고, 만약 그것이 올라오면 그것이 올라온다. 이의가 제기된다. 만약 짐승이 제방에 빠지면 그것이 죽지 않도록 그것이 있는 곳에 필수품을 제공한다. 오직 필수품만이다. 그러면 베개나 침구는 안되는가? 어려움은 없다. 여기서 의미하는 바는 필수품이 가능할 경우이고, 필수품이 불가능하다면 가능하다는 것이다. 만약 필수품이 가능하다면 좋고 잘 된 것이다. 그러나 그렇지 않다면 베개와 침구를 가져와 그 밑에 놓아둔다. 하지만 사용하기 위

---

63   Tosefta, *Shabbat* 14.3.

해 도구를 훔친다? 말 못하는 짐승의 고통을 [피하는] 것은 성경적 [원칙] 이므로 성경적 원칙은 랍비들의 [해석]을 대체한다.[64]

이 본문들은 유대인들이 안식일에 짐승의 불편함을 어느 정도까지 완화할 수 있는지를 놓고 토론했음을 보여준다. 비록 여러 저자들이 제시하는 답변은 다르지만, 그들 가운데 아무도 안식일에 짐승을 구덩이에서 들어 올릴 수 있다고 제안하지는 않는다.[65] 예수의 진술은 아마도 여기서 쿰란 공동체 및 랍비(또는 바리새인)와 무관한 관행을 반영한다고 볼 수 있을 것이다.[66]

또한 우리는 여기서 예수의 전제에 대한 성경의 사례를 제시할 수 있다. 위에서 인용한 탈무드 본문의 마지막 진술처럼 유대 경전은 이스라엘인들이 짐승의 고통을 덜어주고 심지어 주인을 미워하는 짐승이나 원수의 짐승의 고통까지도 덜어줄 것을 요구한다(출 23:5; 신 22:4).[67] 이 율법과 안식일법이 서로 충돌할 경우엔 어떻게 될까? 다시 한번 로마의 정치인이자 변호사였던 키케로의 말을 기억해보라. "우선 우리는 어떤 법이 가장 중요한 문제, 즉 가장 편법적이거나 명예롭거나 필요한 문제를 다루는지를 고려하여 두 법을 서로 비교해야 한다. 결론은 두 법(또

---

64 Babylonian Talmud, *Shabbat* 128b.
65 Oliver, *Torah Praxis*, 120.
66 Oliver, *Torah Praxis*, 122-23.
67 Oliver, *Torah Praxis*, 123.

는 둘 이상일 경우에도)이 서로 충돌하기 때문에 둘 다 보존될 수 없다면 가장 중대한 문제를 다루는 법이 보존될 권리를 갖는다."[68] 더 나아가 안식일법은 이스라엘인들이 안식일에는 가축을 쉬게 할 것을 분명히 요구한다. 혹자는 안식일에 구덩이에 빠진 짐승은 하나님이 주신 안식일을 즐길 수 없다고 주장하기도 하는데, 그 이유는 그 짐승이 구덩이에서 나오기 위해 온갖 힘을 다 쓸 것이기 때문이다. 만약 우리가 안식일에 가축에게 쉼을 주고자 한다면 우리는 그 짐승을 고통과 온갖 해악으로부터 건져내야 할 것이다. 아마도 그러한 논리가 예수의 믿음 저변에 깔려 있었을 것이며, 그의 많은 청중들도 안식일에 가축을 구하는 일에 대해 반론을 제기하지 않았을 것이다.

더 나아가 랍비들도 사람의 생명을 구하기 위해서는 안식일에 필요하다면 무엇이든지 할 수 있다고 강조했다. 예를 들어 만약 어떤 아이가 물에 빠진 것을 발견한다면 그 사람은 그 아이를 안전한 곳으로 이끌어내기 위해 그물을 사용할 수도 있다. 만약 어떤 아이가 어느 공간에 갇힌 것을 본다면 그는 그 문을 열어 그를 구해낼 수도 있다. 또한 만약 어떤 아이가 구덩이에 빠진 것을 본다면 그 아이를 건져내기 위해 땅의 일부를 팔 수도 있다고 결론 내린다.[69] 또 만약 안식일에 건물이 무너지면 생존자를 구하기 위해 폐허더미를 파헤칠 수도 있다.[70] 한참 더 후대에 기

---

68 Cicero, *On Invention* 2.49.145.
69 Babylonian Talmud, *Yoma* 84b; Jerusalem Talmud, *Shabbat* 14.14.
70 Babylonian Talmud, *Yoma* 85a; 참조. Jerusalem Talmud, *Yoma* 8.5.

록된 「민수기 라바」는 만약 안식일에 이방인이나 강도가 쫓아온다면 그 사람은 자기 목숨을 구하기 위해 안식일을 범할 수도 있다고 주장한다.[71] 만약 그러한 입장이 기원후 1세기에도 존재했다면 복음서 저자들의 증언은 예수의 법적 변론이 동시대의 일부 주장과 얼마나 잘 부합했는지를 잘 보여준다. 쿰란 문서는 그러한 입장에 반대함으로써 그 당시 그러한 입장이 존재했음을 입증한다.

요한복음과 예수의 안식일 치유

안식일 논쟁은 요한복음에서도 나타난다. 요한은 예수의 행동이 안식일을 준수하는 것으로 묘사하기를 원한다.[72] 하지만 요한복음의 예수는 자신의 안식일 행동을 옹호하기 위해 다른 법적 논증을 편다. 안식일에 병을 치유한다는 비난을 받은 예수는 다음과 같이 말한다. "모세의 율법을 범하지 아니하려고 사람이 안식일에도 할례를 받는 일이 있거든 내가 안식일에 사람의 전신을 건전하게 한 것으로 너희가 내게 노여워하느냐?"(요 7:23) 예수는 할례가 안식일보다 우선한다는 점을 이용하는데, 이는 할례법에 태어난 지 8일째 되는 날에 할례를 행해야 한다는 규

---

71 *Numbers Rabbah* 23.1.

72 이 본문에 관해서는 다음을 보라. Derrett, "Circumcision and Perfection"; Pancaro, *Law in the Fourth Gospel*, 164.

정이 들어 있기 때문이다(창 17:12, 14; 레 12:3).[73] 따라서 할례 의식은 안식일을 범하는 것을 허용한다. 다시 말하지만 이것은 새로운 주장이 아니다. 우리는 이와 같은 법적 입장이 후대 랍비 문헌에서도 반복적으로 나타나는 것을 발견한다. 예를 들어 미쉬나는 "할례에 필요한 모든 것은 전부 안식일에 이루어진다"라고 말한다.[74] 기원후 2세기의 랍비 요세는 "할례는 위대하다. 왜냐하면 안식일보다 우선하기 때문이다"라고 말한다.[75]

이러한 견해 때문에 랍비들은 생명 보존을 요구하는 율법이 어떻게 안식일 준수를 요구하는 율법보다 우선하는지에 관한 문제를 할례법에 근거하여 추론한다. 기원후 1세기와 2세기에 살았던 랍비 엘리에셀은 다음과 같이 말한다. "사람들은 할례 때문에 안식일 규례를 무시한다고 하는데, 왜 그래야 할까? 그 이유는 할례를 정해진 시간에 행하지 않으면 백성 중에 끊어질 수 있기 때문이다[참조. 창 17:14]. 이제 이 문제는 아포르티오리 논증으로 이어진다. 즉 만약 어떤 사람의 사지[즉 음경] 때문에 안식일 금지 조항을 무시한다면 그 사람의 온몸을 살리기 위해 안식일 금지 조항을 무시해야 하는 것이 논리적이지 않을까?"[76] 랍비들

---

73 창 17:14의 본문과 할례 시점에 대해 이 본문에 주는 함의에 관해서는 다음을 보라. Thiessen, "Text of Genesis 17:14."

74 Mishnah, *Shabbat* 18.3; 참조. Mishnah, *Shabbat* 19.2-3; Tosefta, *Yom Tov* 1.6.

75 Mishnah, *Nedarim* 3.11.

76 Tosefta, *Shabbat* 15.16, in Neusner, *Tosefta*; 참조. *Mekilta of Rabbi Ishmael, Amalek* 3; *Mekilta of Rabbi Ishmael, Shabbata* 1; Babylonian Talmud, *Yoma* 85a-b; Babylonian Talmud, *Shabbat* 132a-b.

은 자주 할례 의식이 온전한 몸을 얻는 결과를 가져다준다고 말한다. 그들은 창세기 17:1을 근거로 이러한 주장을 펴는데, 이 구절에서 하나님은 아브람에게 그분 앞에서 온전하게/완전하게(히브리어: 타밈) 행할 것을 요구하신다. 예를 들어 미쉬나를 보면 기원후 2세기에 랍비 메이르는 다음과 같이 가르쳤다. "할례는 위대하다. 왜냐하면 우리 조상 아브라함이 순종한 모든 계명에도 불구하고 그는 '내 앞에서 완전하게[타밈] 행하라'고 말씀하신 것처럼 자신이 할례를 받을 때 비로소 온전하다고[샬렘] 불렸다."[77] 예수와 랍비 엘리에셀 벤 아사랴가 제시한 법적 주장은 다음과 같다.

전제 1: 할례 > 안식일 준수

증거: 창세기 17:12-14과 레위기 12:3은 생후 팔 일째 날에 할례를 받을 것을 요구한다.

전제 2: 할례는 음경의 결함(포피)을 치료한다.

증거: 창세기 17:1은 할례가 한 사람을 온전하게 한다고 말한다.

전제 3: 몸 전체 > 몸의 일부(음경)[78]

---

[77] Mishnah, *Nedarim* 3.11; 참조. Babylonian Talmud, *Nedarim* 32a.
[78] 우리는 생명 보존이 남자아이를 태어난 지 8일 만에 할례를 행해야 한다는 규정을 대체한다는 율법적 논증도 발견할 수 있다. 예를 들어 Mishnah, *Shabbat* 19.5과 Babylonian Talmud, *Shabbat* 137a는 사람이 아이의 생명을 보존하기 위해 아픈 아이의 할례를 연기할 수 있다고 주장한다.

다시 말하지만 예수의 주장은 **법적으로** 전개된다. 여기서는 안식일을 거부하는 일이 발생하지 않는다. 오히려 예수는 요한복음에서 율법의 가장 중요한 문제를 먼저 올바르게 다루는 방식으로 율법의 우선순위를 정하는 논쟁에 합류한다.

거룩한 안식일: 부정함에서 정함과 거룩함으로

복음서 저자들이 묘사한 것처럼 예수가 안식일에 행한 행동과 그가 펼친 논증은 안식일 준수보다 인간의 생명을 우선시하는 것(혹자는 이것을 자비/자선을 강조한 것이라고 부르고 싶을지도 모른다)을 강조한 유대 사상의 흐름과 일치한다. 결과적으로 루츠 도어링(Lutz Doering)은 다음과 같이 올바른 결론에 도달한다. "예수는 많은 동시대 유대인들이 공유하는 원칙(생명을 구하는 것이 안식일을 대신한다는 것)을 출발점으로 하여 그 적용 범위를 확대해나갔다(막 3:4). 따라서 이 율법의 문제에 대한 이견은 이

---

79   예수의 논증과 랍비 엘리에셀의 주장이 유사하다는 점을 고려하면 나는 Loader의 주장은 방어가 불가능하다고 생각한다. "[요한복음에서] 안식일 율법에 관한 논쟁은 이 율법 적용에 대한 진지한 논의보다는 모순점을 드러내려는 외부인의 입장을 반영한다"(*Jesus' Attitude towards the Law*, 468).

율법의 '섬세한 부분'에 관한 것으로 간주되어야 하며, 정면 대립이나 폐지로 간주해서는 안 된다."[80]

제이콥 밀그롬이 주장했듯이 만약 제사장의 세계관에서 거룩함은 **생명**을 나타내고, 부정함은 **죽음**을 나타낸다면 예수가 사람들의 질병을 제거할 때(그 질병이 의식적 부정함을 초래하든지의 여부와 상관없이) 그는 사람들을 죽음의 영역에서 생명의 영역으로 옮기는 일에 관여하는 것이다. 사실 다른 본문에서 누가복음의 예수는 자신의 안식일 사역을 부정한 영들의 지배자인 사탄으로부터 구원하는 것으로 여기며 안식일에 유대인 여성을 사탄의 결박에서 풀어주어야 하는지 그를 비난하는 자들에게 묻는다(눅 13:16; 참조. 행 10:38). 누가의 관점에서는 질병에서 치유를 받고, 마귀의 억압으로부터 풀려나기에 안식일보다 더 좋은 날은 없다.[81] 예수는 안식일에 사람들을 부정함의 세력으로부터 건져내고 그들을 다시 온전한 삶으로 회복시킨다.

결론

이 다양한 안식일 논쟁 이야기는 예수가 자신의 안식일 행동에 대한 비판에 **법적** 논증으로 대응하는 모습을 묘사하는데, 이러한 법적 논증은

---

80   Doering, "Much Ado about Nothing?," 235-36.
81   Mayer-Haas, "*Geschenk aus Gottes*," 295-96.

다른 이들도 이론적으로 받아들이고 수용할 수 있는 것이다.[82] 복음서의 예수는 유대 율법을 준수하고자 노력하고 자신의 행동을 유대 율법에 기초하여 변호하는 예수다. 사람들은 어떤 부분에 있어서는 예수의 논증에 동의하지 않을 수도 있지만(그것이 전제이든 결론이든), 그가 전개하는 논증의 유형에 대해서는 그렇지 않았을 것이다. 결과적으로 복음서 저자들은 (적어도 그들의 생각에는) 예수가 율법을 제대로 준수하고 있음을 보여주려고 노력했다. (유대 율법이든 아니든) 모든 법 준수의 핵심은 법 전체를 구성하는 여러 규례들의 우선순위를 적절하게 규정함으로써 두 가지 법이 서로 충돌하는 것처럼 보일 때 그중 어느 것이 우선권을 갖는지를 파악하는 것이다. 복음서의 예수와 다수의 랍비들에 의하면 인간의 생명은 안식일보다 우선한다. 이러한 법적 입장에 근거하여 예수는 안식일에 치유 행위가 허용된다고 결론짓는다.[83] 이러한 행위는 마커스가 주장하는 바와 같이 법적으로 정당하다.

마가복음의 예수에게 있어 종말론적 전쟁은 이미 격렬하게 일어나고 있으며, 그 전쟁터에서 모든 인간의 행동은 생명에 타격을 주거나 죽음에 타격

---

82 다음의 어록도 보라. *Gospel of Thomas* 27. "만약 너희가 안식일을 지키지 않으면 너희는 아버지를 보지 못할 것이다." 또한 눅 6:5에 대한 D 사본은 안식일에 일하는 어떤 사람에게 말하는 예수를 묘사한다. "이 사람아, 네가 만약 네가 하는 일을 안다면 너는 복이 있다. 하지만 네가 모른다면 너는 저주를 받았고 율법을 범한 자다!" 이 어록들에 관해서는 다음을 보라. Bauckham, "Sabbath and Sunday," 265-66.
83 마찬가지로 다음을 보라. Schaller, "Jesus und der Sabbat."

을 가한다. 선을 행하기 전에 몇 분 동안 기다릴 수 있는 조심스러운 중간

지점은 이미 사라졌다. 그리고 만약 예수가 "하나님의 거룩한 자"이고, 그

의 거룩함이 마귀들과 질병의 묵시적 멸망을 암시한다면(참조. 1:24), 안

식일에 손이 마른 사람을 치유한 행위는 "안식일을 기억하고 거룩하게 지

키라"는 계명을 위반하는 것이기보다는 그 계명을 성취하는 것이다.[84]

나는 앞에서 이미 언급한 랍비들의 마지막 이야기로 이번 장을 마무리

하고자 한다. 토세프타에 의하면 샴마이 가문은 안식일에 환자를 위해

기도하거나 병문안을 가서는 안된다고 결론 내렸다.[85] 이러한 법적 입장

은 일부 독자들에게 비인간적이라는 인상을 줄 수 있지만, 이 학파는 안

---

[84] Marcus, *Mark 1-8*, 252-53. Sven-Olav Back도 막 2장을 하나님 나라 도래의 정황 안에
배치한다(*Jesus of Nazareth*, 161-78). Oliver도 누가복음과 관련하여 이와 유사한 논평을
제시한다.

　　안식일은 예수가 선포한 침략적 하나님 나라와 사탄의 반대 세력 사이에 진행 중인
우주적 전쟁의 장에서 발견된다. 만약 사탄의 세력이 안식일에 이스라엘을 공격하고 억압
하는 것을 멈추지 않는다면 장차 올 하나님의 제국은 반격을 거부할 수도 없고 거부해서
도 안된다. 마카비 시대 이후 일부 유대인들은 전쟁 기간 동안에는 안식일을 잠시 중단해
야 할 필요가 있음을 인정했다. 우리는 이와 같은 논리로 누가에게 있어 하나님의 능력과
섭리의 참된 표현인 예수의 치유도 안식일에 행해져야 한다고 덧붙일 수 있다. 이것은 우
주적 차원에서 선과 악의 치열한 싸움의 문제이자 하나님의 통치가 사탄의 통치를 극복
하는 것에 관한 이야기이지, 단순히 인간의 복지를 개선하는 문제가 아니다. 누가는 유대
인들이 전쟁에 참여하는 것을 잠시 허용하는 안식일에 관한 할라카와 우주적 대립을 수
반하는 종말론적 신학 간의 유비를 공공연하게 유추하거나 발전시키지 않는다. 그럼에도
그는 수동태 용법을 통해 여러 지점에서 하나님은 사탄의 세력에 의해 발생하는 질병을
극복하기 위해 예수를 통해 역사하시는 분임을 시사한다(*Torah Praxis*, 136).

[85] Tosefta, *Shabbat* 16.22; Babylonian Talmud, *Shabbat* 12a.

식일은 기쁨의 날이 되어야 하는 반면,[86] 환자를 위해 기도하거나 병문안을 가는 것은 기쁨을 주는 데 도움이 되지 않으므로 그러한 행동은 안식일을 범하는 것이라고 믿었다.

안식일이 축제의 날이라는 사고는 이사야 58:13에서 유래한 것인데, 이 본문은 이 날을 "기쁨"의 날(LXX: *tryphera*)이라고 부른다. 그런데 창세기 3:23-24(LXX)은 에덴동산을 기쁨(*tryphē*)의 동산이라고 부르므로 이 단어는 우리에게 에덴동산을 상기시킨다. 또한 에스겔의 히브리어 원문은 에덴동산을 가리킨 반면(겔 28:13; 31:9), 70인역 역자는 이 히브리어 표현을 "기쁨의 동산"(*ho paradeisos tēs tryphēs*)으로 번역한다. 필론은 이 축제를 영혼의 기쁨의 상징이라고 부르는데, 그는 이 용어를 하나님께 감사를 드리기에 매우 적합한 날인 안식일을 포함하거나 또는 이를 특별히 지칭하는 용어로 사용한다.[87] 그는 다른 본문에서도 유대인들이 안식일을 기쁘고 평온한 마음으로 보낸다고 말한다.[88] 안식일에 대한 이러한 이해는 쿰란 문헌,[89] 「희년서」,[90] 후대 랍비 문헌[91]에 광범위하게 나타나 있는 안식일 금식 금지 조항에도 암시되어 있다. 비록 금식에 대한 명백한 금지는 아니지만, 「유딧서」도 그 책의 주인공이 안식일 전날과 안

---

86 다음을 보라. H. Weiss, *A Day of Gladness*.

87 Philo, *Migration of Abraham* 92.

88 Philo, *On the Life of Moses* 2.211.

89 *Damascus Document* XI, 4-5.

90 *Jubilees* 50.12.

91 예. Babylonian Talmud, *Rosh Hashanah* 19a.

식일 당일, 그리고 축제의 날을 **제외하고** 자신의 과부 인생 전부를 금식하는 것으로 묘사하는데, 이는 안식일이 즐거운 날이기 때문이다(유딧서 8:6). 그리고 페시크타 라바티에 의하면 하나님의 천사는 사람들이 안식일을 즐겁게 보낼 수 있도록 그들을 음부에서 불러낸다.[92] 따라서 안식일의 기쁨을 빼앗는 일은 금지될 수밖에 없다.

아마도 이것이 복음서 저자들이 막달라 마리아와 야고보의 어머니 마리아와 살로메가 안식일이 **끝난 후에야** 비로소 예수의 시체에 향유를 바르기 위해 무덤으로 간 것을 묘사한 이유 가운데 하나라고 볼 수 있다(막 16:1; 마 28:1; 눅 23:56[누가는 그들이 계명에 따라 쉬었다고 명시적으로 말한다]).[93] 그러한 엄숙한 행동은 안식일이라는 기쁨의 날에 적합하지 않았다. 또한 마태복음의 예수도 안식일에 환난의 날이 임하지 않도록 기도하라고 말하는데, 이는 아마도 그날이 기쁨의 날이 아니라 자기 목숨을 위해 도망쳐야 할 불행한 시간이 될 것이기 때문일 것이다(마 24:20).

만약 이러한 정서가 실제로 안식일에 허용되는 일을 결정하는 평가 기준이었다면 이러한 입장을 지지하는 사람은 예수의 행동을 어떻게 판단해야 할까? 요약하자면 예수의 실제 행동이 기쁨을 증가시킨다는 의미에서 병을 치유하는 그의 행동은 분명히 환자에게 병문안을 가는 것과 다르다. 그는 단지 환자에게 병문안을 간 것이 아니다. 그는 오히려 그들을 치유하고 다시 온전한 사람으로 회복시킨다. 그는 그들을 죽음의

92　*Pesiqta Rabbati* 23.8.
93　참조. *Gospel of Peter* 27.

영역에서 생명의 영역으로 옮긴 것이다.

물론 우리는 후대 문헌을 인용할 때 매우 신중해야 한다. 하지만 우리는 후기 작가들이 안식일이 즐거운 날이라는 사상에 천착하여 이러한 사상이 실제로 장차 올 세상에 대한 진정한 맛보기라고 주장하는 것을 본다. 예를 들어 라틴어로 된 「아담과 하와의 생애」에서 천사장 미가엘은 셋에게 엿새 이상 하와의 죽음을 애도하지 말라고 말한다. "하나님의 사람아! 고인을 위해 엿새 이상 슬퍼하지 말아라. 이는 이레째 날은 부활, 곧 장차 올 세대의 징조이며, 일곱째 날에는 주님께서 그의 모든 창조 사역을 마치고 쉬신 날이기 때문이다.[94] 이와 마찬가지로 미쉬나도 시편 92편을 언급하면서 안식일에 부를 것을 지시하는 표제를 다음과 같이 수정한다. "안식일에 그들은 안식일을 위한 노래, 장차 올 세상을 위한 노래, 영생을 위한 완벽한 안식일을 위한 노래인 시편을 노래했다."[95] 기원후 3세기 말에 랍비 하니나 벤 이삭은 이 주장을 다음과 같이 반향한다. "안식일은 다음 세상의 불완전한 형태다."[96] 또한 탈무드는 안식일이 장차 올 세상의 일부(정확히 60분의 1!)라는 익명의 말을 보존하고 있다.[97]

안식일과 장차 올 세상 간의 이러한 연관성은 하나님 나라가 이 세

---

94   *Life of Adam and Eve* 51.2.
95   Mishnah, *Tamid* 7.4.
96   *Genesis Rabbah* 17.5.
97   Babylonian Talmud, *Berakhot* 57b.

상에 침투했다는 예수의 빈번한 주장과 완벽하게 일치한다. 복음서 저자들의 관점에서 보면 하나님의 거룩한 자는 이미 이 세상에 침투했고, 하나님 나라를 구성하는 생명과 온전함과 순결함과 거룩함을 구현하고 있다. 만약 마가와 마태와 누가가 옳고, 하나님 나라가 예수 안에서 이미 도래했다면, 예수가 특별히 하나님 나라의 맛보기 역할을 하는 안식일에 이러한 치유의 사역을 수행하는 데 있어 지금 현재보다 더 좋은 때가 또 어디 있을까?

결론

사람들이 나를 누구라고 하느냐?(막 8:27)

예수의 친족들이 듣고 그를 붙들러 나오니 이는 "그가 미쳤다" 함일러라
(막 3:21).

예루살렘에서 내려온 서기관들은 "그가 바알세불이 지폈다" 하며 또 "귀신
의 왕을 힘입어 귀신을 쫓아낸다" 하니(막 3:22).

베드로가 대답하여 이르되 "주는 그리스도시니이다!" 하니(막 8:29).

광야의 성막 진영에 관한 폭넓은 논의 안에서 하나님은 모세에게 다음
과 같이 말씀하신다. "이스라엘 자손에게 명령하여 모든 **레프라 환자**와
유출증이 있는 자와 주검으로 부정하게 된 자를 다 진영 밖으로 내보내
되, 남녀를 막론하고 다 진영 밖으로 내보내어 그들이 진영을 더럽히게
하지 말라"(민 5:2-3). 마가는 예수가 민수기 5장과 같은 순서로 의식적
으로 부정한 사람들을 만나는 모습을 묘사한다.[1] 예수는 마가복음 1:40-
45에서 레프라 환자를 만나고, 마가복음 5:25-34에서는 불규칙한 생식
기 분비물 유출로 고통받는 "자브"에 상응하는 여자 "자바"를 만나며,
마가복음 5:35-43에서는 어린 소녀의 시신과 마주한다. 각각의 경우 의

---

1   Marcus(*Mark 1-8*, 367-68)와 Fletcher-Louis("Jesus as the High Priestly Messiah," 64)
    도 이 사실을 지적한다.

식적으로 부정한 사람은 자신의 부정함의 근원이 깨끗함을 받고 예수 앞에서 물러난다. 나는 마가가 이러한 특정한 의식적 부정함에 관한 이야기를 소개하는 것이 단순히 하나의 우연이라고 생각하지 않는다. 레프라 환자와 비정상적인 생식기 분비물 유출 여자와 시체는 후대 랍비들의 사상에 의하면 의식적 부정함을 유발하는 가장 강력한 근원이다. "자바는 비정상적인 생식기 분비물 유출 남성[과 그보다 덜한 또 다른 열다섯 가지의 의식적 부정함의 근원 목록]보다 더 강력한 부정함을 가지고 있다.…[레프라 환자]는 자바보다 더 강력한 부정함을 가지고 있다.…보리알 크기 만한 뼈는 [레프라 환자]보다 더 강력한 부정함을 가지고 있다.…시체의 부정함은 이 모든 것보다 더 강력하다."[2] 마가(그리고 나중에 마태와 누가)가 그의 독자들에게 전달한 메시지는 예수가 하나님의 거룩한 자로서 그의 거룩한 힘 때문에 심지어 가장 강력한 세 가지 부정함의 근원(물론 뼛조각도 시체의 일부다)조차도 그를 감당하지 못한다는 것이다. 이 땅에 만연해 있는 부정한 악령의 세력 역시도 그를 감당하지 못한다.

마가복음의 서사가 시사하는 것은 바로 독자들이 예수가 광범위한 정화 사역에 관여하고 있다는 것을 이해해야 한다는 것이다. 마가는 예수를 그가 만난 부정함 가운데 가장 완고한 근원을 제거하기 위해 활동하는 힘으로 묘사한다. 예수는 의식적 부정함의 근원을 제거할 뿐만 아

---

2 Mishnah, *Kelim* 1.4.

니라 예를 들어 중풍병자의 죄를 확실하게 용서하고 도덕적 부정함이나 죄도 제거한다(막 2:4).[3] 일련의 논쟁 이야기 가운데 마가는 예수가 중풍병자를 치유하는 이야기를 다룬다. 중풍병자의 친구들이 지붕을 통해 예수를 내린 후에 예수는 그에게 "네가 죄 사함을 받았다"(2:5)라고 말한다. 이 놀라운 선언에 대해 몇몇 서기관들은 다음과 같이 적절한 질문을 던진다. "이 사람이 어찌 이렇게 말하는가?"(2:7) 그들은 "오직 하나님 한 분 외에는 누가 능히 죄를 사하겠느냐?"(2:7)라고 물으며 그를 신성모독 죄로 고발한다. 마가의 이야기가 시사하는 바는 예수가 사람들의 의식적 부정함의 근원뿐만 아니라 도덕적 부정함을 제거하기를 원한다는 것이다. 그러나 여기서 대두되는 문제는, 예수의 레프라 환자 치유와는 달리, 과연 예수가 도덕적 부정함을 제거할 수 있을 만큼 강한 능력을 소유하고 있느냐는 것이다. 마가복음 1:40-45은 레프라를 제거하려는 그의 의지와 능력을 보여주며, 이 이야기는 도덕적 부정함을 제거하려는 그의 의지를 보여준다. 그러나 서기관들은 오직 이스라엘의 하나님만 죄, 곧 도덕적 부정함을 제거할 만큼 강하신 분이라는 점을 올바르게 강조한다.

병자에게 일어나 걸으라고 말하는 것보다 그의 죄가 사함을 받았다고 말하는 것이 더 쉽다는 예수의 답변은 전적으로 만족스럽지만은 않다. 우리는 어떤 사람이 누군가의 죄를 용서한다는 주장을 누군가가

3　예. Hägerland, *Jesus and the Forgiveness of Sins*.

중풍병자를 치유할 수 있는 힘을 가지고 있다는 주장만큼 쉽게 반박할 수 없다. 우리에게는 증거가 없기 때문에 예수가 죄를 용서할 수 있다고 확신할 수 없다.[4] 그럼에도 이 이야기는 죄를 용서할 수 있는 예수의 권세에 초점을 맞추고 있으며, 이로써 예수의 정체성과 권위에 관한 마가복음의 더 큰 주제와도 연결된다. 마가복음에 기록된 예수의 첫 번째 공개적 행동에서 군중들은 이미 그의 가르침의 권위에 놀란다. 그들의 놀라움에 더하여 예수는 어떤 사람에게 들어간 부정한 영을 내쫓는다(막 1:22, 27). 그러나 이러한 권위는 과연 도덕적 부정함을 제거하는 것까지도 포함하는가? 마가의 대답(그리고 마태와 누가의 대답)은 '그렇다'이다.

의식적 부정함과 역사적 예수에 관한 그의 중요한 연구에서 토머스 카젠(Thomas Kazen)은 예수가 유대 정결 의식 체계에 대한 그의 해이한 생각을 반복적으로 보여준다고 제안한다. 카젠은 이러한 해이한 생각의 원인을 다음과 같이 제시한다. "예수는 그의 종말론적 전망이 부정함을 하나님 나라에 종속시켰기 때문에 정결법이 사회관계망, 식탁 교제, 공동체 생활에 개입하는 것을 용납하지 않은…윤리에 상대적으로 큰 의미를 둔 도덕적 흐름에 속해 있었다."[5] 카젠의 결론은 예수와 그의 추종자들이 하나님 나라의 도래로 인해 의식적 부정함이 예전보다 덜 중요

---

4   어쩌면 마가복음의 예수는 탈무드에 보존되어 있는 믿음을 암시한다고도 볼 수 있다. "병든 사람은 자신의 죄가 모두 용서받기 전까지 자리에서 일어나지 않는다"(Babylonian Talmud, *Nedarim* 41a).

5   Kazen, *Jesus and Purity Halakhah*, 347. 6.

하게 되었다고 생각했음을 암시한다. 이와는 대조적으로 나는 의식적 부정함이 복음서 저자들에게 매우 중요했지만, 그들은 하나님이 이러한 부정함의 근원을 해결하기 위해 이 세상에 **새로운** 무언가를 도입하셨다고 확신했다고 주장한다. 그 무언가는 바로 예수였다. 이스라엘의 하나님은 예수 안에서 새롭고도 이동 가능하며 전염력이 강한 거룩함이라는 힘을 이 세상에 주입함으로써 하나님 나라의 도래를 예고하셨다. 예수의 사역 전반에 걸쳐 나타나는 이러한 거룩함과 생명의 나라는 그것이 영적이든, 의식적이든, 도덕적이든 간에 부정함과 죽음의 세력은 물론 그 근원까지 제압한다. 마가는 예수의 생애에 관한 그의 이야기 전반에 걸쳐 예수가 부정함을 계속해서 제압하는 모습을 반복적으로 묘사한다. 이 극적인 이야기는 예수가 십자가에서 죽음과 마주하면서 의식적 부정함을 자신의 몸에 짊어지고 하나님이 그를 죽은 자 가운데서 다시 일으키실 때 비로소 최후의 승리를 맛보는 장면으로 마무리한다.

과연 복음서 저자들은 예루살렘 성전과 관련하여 예수를 어떻게 이해했을까? 간단히 말하면 그들은 예수와 율법, 예수와 성전, 또는 예수와 제사장들 사이에 어떤 대립 관계가 존재한다고 보지 않았다(또는 그럴 필요가 없다고 보았다).[6] 근본적으로 그들은 이스라엘의 하나님과 부정한

---

[6] 이것은 다음과 같은 학자들의 견해와 대조를 이룬다. "역사적 예수는 사실 할라카와 율법에 모두 반대했다"(Jan Lambrecht, "Jesus and the Law," 77). "[예수는] 종교의 형식적 관행에 무관심했으며, 성전과 안식일을 모독했으며, 자신이 속한 전통의 정결 의식 규례를 위반했다고 전해진다"(Robert Funk, *Honest to Jesus*, 302).

세력이 벌이는 전투에서 같은 편이었다. 게다가 그들은 모든 거룩함의 근원으로서 모든 부정함을 향해 존재론적으로 대항하는 이스라엘의 하나님으로부터 이 전투를 위한 능력을 부여받은 자들이었다.

유대교의 사고에서 예루살렘 성전은 하나님이 능력을 주셨기 때문에 제 기능을 수행할 수 있었다. 하나님이 거기에 거하셨기 때문에 성전은 거룩했고, 부정함으로부터 보호를 받아야만 했다. 그리고 하나님은 성전에 쌓인 부정함을 제거하기 위해 제정된 의식들을 거행할 수 있는 이스라엘의 제사장 집단을 세우셨다. 더 나아가 하나님은 이스라엘 백성의 부정해진 몸을 위해 정결 의식 또한 제정하셨다. 출애굽기, 레위기, 민수기, 신명기(그리고 또 다른 다수의 책)는 이스라엘의 율법이 이스라엘의 하나님으로부터 왔다는 것을 거듭 강조한다. 하나님은 모세에게 이것을 이스라엘 백성에게 전할 것을 거듭 말씀하신다(예. 출 30:31; 34:32; 레 1:2; 7:23, 29; 9:3; 10:11; 12:2; 15:2). 이 본문들은 성막 (및 성전) 제의가 하나님의 뜻에 기초한 것이며, 하나님의 임재에 의해 활기를 띠었다고 주장한다. 성막과 성전은 부정함에 대처할 수 있도록 하나님이 그들에게 주신 도구였다. 그러나 하나님이 예루살렘 성전과 제사장들에게 주신 역할은 대부분 **방어용**이었다. 이 역할에는 하나님이 정하신 한계가 있었고, 죽음 자체를 없애거나, 레프라를 치유하거나, 다양한 생식기 분비물 유출로 인해 발생하는 인간의 질병을 해결할 수도 없었을뿐더러, 이를 위해 의도된 것도 아니었다. 성전은 의식적 부정함의 **근원**을 근절할 수는 없었지만, 일단 그 부정함의 근원이 사람의 몸을 떠나면 그 **후유증**을 제거할 수는 있었다. 이 말은 마치 비판처럼 들릴 수도 있지만 사실은 그렇지 않다. 이 말은 오히려 성전과 그 의식의 효력에 관해 레위기와 민수기에서 주장하는 것을 인정하는 것이다. 성전과 그 의식은 본유적으로 그리고 하나님의 뜻에 따라 한계를 지니고 있었다. 아니 좀 더 정확하게 표현하자면 이러한 한계는 성전과 전혀 무관했다. 인간은 죽을 수밖에 없었고, 이 땅과 그 안에 있는 모든 것은 죽음과 죄라는 독소에 이미 감염되었다.

한편 공관복음 저자들은 이스라엘의 하나님이 부정함에 대항하기 위해 거룩함의 세력을 이 세상에 이미 투입하셨음을 독자들이 믿기를 원했을 것이다. 즉 예수는 다름 아닌 하나님의 거룩한 자다. 예수의 몸에서 뿜어져 나오는 거룩한 힘은 모든 부정함의 근원을 제압할 수 있다. 그는 이 땅에서 하나님의 거룩함을 실제로 구현한다. 성전의 기구들은 부정함의 근원이 초래한 결과를 제거하는 반면, 예수는 부정함의 근원 자체를 제거한다. 즉 레프라는 제거되고, 비정상적인 생식기 분비물 유출은 치유되며, 시체는 다시 소생하고, 부정한 영들은 퇴치되고 파괴된다. 레위기는 이러한 가능성을 미리 예측하지 못했을 수도 있지만, 신명기 역사는 이를 이미 예측했다. 즉 엘리사는 레프라를 치유하고, 엘리사와 엘리야는 죽은 사람을 살린 것이다.

네헤미아 폴렌(Nehemia Polen)은 제사장 문헌이 이 체계에 전적으로 만족해 한다고 주장해왔다. "레위기는 매일 아침 어린양 한 마리와 저녁에 어린양 한 마리를 반복해서 정기적으로 바치는 것을 기쁘게 생각한다."[7] 비록 레위기가 독자들에게 이와 다른 현실이 가능하거나 심지어 바람직하다는 느낌을 주지는 못하지만, 나는 레위기의 이러한 침묵을 근거로 이 책과 다른 문헌에서 제사장들이 정기적인 목욕재계 및 제사, 그리고 (항상 그렇지는 않지만 자주) 의식적·도덕적 부정함과 관련된 의식을 필요로 하는 이 세상의 처지에 대해 만족해 했다고 결론짓는 것은 부정확한 판단이라고 믿는다. 예언자 에스겔 역시 제사장이었지만 그의 글을 보면 하나님이 부도덕하여 죽을 수밖에 없는 상태에 있는 자기 백성에게 존재론적인 변화를 가져와 그들의 문제를 향후 영구적으로 해결할 날을 소망하게 하셨음을 알 수 있다. 에스겔은 이러한 미래를 바라보며 이스라엘 백성에게 하나님의 말씀을 다음과 같이 전한다. "맑은 물을 너희에게 뿌려서 너희로 정결하게 하되 곧 너희 모든 더러운 것에서와 모든 우상 숭배에서 너희를 정결하게 할 것이며, 또 새 영[루아흐]을 너희 속에 두고 새 마음을 너희에게 주되 너희 육신에서 굳은 마음을 제거하고 부드러운 마음을 줄 것이며, 또 내 영[루아흐]을 너희 속에 두어 너희로 내 율례를 행하게 하리니 너희가 내 규례를 지켜 행할지라"(겔 36:25-27). 에스겔은 이스라엘이 자연스럽게 하나님의 율법을 지킬 수 있도록 하나님이 장차 그들을 재창조하실 때를 묘사한다. 우리는 제사장이자 예언자인 예레미야의 글에서도 이와 같은 소망을 발견한다. "그러나 그날 후에 내가 이스라엘 집과 맺을 언약은 이러하니 곧 내가 나의 법을 그들

7　Polen, "Leviticus and Hebrews," 224-25.

의 속에 두며 그들의 마음에 기록하여 나는 그들의 하나님이 되고 그들은 내 백성이 될 것이라. 여호와의 말씀이니라"(렘 31:33; 38:33 LXX). 크리스틴 헤이즈(Christine Hayes)는 하나님에 의해 조성될 이러한 상태를 다음과 같이 적절하게 설명한다.

> 이 두 예언자에게 있어 미래의 메시아 시대에 바뀔 것은 율법이 아니다. 같은 율법과 규칙이 야웨의 땅에 사는 사람들의 거주 요건으로 계속 기능할 것이다. 바뀔 것은 **인간의 본성**이다. 이스라엘은 노력이나 몸부림 없이 야웨의 뜻에 순종하도록 구조화되어 있을 것이다. **인간의 도덕적 자유의 제거**는 도덕적 자유의 행사와 관련된 어려움이 배제된 유토피아적인 인간 본성의 재설계와 다름없다. 야웨의 가르침에 대한 완벽한 지식과 함께 하나님의 율법에 대한 순종은 자동적이며, 우리는 이러한 상태를 "로봇-정의"(robo-righteousness)라고 부를 수 있을 것이다.[8]

도덕적 부정함과 관련하여 이스라엘의 예언자들은 하나님이 언젠가 인간 본성을 근본적으로 변화시켜 인류가 하나님의 율법을 완벽하게 지킬

---

8   Hayes, *What's Divine about Divine Law?*, 48(강조는 원저자의 것임). Hayes는 유대교와 율법에 대한 기독교의 많은 오해를 교정하는 유용한 정보를 제공해주는 이러한 본문들로부터 설득력 있는 결론을 유추한다. "예레미야와 에스겔이 완벽한 토라 준수는 장차 미래에 오직 하나님만이 하실 수 있는 인간 본성의 재설계와 도덕적 자유의 제거를 요구한다고 전제한 대로 그들은 완벽한 토라 순종은 현 상태의 인간에게 기대하거나 요구하지도 않는다는 성경의 보편적인 이야기를 강화한다"(49).

수 있고, 또 자연스럽게 지키게 될 날을 고대하는 것을 보여준다.

이러한 희망과 연결되어 있는 것은 바로 이스라엘의 하나님도 언젠간 인간의 죽음을 극복할 것이라는 믿음이다. 우리는 이사야와 다니엘과 같은 본문에서 그러한 희망을 본다. 예를 들어 이사야는 다음과 같이 예언한다.

> 만군의 여호와께서 이 산에서 만민을 위하여
> 기름진 것과 오래 저장하였던 포도주로 연회를 베푸시리니
> 곧 골수가 가득한 기름진 것과 오래 저장하였던 맑은 포도주로 하실 것이며,
> 또 이 산에서 모든 민족의 얼굴을 가린 가리개와
> 열방 위에 덮인 덮개를 제하시며
> 사망을 영원히 멸하실 것이라.
> 주 여호와께서 모든 얼굴에서 눈물을 씻기시며
> 자기 백성의 수치를 온 천하에서 제하시리라.
> 여호와께서 이같이 말씀하셨느니라(사 25:6-8).

이러한 희망은 인간들이 필연적으로 감수해야 했던 의식적 부정함이 언젠간 끝이 나 정결 의식법이 불필요하게 될 것을 암시한다. 후대 랍비 문헌은 죽음이 없는 미래에 대한 이러한 약속을 메시아 시대와 연결한다. "미래의 메시아 시대에는 [사 25:8에] 기록된 바와 같이 결코 죽음이 없

을 것이다."[9] 이사야는 이러한 죽음 없는 미래는 죽은 자들의 귀환이라고 말한다.

> 주의 죽은 자들은 살아나고 그들의 시체들은 일어나리이다.
> 티끌에 누운 자들아, 너희는 깨어 노래하라!
> 주의 이슬은 빛난 이슬이니
> 땅이 죽은 자들을 내놓으리로다(사 26:19).

시편 역시 하나님이 사람들에게 끝없는 생명을 줄 날을 상정하는 것 같다.

> 그가 생명을 구하매 주께서 그에게 주셨으니,
> 곧 영원한 장수로소이다(시 21:4).

또한

> 이러므로 나의 마음이 기쁘고 나의 영도 즐거워하며
> 내 육체도 안전히 살리니
> 이는 주께서 내 영혼을 스올에 버리지 아니하시며

---

9 *Ecclesiastes Rabbah* 1.4.3.

주의 거룩한 자를 멸망시키지 않으실 것임이니이다(시 16:9-10).[10]

마지막으로 기원전 2세기의 다니엘서에도 하나님이 죽음을 극복하실 것에 대한 희망이 담겨 있다. "땅의 티끌 가운데에서 자는 자 중에서 많은 사람이 깨어나 영생을 받는 자도 있겠고, 수치를 당하여서 영원히 부끄러움을 당할 자도 있을 것이며, 지혜 있는 자는 궁창의 빛과 같이 빛날 것이요, 많은 사람을 옳은 데로 돌아오게 한 자는 별과 같이 영원토록 빛나리라"(단 12:2-3).

이 모든 본문과 제2성전기의 다른 다수의 본문은 사후의 삶, 곧 불멸의 삶에 대한 관심과 소망이 커지고 있었음을 보여준다.[11] 이 본문들은 하나님이 이를테면 인간의 DNA를 재작성함으로써 의식적 정결함의 법적 요구가 불필요해지는 미래를 상정한다. 인간이 일단 불멸의 존재가 되면 그들은 의식적으로 더 이상 부정해질 수가 없다. 그들은 이제 성별도 필요 없고, 병에 걸릴 위험도 없으며, 죽음에 직면할 수도 없다. 어떤 독자들은 이러한 사고를 대체주의(supersessionism)라고 부르고 싶기도 하겠지만, 나는 이 단어가 어떤 형태로든 장차 죽음을 모르는 삶이 오기를 바라는 소원이 초기 유대교 내에 실제로 얼마나 널리 퍼져 있었는지를

---

10 더 상세한 내용은 다음을 보라. Madigan and Levenson, *Resurrection*, and Levenson,
11 *Resurrection and the Restoration of Israel*. 11. 다음을 보라. J. Collins, "Apocalyptic Eschatology"; J. Collins, "Root of Immortality"; Nickelsburg, *Resurrection, Immortality, and Eternal Life*; Bauckham, *Fate of the Dead*; Elledge, *Resurrection of the Dead*.

충분히 설명해주지 못한다고 생각한다. 만약 미래의 한 시점에 사람들이 더 이상 죽지 않고, 더 이상 아프지 않으며, 더 이상 번식할 필요가 없고 심지어 그럴 수조차 없는 상황이 도래한다면 의식적 부정함에 관한 법은 폐지되는 것이 아니라 아무 데도 쓸데없는 무용지물이 되는 것이다.

초기 그리스도 추종자들은 이스라엘의 하나님이 언젠간 죽을 수밖에 없는 인간의 처지를 해결해주시기를 원했다는 의미에서 다른 많은 유대인들과 다르지 않았다. 만약 누군가가 **대체주의**라는 용어의 사용을 고집한다면 우리는 무엇이 대체되는 것인지를 정확히 해야 한다. 초기 그리스도 추종자들은 메시아 예수 안에서 옛 우주가 사탄과 마귀와 죽음과 죄―즉 영적, 의식적, 도덕적 부정함―가 더 이상 존재하지 않는 새로운 창조세계로 대체되었다고 믿었다.

복음서 저자들은 이스라엘의 하나님이 이미 죽음과의 마지막 전투를 시작하셨으며, 예수 안에서 죽음이라는 존재에 치명상을 입혔다고 확신했다는 점에서 동시대 유대인들과 달랐다. 마가복음의 예수는 다음과 같이 자신의 사명을 설명한다. "때가 찼고 하나님의 나라가 가까이 왔으니 회개하고 복음을 믿으라"(막 1:15). 마태는 요한과 예수가 모두 천국의 도래를 선포한 것으로 묘사하며(마 3:2; 4:17), 이 천국 선포를 예수의 치유 사역과 연결하는데, 이는 천국이 죽을 수밖에 없는 인간의 처지와 직결되어 있는 의식적 부정함과 질병을 결코 용납하지 못하기 때문이다(4:23; 9:35; 10:7-8). 또한 마태복음의 예수는 자신이 하나님의 (거룩한) 영으로 귀신들(부정한 영들)을 쫓아낸다는 사실이 바로 천국이 그의 청중들에게 임했음을 증명한다고 선언한다(12:28). 누가 역시 예수의 하나님 나라 선포를 그의 치유 및 축귀 사역과 연결한다(눅 4:40-44; 8:1-3; 9:2, 11; 10:9; 11:20). 이러한 묘사는 그가 부정한 사람들과 반복적으로 접촉하여 그들을 부정하게 만드는 근원을 파괴하는 모습을 보여준다. 또한 이러한 만남은 복음서 저자들이 예수가 궁극적으로 자신을 따르는 이들에게 주겠다고 약속한 것에 대한 맛보기로서 기능한다. 이는 곧 영생의 선물을 통한 부정한 힘의 전멸을 의미한다(막 10:30; 마 19:29; 25:46; 눅 18:30; 참조. 요 3:15 등).

복음서 저자들은 예수가 마주한 부정함을 먼저 파괴하고 나서 자기 사역에 동참할 수 있는 힘과 권위를 제자들에게 부여한 다음, 최종적으로 부정함의 근원이라고 할 수 있는 죽음 안으로 들어가는 것을 묘사한다. 비록 복음서가 예수의 죽음 안에서 일어나는 것에 대해 많은 지면을 할애하지는 않지만, 마태는 우리가 5장에서 지적한 바와 같이 예수의 십자가상의 죽음을 죽은 자들을 다시 살리는 거룩한 능력으로 묘사한다. 그리고 누가는 사도행전에서 예수의 죽음과 부활이 죽음 그 자체를 파멸시켰다는 사실을 강조한다. 예수의 제자들이 성령을 받은 후에 행한 첫 번째 공개 연설에서 베드로는 예루살렘 주민들에게 다음과 같이 말한다. "너희도 아는 바와 같이 하나님께서 나사렛 예수로 큰 권능과 기사와 표적을 너희 가운데서 베푸사 너희 앞에서 그를 증언하셨느니라. 그가 하나님께서 정하신 뜻과 미리 아신 대로 내준 바 되었거늘 너희가 법 없는 자들의 손을 빌려 못 박아 죽였으나 하나님께서 그를 사망의 고통에서 풀어 살리셨으니 이는 그가 사망에 매여 있을 수 없었음이라"(행 2:22-24). 이것은 가히 대담무쌍한 주장이 아닐 수 없다. 왜냐하면 누가가 사도행전을 집필할 당시에도 죄와 죽음이 여전히 이 땅에서 큰 힘을 발휘한다는 사실이 그리스도 추종자들 사이에서도 너무나 분명했기 때문이다. "다시는 사망이 없고"(계 21:4)라고 말한 또 다른 그리스도 추종자의 말을 인용하는 것은 어쩌면 부적절할 수도 있다. 왜냐하면 사도들은 여전히 사도행전 내러티브 전반에 걸쳐 죽음과 악마의 문제를 계속해서 다루고 있기 때문이다.[12] 심지어 예수가 부정함의 세력을 제압하고, 궁극적으로 십자가에서 죽음 자체를 제압한 후에도 죽음은 여전히 우리 가운데 집요하게 남아 있다. 만약 이스라엘의 하나님이 예수 안에서 진정으로 죽음에게 죽음을 선사하기 위해 개입하셨다면 죽음은 왜 여전히 그토록 강한 생명력을 지니고 있는 것처럼 보이는 걸까?

간단히 말해 공관복음 저자들의 예수 묘사가 틀렸다면 예수를 따른다는 것은 불경스러운 일일 뿐만 아니라 자살 행위와도 같다. 하지만 만약 그들의 말대로 예수가 의식적 부정함을 초래하는 죽음의 세력을 파괴하는 거룩한 힘, 곧 하나님의 거룩한 자라면 예수를 따르는 것은 거룩함과 생명의 길을 따르는 것이 될 것이다.

---

12 다음을 보라. Garrett, *Demise of the Devil*.

부록

예수와 음식법

이러므로 [예수는] 모든 음식물을 깨끗하다고 선언하셨다(막 7:19).

그는 정말 그랬을까? 나는 공관복음 저자들이 예수의 유대 율법 준수와 의식적 부정함의 존재에 대한 그의 우려를 보여주기 위해 예수를 그렇게 묘사했다고 주장했다. 내가 지금까지 살펴본 이야기에서 예수는 그가 만난 사람들이 겪고 있던 부정함의 근원을 체계적으로 파괴한다. 그러나 이러한 예수의 묘사는 마가복음 7장에서 마지막 잠정적 장애물과 마주하는데, 이는 많은 이들이 마가복음의 예수가 유대인의 정체성을 나타내는 코셰르 음식 체계를 거부한 명백한 증거로 해석하는 본문이다. 아무튼 NRSV 역본에 의하면 예수는 심지어 모든 음식이 깨끗하다고 선언한다.[1] 비록 의식적 부정함과 관련이 있긴 하지만, 여기에 초점을 맞춘

1 　다음을 보라. See Räisänen, "Jesus and the Food Laws"; J. Meier, *A Marginal Jew*, 4:359; Sanders, *Jesus and Judaism*, 264-67; Westerholm, *Jesus and Scribal Authority*, 82; Hübner, *Das Gesetz in der synoptischen Tradition*, 175; N. T. Wright, *Jesus and the Victory of God*, 396-98; Loader, "Mark 7:1-23 and the Historical Jesus." 이 입장을 약간 수정한 Tom Holmén은 여기서 예수가 음식법에 대한 자신의 무관심을 보여준다고 제안한다(*Jesus and*

것이 아닌 이 짧은 부록에서 나는 이 본문이 공관복음 저자들이 그린 예수의 더 큰 그림에 어떻게 부합하는지를 보여주기 위해 이 본문을 다시 살펴보고자 한다.

첫째, 레위기는 서로 구별되지만 완전히 무관하지 않은 부정함의 여러 유형을 상정한다. 이 책의 대부분은 대다수 학자들이 **의식적 부정함**이라고 부르는 것에 초점을 맞추었지만, 사실 이 부정함은 레프라, 생식기 혈액 및 정자 유출, 시체 등 오직 세 가지 근원과 관련이 있다. 비록 레위기는 부정함(히브리어: *tame'*; 그리스어: *akathartos*)과 정함(히브리어: *tahor*; 그리스어: *katharos*)이라는 표현을 동물에게도 사용하지만, 부정한 동물을 의식적으로 부정한 범주에 포함시키는 것은 부적절하다. 왜냐하면 부정한 동물은 레프라, 생식기 분비물 유출, 시체 등이 부정한 것과 동일하게 부정하지 않기 때문이다.[2] 시간과 물의 결합을 통해 제거될 수 있는 의식적 부정함(그리고 시체로 인한 부정함의 경우에는 붉은 암소의 재)과는 대조적으로 부정한 동물의 부정함은 그 어떤 것으로도 제거될 수 없다. 돼지가 하는 행동이 돼지를 부정하게 만들지 않으며, 그 어떤 것도 돼지를 정결하게 만들 수 없다. 돼지를 코셰르 음식으로 만들 방법은 없다. 돼지는 존재론적으로(혹자는 아마 유전적으로라고 말할 것이다) 부정하다. 돼지는

Jewish Covenant Thinking, 236).

2 아일리아누스에 의하면 기원전 3세기의 이집트 사제였던 마네토는 돼지의 젖을 마시면 레프라에 걸린다고 믿었다(*On the Nature of Animals* 10.16). 또한 기원후 1세기 말의 로마 철학자 플루타르코스도 모든 돼지는 레프라를 갖고 있다고 주장한다(*Table Talk* 4.5.3). 하지만 유대 문헌에서는 이러한 사고가 전혀 나타나 있지 않다.

부정하게 태어나고, 새끼들에게 그 부정함을 물려주며, 부정한 상태에서 죽는다.

이렇게 말하긴 했지만 부정한 동물은 살아 있을 동안에는 오직 **잠재적으로만** 부정하다. 이스라엘 백성은 나귀, 말, 낙타를 소유하고 탈 수 있었으며(예. 신 5:14; 17:16; 삼상 27:9; 슥 9:9), 이러한 동물을 만진 후에 몸을 씻는 의식이 제정되어 있지 않았으므로 사람들은 단순히 부정한 동물과 접촉하는 것만으로 부정해지지는 않았던 것 같다. 따라서 의식적 부정함과는 대조적으로 부정한 동물은 단순한 신체적 접촉을 통해서는 다른 이에게 부정함을 전파하지 않았다.[3] 단지 부정한 동물이 죽었을 경우에만 그 몸 속에 숨어 있던 부정함이 역동적인 힘을 가지게 되었다. 이스라엘 백성은 부정해지지 않고서는 부정한 동물의 살을 먹거나 그 동물의 시체를 만질 수 없었다(레 11:8). 마이모니데스가 12세기에 말한 바와 같이 "모든 생물 가운데 사람 외에는 부정함에 오염되어 이를 타인에게 전파하는 종(種)이 없는데, 다만 그 사람이 이스라엘 사람일 경우에만 이에 해당한다."[4]

레위기 11장과 신명기 14장의 부정한 동물들은 단순히 학자들이 의식적 부정함이라고 부르는 범주에 잘 들어맞지 않는다.[5] 결과적으로

---

3 Jonathan Klawans는 음식법을 의식적 정결법과 도덕적 정결법 사이에 배치한다(*Impurity and Sin in Ancient Judaism*, 32).

4 Maimonides, *Mishneh Torah, Corpse Impurity* 1.14, in Danby, *Code of Maimonides*.

5 레 11장과 신 14장에 관해서는 다음을 보라. Houston, *Purity and Monotheism*; Rosenblum, *Jewish Dietary Laws*.

설령 마가복음 7장과 마태복음의 병행 본문이 예수가 코셰르 음식법을 거부하고 모든 음식이 깨끗하다고 결론 내렸음을 보여준다 하더라도 그가 유대 정결 의식 체계를 반드시 거부했다는 결론이 뒤따르는 것은 아니다. 그럼에도 마가가 예수가 코셰르 음식법을 거부하면서까지 정결 의식 체계를 고수했다는 것을 보여주고자 했다는 주장은 타당성이 없어 보인다. 그렇다면 마가복음 7장은 앞에서 제기한 주장들을 약화시키는가? 다시 말하지만 답변은 "아니오"다.

제자들이 식사 전에 손을 씻지 않고 부정한 손(*koinais chersin*)으로 식사를 하는 이유를 묻는 질문에 대해 예수는 예언자 이사야의 말을 인용하며 다음과 같이 결론 내린다. "너희가 하나님의 계명은 버리고 사람의 전통을 지키느니라"(막 7:8; 참조. 사 29:13 LXX).[6] 마가복음의 예수는 마가복음 7장에서 하나님의 율법을 희생하며 사람의 전통을 우선시하는 바리새인들을 두 번 더 비난한다. "너희가 너희 전통을 지키려고 하나님의 계명을 잘 저버리는도다"(7:9). "너희가 전한 전통으로 하나님의 말씀을 폐하며 또 이같은 일을 많이 행하느니라"(13:13). 자신의 주장의 진정성을 증명하기 위해 예수는 바리새인들이 하나님의 계명보다 사람의 전통을 더 선호한다고 생각되는 구체적인 예를 하나 제시한다. 즉 그것은 사람이 죽을 때 자신의 소유가 하나님께 바쳐졌다(*korban*)고 선언할 수 있게 한 것이다. 바리새인들은 이 방법을 통해 사람이 자신의 재산을 가지

---

6   이러한 전승과 하나님의 계명의 대조에 관해서는 다음을 보라. Marcus, "Scripture and Tradition."

고 노년의 부모를 돌보는 데 사용하는 것을 피하고 부모를 공경하라는 하나님의 계명을 범하는 것을 허용한다(출 20:12; 신 5:16). 후대 랍비 문헌도 이러한 율법적 궤변을 비난하고 있으며, 심지어 오리게네스도 이 관행에 대해 알고 있었던 것으로 보인다.[7] 미쉬나에 의하면 랍비 엘리에셀은 어떤 사람의 맹세가 그의 부모를 공경하지 못하게 한다면 취소되어야 한다고 주장했다. 반대로 랍비 사독은 만약 부모를 공경하는 것이 중요하다면 맹세를 지킴으로써 하나님을 공경하는 것은 얼마나 더 중요하겠느냐고 반문했다. 현인들은 결국 랍비 엘리에셀의 입장을 따랐다.[8]

그러나 예수가 바리새인들이 하나님의 계명을 저버리고 사람의 전통을 선호한 것을 반대한 사실은 마가복음 7장에서 유대 식사법을 거부한 예수를 발견한 이들에게 매우 곤란한 상황이 아닐 수 없다. 전통적인 해석에 따르면 마가는 예수의 유대 식사법 거부에 관한 이야기에서 예수가 사람의 판결을 따르고 그로 인해 하나님의 계명을 불순종하는 이들을 비난하는 것으로 묘사한다. 만약 이 이야기가 기원후 1세기의 대다수(비록 모두는 아니더라도) 유대인들이 하나님이 주신 것으로 여겼던 율법을 거부하는 것을 옹호했다면 이 이야기가 얼마나 수사학적으로 설득력이 있었을까? 아무튼 레위기는 식사법이 하나님의 계명에 근거를 두고

---

7 Origen, *Commentary on Matthew* 11.9-10.

8 Mishnah, *Nedarim* 9.1; Mishnah, *Bava Batra* 8.5은 토라와 모순되는 맹세를 금지한다. 한편 필론은 설령 아내나 아들이 생존을 위해 그것을 필요로 하더라도 모든 바쳐진 물건은 회수될 수 없다고 가정하는 듯하다(*Hypothetica* 7.3-6).

있다고 강조한다(레 11:1, 44-45).[9] 조엘 마커스가 지적하듯이 "마가복음의 예수가 7:10-11에서 지적한 모세가 말한 것과 '너희'가 말하는 것의 대치점은 예수 자신에게도 동일하게 적용될 수 있다. 왜냐하면 예수는 모세가 제시한 깨끗한 음식과 더러운 음식 간의 구분을 주권적으로 폐지하기 때문이다. 따라서 예수는 사람의 계명, 즉 자신의 계율을 하나님의 분명한 계명으로 대체하여 자신의 계율이 이사야 29:13(자신이 마가복음 7:7에서 인용한)의 판결에 해당한다고 주장한다는 비난에 쉽게 노출될 수 있다.[10]

바리새인들에 대한 예수의 비난과 그의 유대 식사법 거부 주장 사이의 이러한 노골적인 모순은 마가복음 7장에 대한 전통적인 해석이 이 본문의 요점을 완전히 잘못 해석해왔음을 암시한다. 오히려 이 이야기를 주의 깊게 읽어보면 마가가 바리새인들의 전통과 예수와 제자들의 행동 중 누가 실제로 하나님의 계명을 준수하는지를 보여주기 위해 이 두 그룹의 행동을 구분한다는 점을 알 수 있다. 사실 이 이야기의 도입부는 이 논쟁이 "장로들의 전통"(7:3)을 중심으로 전개된다는 점을 분명히 한다. 그렇다면 문제는 이 바리새인들과 서기관들이 예수의 제자들이 지켜야 한다고 믿었던 법적 입장과 관련이 있다. 그러나 마가의 이야기는 이 손

---

9 또한 다음도 보라. Sariola, *Markus und das Gesetz*, 72-73; Crossley, "Mark 7.1-23," 11; Kazen, "Jesus, Scripture and *Paradosis*."

10 Marcus, "Scripture and Tradition," 183-84. 다음도 보라. Svartvik, *Mark and Mission*, 6.

씻기 전통이 하나님의 계명이 **아니었으며**,[11] 따라서 예수의 제자들은 그것을 지킬 필요가 없음을 강조한다.

이와 관련하여 마가복음의 예수는 **모든** 유대인들이 식사하기 전에 손을 씻었다는 마가의 과장된 주장에도 불구하고 일부 동시대 유대인들과 전혀 다르지 않았다(7:3).[12] 예를 들어 요세푸스는 사두개인들이 바리새인들의 "조상의 전통"을 지키지 않았다고 주장한다.[13] 그는 또한 그러한 전통은 모세의 율법과 다르다는 점을 명시한다. 후대에 토세프타는 "식사 전에 항상 손을 씻어야 한다"라고 규정한다.[14] 식사 전에 행하는 손 씻기 의식을 이토록 중히 여긴 나머지 랍비들은 심지어 이 원칙에 의구심을 표명한다는 이유로 엘리에셀 벤 하녹을 출교시켰다.[15] 그들은 다른 본문에서 어떤 유대인이 식사 전에 손을 씻지 않으면 그는 실제로 유대인이 아니며, 이로써 자신도 모르는 사이에 다수의 법적 위반을 초래하는 잘못된 결론으로 이끌 수 있다고 주장한다.[16]

---

11 바리새인들이 왜 식사 전에 손 씻는 일에 집중했는지에 관해서는 다음을 보라. Sanders, *Jewish Law*, 131-254; H. Harrington, "Did Pharisees Eat Ordinary Food?"; Poirier, "Why Did the Pharisees Wash Their Hands?"; Regev, "Pure Individualism."

12 Westerholm은 "마가는 여기서(3절) 그의 전형적인 방식으로 과장한다(참조. 1:5, 33, 39; 6:33)"라고 말한다(*Jesus and Scribal Authority*, 73).

13 Josephus, *Jewish Antiquities* 13.297.

14 Tosefta, *Berakhot* 5.26, in Neusner, *Tosefta*.

15 Mishnah, *Eduyyot* 5.6. 식사 전에 손 씻는 문제를 다루는 다른 초기 본문은 다음과 같다. Mishnah, *Hagigah* 2.5; Mishnah, *Hullin* 2.5; Mishnah, *Yadayim* 3.2; Tosefta, *Berakhot* 4.8; 5.6; Tosefta, *Demai* 2.11-12.

16 *Numbers Rabbah* 20.21; 참조. *Tanna deve Eliyahu*, *Seder Eliyahu Rabbah* [15] 16. 탈무드는 심지어 사비타라는 어떤 특정 귀신이 더러운 손으로 먹는 이들을 공격한다고 주장한다(Babylonian Talmud, *Ta'anit* 20b; 참조. Babylonian Talmud, *Yoma* 77b).

그럼에도 일부 랍비 문헌은 심지어 랍비들조차도 식사 전에 손을 씻는 것을 필수적이라고 여기지 않았음을 암시한다.[17] 마가복음 7장과 관련하여 탈무드만큼이나 늦은 시기의 랍비들은 손 씻는 것이 성경에서 비롯된 것이 아니라 장로들의 전통이라는 점을 이미 인식하고 있었다. "세속의 음식을 먹기 위해 손 씻는 것은 토라로부터 유래된 것이 아니다."[18] E. P. 샌더스는 "미쉬나와 토세프타의 랍비들의 판결은 성경의 말씀보다 낮은 수준의 권위를 갖고 있으며, 여기에는 모세에게까지 거슬러 올라간다고 말하는 랍비 전승도 포함된다"고 말한다.[19] 이러한 인식은 마가복음 7장이 반드시 바리새인들이 예수와 그의 제자들이 모세의 율법을 저버렸다고 주장하는 것으로 묘사할 의도가 없었음을 암시한다. 오히려 바리새인들은 먹기 전에 손을 씻지 않는 예수의 논리에 대해 의아해한다. 그들은 자신들의 눈에는 잘못된 것처럼 보이는 것을 행하는 예수의 법적 논리를 알고 싶어 한다.

마가복음의 예수는 손을 씻지 않고 먹는 것에 대한 원래 질문에 대한 자신의 대답을, 손을 씻는 것이 하나님의 명령이 아니라 바리새인들의 전통이라는 공통된 전제하에 제시한 후, 바리새인들이 하나님의 계명 지키는 것을 포기하면서 그러한 전통을 지킨다고 비난한다. 또한 손 씻기에 대한 바리새인들의 우려에 대해 마가복음의 예수는 식사 전에 손

---

17 *Numbers Rabbah* 20.21.
18 Babylonian Talmud, *Berakhot* 52b; 다음을 보라. Babylonian Talmud, *Yoma* 80b.
19 Sanders, *Jewish Law*, 125. 다음도 보라. A. Baumgarten, "Pharisaic Paradosis."

씻는 관행을 와해시키는 부정함의 역학에 관한 법적 원칙을 천명한다. 야이르 푸르스텐베르크의 표현처럼 "예수는 이러한 규정이 오직 의식적으로 정결한 상태에서 먹는 것에만 관심을 두고 있기 때문에 이는 성경에서 유래한 것이 아니라 의식적 정결함의 초점과 의미를 바꾸고, 의식적 오염에 대한 새로운 이해를 반영한 바리새인들의 혁신이었다고 주장했다."[20]

마가복음 7:19의 이 절("모든 음식은 깨끗하다")의 전체 문맥은 이 진술을 먹기 전에 손을 꼭 씻어야 하는지에 대한 논쟁 속에 배치한다.[21] 즉 이 이야기는 단순히 돼지고기를 먹어야 할지 혹은 조개를 먹어야 할지에 관한 문제를 다루고자 하는 것이 아니다. 오히려 이 이야기는 사람이 의식적으로 부정한 손으로 코셰르 음식을 오염시키고, 그 오염된 음식을 먹음으로써 그 의식적 부정함을 그 사람의 몸 안에 주입할 수 있는 것인지에 관한 문제를 다루고자 한다. 마가복음의 예수에 의하면 이에 대한 답변은 율법에 대한 그의 견해 때문에 '아니오'다. 즉 몸 안으로 들어가는 것(부정한 손으로 인해 오염된 코셰르 음식)이 부정하게 만드는 것이 아니라 몸 안에서 나오는 것이 부정하게 만든다는 것이다.[22] 여기서 문제는

---

20   Furstenberg, "Defilement Penetrating the Body," 178. 다음도 보라. VanMaaren, "Does Mark's Jesus Abrogate Torah?"

21   Kazen, *Jesus and Purity Halakhah*, 65. "그러나 가장 설득력 있는 설명은 이 어록을 깨끗한 음식과 더러운 음식(레 11:1-23의 의미에서)이 아닌 의식적 손 씻기의 정황에서 상대적인 의미로 해석한다." 이와 유사한 견해는 다음을 보라. Crossley, *Date of Mark's Gospel*, 183-205.

22   여기서 나는 예수가 할라카보다는 더 예언자적인 입장을 보였다는 Thomas Kazen의 주

부정함의 역학과 관련이 있다. 즉 그것은 몸 밖에서 안으로 들어가는가, 아니면 몸 안에서 밖으로 나오는가?

마가복음의 예수는 이 질문에 답하면서 성적 부도덕, 절도, 살인 등과 같은 행위는 몸 안에서 몸 밖으로 나온다는 사실에 초점을 맞춘다. 그는 여기서 사람들을 오염시키는 여러 가지 죄를 서술한다. 왜냐하면 그 죄들은 도덕적 부정함이기 때문이다. 그러나 이러한 도덕적 부정함은 마음에서 시작하여(막 7:21-23; 참조. 마 15:18-20) 몸 밖으로 나와 행동으로 이어진다. 다시 한번 강조하지만 이러한 진술은 예수를 부정함과 관련하여 묘사하려는 마가의 관심사를 드러낸다. 비록 예수가 다른 동시대 유대인들처럼 도덕적 부정함이 의식적 부정함보다 더 심각한 결과를 초래한다고 생각했겠지만, 이러한 주장은 의식적 부정함이 결코 존재하지 않거나 하찮은 것임을 의미하지 않는다.[23] 결국 의식적 부정함은 죄가 되지 않으며, 비교적 쉽게 해결될 수 있다. 한편 도덕적 부정함은 죄이며 쉽게 제거되지 않는다. 이러한 행동으로 인한 자국은 깊어서 물보다 더 강한 세제를 필요로 한다. 우리는 쿰란의 「공동체 규칙서」(*Community Rule*)에서 이를 인정하는 내용을 발견한다. 이 규칙은 사람이 율법을 지키지 않으면 그 어떤 정결 의식도 효험이 없다고 선언한다. "그는 속죄 행위로 정결해지지 않을 것이며, 정화된 물로도 깨끗해지지 않을 것이며, 바다나

장에 동의하지 않는다("A Perhaps Less Halakic Jesus"). 다음을 보라. Kazen, *Scripture, Interpretation, or Authority?*

23 Klawans, *Impurity and Sin*, 146-50.

강으로도 거룩해지지 않을 것이며, 그 어떤 씻는 물로도 깨끗해지지 않을 것이다. 부정한 자는 하나님의 규례를 거역하는 동안에는 늘 부정할 것이다."[24]

예수 시대의 대다수(모두가 아니라면) 유대인들은 죄를 도덕적 부정함, 곧 의식적 부정함과 다른 유형의 오염을 유발하는 행동으로 여겼다. 이미 레위기 17-27장에서 우리는 죄가 도덕적 부정함으로 묘사되는 것을 본다. 학자들은 보통 레위기의 이 단원을 "성결 규례"로 지칭한다. 그들은 이것이 어떻게 레위기 1-16장에 기록된 의식적 부정함과 구별되는 도덕적 부정함에 초점을 맞추는지 주목한다. 이 성결 규례는 다양한 성적 오염(레 18장; 19:20-22, 29; 20:10-21), 우상 오염(19:4), 절도, 사기, 속임수, 불의에 의한 오염(예. 19:11-16, 35)을 강조하면서 여러 가지 도덕적 부정함을 열거한다. 그러나 고대 독자들은 레위기를 하나의 통일된 작품으로 읽었을 것이며, 따라서 이 제사장 관련 책이 의식적 정결함과 도덕적 정결함을 강조하는 것으로 이해했을 것이다. 조더선 클로언스(Jonathan Klawans)가 마가복음 7장의 목록에 주목하듯이 "이 목록 중에서 가장 놀라운 것은 예수가 오염시키는 것으로 보는 것과 고대 유대인들이 일반적으로 도덕적 타락의 근원으로 생각했던 죄 사이에 존재하는 개념적 상응 관계의 수준이다."[25]

예수의 도덕적 부정함에 대한 언급은 부정함의 일반적인 행동 방

---

24 1QS III, 4-6.
25 Klawans, *Impurity and Sin*, 148.

식을 보여준다. 부정함은 몸으로 들어가기보다는 몸에서 나온다. 이 법
적 원칙은 의식적 부정함에도 똑같이 적용된다. 생식기 분비물 유출, 레
프라, 시체는 몸 밖으로 나올 때 부정함을 배출한다. 그리고 이러한 부
정함에 감염된 사람들은 몸 안이 아니라 몸 바깥을 씻는다. 적어도 후대
의 한 랍비 본문은 의식적 부정함을 "몸에서 나오는 부정함"이라고 부르
면서 이에 동의한다.[26] 이 이야기에 내포되어 있는 바리새인의 전통과 이
를 명시하는 후대의 랍비 문헌은 서로 다른 비전을 제시한다. "반대되는
체계는 사람들을 오염시키는 **음식**과 관련이 있다. 이러한 해석의 흐름을
채택한다면 '사람에게서 나오는 것이 그 사람을 더럽히는 것이다'라는
이 어록의 두 번째 절이 성경 체계에 맞는 의식적 정결함의 대안적 개념

---

26 *Sifra Tazri'a* 12.4 67 (d)(나의 번역임). Michelle V. Fletcher는 막 7장을 읽는 독자들
은 거의 모두 남성 중심적 관점에서 접근한다고 올바르게 지적한다("What Comes into a
Woman"). 우리가 구체적으로 여성의 신체를 생각한다면 우리는 몸을 더럽히기 위해 무
언가가 그 몸속으로 들어가는 예를 들 수 있다. 한 여자가 한 남자와 성관계를 맺을 경우
정액이 그녀의 몸으로 들어가 그녀를 의식적으로 부정하게 만든다. 한편 이 여자가 의식
적으로 부정해지는 이유는 어쩌면 그녀의 몸이 성관계 이후에 사정액의 일부를 배출하고,
바로 이 배출물이 그 여자를 부정하게 만들 수도 있기 때문이다. 만약 그렇다면 예수의 논
리는 여전히 성립된다. 즉 오직 몸에서 나오는 것이, 심지어 그것이 여자의 몸이라 할지라
도, 그 몸을 부정하게 만든다.
   Fletcher는 레 12장의 암시 가능성도 포착한다. 마가와 마태는 모두 "아페드
론"(*aphedrōn*, 종종 "변소"로 번역됨)이란 단어를 사용한다. (이 단어는 그리스어로 작
성되거나 번역된 유대 문헌에서 단 한 번 등장한다. *Testament of Job* 38.3에서 이 단어
는 "변소"가 아니라 물과 음식을 각각 소변과 대변으로 분리하는 "장"[腸]를 가리키
지만, Fletcher는 이것을 지적하지 않는다.) 레 12:2, 5은 이와 연관된 단어 "아페드로
스"(*aphedros*)를 히브리어 "니다"(*niddah*)를 번역하는 데 사용한다. 나는 이 암시 가능성
을 어떻게 봐야 할지 확신 있게 말할 수는 없지만, 여기서 요점은 음식이 위를 거쳐 장으
로 가고(그리고 궁극적으로는 화장실로) 이 과정이 몸 안에 있는 모든 음식을 처리하거나
정화한다(*katharizōn panta ta brōmata*, 막 7:19)는 것이다.

을 규정한다고 보는 것이 타당하다. 따라서 이 어록의 각 절은 적어도 한 차원에서는 [법적] 의미를 갖는다. 이 해석에 의하면 예수는 서로 충돌하는 두 가지 의식적 정결 모델을 대조하고 있다."[27] 레위기 11:39-50과 17:15에 의하면 스스로 죽거나 다른 동물에 의해 죽은 깨끗한 동물의 섭취는 단지 사람의 겉모습만을 부정하게 만들 뿐이며 정결 의식을 요구한다. 코셰르 법에 따르지 않은 음식 섭취는 또한 몸의 내부를 오염시키지 않는다. 유대인들은 땅에 기어 다니는 생물체 섭취를 금하지만(먹으면 유대인들을 부정하게 만든다), 이는 **내부적으로** 부정함을 초래하지 않는다(레 11:41-44).

요컨대 마가의 이야기는 부정함에 관한 예수의 말씀(그리고 "모든 음식은 깨끗하다"라는 마가 자신의 주장)을 명시적으로 식사 전에 손을 씻는 바리새인의 전통에 관한 논쟁 안에 배치한다. 이러한 구체적인 맥락을 무시하고 마가복음 7:19이 모든 음식(코셰르 음식과 코셰르가 아닌 음식)을 언급한 것으로 이해하는 일체의 해석은 이 본문을 심각하게 오해하는 결과를 초래할 것이다. 더 나아가 마가복음의 예수는 하나님의 계명을 지

---

27 Furstenberg, "Defilement Penetrating the Body," 194. 또한 다음도 보라. Maccoby, *Ritual and Morality*, 158. "아무도 의식적 정결함의 목적이 부정함이 몸 안으로 들어가는 것을 막기 위한 것이라고 주장한 적이 없었다. 이와 반대로 의식적 부정함은 절대 신체의 표면을 뚫고 들어가지는 않는다고 생각했다. 심지어 금지된 음식조차도 체내에 부정함을 초래하지 않고 외부에만 영향을 미친다." Furstenberg는 Babylonian Talmud, *Shabbat* 13b와 Babylonian Talmud, *Yoma* 80b에 대한 라쉬의 논평을 제시한다. 이 본문에 의하면 토라는 음식이 그 음식을 먹는 사람을 오염시키지 않는다고 가르친다는 것이다("Defilement Penetrating the Body," 182).

켜야 할 필요성을 강조한다. 따라서 이 이야기를 부정한 동물을 먹지 말라는 하나님의 계명을 거부하는 예수를 보여주는 것으로 읽는 모든 해석은 기껏해야 비이성적인 해석이며, 최악의 경우에는 예수를 매우 위선적인 인물로 전락시킨다.[28] 과연 마가는 이리한 결과를 미처 예상하지 못할 만큼 어리숙한 내레이터였을까?[29]

사실 마가의 최초 독자 중 하나였던 마태는 이 이야기를 오직 손 씻기와 관련이 있는 것으로 이해했다. 마태는 마가의 기사를 가까이 따라가지만, 다수의 의미심장한 변화를 가한다. 첫째, 그는 모든 유대인들이 식사 전에 손을 씻는다는 마가의 과장된 주장을 제거한다. 둘째, 그는 마가복음에 기록된 예수의 주장("무엇이든지 밖에서 사람에게로 들어가는 것은 능히 사람을 더럽게 하지 못하되", 막 7:15)을 입으로 들어가는 것이 사람을 더럽게 하는 것이 아니라 입에서 나오는 그것이 사람을 더럽게 한다는 주장으로 수정한다(마 15:11). 셋째, 마태복음에서는 오직 바리새인들만이 예수의 말을 불쾌하게 여긴다. 분명 다른 유대인들은 그렇게 여기지 않았다는 것인데, 이것은 예수가 유대 음식법을 포기했다면 결코 일어날 수 없는 일이었다(마 15:12). 넷째, 그는 마가복음 7:19("모든 음식은

---

28 Sanders는 역사적 예수가 음식법을 준수했을 것이고, 그렇지 않다면 그가 코셰르 식단을 지키지 않았다는 증거가 우리에게 넘쳐나야 한다고 주장한다(*Jewish Law*, 23-28). 이 점은 우리의 논의와 직결된다. 우리가 막 7장을 어떻게 해석하든지 간에 예수가 코셰르 음식이 아닌 것을 먹었거나 이로 인해 비난을 받았음을 암시하는 이야기는 복음서에서 결코 찾아볼 수 없다. 또한 행 10장은 코셰르가 아닌 음식을 예수가 죽은 지 수년이 지난 후에도 먹어볼 생각조차 하지 못한 베드로의 모습을 보여준다.

29 다음을 보라. Cohen, "Antipodal Texts."

384 죽음의 세력과 싸우는 예수

깨끗하다"라는 어구)을 완전히 생략한다.[30] 다섯째, 그는 사람의 마음에서 나오는 악이 사람을 오염시키는 것이지, 씻지 않은 손으로 먹는 것은 사람을 더럽히지 못한다고 명시한다(마 15:20). 여기서 혹자는 마태가 마가의 결론에 동의하지 않기 때문에 마가복음 7:19을 생략했다고 주장할 수도 있지만, 그가 혼란을 일으킬 수 있는 어구를 생략하고, 독자들이 이 이야기에 나오는 예수의 말씀으로부터 예수가 유대 식사법을 거부했다는 결론을 잘못 유추하지 않도록 하기 위해 마태복음 15:20의 진술을 추가했다고 보는 것이 더 타당해 보인다.

마지막으로 누가는 이 같은 이야기를 크게 축약한다(눅 11:37-41; 참조. 마 23:25-26). 누가에 의하면 예수는 어떤 바리새인과 함께 식사를 했지만, 먹기 전에 손을 씻지 않는 것으로 바리새파 전통을 무시했다고 한다. 또한 누가복음의 예수는 오직 손 씻는 문제만 다루고, 이와 별개의 문제인 식사법은 다루지 않는다. 그리고 마가복음과 마태복음에서처럼 예수는 도덕적 정결함을 강조한다. 바깥을 씻는 모든 행위는 예수가 바리새인들을 향해 지적한 도덕적 결함의 문제를 처리하지 못한다. 다른 이들은 누가가 나중에 그리스도 추종자들이 유대 식사법을 거부했음을 보여준다고 주장했는데, 이는 그가 하나님이 환상 가운데 베드로에게 코

---

30 일부 해석자들은 막 7:19이 후대의 필사자가 덧붙인 것이라고 주장한다. 예컨대 Lohmeyer, *Das Evangelium des Markus*, 142. 만약 그렇다면 이 주장은 이 구절이 마태복음에서 생략된 이유를 설명해줄 것이다. 그럼에도 이 주장을 지지하는 사본은 존재하지 않는다.

셰르 법에 저촉되는 동물들을 잡아 먹으라고 말씀하시는 것을 묘사하기 때문이다(행 10장). 그러나 누가가 명명백백하게 밝히듯이 이 환상은 유대 식사법의 변화와 아무런 관련이 없다. 베드로는 코셰르 법에 저촉되는 음식을 먹으려 하지 않는다. 그는 오히려 이방인 고넬료와 그의 가족에게 복음을 전한다. 따라서 부정한 동물들은 과거에는 부정했던 이들, 곧 이방인들 사이에서 전개되는 하나님의 정화 운동에 관한 암호화된 환상으로써 기능한다.[31]

이 세 복음서에서 모두 부정함의 역학에 관한 예수의 말씀은 부정함이 나아갈 방향에 관한 법적 논쟁 안으로 예수가 스스로 걸어 들어갔음을 암시한다. 부정함은 몸 밖으로 흘러나오지, 몸 안으로 들어가지 않는다. 따라서 복음서 저자들이 예수가 유대 식사법을 거부하는 모습을 그리려고 했다는 암시는 그 어디에서도 찾아볼 수 없다.

---

31 See Thiessen, *Contesting Conversion*, 124-40.

참고문헌

Akiyama, Kengo. *The Love of Neighbour in Ancient Judaism: The Reception of Leviticus 19:18 in the Hebrew Bible, the Septuagint, the Book of Jubilees, the Dead Sea Scrolls, and the New Testament.* Ancient Judaism and Early Christianity 105. Leiden: Brill, 2018.

Aland, Barbara, Kurt Aland, Johannes Karavidopoulos, Carlo M. Martini, and Bruce M. Metzger, eds. *Novum Testamentum Graece.* 28th ed. Stuttgart: Deutsche Bibelgesellschaft, 2012.

Allison, Dale, Jr. *Constructing Jesus: Memory, Imagination, and History.* Grand Rapids: Baker Academic, 2010.

_____. *The End of the Ages Has Come: An Early Interpretation of the Passion and Resurrection of Jesus.* Philadelphia: Fortress, 1985.

Amihay, Aryeh. *Theory and Practice in Essene Law.* Oxford: Oxford University Press, 2016.

Andersen, J. G. "Studies in the Medieval Diagnosis of Leprosy in Denmark." *Danish Medical Bulletin* 16, supplement 9 (1969): 6-142.

Anderson, Gary A. "Celibacy or Consummation in the Garden? Reflections on Early Jewish and Christian Interpretations of the Garden of Eden." *Harvard Theological Review* 82 (1989): 121-48.

Anderson, W. H. P. "Christian Missions and Lepers." *International Review of Mission* 21 (1932): 264-71.

Arnal, William E. *The Symbolic Jesus: Historical Scholarship, Judaism and the Construction of Contemporary Identity.* London: Equinox, 2005.

Assmann, Jan. *Death and Salvation in Ancient Egypt.* Translated by David Lorton. Ithaca, NY: Cornell University Press, 2005.

Back, Sven-Olav. *Jesus of Nazareth and the Sabbath Commandment.* Åbo:

Åbo Akademi University Press, 1995.

Baden, Joel S., and Candida R. Moss. "The Origin and Interpretation of *ṣāra'at* in Leviticus 13-14." *Journal of Biblical Literature* 130 (2011): 643-62.

Bauckham, Richard. *The Fate of the Dead: Studies on the Jewish and Christian Apocalypses.* Supplements to Novum Testamentum 93. Leiden: Brill, 1998.

_____. "Sabbath and Sunday in the Post-apostolic Church." In *From Sabbath to Lord's Day: A Biblical, Historical, and Theological Investigation*, edited by D. A. Carson, 251-98. Grand Rapids: Zondervan, 1982.

_____. "The Scrupulous Priest and the Good Samaritan: Jesus' Parabolic Interpretation of the Law of Moses." *New Testament Studies* 44 (1998): 475-89.

Bauernfeind, Otto. *Die Worte der Dämonen im Markusevangelium.* Beiträge zur Wissenschaft vom Alten Testament 44. Stuttgart: Kohlhammer, 1927.

Baumgarten, Albert I. "The Pharisaic Paradosis." *Harvard Theological Review* 80 (1987): 63-77.

Baumgarten, Joseph. "The 4Q Zadokite Fragments on Skin Disease." *Journal of Jewish Studies* 41 (1990): 153-65.

_____. "Purifcation after Childbirth and the Sacred Garden in 4Q265 and Jubilees." In *New Qumran Texts and Studies: Proceedings of the First Meeting of the International Organization for Qumran Studies, Paris 1992*, edited by George J. Brooke with Florentino García Martínez, 3-10. Studies on the Texts of the Desert of Judah 15. Leiden: Brill, 1994.

_____. "265. 4QMiscellaneous Rules." In *Qumran Cave 4, XXV: Halakhic Texts*, edited by Joseph Baumgarten et al., 57-78. Discoveries in the Judaean Desert 35. Oxford: Clarendon, 1999.

_____. "Zab Impurity in Qumran and Rabbinic Law." *Journal of Jewish Studies* 45 (1994): 273-77.

Beck, Richard. *Unclean: Meditations on Purity, Hospitality, and Mortality*. Eugene, OR: Cascade Books, 2011.

Beckman, Gary. *Hittite Birth Rituals*. 2nd rev. ed. Studien zu den Bogazköy-Texten 29. Wiesbaden: Harrassowitz, 1983.

Berlejung, Angelika. "Variabilität und Konstanz eines Reinigungsrituals nach der Beruhrung eines Toten in Num. 19 und Qumran: Überlegungen zur Dynamik der Ritualtransformation." *Theologische Zeitung* 65 (2009): 289-331.

Bernier, Jonathan. *The Quest for the Historical Jesus after the Demise of Authenticity: Toward a Critical Realist Philosophy of History in Jesus Studies*. The Library of New Testament Studies 540. London: Bloomsbury T&T Clark, 2016.

Berthelot, Katell. "La place des infrmes et des 'lépreux' dans les texts de Qumrân et les Évangiles." *Revue biblique* 113 (2006): 211-41.

Betz, Hans Dieter, ed. *The Greek Magical Papyri in Translation, Including the Demotic Spells: Volume One Texts*. 2nd ed. Chicago: University of Chicago Press, 1992.

Bhishagratna, Kaviraj Kunja Lal. *The Sushruta Samhita*. 3 vols. Varanasi: Chowkhamba, 1963.

Biggs, Robert, and Marten Stol, eds. *Babylonisch-assyrische Medizin in Texten und Untersuchungen*. 10 vols. Berlin: de Gruyter, 1963-2018.

Bock, Darrell. *Luke 1:1-9:50*. Baker Exegetical New Testament Commentary 3. Grand Rapids: Baker, 1994.

Bolt, Peter. "Jesus, the Daimons and the Dead." In *The Unseen World: Christian Reflections on Angels, Demons and the Heavenly Realm*, edited by Anthony N. S. Lane, 75-102. Grand Rapids: Baker, 1996.

———. *Jesus' Defeat of Death: Persuading Mark's Early Readers*. Society for New Testament Studies Monograph Series 125. Cambridge: Cambridge University Press, 2003.

Borg, Marcus. *Conflict, Holiness, and Politics in the Teachings of Jesus*. Harrisburg, PA: Trinity Press International, 1998.

———. *Jesus in Contemporary Scholarship*. Valley Forge, PA: Trinity Press

International, 1994.

_____. *Meeting Jesus Again for the First Time: The Historical Jesus and the Heart of Contemporary Faith*. San Francisco: HarperSanFrancisco, 1994.

Boring, M. Eugene. *Mark: A Commentary*. New Testament Library. Louisville: Westminster John Knox, 2006.

Botner, Max. "Has Jesus Read What David Did? Probing Problems in Mark 2:25-26." *Journal of Theological Studies* 69 (2018): 484-99.

Bovon, François. *A Commentary on the Gospel of Luke 1:1-9:50*. Hermeneia. Minneapolis: Fortress, 2002.

Boyce, Mary, ed. and trans. *Textual Sources for the Study of Zoroastrianism*. Textual Sources for the Study of Religion. Chicago: University of Chicago Press, 1990.

Bradshaw, Paul, ed. *The Canons of Hippolytus*. Translated by Carol Bebawi. Grove Liturgical Study 50. Bramcote, Nottingham: Grove Books, 1987.

Braude, William G., trans. *Pesikta Rabbati: Discourses for Feasts, Fasts, and Special Sabbaths*. 2 vols. Yale Judaica Series 18. New Haven: Yale University Press, 1968.

Braude, William G., and Israel J. Kapstein, trans. *Pesikta de-Rab Kahana: R. Kahana's Compilation of Discourses for Sabbaths and Festal Days*. Philadelphia: Jewish Publication Society of America, 2002.

_____. *Tanna Debe Eliyyahu: The Lore of the School of Elijah*. Philadelphia: Jewish Publication Society of America, 1981.

Brodhead, Edwin K. "Christology as Polemic and Apologetic: The Priestly Portrait of Jesus in the Gospel of Mark." *Journal for the Study of the New Testament* 15 (1992): 21-34.

Brown, Raymond E. *The Birth of the Messiah: A Commentary on the Infancy Narratives in the Gospels of Matthew and Luke*. New and updated ed. New York: Doubleday, 1993. 『메시아의 탄생』(CLC 역간).

_____. "The Presentation of Jesus (Luke 2:22-40)." *Worship* 51 (1977): 2-11.

Bruners, Wilhelm. *Die Reinigung der zehn Aussätzigen und die Heilung des Samariters, Lk 17,11-19 Ein Beitrag zur lukanischen Interpretation der Reinigung von Aussatzigen*. Forschung zur Bibel 23. Stuttgart: Katholisches Bibelwerk, 1977.

Buchler, Adolph. "Family Purity and Family Impurity in Jerusalem before the Year 70 C.E." In *Studies in Jewish History: The Büchler Memorial Volume*, edited by Israel Brodie and Joseph Rabbinowitz, 64-98. London: Oxford University Press, 1956.

Burkert, Walter. *Homo Necans: The Anthropology of Ancient Greek Sacrifcial Ritual and Myth*. Translated by Peter Bing. Berkeley: University of California Press, 1983.

Burridge, Richard. *What Are the Gospels? A Comparison with Graeco-Roman Biography*. 25th anniv. ed. Waco: Baylor University Press, 2018.

Caird, G. B. *The Gospel of St. Luke*. Pelican New Testament Commentaries. Harmondsworth: Penguin, 1963.

Carmichael, Calum. "Death and Sexuality among Priests (Leviticus 21)." In *The Book of Leviticus: Composition and Reception*, edited by Rolf Rendtorff and Robert A. Kugler with Sarah Smith Bartel, 225-44. Supplements to Vetus Testamentum 93. Leiden: Brill, 2003.

Carroll, John. *Luke: A Commentary*. New Testament Library. Louisville: Westminster John Knox, 2012.

Carson, Anne. "Dirt and Desire: The Phenomenology of Female Pollution in Antiquity." In *Constructions of the Classical Body*, edited by James I. Porter, 77-100. The Body, In Theory: Histories of Cultural Materialism. Ann Arbor: University of Michigan Press, 1999.

Casey, Maurice. *Aramaic Sources of Mark's Gospel*. Society for New Testament Studies Monograph Series 102. Cambridge: Cambridge University Press, 1998.

Censorinus. *The Birthday Book*. Translated by Holt N. Parker. Chicago: University of Chicago Press, 2007.

Charlesworth, James H., ed. *The Old Testament Pseudepigrapha*. 2 vols. Garden City, NY: Doubleday, 1983-85.

Choksy, Jamsheed K. *Purity and Pollution in Zoroastrianism: Triumph over Evil*. Austin: University of Texas Press, 1989.

Cochrane, R. G. *Biblical Leprosy: A Suggested Interpretation*. 2nd ed. London: Tyndale, 1963.

Cohen, Shaye J. D. "Antipodal Texts: B. Eruvin 21b-22a and Mark 7:1-23 on the Tradition of the Elders and the Commandment of God." In vol. 2 of *Envisioning Judaism: Studies in Honor of Peter Schäfer on the Occasion of his Seventieth Birthday*, edited by Ra'anan S. Boustan et al., 965-83. Tübingen: Mohr Siebeck, 2013.

———. "Menstruants and the Sacred in Judaism and Christianity." In *Women's History and Ancient History*, edited by Sarah B. Pomeroy, 273-99. Chapel Hill: University of North Carolina Press, 1991.

Cole, Susan Guettel. "*Gynaiki ou Themis*: Gender Difference in the Greek *Leges Sacrae*." *Helios* 19 (1992): 104-22.

Coleman-Norton, P. R. *The Twelve Tables*. Princeton: Princeton University, Department of Classics, 1960.

Collins, Adela Yarbro. *Mark: A Commentary*. Hermeneia. Minneapolis: Fortress, 2007.

Collins, John J. "Apocalyptic Eschatology as the Transcendence of Death." *Catholic Biblical Quarterly* 36 (1974): 21-43.

———. "The Root of Immortality: Death in the Context of Jewish Wisdom." *Harvard Theological Review* 71 (1978): 177-92.

Collins, Nina L. *Jesus, the Sabbath and the Jewish Debate: Healing on the Sabbath in the 1st and 2nd Centuries CE*. The Library of New Testament Studies 474. London: Bloomsbury, 2014.

Cranz, Isabel. "Priests, Pollution and the Demonic: Evaluating Impurity in the Hebrew Bible in Light of Assyro-Babylonian Texts." *Journal of Ancient Near Eastern Religions* 14 (2014): 68-86.

Crossan, John Dominic. *The Historical Jesus: The Life of a Mediterranean Jewish Peasant*. San Francisco: HarperSanFrancisco, 1991.

———. *Jesus: A Revolutionary Biography*. San Francisco: HarperSanFrancisco, 1994.

Crossley, James G. *The Date of Mark's Gospel: Insight from the Law in Earliest Christianity*. Journal for the Study of the New Testament Supplement Series 266. London: T&T Clark, 2004.

———. "Mark 7.1-23: Revisiting the Question of 'All Foods Clean.'" In *The Torah in the New Testament: Papers Delivered at the Manchester-Lausanne Seminar of June 2008*, edited by Peter Oakes and Michael Tait, 8-20. The Library of New Testament Studies 401. London: T&T Clark, 2009.

———. "The Multicultural Christ: Jesus the Jew and the New Perspective on Paul in an Age of Neoliberalism." *Bible and Critical Theory* 7 (2011): 8-16.

Danby, Herbert. *The Code of Maimonides, Book Ten: The Book of Cleanness*. Yale Judaica Series 8. New Haven: Yale University Press, 1954.

———. *The Mishnah: Translated from the Hebrew with Introduction and Brief Explanatory Notes*. Oxford: Oxford University Press, 1933.

D'Angelo, Mary Rose. "Gender and Power in the Gospel of Mark: The Daughter of Jairus and the Woman with the Flow of Blood." In *Miracles in Jewish and Christian Antiquity: Imagining the Truth*, edited by John C. Cavadini, 83-109. Notre Dame Studies in Theology 3. Notre Dame: University of Notre Dame Press, 1999.

Darmesteter, James, and Lawrence Heyworth Mills, trans. *The Zend-Avesta*. 3 vols. Sacred Books of the East. Oxford: Clarendon, 1880-87.

Daube, David. "Responsibilities of Master and Disciples in the Gospels." *New Testament Studies* 19 (1972-73): 1-15.

Dean-Jones, Lesley. "Menstrual Bleeding according to the Hippocratics and Aristotle." *Transactions of the American Philological Association* 119 (1989): 177-92.

———. *Women's Bodies in Classical Greek Science*. Oxford: Clarendon, 1994.

Denaux, Adelbert, ed. *John and the Synoptics*. Bibliotheca Ephemeridum Theologicarum Lovaniensium 101. Leuven: Leuven University Press, 1992.

Derrett, J. Duncan. "Circumcision and Perfection: A Johannine Equation

(John 7:22- 23)." *Evangelical Quarterly* 63 (1991): 211-24.

De Vries, Simon. *1 and 2 Chronicles*. Forms of the Old Testament Literature 11. Grand Rapids: Eerdmans, 1989.

Dietrich, Manfried, Oswald Loretz, and Joaquín Sanmartín, eds. *Die keilalphabetischen Texte aus Ugarit*. 3rd enl. ed. Munster: Ugarit-Verlag, 2013.

Dirven, Lucinda. "The Author of *De Dea Syria* and His Cultural Heritage." *Numen* 44 (1997): 153-79.

Doering, Lutz. "Much Ado about Nothing? Jesus' Sabbath Healings and Their Halakhic Implications Revisited." In *Judaistik und Neutestamentliche Wissenschaft: Standorte-Grenzen-Beziehungen*, edited by Lutz Doering, Hans-Gunther Waubke, and Florian Wilk, 217-41. Forschungen zur Religion und Literatur des Alten und Neuen Testaments 226. Göttingen: Vandenhoeck & Ruprecht, 2008.

_____. "Sabbath Laws in the New Testament Gospels." In *The New Testament and Rabbinic Literature*, edited by Reimund Bieringer et al., 207-54. Journal for the Study of Judaism in the Persian, Hellenistic, and Roman Periods Supplement Series 136. Leiden: Brill, 2010.

_____. *Schabbat: Sabbathalacha und -praxis im antiken Judentum und Urchristentum*. Texte und Studien zum antiken Judentum 78. Tübingen: Mohr Siebeck, 1999.

Douglas, Mary. *In the Wilderness: The Doctrine of Deflement in the Book of Numbers*. Journal for the Study of the Old Testament Supplement Series 158. Sheffield: JSOT Press, 1993.

_____. *Jacob's Tears: The Priestly Work of Reconciliation*. Oxford: Oxford University Press, 2004.

_____. *Leviticus as Literature*. Oxford: Oxford University Press, 1999.

_____. *Purity and Danger: An Analysis of Concepts of Pollution and Taboo*. London: Routledge, 1966.

Dunn, James D. G. *Jesus, Paul and the Law: Studies in Mark and Galatians*. Louisville: Westminster John Knox, 1990.

_____. "Jesus and Purity: An Ongoing Debate." *New Testament Studies* 48 (2002): 449-67.

Dzierzykray-Rogalski, T. "Paleopathology of the Ptolemaic Inhabitants of Dakhleh Oasis (Egypt)." *Journal of Human Evolution* 9 (1980): 71-74.

Ebbell, Bendix. *The Papyrus Ebers: The Greatest Egyptian Medical Document.* Copenhagen: Levin & Munksgaard, 1937.

Edwards, Catharine. *Death in Ancient Rome.* New Haven: Yale University Press, 2007.

Ego, Beate. "Heilige Zeit—heiliger Raum—heiliger Mensch: Beobachtungen zur Struktur der Gesetzesbegrundung in der Schöpfungs- und Paradiesgeschichte des Jubiläenbuchs." In *Studies in the Book of Jubilees*, edited by Matthias Albani, Jörg Frey, and Armin Lange, 207-19. Texte und Studien zum antiken Judentum 65. Tübingen: Mohr Siebeck, 1997.

Ehrman, Bart. *The Orthodox Corruption of Scripture: The Effect of Early Christological Controversies on the Text of the New Testament.* Updated ed. Oxford: Oxford University Press, 2011.

_____. "Text and Interpretation: The Exegetical Signifcance of the 'Original' Text." *TC: A Journal of Biblical Textual Criticism* 5 (2000), http://rosetta.reltech.org /TC/v05/Ehrman2000a.html.

Elledge, C. D. *Resurrection of the Dead in Early Judaism, 200 BCE-CE 200.* New York: Oxford University Press, 2017.

Elliger, Karl. *Leviticus.* Handbuch zum Alten Testament 4. Tübingen: Mohr Siebeck, 1966.

Elliger, K., and W. Rudolph, eds. *Biblia Hebraica Stuttgartensia.* Stuttgart: Deutsche Bibelgesellschaft, 1967-77.

Ellis, E. Earle. *The Gospel of Luke.* Rev. ed. London: Oliphants, 1974.

Epstein, Isidore, ed. *The Babylonian Talmud: Translated into English with Notes, Glossary and Indices.* 18 vols. London: Soncino, 1935-52.

Eubank, Nathan. *Wages of Cross-Bearing and Debt of Sin: The Economy of Heaven in Matthew's Gospel.* Beihefte zur Zeitschrift für die neutestamentliche Wissenschaft 196. Berlin: de Gruyter, 2013.

Evans, C. F. *Saint Luke*. TPI New Testament Commentaries. Philadelphia: Trinity Press International, 1990.

Evans, Craig A. *Luke*. New International Biblical Commentary on the New Testament 3. Peabody, MA: Hendrickson, 1990.

_____. "Luke's Use of the Elijah/Elisha Narratives and the Ethics of Election." *Journal of Biblical Literature* 106 (1987): 75-83.

_____. "'Who Touched Me?': Jesus and the Ritually Impure." In *Jesus in Context: Temple, Purity, and Restoration*, edited by Bruce Chilton and Craig A. Evans, 353-76. Arbeiten zur Geschichte des antiken Judentums und des Urchristentums 39. Leiden: Brill, 1997.

Feder, Yitzhaq. "Contagion and Cognition: Bodily Experience and the Conceptualization of Pollution (*ṭum'ah*) in the Hebrew Bible." *Journal of Near Eastern Studies* 72 (2013): 151-67.

_____. "The Polemic regarding Skin Disease in *4QMMT*." *Dead Sea Discoveries* 19 (2012): 55-70.

Feinstein, Eve Levavi. *Sexual Pollution in the Hebrew Bible*. Oxford: Oxford University Press, 2013.

Ferguson, Everett. *Demonology of the Early Christian World*. New York: Edwin Mellen, 1984.

Fitzmyer, Joseph A. *The Gospel according to Luke I-IX: Introduction, Translation, and Notes*. Anchor Bible 28. Garden City, NY: Doubleday, 1981.

Flemming, Rebecca. *Medicine and the Making of Roman Women: Gender, Nature, and Authority from Celsus to Galen*. Oxford: Oxford University Press, 2000.

Fletcher, Michelle V. "What Comes into a Woman and What Comes out of a Woman: Feminist Textual Intervention and Mark 7:14-23." *Journal of Feminist Studies in Religion* 30 (2014): 25-41.

Fletcher-Louis, Crispin. "Jesus as the High Priestly Messiah: Part 2." *Journal for the Study of the Historical Jesus* 5 (2007): 57-79.

Fong, Albert F. de. "Purity and Pollution in Ancient Zoroastrianism."

In *Purity and the Forming of Religious Traditions in the Ancient Mediterranean World and Ancient Judaism*, edited by Christian Frevel and Christophe Nihan, 183-94. Dynamics in the History of Religion 3. Leiden: Brill, 2013.

Fonrobert, Charlotte Elisheva. *Menstrual Purity: Rabbinic and Christian Reconstructions of Biblical Gender*. Contraversions. Stanford, CA: Stanford University Press, 2000.

France, R. T. *The Gospel of Mark: A Commentary on the Greek Text*. New International Greek Testament Commentary. Grand Rapids: Eerdmans, 2002.

Frandsen, Paul John. "The Menstrual 'Taboo' in Ancient Egypt." *Journal of Near Eastern Studies* 66 (2007): 81-105.

Fredriksen, Paula. "Compassion Is to Purity As Fish Is to Bicycle and Other Reflections on Constructions of 'Judaism' in Current Work on the Historical Jesus." In *Apocalypticism, Anti-Semitism and the Historical Jesus: Subtexts in Criticism*, edited by John S. Kloppenborg and John W. Marshall, 55-67. Journal for the Study of the New Testament Supplement Series 275. London: T&T Clark, 2005.

―――. "Did Jesus Oppose the Purity Laws?" *Bible Review* 11 (1995): 18-25, 42-47.

―――. "Mandatory Retirement: Ideas in the Study of Christian Origins Whose Time Has Come to Go." *Studies in Religion* 35 (2006): 231-46.

―――. *Sin: The Early History of an Idea*. Princeton: Princeton University Press, 2012.

―――. "What You See Is What You Get: Context and Content in Current Research on the Historical Jesus." *Theology Today* 52 (1995): 75-97.

Freedman, H., and Maurice Simon, eds. *Midrash Rabbah*. 10 vols. London: Soncino, 1939.

Frevel, Christian. "Purity Conceptions in the Book of Numbers in Context." In *Purity and the Forming of Religious Traditions in the*

Ancient Mediterranean World and Ancient Judaism, edited by Christian Frevel and Christophe Nihan, 369–411. Dynamics in the History of Religion 3. Leiden: Brill, 2013.

Frevel, Christian, and Christophe Nihan, eds. *Purity and the Forming of Religious Traditions in the Ancient Mediterranean World and Ancient Judaism*. Dynamics in the History of Religion 3. Leiden: Brill, 2013.

Friedlander, Gerald. *Pirke de Rabbi Eliezer [The chapters of Rabbi Eliezer the Great] according to the Text of the Manuscript Belonging to Abraham Epstein of Vienna*. 2nd ed. New York: Hermon, 1965.

Frymer-Kensky, Tikva. "Pollution, Purifcation and Purgation in Biblical Israel." In *The Word of the Lord Shall Go Forth: Essays in Honor of David Noel Freedman in Celebration of His Sixtieth Birthday*, edited by Carol L. Meyers and M. O'Connor, 399–404. Winona Lake, IN: Eisenbrauns, 1983.

Funk, Robert. *Honest to Jesus*. San Francisco: HarperSanFrancisco, 1996.

Furstenberg, Yair. "Deflement Penetrating the Body: A New Understanding of Contamination in Mark 7.15." *New Testament Studies* 54 (2008): 176–200.

Gall, August Freiherrn von, ed. *Der Hebräische Pentateuch der Samaritaner*. Giessen: Töpelmann, 1914–18.

Gardner, Gregg. *The Origins of Organized Charity in Rabbinic Judaism*. Cambridge: Cambridge University Press, 2015.

Gardner-Smith, Percival. *St. John and the Synoptic Gospels*. Cambridge: Cambridge University Press, 1938.

Garland, David E. *Reading Matthew: A Literary and Theological Commentary*. Macon, GA: Smyth & Helwys, 2001.

Garland, Robert. *The Greek Way of Death*. Ithaca, NY: Cornell University Press, 1985.

Garrett, Susan R. *The Demise of the Devil: Magic and the Demonic in Luke's Writings*. Minneapolis: Fortress, 1989.

Geller, Markham. *Evil Demons: Canonical Utukkū Lemnūtu Incantations;*

Introduction, Cuneiform Text, and Transliteration with a Translation and Glossary. State Archives of Assyria Cuneiform Texts 5. Helsinki: Neo-Assyrian Text Corpus Project, 2007.

———. *Forerunners to Udug-Hul: Sumerian Exorcistic Incantations*. Stuttgart: Steiner, 1985.

Giambrone, Anthony. *Sacramental Charity, Creditor Christology, and the Economy of Salvation in Luke's Gospel*. Wissenschaftliche Untersuchungen zum Neuen Testament 2/439. Tübingen: Mohr Siebeck, 2017.

Gnilka, Joachim. *Das Evangelium nach Markus*. 2 vols. Evangelisch-katholischer Kommentar zum Neuen Testament 2. Neukirchen-Vluyn: Neukirchener Verlag, 1978–79.

Goodacre, Mark. *The Case against Q: Studies in Markan Priority and the Synoptic Problem*. London: T&T Clark, 2002.

Gorman, Frank, Jr. *The Ideology of Ritual: Space, Time and Status in the Priestly Theology*. Journal for the Study of the Old Testament Supplement Series 91. Sheffeld: Sheffield Academic, 1990.

Grappe, Christian. "Jesus et l'impureté." *Revue d'histoire et de philosophie religieuses* 84 (2004): 393–417.

Gray, Alyssa. "Redemptive Almsgiving and the Rabbis of Late Antiquity." *Jewish Studies Quarterly* 18 (2011): 144–84.

———. *Charity in Rabbinic Judaism: Atonement, Rewards, and Righteousness*. Routledge Jewish Studies Series. London: Routledge, 2019.

Grmek, Mirko D. *Diseases in the Ancient Greek World*. Baltimore: Johns Hopkins University Press, 1989.

Grunwaldt, Klaus. *Exil und Identität: Beschneidung, Passa und Sabbat in der Priesterschrift*. Bonner biblische Beiträge 85. Frankfurt am Main: Anton Hain, 1992.

Guichard, Michaël, and Lionel Marti. "Purity in Ancient Mesopotamia: The PaleoBabylonian and Neo-Assyrian Periods." In *Purity and the Forming of Religious Traditions in the Ancient Mediterranean World and Ancient Judaism*, edited by Christian Frevel and Christophe Nihan,

47-113. Dynamics in the History of Religion 3. Leiden: Brill, 2013.

Gundry, Robert H. *Mark: A Commentary on His Apology for the Cross*. Grand Rapids: Eerdmans, 1983.

Haber, Susan. "A Woman's Touch: Feminist Encounters with the Hemorrhaging Woman in Mark 5.24-34." *Journal for the Study of the New Testament* 26 (2003): 171-92.

Hägerland, Tobias. *Jesus and the Forgiveness of Sins: An Aspect of His Prophetic Mission*. Society for New Testament Studies Monograph Series 150. Cambridge: Cambridge University Press, 2011.

Hallo, William W., ed. *The Context of Scripture*. 3 vols. Leiden: Brill, 1997-2002.

Hammer, Reuven. *Sifre: A Tannaitic Commentary on the Book of Deuteronomy*. Yale Judaica Series 24. New Haven: Yale University Press, 1986.

Harnack, Adolf von. *What Is Christianity?* Translated by Thomas Bailey Saunders. Philadelphia: Fortress, 1957.

Harrington, Daniel J. *The Gospel of Matthew*. Sacra Pagina 1. Collegeville, MN: Liturgical Press, 1991.

Harrington, Hannah K. "Did Pharisees Eat Ordinary Food in a State of Ritual Purity?" *Journal for the Study of Judaism in the Persian, Hellenistic, and Roman Periods* 26 (1995): 42-54.

_____. *The Purity Texts*. Companion to the Qumran Scrolls 5. London: T&T Clark, 2004.

Hatch, W. H. P. "The Text of Luke 2:22." *Harvard Theological Review* 14 (1921): 377-81.

Haupt, Paul. "Asmodeus." *Journal of Biblical Literature* 40 (1921): 174-78.

Hayes, Christine E. *Gentile Impurities and Jewish Identities: Intermarriage and Conversion from the Bible to the Talmud*. New York: Oxford University Press, 2002.

_____. *What's So Divine about Divine Law: Early Perspectives*. Princeton: Princeton University Press, 2015.

Hayward, C. T. R. "The Figure of Adam in Pseudo-Philo's Biblical Antiquities." *Journal for the Study of Judaism in the Persian, Hellenistic, and Roman Periods* 23 (1992): 1-20.

Herzer, Jens. "Riddle of the Holy Ones in Matthew 27:51b-53." In *The Synoptic Gospels*, vol. 1 of *"What Does the Scripture Say?" Studies in the Function of Scripture in Early Judaism and Christianity*, edited by Craig A. Evans and H. Daniel Zacharias, 142-57. The Library of New Testament Studies 470. London: T&T Clark, 2012.

Himmelfarb, Martha. "Impurity and Sin in 4QD, 1QS, and 4Q512." *Dead Sea Discoveries* 8 (2001): 9-37.

Hodges, Horace Jeffrey, and John C. Poirier. "Jesus as the Holy One of God: The Healing of the Zavah in Mark 5.24b-34." *Journal of Greco-Roman Christianity and Judaism* 8 (2011-12): 151-84.

Holmén, Tom. *Jesus and Jewish Covenant Thinking*. Biblical Interpretation Series 55. Leiden: Brill, 2001.

_____. "Jesus' Inverse Strategy of Ritual (Im)purity and the Ritual Purity of Early Christians." In *Anthropology in the New Testament and Its Ancient Context: Papers from the EABS-Meeting in Piliscsaba/ Budapest*, edited by Michael Labahn and Outi Lehtipuu, 15-32. Contributions to Biblical Exegesis and Theology 54. Leuven: Peeters, 2010.

Horsley, Greg H. R., and Stephen Llewelyn, eds. *New Documents Illustrating Early Christianity*. 10 vols. North Ryde, New South Wales: Ancient History Documentary Research Centre, Macquarie University, 1981-.

Houston, Walter. *Purity and Monotheism: Clean and Unclean Animals in Biblical Law*. Journal for the Study of the Old Testament Supplement Series 140. Sheffield: JSOT Press, 1993.

Hubner, Hans. *Das Gesetz in der synoptischen Tradition: Studien zur These einer progressiven Qumranisierung und Judaisierung innerhalb der synoptischen Tradition*. Göttingen: Vandenhoeck & Ruprecht, 1986.

Hude, C., ed. *Corpus Medicorum Graecorum II*. 2nd ed. Berlin: de Gruyter,

1958.

Hulse, E. V. "The Nature of Biblical 'Leprosy' and the Use of Alternative Medical Terms in Modern Translations of the Bible." *Palestine Exploration Quarterly* 107 (1975): 87-105.

Insler, Stanley. *The Gāthās of Zarathustra*. Acta Iranica 8. Leiden: Brill, 1975.

Jacobsen, Thorkild. *Treasures of Darkness: A History of Mesopotamian Religion*. New Haven: Yale University Press, 1976.

Jervell, Jacob. *Luke and the People of God: A New Look at Luke-Acts*. Minneapolis: Augsburg, 1972.

_____. *The Unknown Paul: Essays on Luke-Acts and Early Christian History*. Translated by Roy A. Harrisville. Minneapolis: Augsburg, 1984.

Johnson, Nathan C. "Anger Issues: Mark 1.41 in Ephrem the Syrian, the Old Latin Gospels and Codex Bezae." *New Testament Studies* 63 (2017): 183-202.

Joseph, Simon J. *Jesus and the Temple: The Crucifixion in Its Jewish Context*. Society for New Testament Studies Monograph Series 165. Cambridge: Cambridge University Press, 2016.

Josephus. *Josephus*. Translated by H. St. J. Thackeray et al. 10 vols. Loeb Classical Library. Cambridge, MA: Harvard University Press, 1926-65.

Kampen, John. *Matthew within Sectarian Judaism*. New Haven: Yale University Press, 2019.

Kaufmann, Yehezkel. *The Religion of Israel: From Its Beginning to the Babylonian Exile*. Translated by Moshe Greenberg. New York: Schocken, 1960.

Kazen, Thomas. *Emotions in Biblical Law: A Cognitive Science Approach*. Hebrew Bible Monographs 36. Sheffield: Sheffield Phoenix, 2011.

_____. *Issues of Impurity in Early Judaism*. Coniectanea Biblica: New Testament Series 45. Winona Lake, IN: Eisenbrauns, 2010.

_____. "Jesus, Scripture and *Paradosis*: Response to Friedrich Avemarie." In *The New Testament and Rabbinic Literature*, edited by Peter Tomson et al., 281-88. Journal for the Study of Judaism in the Persian, Hellenistic, and Roman Periods Supplement Series 136. Leiden: Brill, 2010.

_____. *Jesus and Purity Halakhah: Was Jesus Indifferent to Impurity?* Coniectanea Biblica: New Testament Series 38. Stockholm: Almqvist & Wiksell, 2002.

_____. "A Perhaps Less Halakic Jesus and Purity: On Prophetic Criticism, Halakic Innovation, and Rabbinic Anachronism." *Journal for the Study of the Historical Jesus* 14 (2016): 120-36.

_____. *Scripture, Interpretation, or Authority? Motives and Arguments in Jesus' Halakic Conflicts.* Wissenschaftliche Untersuchungen zum Neuen Testament 320. Tübingen: Mohr Siebeck, 2013.

Kee, Howard Clark. "The Terminology of Mark's Exorcism Stories." *New Testament Studies* 14 (1967-68): 232-46.

Keith, Chris. "'If John Knew Mark': Critical Inheritance and Johannine Disagreements with Mark." In *John's Transformation of Mark*, edited by Eve-Marie Becker, Helen K. Bond, and Catrin Williams. London: T&T Clark, 2020.

Keith, Chris, and Anthony Le Donne, eds. *Jesus, Criteria, and the Demise of Authenticity.* London: T&T Clark, 2012.

Kellenbach, Katharina von. *Anti-Judaism in Feminist Religious Writings.* American Academy of Religion Classics in Religious Studies. Oxford: Oxford University Press, 1994.

King, Helen. *Hippocrates' Woman: Reading the Female Body in Ancient Greece.* London: Routledge, 1998.

Kinnier Wilson, James. "Organic Disease in Ancient Mesopotamia." In *Diseases in Antiquity: A Survey of the Diseases, Injuries, and Surgery of Early Populations*, edited by D. R. Brothwell and A. T. Sandison, 281-88. Springfeld, IL: Charles C. Thomas, 1967.

Klawans, Jonathan. *Impurity and Sin in Ancient Judaism.* New York: Oxford University Press, 2000.

Klein, Ralph W. *1 Chronicles.* Hermeneia. Minneapolis: Fortress, 2006.

Klinghardt, Matthias. *Gesetz und Volk Gottes: Das lukanische Verständnis des Gesetzes nach Herkunft, Funktion und seinem Ort in der Geschichte des Urchristentums*. Wissenschaftliche Untersuchungen zum Neuen Testament 32. Tübingen: Mohr Siebeck, 1988.

Kloppenborg, John, and Joseph Verheyden, eds. *The Elijah-Elisha Narrative in the Composition of Luke*. The Library of New Testament Studies 493. London: Bloomsbury, 2014.

Klostermann, Erich. *Das Lukasevangelium*. 3rd ed. Handbuch zum Neuen Testament 5. Tübingen: Mohr Siebeck, 1975.

Kraemer, Ross Shepard, and Mary Rose D'Angelo, eds. *Women and Christian Origins*. New York: Oxford University Press, 1999.

Kruse, Heinz. "Die 'dialektische Negation' als semitisches Idiom." *Vetus Testamentum* 4 (1954): 385–400.

Kummel, Werner Georg. *Introduction to the New Testament*. Rev. ed. Translated by Howard Clark Kee. London: SCM, 1975.

Lambert, W. G. "A Middle Assyrian Medical Text." *Iraq* 31 (1969): 28–39.

Lambrecht, Jan. "Jesus and the Law: An Investigation of Mk 7,1–23." *Ephemerides Theologicae Lovanienses* 53 (1977): 24–79.

Lane, William L. *The Gospel of Mark*. New International Commentary on the New Testament. Grand Rapids: Eerdmans, 1974.

Lange, Armin. "Considerations concerning the 'Spirit of Impurity' in Zech 13:2." In Lange, Lichtenberger, and Römheld, *Die Dämonen—Demons*, 254–68.

Lange, Armin, Hermann Lichtenberger, and K. F. Diethard Römheld, eds. *Die Dämonen—Demons: Die Dämonologie der israelitisch-jüdischen und frühchristlichen Literatur im Kontext ihrer Umwelt—The Demonology of Israelite-Jewish and Early Christian Literature in the Context of Their Environment*. Tübingen: Mohr Siebeck, 2003.

Laroche, Emmanuel. *Catalogue des textes hittites*. Paris: Klincksieck, 1971.

Lauterbach, Jacob Z., ed. and trans. *Mekilta de-Rabbi Ishmael*. 3 vols. Philadelphia: Jewish Publication Society of America, 1933–35.

Lemos, Tracy M. "The Universal and the Particular: Mary Douglas and the Politics of Impurity." *Journal of Religion* 89 (2009): 236-51.

———. "Where There Is Dirt, Is There System? Revisiting Biblical Purity Constructions." *Journal for the Study of the Old Testament* 37 (2013): 265-94. Lennon, Jack J. "Menstrual Blood in Ancient Rome: An Unspeakable Impurity?" *Classica et Mediaevalia* 61 (2010): 71-87.

———. *Pollution and Religion in Ancient Rome.* Cambridge: Cambridge University Press, 2014.

Levenson, Jon D. *Resurrection and the Restoration of Israel: The Ultimate Victory of the God of Life.* New Haven: Yale University Press, 2006.

Levine, Amy-Jill. "Discharging Responsibility: Matthean Jesus, Biblical Law, and Hemorrhaging Woman." In *Treasures New and Old: Contributions to Matthean Studies,* edited by David Bauer and Mark Allan Powell, 379-97. Symposium Series 1. Atlanta: Scholars Press, 1996.

———. *The Misunderstood Jew: The Church and the Scandal of the Jewish Jesus.* San Francisco: HarperSanFrancisco, 2006.

———. *Short Stories by Jesus: The Enigmatic Parables of a Controversial Rabbi.* New York: HarperOne, 2014.

Levine, Baruch. *Leviticus = Va-yikra: The Traditional Hebrew Text with the New JPS Translation.* JPS Torah Commentary. Philadelphia: Jewish Publication Society of America, 1989.

Lewis, C. S. *The Lion, the Witch and the Wardrobe.* New York: HarperTrophy, 1950.

Lilly, Ingrid. "Conceptualizing Spirit: Supernatural Meteorology and Winds of Distress in the Hebrew Bible and the Ancient Near East." In *Sibyls, Scriptures, and Scrolls: John Collins at Seventy,* edited by Joel Baden, Hindy Najman, and Eibert J. C. Tigchelaar, 826-44. Journal for the Study of Judaism in the Persian, Hellenistic, and Roman Periods Supplement Series 175. Leiden: Brill, 2016.

Lindsay, Hugh. "Death-Pollution and Funerals in the City of Rome." In *Death and Disease in the Ancient City,* edited by Valerie M. Hope and Eireann Marshall, 152-74. Routledge Classical Monographs. London: Routledge, 1998.

Loader, William. "Challenged at the Boundaries: A Conservative Jesus in Mark's Tradition." *Journal for the Study of the New Testament* 63 (1996): 45-61.

_____. *Jesus' Attitude towards the Law: A Study of the Gospels.* Wissenschaftliche Untersuchungen zum Neuen Testament 2/97. Tübingen: Mohr Siebeck, 1997.

_____. "Mark 7:1-23 and the Historical Jesus." *Colloquium* 30 (1998): 123-51.

Lohmeyer, Ernst. *Das Evangelium des Markus.* Kritisch-exegetischer Kommentar uber das Neue Testament 1/2. Göttingen: Vandenhoeck & Ruprecht, 1953.

Lonie, I. M. *The Hippocratic Treatises "On Generation," "On the Nature of the Child," "Diseases IV": A Commentary.* Ars Medica 7. Berlin: de Gruyter, 1981.

Love, Stuart L. "Jesus Heals the Hemorrhaging Woman." In *The Social Setting of Jesus and the Gospels,* edited by Wolfgang Stegemann, Bruce J. Malina, and Gerd Theissen, 85-101. Minneapolis: Fortress, 2002.

Luhrmann, Dieter. *Das Markusevangelium.* Handbuch zum Neuen Testament 3. Tübingen: Mohr Siebeck, 1987.

Luz, Ulrich. *Matthew 8-20: A Commentary.* Translated by James E. Crouch. Hermeneia. Minneapolis: Fortress, 2001.

Maccoby, Hyam. *Ritual and Morality: The Ritual Purity System and Its Place in Judaism.* Cambridge: Cambridge University Press, 1999.

Machiela, Daniel A. "Luke 13:10-13: 'Woman, You Have Been Set Free from Your Ailment'—Illness, Demon Possession, and Laying on Hands in Light of Second Temple Period Jewish Literature." In *The Gospels in First-Century Judaea: Proceedings of the Inaugural Conference of Nyack College's Graduate Program in Ancient Judaism and Christian Origins, August 29th, 2013,* edited by R. Steven Notley and Jeffrey P. García, 122-35. Jewish and Christian Perspectives 29. Leiden: Brill,

2016.

Macht, Daniel I. "A Scientifc Appreciation of Leviticus 12:1-5." *Journal of Biblical Literature* 52 (1933): 253-60.

Madigan, Kevin J., and Jon D. Levenson. *Resurrection: The Power of God for Christians and Jews.* New Haven: Yale University Press, 2008.

Magonet, Jonathan. "'But If It Is a Girl, She Is Unclean for Twice Seven Days . . .': The Riddle of Leviticus 12:5." In *Reading Leviticus: A Conversation with Mary Douglas,* edited by John F. A. Sawyer, 144-52. Journal for the Study of the Old Testament Supplement Series 227. Sheffield: Sheffield Academic, 1996.

Malina, Bruce J. *The New Testament World: Insights from Cultural Anthropology.* 3rd ed. Louisville: Westminster John Knox, 2001.

Mann, Jacob. "Jesus and the Sadducean Priests: Luke 10.25-37." *Jewish Quarterly Review* 6 (1915-16): 415-22.

_____. "Rabbinic Studies in the Synoptic Gospels, II: The Redemption of a FirstBorn Son and the Pilgrimages to Jerusalem." *Hebrew Union College Annual* 1 (1924): 323-55.

Manus, Chris U., and Bolaji O. Bateye. "The Plight of HIV and AIDS Persons in West Africa: A Contextual Re-reading of Mk 1:40-45 and Parallels." *Asian Journal of Theology* 20 (2006): 155-69.

Marcus, Joel. "Entering into the Kingly Power of God." *Journal of Biblical Literature* 107 (1988): 663-75.

_____. *John the Baptist in History and Theology.* Studies on Personalities of the New Testament. Columbia: University of South Carolina Press, 2018.

_____. *Mark 1-8: A New Translation with Introduction and Commentary.* Anchor Bible 27. New York: Doubleday, 2000.

_____. *Mark 8-16: A New Translation with Introduction and Commentary.* Anchor Bible 27A. New Haven: Yale University Press, 2009.

_____. *The Mystery of the Kingdom of God.* Society of Biblical Literature Dissertation Series 90. Atlanta: Scholars Press, 1986.

_____. "Scripture and Tradition in Mark 7." In *The Scriptures in the*

Gospels, edited by Christopher M. Tuckett, 145–63. Bibliotheca Ephemeridum Theologicarum Lovaniensium 131. Leuven: Leuven University Press, 1997.

Mark, Samuel. "Alexander the Great, Seafaring, and the Spread of Leprosy." *Journal of the History of Medicine and Allied Sciences* 57 (2002): 285–311.

Marshall, I. Howard. *The Gospel of Luke: A Commentary on the Greek Text*. New International Greek Testament Commentary. Grand Rapids: Eerdmans, 1978.

Martin, Dale B. *Inventing Superstition: From the Hippocratics to the Christians*. Cambridge, MA: Harvard University Press, 2004.

Martínez, Florentino García, and Eibert J. C. Tigchelaar, eds. *The Dead Sea Scrolls: Study Edition*. 2 vols. Leiden: Brill, 1997–98.

Matheson, Carney D., Kim K. Vernon, Arlene Lahti, Renee Fratpietro, Mark Spigelman, Shimon Gibson, Charles L. Greenblatt, and Helen D. Donoghue. "Molecular Exploration of the First-Century Tomb of the Shroud in Akeldama, Jerusalem." *PLoS ONE* 4 (2009). http://www.plosone.org/article/info%3Adoi%2F10.1371%2F journal.pone.0008319.

Mayer-Haas, Andreas J. *"Geschenk aus Gottes" (bSchab 10b): Jesus und der Sabbat im Spiegel der neutestamentlichen Schriften*. Neutestamentliche Abhandlungen 43. Aschendorff: Aschendorff Verlag, 2003.

Meier, John P. "The Historical Jesus and the Historical Law: Some Problems with the Problem." *Catholic Biblical Quarterly* 65 (2003): 52–79.

———. *A Marginal Jew: Rethinking the Historical Jesus*. 5 vols. Anchor Yale Bible Reference Library. New Haven: Yale University Press, 1991–2009.

Meier, Sam. "House Fungus: Mesopotamia and Israel (Lev. 14:33–53)." *Revue biblique* 96 (1989): 184–92.

Meinel, Fabian. *Pollution and Crisis in Greek Tragedy*. Cambridge: Cambridge University Press, 2015.

Metzger, Bruce. *A Textual Commentary on the Greek New Testament*. 2nd ed. Stuttgart: Deutsche Bibelgesellschaft, 1994.

Meyer, Nicholas A. *Adam's Dust and Adam's Glory in the Hodayot and the Letters of Paul: Rethinking Anthropogony and Theology*. Novum Testamentum Supplements 168. Leiden: Brill, 2016.

Milgrom, Jacob. "The Dynamics of Purity in the Priestly System." In *Purity and Holiness: The Heritage of Leviticus*, edited by Marcel J. H. M. Poorthuis and Joshua Schwartz, 29-32. Jewish and Christian Perspectives Series 2. Leiden: Brill, 2000.

_____. "First Day Ablutions in Qumran." In *The Madrid Qumran Congress: Proceedings of the International Congress on the Dead Sea Scrolls. Madrid 18-21 March, 1991*, edited by J. Trebolle Barrera and L. Vegas Montaner, 561-70. Studies on the Texts of the Desert of Judah 11/2. Leiden: Brill, 1992.

_____. "Israel's Sanctuary: The Priestly 'Picture of Dorian Gray.'" *Revue biblique* 83 (1976): 390-99.

_____. *Leviticus: A Book of Ritual and Ethics*. Continental Commentary. Minneapolis: Fortress, 2004.

_____. *Leviticus 1-16: A New Translation with Introduction and Commentary*. Anchor Bible 3. New York: Doubleday, 1991.

_____. *Leviticus 17-22: A New Translation with Introduction and Commentary*. Anchor Bible 3A. New York: Doubleday, 2000.

_____. *Leviticus 23-27: A New Translation with Introduction and Commentary*. Anchor Bible 3B. New York: Doubleday, 2001.

_____. *Numbers = BeMidbar: The Traditional Hebrew Text with the New JPS Translation*. JPS Torah Commentary. Philadelphia: Jewish Publication Society of America, 1990.

_____. "The Paradox of the Red Cow (Num. XIX)." *Vetus Testamentum* 31 (1981): 62-72.

_____. "The Rationale for Biblical Impurity." *Journal of the Ancient Near Eastern Society of Columbia University* 22 (1993): 107-11.

_____. *Studies in Levitical Terminology, I: The Encroacher and the Levite; The*

Term ʿAboda. University of California Publications, Near Eastern Studies 14. Berkeley: University of California Press, 1970.

Miller, Stuart S. *At the Intersection of Texts and Material Finds: Stepped Pools, Stone Vessels, and Ritual Purity among the Jews of Roman Galilee.* Journal of Ancient Judaism Supplement 16. Göttingen: Vandenhoeck & Ruprecht, 2015.

Moller, Hilda Brekke. *The Vermes Quest: The Signifcance of Geza Vermes.* The Library of New Testament Studies 576. London: Bloomsbury, 2017.

Møller-Christensen, V. "Evidence of Leprosy in Earlier Peoples." In *Diseases in Antiquity: A Survey of the Diseases, Injuries, and Surgery of Early Populations,* edited by D. R. Brothwell and A. T. Sandison, 295–305. Springfeld, IL: Charles C. Thomas, 1967.

Moss, Candida R. "The Man with the Flow of Power: Porous Bodies in Mark 5:25– 34." *Journal of Biblical Literature* 129 (2010): 507-19.

Munck, Johannes. *The Acts of the Apostles: Introduction, Translation, and Notes.* Anchor Bible 31. Garden City, NY: Doubleday, 1967.

Myers, Ched. *Binding the Strong Man: A Political Reading of Mark's Story of Jesus.* Maryknoll, NY: Orbis Books, 1988.

Neusner, Jacob. *The Tosefta: Translated from Hebrew with a New Introduction.* 2 vols. Peabody, MA: Hendrickson, 2002.

Neyrey, Jerome. "The Idea of Purity in Mark's Gospel." *Semeia* 35 (1986): 91-128.

_____. "The Symbolic Universe of Luke-Acts: 'They Turn the World Upside Down.'" In *The Social World of Luke-Acts: Models for Interpretation,* edited by Jerome H. Neyrey, 271-304. Peabody, MA: Hendrickson, 1991.

Nickelsburg, George W. E. *Resurrection, Immortality, and Eternal Life in Intertestamental Judaism.* Harvard Theological Studies 26. Cambridge, MA: Harvard University Press, 1972.

Nihan, Christophe. "Forms and Functions of Purity in Leviticus." In *Purity and the Forming of Religious Traditions in the Ancient Mediterranean*

World and Ancient Judaism, edited by Christian Frevel and Christophe Nihan, 311-67. Dynamics in the History of Religion 3. Leiden: Brill, 2013.

Nilsson, Martin P. *Geschichte der Griechischen Religion.* 2 vols. Munich: Beck, 1961-67.

Noam, Vered. "Essentialism, Freedom of Choice, and the Calendar: Contradictory Trends in Rabbinic Halakhah." *Dine Israel* 30 (2015): 121-37.

_____. "Josephus and Early Halakhah: The Exclusion of the Impure Persons from Holy Precincts." In *"Go Out and Study the Land" (Judges 18:2): Archaeological, Historical and Textual Studies in Honor of Hanan Eshel*, edited by Aren M. Maeir, Jodi Magness, and Lawrence H. Schiffman, 133-46. Journal for the Study of Judaism in the Persian, Hellenistic, and Roman Periods Supplement Series 148. Leiden: Brill, 2011.

Noam, Vered, and Elisha Qimron. "A Qumran Composition of Sabbath Laws and Its Contribution to the Study of Early Halakah." *Dead Sea Discoveries* 16 (2009): 55-96.

Nolland, John. *Luke 1:1-9:20.* Word Biblical Commentary 35A. Dallas: Word, 1989.

Novakovic, Lidija. *Messiah, the Healer of the Sick: A Study of Jesus as the Son of David in the Gospel of Matthew.* Wissenschaftliche Untersuchungen zum Neuen Testament 2/170. Tübingen: Mohr Siebeck, 2003.

Novenson, Matthew V. *The Grammar of Messianism: An Ancient Jewish Political Idiom and Its Users.* New York: Oxford University Press, 2017.

Öhler, Markus. *Elia im Neuen Testament: Untersuchungen zur Bedeutung des alttestamentlichen Propheten im frühen Christentum.* Beihefte zur Zeitschrift für die neutestamentliche Wissenschaft 88. Berlin: de Gruyter, 1997.

Oliver, Isaac W. *Torah Praxis after 70 CE: Reading Matthew and Luke-Acts as Jewish Texts.* Wissenschaftliche Untersuchungen zum Neuen

Testament 2/355. Tübingen: Mohr Siebeck, 2013.

Olyan, Saul M. *Rites and Rank: Hierarchy in Biblical Representations of Cult.* Princeton: Princeton University Press, 2000.

Oppenheim, A. Leo. *Letters from Mesopotamia: Ofcial, Business, and Private Letters on Clay Tablets from Two Millennia.* Chicago: University of Chicago Press, 1967.

Origen. *Contra Celsum.* Translated by Henry Chadwick. Cambridge: Cambridge University Press, 1953.

_____. *Homilies 1-14 on Ezekiel.* Translated by Thomas P. Scheck. Ancient Christian Writers 62. New York: Newman, 2010.

_____. *Homilies on Leviticus.* Translated by Gary Wayne Barkley. Fathers of the Church 83. Washington, DC: Catholic University of America Press, 1990.

_____. *Homilies on Luke.* Translated by Joseph T. Lienhard. Fathers of the Church 94. Washington, DC: Catholic University of America Press, 1996.

Orlov, Andrei. *Dark Mirrors: Azazel and Satanael in Early Jewish Demonology.* Albany: State University of New York Press, 2011.

Owens, J. Edward. "Asmodeus: A Less than Minor Character in the Book of Tobit: A Narrative-Critical Study." In *Angels: The Concept of Celestial Beings—Origins, Development and Reception,* edited by Friedrich V. Reiterer, Tobias Nicklas, and Karin Schöpflin, 277–90. Deuterocanonical and Cognate Literature Yearbook 2007. Berlin: de Gruyter, 2007.

Pancaro, Severino. *The Law in the Fourth Gospel: The Torah and the Gospel, Moses and Jesus, Judaism and Christianity according to John.* Supplements to Novum Testamentum 42. Leiden: Brill, 1975.

Parker, Robert. *Miasma: Pollution and Purifcation in Early Greek Religion.* Oxford: Clarendon, 1983.

Paschen, Wilfried. *Rein und Unrein: Untersuchung zur biblischen Wortgeschichte.* Studien zum Alten und Neuen Testaments 24. Munich: Kösel, 1970.

Pelling, Christopher. "Childhood and Personality in Greek Biography." In *Characterization and Individuality in Greek Literature*, edited by Christopher Pelling, 213–44. Oxford: Oxford University Press, 1990.

Penney, Douglas L., and Michael O. Wise. "By the Power of Beelzebub: An Aramaic Incantation Formula from Qumran." *Journal of Biblical Literature* 113 (1994): 627–50.

Pervo, Richard I. *Dating Acts: Between the Evangelists and the Apologists*. Santa Rosa, CA: Polebridge, 2006.

Pesch, Rudolf. *Das Markusevangelium*. 2 vols. Herders Theologischer Kommentar zum Neuen Testament 2. Basel: Herder, 1976.

Petersen, Anders Klostergaard. "The Notion of Demon: Open Questions to a Diffuse Concept." In Lange, Lichtenberger, and Römheld, *Die Dämonen—Demons*, 23–41.

Philip, Tarja S. "Gender Matters: Priestly Writing on Impurity." In *Embroidered Garments: Priests and Gender in Biblical Israel*, edited by Deborah W. Rooke, 40–59. Hebrew Bible Monographs 25. Sheffield: Sheffield Phoenix, 2009.

Philo. Translated by F. H. Colson, G. H. Whitaker, and Ralph Marcus. 12 vols. Loeb Classical Library. Cambridge, MA: Harvard University Press, 1929–62.

Pilch, John J. *Healing in the New Testament: Insights from Medical and Mediterranean Anthropology*. Minneapolis: Fortress, 2000.

Plaskow, Judith. "Feminist Anti-Judaism and the Christian God." *Journal of Feminist Studies in Religion* 7 (1991): 99–108.

Plummer, Alfred. *A Critical and Exegetical Commentary on the Gospel according to S. Luke*. 5th ed. International Critical Commentary. Edinburgh: T&T Clark, 1922.

Poirier, John C. "Why Did the Pharisees Wash Their Hands?" *Journal of Jewish Studies* 47 (1996): 217–33.

Poirier, John, and Jeffrey Peterson, eds. *Markan Priority without Q: Explorations in the Farrer Hypothesis*. The Library of New Testament

Studies 455. London: Bloomsbury, 2015.

Polen, Nehemia. "Leviticus and Hebrews . . . and Leviticus." In *The Epistle to the Hebrews and Christian Theology*, edited by Richard Bauckham, Daniel R. Driver, Trevor A. Hart, and Nathan MacDonald, 213–25. Grand Rapids: Eerdmans, 2009.

Preuss, Julius. *Biblical and Talmudic Medicine*. Edited and translated by Fred Rosner. New York: Sanhedrin, 1978.

Puech, Émile. "11QPsAp^a: Un Rituel d'exorcismes: Essai de reconstruction." *Revue de Qumran* 14 (1990): 377–408.

_____. "Les deux derniers psaumes davidiques du ritual d'exorcisme 11QPsAp^a IV 4–V 14." In *The Dead Sea Scrolls: Forty Years of Research*, edited by Devorah Dimant and Uriel Rappaport, 64–89. Studies on the Texts of the Desert of Judah 10. Leiden: Brill, 1992.

Rahlfs, Alfred, ed. *Septuaginta: Id est Vetus Testamentum Graece iuxta LXX interpretes*. 9th ed. Stuttgart: Wurttembergische Bibelanstalt Stuttgart, 1971.

Räisänen, Heikki. *Die Mutter Jesu im Neuen Testament*. Annales Academiae Scientiarum Fennicae 247. Helsinki: Suomalainen Tiedeakatemia, 1989.

_____. "Jesus and the Food Laws: Reflections on Mark 7:15." *Journal for the Study of the New Testament* 16 (1982): 79–100.

Regev, Eyal. "Pure Individualism: The Idea of Non-priestly Purity in Ancient Judaism." *Journal for the Study of Judaism in the Persian, Hellenistic, and Roman Periods* 31 (2000): 176–202.

Reiner, Erica. *Surpu: A Collection of Sumerian and Akkadian Incantations*. Archiv für Orientforschung 11. Graz: Im Selbstverlage des Herausgebers, 1958.

Rhoads, David. "Social Criticism: Crossing Boundaries." In *Mark and Method: New Approaches in Biblical Studies*, edited by Janice Capel Anderson and Stephen D. Moore, 135–61. Minneapolis: Fortress, 1992.

Rhodes, P. J., and Robin Osborne, eds. *Greek Historical Inscriptions 404-323*

BC. New York: Oxford University Press, 2003.

Roberts, Alexander, and James Donaldson, eds. *The Ante-Nicene Fathers*. 10 vols. Peabody, MA: Hendrickson, 1994.

Robertson, Noel. "The Concept of Purity in Greek Sacred Laws." In *Purity and the Forming of Religious Traditions in the Ancient Mediterranean World and Ancient Judaism*, edited by Christian Frevel and Christophe Nihan, 195-243. Dynamics in the History of Religion 3. Leiden: Brill, 2013.

Robertson, Paul. "De-spiritualizing *Pneuma*: Modernity, Religion, and Anachronism in the Study of Paul." *Method and Theory in the Study of Religion* 26 (2014): 365-83.

Robinson, James M., ed. *The Nag Hammadi Library in English*. 3rd ed. San Francisco: Harper & Row, 1988.

Rodríguez, Rafael. *Structuring Early Christian Memory: Jesus in Tradition, Performance, and Text*. The Library of New Testament Studies 407. London: T&T Clark, 2010.

Ronis, Sara. "'Do Not Go Out Alone at Night': Law and Demonic Discourse in the Babylonian Talmud." PhD diss., Yale University, 2015.

Rordorf, Willy. *Sunday: The History of the Day of Rest and Worship in the Earliest Centuries of the Christian Church*. Translated by A. A. K. Graham. Philadelphia: Westminster, 1968.

Rosenblum, Jordan. *The Jewish Dietary Laws in the Ancient World*. Cambridge: Cambridge University Press, 2016.

Rosen-Zvi, Ishay. *Demonic Desires: "Yetzer Hara" and the Problem of Evil in Late Antiquity*. Divinations. Philadelphia: University of Pennsylvania Press, 2011.

Roth, Martha T., trans. *Law Collections from Mesopotamia and Asia Minor*. 2nd ed. Writings of the Ancient World 6. Atlanta: Scholars Press, 1997.

Runesson, Anders. *Divine Wrath and Salvation in Matthew: The Narrative World of the First Gospel*. Minneapolis: Fortress, 2016.

Ryan, Jordan J. *The Role of the Synagogue in the Aims of Jesus*. Minneapolis: Fortress, 2017.

Salmon, Marilyn. "Insider or Outsider? Luke's Relationship with Judaism." In *LukeActs and the People of God*, edited by Joseph B. Tyson, 76–82. Minneapolis: Augsburg Fortress, 1988.

Sanders, E. P. *Jesus and Judaism*. London: SCM, 1985.

_____. *Jewish Law from Jesus to the Mishnah: Five Studies*. London: SCM, 1990.

_____. *Judaism: Practice and Belief, 63 BCE–66 CE*. London: SCM, 1992.

Sariola, Heikki. *Markus und das Gesetz: Eine redaktionskritische Untersuchung*. Annales Academiae Scientiarum Fennicae 56. Helsinki: Suomalainen Tiedeakatemia, 1990.

Sawyer, John F. A., ed. *Reading Leviticus: A Conversation with Mary Douglas*. Journal for the Study of the Old Testament Supplement Series 227. Sheffield: Sheffield Academic, 1996.

Schaller, Berndt. "Jesus und der Sabbat." In *Fundamenta Judaica: Studien zum antiken Judentum und zum Neuen Testament*, edited by Lutz Doering and Annette Steudel, 125–47. Studien zur Umwelt des Neuen Testaments 25. Göttingen: Vandenhoeck & Ruprecht, 2001.

Schams, Christine. *Jewish Scribes in the Second-Temple Period*. Journal for the Study of the Old Testament Supplement Series 291. Sheffield: Sheffield Academic, 1998.

Schiffman, Lawrence H. "The Impurity of the Dead in the *Temple Scroll*." In *Archaeology and History in the Dead Sea Scrolls: The New York University Conference in Memory of Yigael Yadin*, edited by Lawrence H. Schiffman, 135–56. Journal for the Study of the Pseudepigrapha Supplement Series 8. Sheffield: JSOT Press, 1990.

Schmithals, Walter. *Das Evangelium nach Lukas*. Zurcher Bibelkommentare 3/1. Zurich: Theologischer, 1980.

Schneemelcher, Wilhelm, ed. *Gospels and Related Writings*. Vol. 1 of *New Testament Apocrypha*, translated by R. McL. Wilson. Rev. ed. Louisville: Westminster John Knox, 1991.

Schneider, Gerhard. *Das Evangelium nach Lukas, Kapitel 1-10.* Ökumenischer Taschenbuch-Kommentar 3/1. Gutersloh: Gutersloher Verlagshaus, 1992.

Schuller, Eileen M. "Women at Qumran." In vol. 2 of *The Dead Sea Scrolls after Fifty Years: A Comprehensive Assessment,* edited by Peter W. Flint and James C. Vanderkam, 117-44. Leiden: Brill, 1999.

_____. "Women in the Dead Sea Scrolls: Research in the Past Decade and Future Directions." In *The Dead Sea Scrolls and Contemporary Culture: Proceedings of the International Conference Held at the Israel Museum, Jerusalem (July 6-8, 2008),* edited by Adolfo D. Roitman, Lawrence H. Schiffman, and Shani Tzoref, 571-88. Studies on the Texts of the Desert of Judah 93. Leiden: Brill, 2010.

Schultz, Jennifer. "Doctors, Philosophers, and Christian Fathers on Menstrual Blood." In *Wholly Woman, Holy Blood: A Feminist Critique of Purity and Impurity,* edited by Kristen De Troyer, Judith A. Herbert, Judith Ann Johnson, and Anne-Marie Korte, 97-116. Studies in Antiquity and Christianity. Harrisburg, PA: Trinity Press International, 2003.

Schwartz, Daniel R. "On Two Aspects of a Priestly View of Descent at Qumran." In *Archaeology and History in the Dead Sea Scrolls: The New York University Conference in Memory of Yigael Yadin,* edited by Lawrence H. Schiffman, 157-79. Journal for the Study of the Pseudepigrapha Supplement Series 8. Sheffield: JSOT Press, 1990.

_____. *Studies in the Jewish Background of Christianity.* Wissenschaftliche Untersuchungen zum Neuen Testament 60. Tübingen: Mohr Siebeck, 1992.

Schweitzer, Albert. *The Quest of the Historical Jesus: A Critical Study of Its Progress from Reimarus to Wrede.* Translated by W. Montgomery. New York: Macmillan, 1968.

Schweizer, Eduard. *The Good News according to Mark.* Translated by Donald H. Madvig. Richmond: John Knox, 1970.

Selvidge, Marla. "Mark 5:25-34 and Leviticus 15:19-20: A Reaction to

Restrictive Purity Regulations." *Journal of Biblical Literature* 103 (1984): 619-23.

_____. *Woman, Cult and Miracle Recital: A Redactional Critical Investigation on Mark 5:24-34*. Lewisburg, PA: Bucknell University Press, 1990.

Slenczka, Notger. "Die Kirche und das Alte Testament." *Das Alte Testament in der Theologie*, edited by Elisabeth Gräb-Schmidt, 83-119. Marburger Theologische Studien 119. Leipzig: Evangelische Verlagsanstalt, 2013.

Smith, G. Elliot, and Warren R. Dawson. *Egyptian Mummies*. London: G. Allen and Unwin, 1924.

Sommer, Benjamin. *The Bodies of God and the World of Ancient Israel*. Cambridge: Cambridge University Press, 2011.

_____. *Revelation and Authority: Sinai in Jewish Scripture and Tradition*. New Haven: Yale University Press, 2015.

Soranus. *Soranus' Gynecology*. Translated by Owsei Temkin, Nicholson J. Eastman, Ludwig Edelstein, and Alan F. Guttmacher. Baltimore: Johns Hopkins University Press, 1956.

Sorenson, Eric. *Possession and Exorcism in the New Testament and Early Christianity*. Wissenschaftliche Untersuchungen zum Neuen Testament 2/157. Tübingen: Mohr Siebeck, 2002.

Stanley, Andy. "Aftermath, Part 3: Not Difcult." Published April 30, 2018. YouTube video, 39:44. https://www.youtube.com/watch?v=pShxFTNRCWI.

Stein, Robert H. *Luke*. New American Commentary 24. Nashville: Broadman, 1992.

Sterling, Gregory. *Historiography and Self-Defnition: Josephos, Luke-Acts and Apologetic Historiography*. Supplements to Novum Testamentum 64. Leiden: Brill, 1992.

Stol, Marten. *Birth in Babylonia and the Bible: Its Mediterranean Setting*. Cuneiform Monographs 14. Groningen: Styx, 2000.

Strawn, Brent. *The Old Testament Is Dying: A Diagnosis and Recommended Treatment*. Grand Rapids: Baker Academic, 2017.

Strelan, Rick. *Luke the Priest: The Authority of the Author of the Third Gospel.* Aldershot: Ashgate, 2008.

Stuckenbruck, Loren. "The 'Angels' and 'Giants' of Genesis 6:1-4 in Second and Third Century BCE Jewish Interpretation: Reflections on the Posture of Early Apocalyptic Traditions." *Dead Sea Discoveries* 7 (2000): 354-77.

_____. "Giant Mythology and Demonology: From the Ancient Near East to the Dead Sea Scrolls." In Lange, Lichtenberger, and Römheld, *Die Dämonen—Demons*, 318-38.

_____. "Satan and Demons." In *Jesus among Friends and Enemies: A Historical and Literary Introduction to Jesus in the Gospels*, edited by Chris Keith and Larry W. Hurtado, 173-97. Grand Rapids: Baker Academic, 2011.

Svartvik, Jesper M. *Mark and Mission: Mark 7:1-23 in Its Narrative and Historical Contexts.* Coniectanea Biblica: New Testament Series 32. Stockholm: Almqvist & Wiksell, 2000.

Taylor, Joan. *The Immerser: John the Baptist within Second Temple Judaism.* Grand Rapids: Eerdmans, 1997.

Te Riele, Gérard-Jean. "Une Nouvelle Loi Sacreé en Arcadie." *Bulletin de correspondance hellénique* 102 (1978): 325-31.

Tertullian. *Adversus Marcionem.* Translated by Ernest Evans. 2 vols. Oxford Early Christian Texts. Oxford: Clarendon, 1972.

Tervanotko, Hanna. "Members of the Levite Family and Ideal Marriages in Aramaic Levi Document, Visions of Amram, and Jubilees." *Revue de Qumran* 106 (2015): 155-76.

Thiessen, Matthew. "Abolishers of the Law in Early Judaism and Matthew 5,17-20." *Biblica* 93 (2012): 543-56.

_____. *Contesting Conversion: Genealogy, Circumcision, and Identity in Ancient Judaism and Christianity.* New York: Oxford University Press, 2011.

_____. "The Legislation of Leviticus 12 in Light of Ancient Embryology." *Vetus Testamentum* 68 (2018): 297-319.

_____. "Luke 2:22, Leviticus 12, and Parturient Impurity." *Novum Testamentum* 54 (2012): 16-29.

_____. *Paul and the Gentile Problem*. New York: Oxford University Press, 2016.

_____. "The Text of Genesis 17:14." *Journal of Biblical Literature* 128 (2009): 625-42.

Toorn, Karel van der. "The Theology of Demons in Mesopotamia and Israel: Popular Belief and Scholarly Speculation." In Lange, Lichtenberger, and Römheld, *Die Dämonen—Demons*, 61-83.

Trummer, Peter. *Die blutende Frau: Wunderheilung im neuen Testament*. Freiburg: Herder, 1991.

Tyson, Joseph B. *Marcion and Luke-Acts: A Defning Struggle*. Columbia: University of South Carolina Press, 2006.

VanderKam, James C., trans. *The Book of Jubilees: A Critical Edition*. Corpus Scriptorum Christianorum Orientalium 511. Leuven: Peeters, 1989.

_____. "The Demons in the Book of *Jubilees*." In Lange, Lichtenberger, and Römheld, *Die Dämonen—Demons*, 339-64.

VanMaaren, John. "Does Mark's Jesus Abrogate Torah? Jesus' Purity Logion and Its Illustration in Mark 7:15-23." *Journal of the Jesus Movement in Its Jewish Setting* 4 (2017): 21-41.

_____. "The Gospel of Mark within Judaism: Reading the Second Gospel in Its Ethnic Landscape." PhD diss., McMaster University, 2019.

Vermes, Geza. *Jesus the Jew: A Historian's Reading of the Gospels*. New York: Macmillan, 1973.

_____. *The Religion of Jesus the Jew*. London: SCM, 1993.

Voorwinde, Stephen. *Jesus' Emotions in the Gospels*. The Library of New Testament Studies 284. London: T&T Clark, 2011.

Wächter, Theodor. *Reinheitsvorschriften im griechischen Kult*. Giessen: Töpelmann, 1910.

Wahlen, Clinton. *Jesus and the Impurity of Spirits in the Synoptic Gospels*. Wissenschaftliche Untersuchungen zum Neuen Testament 2/185. Tübingen: Mohr Siebeck, 2004.

Wardle, Timothy. "Resurrection and the Holy City: Matthew's Use of Isaiah in 27:51-53." *Catholic Biblical Quarterly* 78 (2016): 666-81.

Wassen, Cecilia. "The Impurity of the Impure Spirits in the Gospels." In *Healing and Exorcism in Second Temple Judaism and Early Christianity*, edited by Mikael Tellbe and Tommy Wasserman, 40-61. Wissenschaftliche Untersuchungen zum Neuen Testament 2/511. Tübingen: Mohr Siebeck, 2019.

_____. "Jesus and the Hemorrhaging Woman in Mark 5:24-34: Insights from Purity Laws from Qumran." In *Scripture in Transition: Essays on Septuagint, Hebrew Bible, and Dead Sea Scrolls in Honour of Raija Sollamo*, edited by Anssi Voitila and Jutta Jokiranta, 641-60. Journal for the Study of Judaism in the Persian, Hellenistic, and Roman Periods Supplement Series 126. Leiden: Brill, 2008.

_____. "Jesus' Table Fellowship with 'Toll Collectors and Sinners': Questioning the Alleged Purity Implications." *Journal for the Study of the Historical Jesus* 14 (2016): 137-57.

_____. "Jesus' Work as a Healer in Light of Jewish Purity Laws." In *Bridging between Sister Religions: Studies of Jewish and Christian Scriptures in Honor of Prof. John T. Townsend*, edited by Isaac Kalimi, 87-104. Brill Reference Library of Judaism 51. Leiden: Brill, 2016.

_____. "The Jewishness of Jesus and Ritual Purity." *Scripta Instituti Donneriani Aboensis* 27 (2016): 11-36.

_____. "The Use of the Dead Sea Scrolls for Interpreting Jesus' Action in the Temple." *Dead Sea Discoveries* 23 (2016): 280-303.

_____. "What Do Angels Have against the Blind and the Deaf? Rules of Exclusion in the Dead Sea Scrolls." In *Common Judaism, Explorations in Second-Temple Judaism*, edited by Wayne O. McCready and Adele Reinhartz, 115-29. Minneapolis: Fortress, 2008.

_____. *Women in the Damascus Document*. Academia Biblica 21. Leiden: Brill, 2005.

Watts, James W. *Ritual and Rhetoric in Leviticus: From Sacrifce to Scripture.*

Cambridge: Cambridge University Press, 2007.

Webb, Robert L. "Jesus Heals a Leper: Mark 1.40-45 and Egerton Gospel 35-47." *Journal for the Study of the Historical Jesus* 4 (2006): 177-202.

Weiss, Herold. *A Day of Gladness: The Sabbath among Jews and Christians in Antiquity.* Columbia: University of South Carolina Press, 2003.

Weiss, Johannes. *Jesus' Proclamation of the Kingdom of God.* Translated by Richard Hyde Hiers and David Larrimore Holland. Philadelphia: Fortress, 1971.

Weissenrieder, Annette. "The Plague of Uncleanness? The Ancient Illness Construct 'Issue of Blood' in Luke 8:43-48." In *The Social Setting of Jesus and the Gospels,* edited by Wolfgang Stegemann, Bruce J. Malina, and Gerd Theissen, 207-22. Minneapolis: Fortress, 2002.

Wenham, Gordon J. *The Book of Leviticus.* New International Commentary on the Old Testament. Grand Rapids: Eerdmans, 1979.

Werrett, Ian C. *Ritual Purity and the Dead Sea Scrolls.* Studies on the Texts of the Desert of Judah 72. Leiden: Brill, 2005.

Westerholm, Stephen. *Jesus and Scribal Authority.* Coniectanea Biblica: New Testament Series 10. Lund: Gleerup, 1978.

Wevers, John William, ed. *Leviticus.* Septuaginta: Vetus Testamentum Graecum 2/2. Göttingen: Vandenhoeck & Ruprecht, 1986.

Whitekettle, Richard. "Leviticus 12 and the Israelite Woman: Ritual Process, Liminality, and the Womb." *Zeitschrift für die alttestamentliche Wissenschaft* 107 (1995): 393-408.

Wilfand, Yael. *Poverty, Charity, and the Poor in Rabbinic Texts from the Land of Israel.* Sheffield: Sheffield Phoenix, 2014.

Wilfong, Terry G. "Menstrual Synchrony and the 'Place of Women' in Ancient Egypt (OIM 13512)." In *Gold of Praise: Studies on Ancient Egypt in Honor of Edward F. Wente,* edited by E. Teeter and J. A. Larson, 419-34. Studies in Ancient Oriental Civilizations 58. Chicago: University of Chicago Press, 1999.

Williams, Frank. *The Panarion of Epiphanius of Salamis.* 2nd ed. 2 vols. Nag

Hammadi and Manichaean Studies 63 and 79. Leiden: Brill, 2009-13.

Williams, Peter J. "An Examination of Ehrman's Case for ὀργισθείς in Mark 1:41." *Novum Testamentum* 54 (2012): 1-12.

Wright, David P. *The Disposal of Impurity: Elimination Rites in the Bible and in Hittite and Mesopotamian Literature.* Society of Biblical Literature Dissertation Series 101. Atlanta: Scholars Press, 1987.

_____. "Unclean and Clean (OT)." In vol. 6 of *The Anchor Bible Dictionary*, edited by David Noel Freedman, 729-41. New York: Doubleday, 1992.

Wright, N. T. *Jesus and the Victory of God.* Minneapolis: Fortress, 1997. 『예수와 하나님의 승리』(CH북스 역간).

Yang, Yong-Eui. *Jesus and the Sabbath in Matthew's Gospel.* Journal for the Study of the New Testament Supplement Series 139. Sheffield: Sheffield Academic, 1997.

Zucconi, Laura M. "Aramean Skin Care: A New Perspective on Naaman's Leprosy." In *Sacred History, Sacred Literature: Essays on Ancient Israel, the Bible, and Religion in Honor of R. E. Friedman on His Sixtieth Birthday*, edited by Shawna Dolansky, 169-77. Winona Lake, IN: Eisenbrauns, 2008.

죽음의 세력과 싸우는 예수

1세기 유대교 정결 의식의 관점에서 본 예수의 사역

Copyright ⓒ 새물결플러스 2021

1쇄 발행 2021년 5월 10일

지은이 매튜 티센
옮긴이 이형일
펴낸이 김요한
펴낸곳 새물결플러스

편 집 왕희광 정인철 노재현 한바울 정혜인
           이형일 나유영 노동래 최호연
디자인 윤민주 황진주 박인미 이지윤
마케팅 박성민 이원혁
총 무 김명화 이성순
영 상 최정호 곽상원
아카데미 차상희

홈페이지 www.holywaveplus.com
이메일 hwpbooks@hwpbooks.com
출판등록 2008년 8월 21일 제2008-24호
주 소 (우) 04118 서울시 마포구 마포대로19길 33
전 화 02) 2652-3161
팩 스 02) 2652-3191

ISBN 979-11-6129-200-7 93230